E v a F a b i a n
Schüttaustraße 4-10/7/11
1220 W i e n

URANIA 🦌 *NATURFÜHRER*

SÄUGETIERE

URANIA ✤ NATURFÜHRER

SÄUGETIERE

Juliet Clutton-Brock (Hrsg.)

Aus dem Englischen von
Christiane Schrabback und Dr. Hans W. Kothe

Urania

EIN DORLING-KINDERSLEY-BUCH

Die Deutsche Bibliothek —
CIP-Einheitsaufnahme
Ein Titeldatensatz für diese Publikation ist bei
Der Deutschen Bibliothek erhältlich.
ISBN 3-332-01339-4

Originaltitel: Handbooks:
Mammals
Copyright © 2002 by Dorling Kindersley Limited,
London
Übersetzung ins Deutsche:
Christiane Schrabback
Dr. Hans W. Kothe, Jena-Isserstedt
1. Auflage August 2002
Copyright © der deutschen
Übersetzung 2002 by Urania Verlag
Der Urania Verlag ist ein Unternehmen
der Verlagsgruppe Dornier.
www.dornier-verlage.de
www.urania-verlag.de

Redaktion: Berliner Buchwerkstatt,
Ivana Jokl und Vera Olbricht
Layout: Berliner Buchwerkstatt, Ulrike Sindlinger
Druck: Kyodo Printing
Printed in Singapore

Gedruckt auf alterungsbeständigem Papier
mit chlorfrei gebleichtem Zellstoff.

Die Schreibweise entspricht den Regeln
der neuen Rechtschreibung.

Inhalt

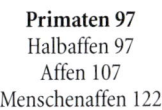

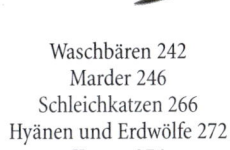

EINFÜHRUNG

Säugetiere stellen die bekannteste Gruppe der Wirbeltiere dar. Zugleich gehören sie zu den variabelsten und anpassungsfähigsten Tieren, da sie Möglichkeiten fanden, in den unterschiedlichsten Lebensräumen – angefangen bei den Ozeanen bis hin zu den Polen – zu überleben. Trotz ihrer Verschiedenheit besitzen die Säugetiere entscheidende gemeinsame Merkmale: Sie sind Warmblüter, lebendgebärend, ernähren ihre Jungen mit Milch aus den Milchdrüsen, und ihre Körper sind, bis auf wenige Ausnahmen, mit Haaren bedeckt.

Durch die Evolution hat sich das Leben auf der Erde im Laufe von Millionen von Jahren verändert. Es entstanden die unterschiedlichsten Lebewesen, u. a. Millionen von Tierarten, angefangen bei Würmern, Skorpionen und Fliegen über Fische, Frösche, Reptilien, Vögel bis hin zu den Säugetieren. Zwar werden die Säugetiere bei solchen Aufzählungen stets an das Ende gestellt, doch sollten sie – obwohl sie bezüglich ihrer Verbreitung über die verschiedensten Lebensräume sowie

ihrer relativ hohen Anzahl und ihrer Körpergröße sehr erfolgreich sind – nicht als der Höhepunkt der Evolution betrachtet werden. Andere Tiergruppen, wie Vögel, Insekten, Fische und Krustentiere sind aus evolutionärer Sicht ebenso erfolgreich; sie übertreffen die Säugetiere sogar hinsichtlich der Artenvielfalt und Gesamtindividuenzahl. Trotz allem besitzen die Säugetiere einzigartige und faszinierende Eigenschaften.

◁ **Eine lange Geschichte**
Fossile Funde zeigen, dass spitzmausähnliche kleine Säugetiere, wie dieses Megazostrodon, vor über 200 Millionen von Jahren auf der Erde erschienen. Zu dieser Zeit breiteten sich die ersten Dinosaurier aus.

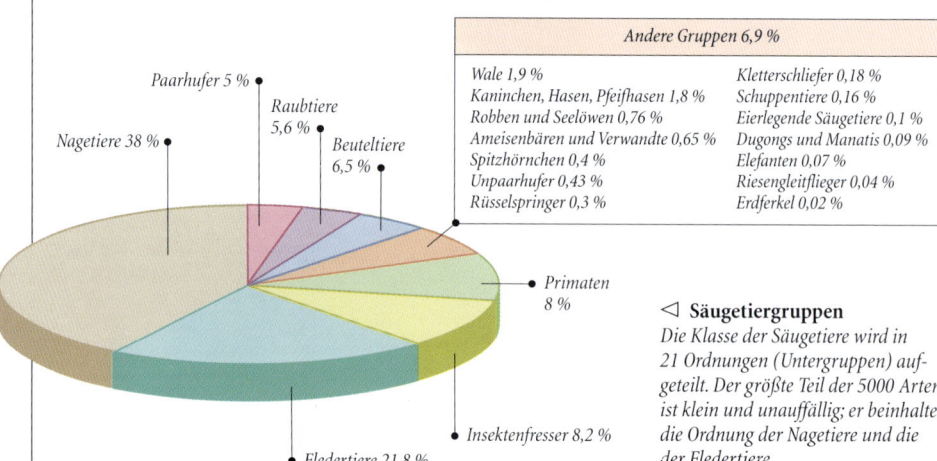

Andere Gruppen 6,9 %	
Wale 1,9 %	Kletterschliefer 0,18 %
Kaninchen, Hasen, Pfeifhasen 1,8 %	Schuppentiere 0,16 %
Robben und Seelöwen 0,76 %	Eierlegende Säugetiere 0,1 %
Ameisenbären und Verwandte 0,65 %	Dugongs und Manatis 0,09 %
Spitzhörnchen 0,4 %	Elefanten 0,07 %
Unpaarhufer 0,43 %	Riesengleitflieger 0,04 %
Rüsselspringer 0,3 %	Erdferkel 0,02 %

Paarhufer 5 %
Raubtiere 5,6 %
Nagetiere 38 %
Beuteltiere 6,5 %

Primaten 8 %

◁ **Säugetiergruppen**
Die Klasse der Säugetiere wird in 21 Ordnungen (Untergruppen) aufgeteilt. Der größte Teil der 5000 Arten ist klein und unauffällig; er beinhaltet die Ordnung der Nagetiere und die der Fledertiere.

Insektenfresser 8,2 %
Fledertiere 21,8 %

Die Geschichte ihres Erfolgs

Säugetiere besitzen eine komplexe Körperchemie, die für die Aufrechterhaltung einer relativ hohen Körpertemperatur sorgt. Hierfür ist es erforderlich, dass die Tiere (anders als die wechselwarmen Arten, wie die Reptilien und Insekten) große Nahrungsmengen zu sich nehmen. Dank dem warmen Körper bleiben sie auch bei niedrigen Temperaturen aktiv und gehören somit zu den wenigen Tiergruppen, die auch im Winter in den hohen Bergen sowie an den Polen überleben können.

Daneben zeigt die Gruppe der Säugetiere einige der kompliziertesten Verhaltensweisen des Tierreichs. Die meisten Arten lernen durch Erfahrung, und die langlebigsten, wie die Elefanten, können wichtige Fertigkeiten und Fähigkeiten sowie erworbenes Wissen an ihren Nachwuchs weitergeben.

Einige bilden komplexe Gesellschaften mit hochentwickelten Kommunikationsmethoden, in denen die Individuen einander helfen zu überleben.

△ **Intelligenz**
Affen besitzen die Fähigkeit des problemlösenden Denkens und des Werkzeuggebrauchs. Dieser Schimpanse hat gelernt, einen Stock zu benutzen, um sich Nahrung aus einem Termiten-hügel zu beschaffen.

▽ **Geselligkeit**
Da die weiblichen Säugetiere ihre Jungen säugen, dauert die Aufzucht länger. Viele Arten zeigen bis ins Erwachsenenalter hinein soziale Muster; sie bilden Verbände, z. B. Rudel, Herden, Scharen und Schwärme.

◁ **Anpassungsfähigkeit**
Säugetiere haben sich in nahezu jedem Lebensraum ausgebreitet, angefangen bei den Kletterschliefern in den kahlen felsigen Bergen (s. links) bis hin zu den Walen, die über riesige Distanzen hinweg durch das Meer schwimmen können.

Menschen und andere Säugetiere

Wir Menschen können auf eine Vergangenheit mit langer und enger Verbindung zu anderen Säugetieren zurückblicken; wir ähneln ihnen in der Körpertemperatur, der Behaarung, der Wachsamkeit, der Mimik, den Bewegungen und den komplexen Verhaltensmustern. Im Laufe der Geschichte waren Säugetiere Objekte der Anbetung, wurden missachtet oder als Opfertiere gebraucht. Seit langer Zeit werden sie zudem für unterschiedliche Zwecke domestiziert, u. a. als Begleiter des Menschen, Nahrungslieferant oder Arbeitstier. Dieser Prozess der selektiven Zucht mit dem Ziel, bestimmte wünschenswerte Eigenschaften zu steigern, wie Temperament oder Stärke, führte häufig zu wesentlichen Veränderungen und einer großen Vielfalt. Ein Beispiel hierfür ist die große Anzahl verschiedener Haushundrassen, von denen nur noch wenige dem Wolf, ihrem Vorfahren, ähnlich sehen. Dieses Buch behandelt die Arten, die nach wie vor in der freien Natur leben und die im Wesentlichen unabhängig, jedoch nicht vollkommen unbehelligt von den Menschen existieren. Sie benötigen mehr denn je unsere Rücksicht und Pflege.

△ **Arbeitende Säugetiere**
Büffel, Yaks und anderes Vieh, Pferde, Esel, Kamele, Lamas sowie Elefanten gehören zu den zahlreichen kräftigen Säugetieren, die zum Ziehen, Tragen und Ausführen anderer physischer Aufgaben benutzt werden.

◁ **Anbetung**
Im alten Ägypten wurde der Schakal als die Verkörperung des Gottes Anubis angebetet. Noch heute werden Kühe, Elefanten und Affen in Indien als heilig betrachtet. In einigen Gesellschaften stehen Löwen, Tiger und Bären sowohl für eine Gottheit wie auch für den Teufel.

◁ **Studium**
Durch ein detailliertes Studium der Säugetierbiologie können Wege gefunden werden, die Tiere wirksam zu schützen.

◁ **Artenschutz**
Große Säugetiere, wie der Glattwal, wurden Jahrhunderte lang gejagt. Heute richtet sich die Aufmerksamkeit auf ihre Erhaltung, doch kann es für einige Arten schon zu spät sein.

ZUR BENUTZUNG DIESES BUCHES

In diesem Buch werden die 21 verschiedenen Ordnungen vorgestellt, die die Klasse der Säugetiere bilden. Innerhalb jeder dieser Ordnungen sind die einzelnen Arten ihren Familien zugeordnet. Anhand des folgenden Beispiels wird der Aufbau einer Artbeschreibung exemplarisch erläutert; die Informationen werden in Textform, als Stichpunkte und als Symbole dargeboten.

in Versalien gedruckter wissenschaftlicher Name der Familie, zu der die Art gehört

zweiteiliger, kursiv gedruckter wissenschaftlicher Name der Art

Name der Ordnung

momentaner Bestand der Art (s. u.; * zeigt den geschätzten Bestand an)

deutscher Name der Art; wenn nicht vorhanden ist der wissenschaftliche eingesetzt

Beschreibung der wichtigsten Bestimmungsmerkmale

Körpergröße, Schwanzlänge oder Gewicht in metrischen Einheiten

Informationen zu Verbreitung und Lebensraum

Farbabbildung der Art ermöglicht eine einfache Identifizierung

Tragzeit (in diesem Fall stand keine Information zur Verfügung)

soziale Lebensweise (solitär, gesellig, paarweise oder variabel)

Landkarte der Region, in der die vorgestellte Art vorkommt

zusätzliche Abbildung zeigt einen anderen Aspekt dieser Art

Bildunterschrift mit detaillierten Informationen

Hinweise auf besondere Merkmale

durchschnittliche Wurfgröße

Symbole zur Ernährungsweise (s. S. 33)

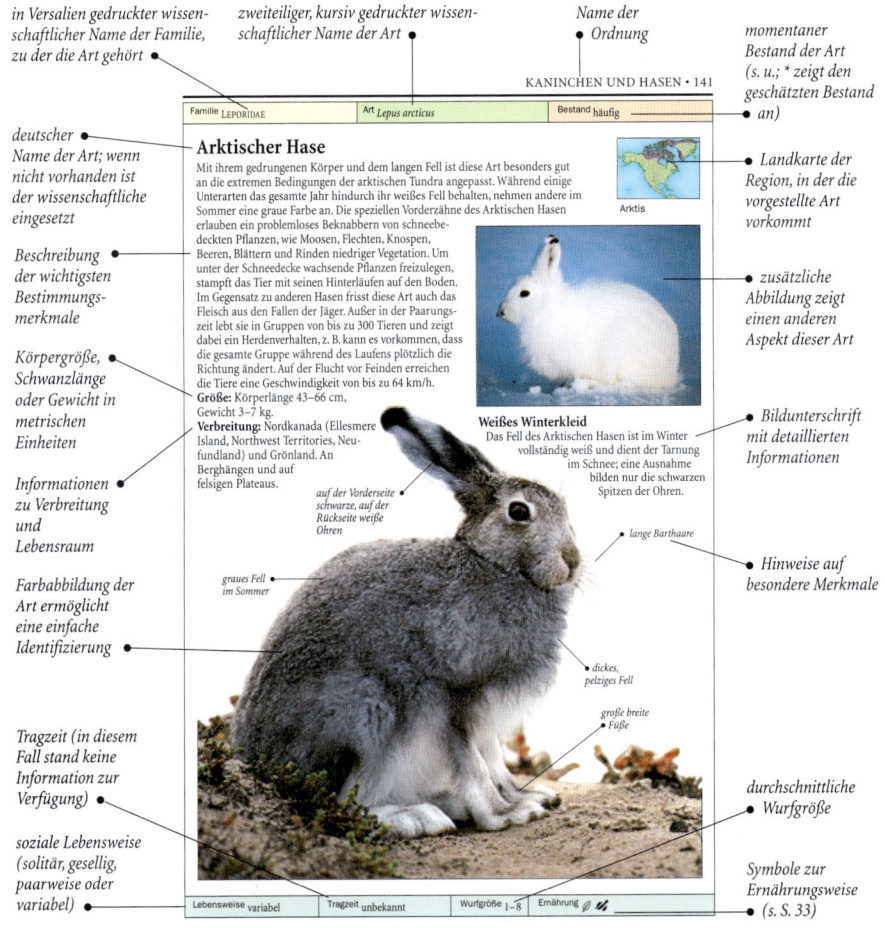

KANINCHEN UND HASEN • 141

Familie LEPORIDAE | Art *Lepus arcticus* | Bestand häufig

Arktischer Hase

Mit ihrem gedrungenen Körper und dem langen Fell ist diese Art besonders gut an die extremen Bedingungen der arktischen Tundra angepasst. Während einige Unterarten das gesamte Jahr hindurch ihr weißes Fell behalten, nehmen andere im Sommer eine graue Farbe an. Die speziellen Vorderzähne des Arktischen Hasen erlauben ein problemloses Beknabbern von schneebedeckten Pflanzen, wie Moosen, Flechten, Knospen, Beeren, Blättern und Rinden niedriger Vegetation. Um unter den Schneedecke wachsende Pflanzen freizulegen, stampft das Tier mit seinen Hinterläufen auf den Boden. Im Gegensatz zu anderen Hasen frisst diese Art auch das Fleisch aus den Fallen der Jäger. Außer in der Paarungszeit lebt sie in Gruppen von bis zu 300 Tieren und zeigt dabei ein Herdenverhalten, z. B. kann es vorkommen, dass die gesamte Gruppe während des Laufens plötzlich die Richtung ändert. Auf der Flucht vor Feinden erreichen die Tiere eine Geschwindigkeit von bis zu 64 km/h.
Größe: Körperlänge 43–66 cm, Gewicht 3–7 kg.
Verbreitung: Nordkanada (Ellesmere Island, Northwest Territories, Neufundland) und Grönland. An Berghängen und auf felsigen Plateaus.

Arktis

Weißes Winterkleid
Das Fell des Arktischen Hasen ist im Winter vollständig weiß und dient der Tarnung im Schnee; eine Ausnahme bilden nur die schwarzen Spitzen der Ohren.

auf der Vorderseite schwarze, auf der Rückseite weiße Ohren

lange Barthaare

graues Fell im Sommer

dickes, pelziges Fell

große breite Füße

Lebensweise variabel | Tragzeit unbekannt | Wurfgröße 1–8 | Ernährung

In diesem Buch basiert der Populationsbestand im Wesentlichen auf den Angaben der Roten Liste der bedrohten Arten der IUCN (s. S. 46).
in der freien Natur ausgerottet - existiert nur noch in Gefangenschaft
stark gefährdet - Gefahr der Ausrottung ist extrem hoch
gefährdet - Gefahr der Ausrottung ist sehr hoch
bedroht - Gefahr der Ausrottung ist hoch

weniger gefährdet - abhängig von Erhaltungsmaßnahmen, um nicht in die oben genannten Kategorien zu fallen
häufig - in relativ hoher Dichte über ein weites Gebiet verteilt vorhanden
stellenweise häufig - in relativ hoher Dichte innerhalb eines begrenzten Gebiets oder bestimmter Gebiete vorhanden

WAS IST EIN SÄUGETIER?

Von allen Tieren sind uns die Säugetiere am vertrautesten – zu ihnen gehören die meisten der domestizierten und der in Zoos am liebsten betrachteten Tierarten. Als Säugetiere besitzen auch wir Menschen all die charakteristischen Merkmale dieser Klasse. Unsere nächsten Verwandten aus der Tierwelt sind die ebenfalls zu der Gruppe zählenden Menschenaffen und Affen.

Charakteristische Merkmale

Säugetiere besitzen drei Hauptmerkmale, die sie von den anderen Tierklassen (einschließlich anderer Wirbeltiere) unterscheiden. Erstens sind Säugetiere Warmblüter oder – um genauer zu sein – endotherm und homöotherm; das bedeutet, dass ihr Organismus die relativ hohe Körperwärme, 35 bis 40° C, selbst herstellt. Unabhängig von der wechselnden Außentemperatur können die Tiere diese Temperatur auf konstantem Niveau halten. Zweitens sind sie behaart oder besitzen ein Fell. Selbst Säugetiere, die auf den ersten Blick unbehaart erscheinen, wie z. B. Wale oder Delphine, weisen hier und da einige vereinzelte Haare auf dem Körper auf. Drittens füttern die Weibchen ihre neugeborenen Jungen mit Milch, die in ihren Brustdrüsen produziert wird. Dies gab den Säugetieren ihren Namen.

relativ großer Kopf

dichter Pelz

Brustdrüsen

saugendes Jungtier

△ **Säugetiere und Milch**
Ein weibliches Säugetier (die Abbildung zeigt eine Mona-Meerkatze) füttert ihr Neugeborenes mit Milch aus ihren Brustdrüsen; bei diesen handelt es sich um besondere Arten von Schweißdrüsen an Brust oder Bauch.

mit Haaren bedeckter Körper

äußere Ohrmuscheln

wachsame Augen

Kiefer mit unterschiedlichen Zahntypen

beweglicher Hals

vier kräftige Gliedmaßen

Füße mit fünf Zehen

◁ **Der Körper**
Ein typisches Säugetier, wie der Wolf, besitzt einen großen Kopf mit Nase, Ohren und wachsamen Augen. Die kräftigen Kiefer weisen verschiedene Zahntypen (s. S. 18) auf. Der lange Körper, die vier Gliedmaßen und der Schwanz (s. S. 16) sind zum größten Teil mit Haaren bedeckt. Die verschiedenen Säugetiergruppen haben sehr unterschiedliche Körperformen entwickelt (s. gegenüberliegende S.)

Drei Säugetiergruppen

Abhängig von der Fortpflanzungsart werden die Säugetiere in drei Gruppen unterteilt; bei den Monotremata (eierlegende Säugetiere) legt das Weibchen Eier, aus denen die Jungtiere ausschlüpfen. Bei der Gruppe der Marsupialia (Beuteltiere) entwickeln sich die Jungen nur während einer kurzen Zeitspanne in der mütterlichen Gebärmutter. Sie werden in einem sehr frühen Entwicklungsstadium geboren – winzig, unfähig zu sehen oder zu hören, mit kaum ausgebildeten Gliedmaßen und unbehaart. Die neugeborenen Babys kriechen in eine taschenartige Einstülpung des weiblichen Körpers, dem Marsupium, wo sie sich von Muttermilch ernähren und sich weiter entwickeln. Die dritte und größte Gruppe stellen die Säugetiere mit Plazenta dar (s. S. 22); hier entwickelt sich der Nachwuchs bis zu einem fortgeschrittenen Stadium in der Gebärmutter und wird über die Plazenta ernährt.

△ **Eierlegende Säugetiere**
Zu den fünf Arten der Monotremata (Kloakentiere) gehören die vier Ameisenigel (die Abbildung zeigt einen Kurzschnabeligel) und das Schnabeltier.

◁ **Beuteltiere**
Die ca. 292 Arten der Beuteltiere umfassen die Kängurus (wie das Graue Riesenkänguru), Wallabis, Koalas, Kletterbeutler, Nasenbeutler und kleine Arten, die Ratten, Mäusen oder Hörnchen ähneln.

Spezialisierte Säugetiere

Zwar leben die meisten Säugetiere auf dem Boden, doch gibt es einige Gruppen, die sich an das Leben in anderen Umgebungen angepasst haben. Diese Arten haben sehr verschiedene Körperformen und Gliedmaßenstrukturen entwickelt.

• Spritzloch zum Atmen

waagrechte Schwanzflosse •

Finnwal (Säugetier)

aufrecht stehende Schwanzflosse

Walhai (Fisch)

Hand-schwinge •

• Kiemenspalten

▷ **Vogelförmige Säugetiere**
Mehr als eines von fünf Säugetieren bewegt sich fliegend fort. Die Vordergliedmaßen der Fledermaus sind zu Flügeln modifiziert, die nicht wie der Vögel aus Federn gebildet werden, sondern aus einer Haut bestehen.

keine • Knochen im Schwanz

lange Finger-knochen •

Habicht (Vogel)

• empfindliche Ohren

• dünne elastische Flügelhaut

Ohrenfledermaus (Säugetier)

△ **Fischförmige Säugetiere**
Die Körper der Wale, Delphine und Tümmler sind zum Schwimmen im Wasser stromlinienförmig und ähnlich geformt wie die der Fische. Die Tiere besitzen zu Flossen modifizierte Vordergliedmaßen und Schwanzflossen am Körperende. Im Gegensatz zu den mit Kiemen atmenden Fischen atmen sie mit Lungen.

EVOLUTION

Wie alle Lebewesen haben sich auch die Säugetiere über eine lange Zeitspanne hinweg entwickelt. Die ca. 4475 heute vorkommenden Arten stellen nur einen kleinen Teil aller Säugetiere dar, die jemals auf der Erde gelebt haben. Fossile Funde lassen vermuten, dass die ersten Säugetiere zur gleichen Zeit auftauchten wie die ersten Dinosaurier, also vor über 200 Millionen Jahren. Doch sind die Eigenschaften der Säugetiere, wie das Füttern der Jungen mit Milch, nicht aus Fossilien zu ersehen – prähistorische Säugetiere müssen anhand der fossilen Überreste, vor allem der Zähne und der Schädel (s. gegenüberliegende S.) identifiziert werden.

Vorfahren der Säugetiere

Die Vorfahren der frühen Säugetiere waren kleine Raubtiere – eine Untergruppe der säugetierähnlichen Reptilien, bekannt unter dem Namen Therapsiden. Fossilien lassen vermuten, dass einige Therapsiden ein Fell trugen. Außerdem waren sie wahrscheinlich endotherm (Warmblüter), also auf dem besten Weg, echte Säugetiere zu werden. Die frühen Säugetiere lassen sich bis ins mittlere Triaszeitalter zurückdatieren. Sie besaßen neu entwickelte Schädelmerkmale (s. gegenüberliegende S.), ein leichteres und beweglicheres Skelett und aufrecht stehende Gliedmaßen, die sich unter dem Körper befanden und nicht, wie bei den Reptilien, an den Seiten. Vor 200 Millionen Jahren jagten die frühen Säugetiere nach kleinen Beutetieren, in den nächsten 135 Millionen Jahren dominierten die Dinosaurier die Erde. Trotzdem überlebten die Säugetiere, obwohl sie nicht größer als Hauskatzen waren.

△ **Frühe Säugetiere**
Die Überreste eines der ersten Säugetiere, des Megazostrodons, wurden in Lesotho, Afrika, entdeckt und stammen aus dem späten Triaszeitalter. Sie weisen auf ein Lebewesen von ca. 12 cm Länge hin, das äußerlich den heutigen Hörnchen oder Spitzhörnchen ähnelt.

Moeritherium (vor 50–35 Mio. Jahren)   Phiomia (vor 35 Mio. Jahren)   Gomphotherium (vor 20 Mio. Jahren)

TRIAS	JURA	KREIDE
Säugetierähnliche Reptilien kommen häufig vor. Erste Säugetiere und Dinosaurier erscheinen.	Dinosaurier beherrschen das Land als riesige Pflanzenfresser und Fleischfresser. Säugetiere sind nachtaktive kleine Insektenfresser, wahrscheinlich eierlegend (Monotremata).	Dinosaurier entwickeln sich weiterhin in verschiedene Gruppen, Säugetiere sind kleine und nachtaktive
vor 205 Millionen Jahren	vor 142 Millionen Jahren	

Mesozoikum

Schnelle Evolution

Die Dinosaurier starben vor 65 Millionen Jahren aus. Wenig später, im frühen Tertiär, wurden die Säugetiere großen Veränderungen unterworfen. Es entwickelten sich nun Hunderte neuer Arten. Einige von ihnen verschwanden wieder, andere überdauerten jedoch und begründeten die Gruppe der heute vorkommenden Säugetiere. Vor ca. 50 Millionen Jahren schwammen die ersten Wale in den Meeren und die frühen Fledertiere flogen durch die Luft.

▽ **Familienentwicklung**
Einige Säugetiergruppen kamen früher viel häufiger vor als heute. Zur Gruppe der Elefanten z. B. zählen nur drei überlebende Arten, sie durchlief jedoch eine lange und mannigfaltige Entwicklungsgeschichte und umfasste mehr als 160 Arten.

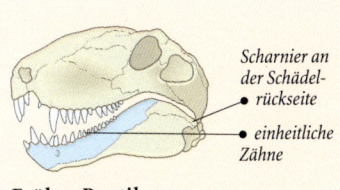

Scharnier an der Schädelrückseite

einheitliche Zähne

Frühes Reptil

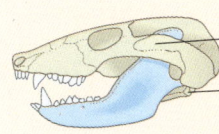

Jochbeinbogen

Scharnier weiter vorn als bei den frühen Reptilien

Säugetier des Trias

großer Jochbeinbogen

spezialisierte Zähne

Modernes Säugetier

▢ zahntragender Knochen

SCHÄDELENTWICKLUNG

Die Vorfahren der Säugetiere waren Reptilien mit einheitlichen Zähnen und einem aus mehreren Knochen bestehenden Unterkiefer. Im Laufe der Säugetierentwicklung reduzierte sich der Unterkiefer zu einem zahntragenden Knochen und die Zähne erhielten unterschiedliche Formen. Der Jochbeinbogen entwickelte sich zur Ansatzstelle für die kräftigeren Kaumuskeln.

Deinotherium (vor 20–22 Mio. Jahren)

Asiatischer Elefant (heute)

▽ **Säugetierentwicklung**
Säugetiere überlebten als kleine Raubtiere während des größten Teils des Mesozoikums. Mit Beginn des Känozoikums und dem Verschwinden der Dinosaurier entwickelten sich die Säugetiere (und Vögel) schnell weiter und dominierten bald die Erde.

	TERTIÄR	QUARTIÄR
Raubtiere. Wahrscheinlich erscheinen Beuteltiere und Säugetiere mit Plazenta.	Säugetiere durchlaufen eine schnelle Evolution. Vor 40 Millionen Jahren wurden die meisten der heute lebenden Gruppen begründet.	Eiszeiten verändern das Verhalten der verschiedenen Säugetiere stark. Zeitgleiches Erscheinen des modernen Menschen und Verschwinden vieler großer Säugetiere – u. a. Mammute und Riesenelche.
vor 65 Millionen Jahren	vor 1,8 Millionen Jahren	heute

Känozoikum

VIELFÄLTIGKEIT

Säugetiere stellen die am weitesten verbreitete und vielfältigste Tierklasse dar. Sie bewohnen mehr Lebensräume und mehr Regionen dieser Erde als irgendeine andere große Tiergruppe.

Dies ist z. T. darauf zurückzuführen, dass sie Warmblüter sind; auch an den kältesten Orten, z. B. in den Polarmeeren, können sie aktiv bleiben.

Extreme Größe und Form

Das Größenspektrum der Säugetiere wird von keiner anderen Tiergruppe übertroffen. Das größte aller Säugetiere, die jemals auf der Erde gelebt haben, ist der Blauwal; er ist mehr als 70 Millionen Mal schwerer als die kleinsten Säugetierarten, wie die Langnasenfledermaus, die kleiner ist als ein menschlicher Daumen. Zwischen diesen beiden Extremen kommt nahezu jede denkbare Größe und Form vor, u. a. Mäuse, die kleiner als einige Insekten sind, Otter und Delphine, die besser als Fische schwimmen können, Flederhunde mit Flügelspannweiten, die die der meisten Vögel übertreffen, sowie riesige Büffel, deren Hörner länger sind als die Arme eines Menschen.

◁ **Das größte Säugetier**
Ein gut genährtes Blauwalweibchen wiegt über 150 t und ist bis zu 30 m lang. Dies entspricht etwa der Größe der größten Dinosaurier, z. B. der des Argentinosaurus.

▷ **Höhen erreichen**
Eine Giraffe kann Blätter in 6 m Höhe erreichen. Sie besitzt einen langen Hals, eine verlängerte Schnauze und stelzenähnliche Beine; die Zunge kann bis zu 45 cm über das Maul hinausragen.

△ **Das kleinste Säugetier**
Die Schweinsnasenfledermaus, auch Hummelfledermaus genannt, ist beinah so leicht wie eine Feder – sie wiegt nur ca. 2 g. Der Körper ist 30 mm lang, die Flügelspannweite beträgt 15 cm; das Tier ist im Südwesten Thailands in Höhlen zu finden. Weißzahnspitzmäuse sind fast ebenso leicht.

Erscheinungsformen des Lebens

Die verschiedenen Säugetierarten haben sich an alle möglichen Lebensräume angepasst; sie sind in der Lage, mit einer großen Bandbreite von Temperaturen und Landschaften umzugehen – von der eisigen Tundra und kalten Bergspitzen über tropische Regenwälder, Nadel- und Laubwälder, Graslandschaften und gestrüppreiche Gegenden bis hin zu kargen und trockenen Wüsten. Die Tiere sind in der Luft, im Süß- sowie im Salzwasser, im Boden und in unterirdischen Höhlen zu finden. Obwohl sie Luft zum Atmen benötigen, begeben sich einige Säugetiere, wie die Pottwale und die Schnabelwale, regelmäßig in die Tiefen der Meere.

△ **An Land**
Das schnellste landlebende Tier, der Gepard, kann eine Geschwindigkeit von bis zu 100 km/h erreichen. Die Gabelhornantilope ist beinahe ebenso schnell.

△ **In den Ästen**
Koalas, Kletterbeutler, Flugbeutler, einige Lemuren und viele Affen verbringen ihr Leben in den Bäumen.

△ **In der Luft**
Die Fledermäuse sind die einzigen wahren Flieger unter den Säugetieren, doch können einige andere Arten, wie die fliegenden Lemuren, ausgezeichnet gleiten.

△ **Im Wasser**
Säugetiere, wie die Otter, sind oft im Wasser zu finden; andere, z. B. Robben, verbringen darin einen Großteil ihres Lebens, Wale, Delphine und Tümmler verlassen es niemals.

ÄHNLICH, ABER DENNOCH VERSCHIEDEN

Im Laufe der Evolution haben sich eng verwandte Säugetiere an unterschiedliche Umweltbedingungen angepasst und somit verändert. Bamleusfingerratten besitzen große Augen und rennen behände über die Äste, doch ihre nahen Verwandten, die Blindmäuse, sind nahezu blind und graben unter der Erde. Andererseits haben sich sehr weit entfernte Verwandte sehr ähnlich entwickelt, da sie einen gemeinsamen Lebensstil und Lebensraum aufweisen.

▷ **Beutelmull**
Dieses Tier ähnelt äußerlich in nahezu jedem Aspekt – ausgenommen der Farbe – dem Europäischen Maulwurf, doch gehört es zu einer anderen Ordnung: den Beuteltieren.

△ **Europäischer Maulwurf**
Obwohl dieser Maulwurf ein Insektenfresser ist, ähnelt er dem Beutelmull in Größe und Erscheinungsbild. Er besitzt ebenfalls schaufelähnliche Vorderkrallen, einen gedrungenen Körper sowie winzige Augen und Ohren.

ANATOMIE

Die meisten Säugetiere besitzen einen deutlich abgegrenzten Kopf und Hals, einen länglichen Körper, vier Gliedmaßen, die am Ende jeweils fünf Fortsätze (Finger oder Zehen) aufweisen, und einen Schwanz.

Dieser grundlegende anatomische Aufbau war bereits bei den ersten Säugetieren vor 200 Millionen Jahren vorhanden. Im Laufe der Evolution wurde aus diesem Grundmuster eine Vielzahl von Größen und Formen entwickelt.

Innenskelett

Im Körperinneren bilden Skelettknochen ein stützendes Gerüst (Endoskelett). Sie sind leicht, aber stabil und fest; an den beweglichen Gelenken sind sie miteinander verbunden, sodass Bewegungen möglich sind. Beim Pferd haben sich jedoch die meisten Finger- und Zehenknochen im Laufe der Zeit zurückgebildet.

▷ **Häufiges Vorkommen**
Zwei von fünf Säugetierarten weisen eine rattenähnliche Körperform auf.

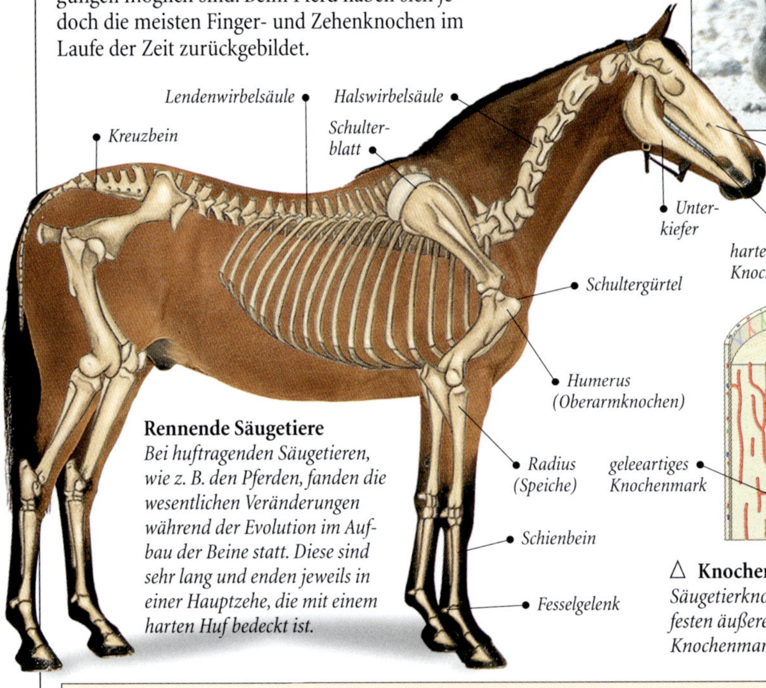

Lendenwirbelsäule • Halswirbelsäule •

• Kreuzbein

Schulterblatt •

• Schädel

Unterkiefer •

• Zähne

harte äußere Knochensubstanz •

• Schultergürtel

• Humerus (Oberarmknochen)

Rennende Säugetiere
Bei huftragenden Säugetieren, wie z. B. den Pferden, fanden die wesentlichen Veränderungen während der Evolution im Aufbau der Beine statt. Diese sind sehr lang und enden jeweils in einer Hauptzehe, die mit einem harten Huf bedeckt ist.

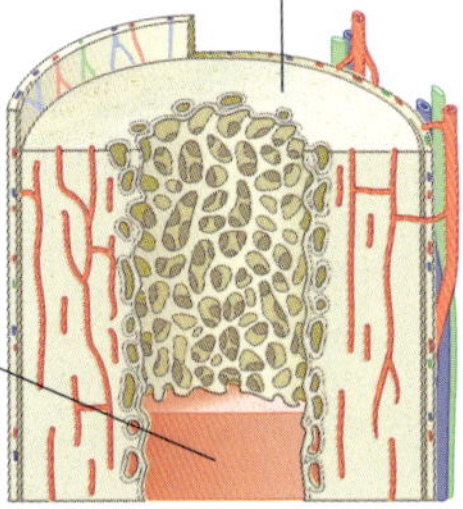

• Radius (Speiche)

geleeartiges • Knochenmark

• Schienbein

• Fesselgelenk

△ **Knochen**
Säugetierknochen bestehen aus einer festen äußeren Schicht und einem mit Knochenmark gefüllten Hohlraum.

GLIEDMASSEN

Die äußere Form der Gliedmaßen und deren Knochenaufbau hängen davon ab, ob sich das Säugetier mit den Beinen auf dem Boden, mit Flügeln in der Luft oder mit Flossen im Wasser bewegt, und variieren demzufolge sehr stark. Bei vielen Arten haben die Gliedmaßen neben der Fortbewegung noch andere Aufgaben zu erfüllen, wie z. B. das Fangen der Beute oder die Fellpflege.

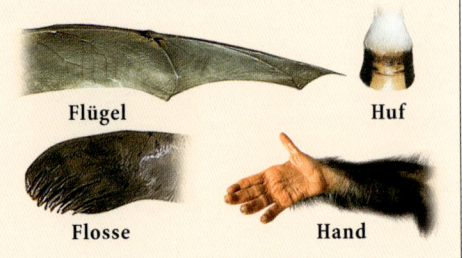

Flügel

Huf

Flosse

Hand

Leben im Wasser

Wale, wie der Delphin, sind in ihrer Anatomie mit am weitesten entwickelt – in Form und Aufbau unterscheiden sie sich sehr stark vom ursprünglichen Säugetierkörper. Anpassungen an die Fortbewegung im Wasser sind die Stromlinienform von Kopf, Hals und Körper sowie die äußerst geringe Anzahl von Haaren auf der glatten Haut.

Schnauze (Schnabel)

△ **Atmen**
Das Nasenloch (Spritzloch) der Wale befindet sich hoch oben an der Stirn. Zum Atmen muss das Tier den Kopf aus dem Wasser heben.

Oberkiefer
(Rostrum)

Brustflossen

abgerundete Form

nahezu unbehaarte Haut

Unterkiefer
(Mandibel)

„Fingerknochen"
in den Flossen

bewegliche Wirbelsäule

schmale Rippen

Schwanzflossen

△ **Delphinskelett**
Das Skelett ist gut an das Schwimmen angepasst. Die Vorderextremitäten sind Flossen, die hinteren Gliedmaßen fehlen. Die Schwanzflossen, die zum Schwimmen benutzt werden, bestehen aus steifen Muskeln und anderem Gewebe, das nicht von Knochen unterstützt wird.

Rückgrat reicht bis zur Schwanzspitze

Fliegen

Die Hinterbeine einer Fledermaus entsprechen im Grundaufbau denen der meisten anderen Säugetiere, die vorderen Gliedmaßen wurden jedoch zu hochentwickelten Flügeln umgebildet. Die Oberarmknochen sind kurz und kräftig, während die Unterarmknochen länger sind. Der Hauptteil der Flügelmembran (Patagium) wird mit den extrem verlängerten Fingern aufgespannt. Die Membran besteht aus einer dünnen Muskelschicht und elastischen Fasern, die von zwei Hautschichten bedeckt sind. Diese wurden aus dem Hautgewebe zwischen den Fingern entwickelt, das die meisten Säugetiere (einschließlich der Mensch) besitzen. Die Flügel werden mithilfe kräftiger Brust- und Schultermuskeln bewegt.

Flügelmembran

verlängerte Fingerknochen

langer Unterarm

△ **Flughund**
Dank den kräftigen Flügeln kann der Flughund weite Strecken fliegen.

Zähne

Der Unterkiefer der Säugetiere ist durch ein Scharnier direkt mit dem Schädel verbunden. Die Tiere weisen eine heterodonte Bezahnung auf, d. h., die Zähne sind je nach der zu erfüllenden Aufgabe verschiedenartig geformt. Es werden vier verschiedene Zahntypen unterschieden; die Schneidezähne im vorderen Teil des Kiefers zeigen scharfe gerade Kanten zum Beißen und Nagen. Die Eckzähne sind zum Reißen lang und spitz, die vorderen und hinteren Backenzähne haben eine breite Oberfläche zum Zermalmen oder scharfe Kanten zum Schneiden. Die Eckzähne der Raubtiere sind zum Aufspießen und Zerreißen der Beutetiere lang. Grasende Tiere besitzen nur sehr kleine oder gar keine Eckzähne, dafür sind ihre Backenzähne zum kräftigen Kauen massiv und mit Kanten versehen.

scharfe Schneidekante • breite Oberfläche zum Mahlen • Kauoberfläche mit vielen Spitzen •

Backenzahn eines Raubtiers **Backenzahn eines Pflanzenfressers** **Backenzahn eines Allesfressers**

hintere Backenzähne • vordere Backenzähne • Eckzähne • Schneidezähne •

△ **Ein Kiefer voller Zähne**
Die Manguste ist ein Allesfresser mit einem abwechslungsreichen Speiseplan. Sie weist alle vier Zahntypen auf und besitzt insgesamt 40 Zähne.

Schnecke wandelt Vibrationen in Signale für das Gehirn um •

Gehörknöchelchen übertragen Vibrationen zur Schnecke •

Trommelfell empfängt Schallwellen •

Gehörgang •

△ **Ohr**
Die Knochen, die einst (wie bei anderen Wirbeltieren) den Kiefer mit dem Schädel verbunden, haben sich bei den Säugetieren in einen komplizierten Hörmechanismus entwickelt.

△ **Fleischfresser**
Die hinteren größten Backenzähne des Ober- und Unterkiefers sind bei einigen fleischfressenden Säugetieren besondere Reißzähne. Diese weisen zum Durchtrennen von Knorpel und Zerbrechen von Knochen scharfe Kanten auf und schließen wie Scheren.

◁ **Andere Aufgaben**
Einige Säugetiere, wie die männlichen Nilpferde, Katzen und Hunde, entblößen zum Bedrohen von Rivalen ihre Eckzähne. Manche pflegen mit den Zähnen ihr Fell.

Haut und Haar

Die Säugetierhaut erfüllt verschiedene wichtige Funktionen. Sie umschließt und schützt die empfindlichen inneren Körperteile und stattet das Tier mit dem Tastsinn aus. Die in ihr liegenden Schweißdrüsen sondern einen wässrigen Schweiß ab; durch dessen Verdunstung wird dem Körper Wärme entzogen, sodass eine relativ konstante Körpertemperatur gehalten werden kann. Die Talgdrüsen produzieren Öle oder Wachse, die die Haut geschmeidig und wasserdicht erhalten. Im Gegensatz zu anderen Tiergruppen wachsen aus der Haut Haare oder Fell. Die Haut der großen Pflanzenfresser ist mehr als 3 cm dick und bietet Schutz gegen Fressfeinde.

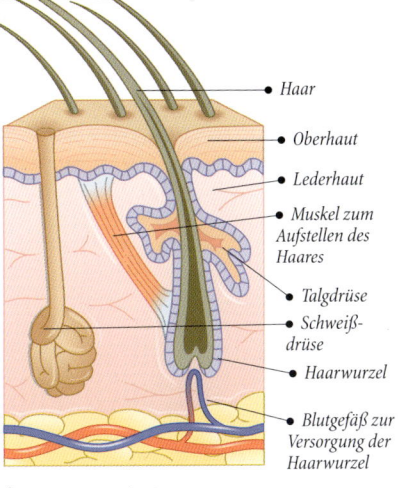

Haar
Oberhaut
Lederhaut
Muskel zum Aufstellen des Haares
Talgdrüse
Schweißdrüse
Haarwurzel
Blutgefäß zur Versorgung der Haarwurzel

△ **Hautquerschnitt**
Die Säugetierhaut besteht aus zwei Schichten: der äußeren abgestorbenen und festen Oberhaut und der inneren Lederhaut, die die Drüsen und Tastkörperchen enthält.

▷ **Barthaare**
Barthaare (Sinnesborsten) wachsen rund um die Nase und sind sehr empfindlich. Sie tasten die Umgebung ab, während sich das Tier bewegt.

◁ **Stacheln**
Einige Säugetiere, z. B. Stachelschweine und Igel, besitzen zum Schutz lange steife, mit scharfen Spitzen versehene Haare – Stacheln.

Tiger   **Delphin**   **Gürteltier**

△ **Hauttypen**
Die Tigerhaut zeigt zur Tarnung im Gras Streifen; die Haut des Delphins ist als Anpassung an das Gleiten im Wasser nahezu unbehaart. Aus der Gürteltierhaut wachsen zum Schutz des Tieres verhornte Platten.

TEMPERATURKONTROLLE

Säugetiere sind homöotherm, d. h., die Körpertemperatur bleibt auf einer nahezu konstanten Höhe. Zu ihrer Regulierung wälzen sich die Tiere im Schlamm oder erholen sich im Schatten; Maßnahmen des Organismus zur Erhaltung der Körpertemperatur sind Zittern, das Verändern der Stoffwechselrate, das Zusammenziehen der Blutgefäße an der Hautoberfläche oder Schwitzen.

▷ **Hecheln**
Säugetiere mit einem dicken Fell können sich nicht durch Schwitzen abkühlen. Stattdessen hecheln sie – so geben sie überschüssige Körperwärme über die warme Atemluft ab.

FORTPFLANZUNG

Bei der Säugetierfortpflanzung handelt es sich um eine sexuelle Vermehrung. Das bedeutet, dass sich eine weibliche Eizelle mit dem Spermium eines Männchens vereinigt; so wird ein befruchtetes Ei produziert, das zu einem neuen Individuum heranwächst. Im Gegensatz zu primitiveren Lebensformen können sich die Säugetiere nicht ungeschlechtlich fortpflanzen. Einzigartige Merkmale bei der Säugetierfortpflanzung sind das Wachstum der Nachkommen in der Gebärmutter und die Ernährung des ungeborenen Jungtiers durch die Plazenta.

Werbung und Paarung

Die Werbung sichert das Zusammenkommen eines weiblichen und eines männlichen Säugetiers zur Produktion von Nachkommen. Sie beinhaltet Laute, das Absondern von Düften und die Präsentation des Körpers. Durch Rufe, normalerweise vom Männchen ausgestoßen, werden potenzielle Partner über eine große Distanz hinweg angelockt. Viele weibliche Säugetiere produzieren Düfte, um ihre Paarungsbereitschaft zu signalisieren.

△ **Paarungskämpfe**
Einige männliche Säugetiere kämpfen miteinander um das Recht, sich mit den Weibchen zu paaren. Die größten und stärksten gewinnen, da bei ihnen die Wahrscheinlichkeit am größten ist, gesunden Nachwuchs zu zeugen.

◁ **Paarung**
Bei Säugetieren findet eine innere Befruchtung statt: Die männlichen Spermien gelangen in den weiblichen Körper und befruchten dort das Ei.

▽ **Paarungszeit**
Die meisten Säugetiere versammeln sich nur zu einer bestimmten Zeit im Jahr, um sich fortzupflanzen. Die Jungen werden während der günstigsten Jahreszeit geboren – normalerweise im Frühjahr oder im Sommer, wenn ausreichend Nahrung zur Verfügung steht.

Eierlegende Säugetiere

Die Monotremata (Kloakentiere) bilden eine sehr kleine Ordnung; hier werden keine vollständig entwickelten Jungen geboren, sondern die Nachkommen entwickeln sich in Eiern im mütterlichen Körper. Nach dem Legen der Eier schlüpfen die Jungen und ernähren sich, genau wie andere Säugetierjunge, von der Milch der Mutter. Die fünf Arten der Kloakentiere umfassen das Schnabeltier und vier Ameisenigelarten.

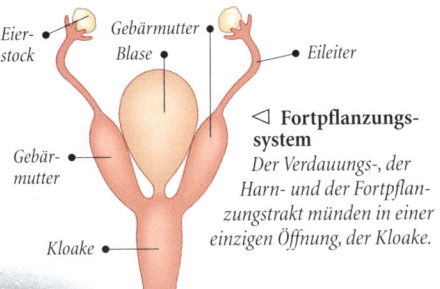

Eierstock — Gebärmutter
Blase — Eileiter

◁ **Fortpflanzungssystem**
Der Verdauungs-, der Harn- und der Fortpflanzungstrakt münden in einer einzigen Öffnung, der Kloake.

Gebärmutter
Kloake

◁ **Schnabeltier**
Das weibliche Schnabeltier baut ein Nest in einem Tunnel am Flussufer. Dort legt es seine Eier, hält sie warm und beschützt sie 10 Tage lang, bis die Jungen schlüpfen. Das Weibchen besitzt keine Brustwarzen; die Milch tritt aus Brustdrüsen am Bauch aus und wird von den Jungtieren aufgeleckt.

Beuteltiere

Die meisten Weibchen der 292 Beuteltierarten besitzen einen Beutel (Marsupium) am Bauch. Ihre Jungen werden, im Gegensatz zu den Nachkommen der Säugetiere mit Plazenta (s. S. 22), in einem sehr frühen Entwicklungsstadium geboren. Dann kriechen sie in den Beutel der Mutter, wo sie sich geschützt weiter entwickeln.

Gebärmutter
Eierstock — Eierstock
Gebärmutter
Scheide
Geburtskanal
Scheide

◁ **Fortpflanzungssystem**
Ein weibliches Beuteltier besitzt zwei Scheiden, in die die männlichen Spermien eindringen können, um die Eier zu befruchten, sowie zwei Gebärmütter. Die Jungen werden durch einen zentralen Geburtskanal geboren.

▷ **Das Ende der Reise**
Nach einer Tragzeit von nur 1 Monat im Unterleib der Mutter ist das neugeborene Beuteltier – wie dieses Tammar-Wallabi – nackt und winzig und besitzt paddelartige Gliedmaßenansätze. Es ist unfähig zu sehen oder zu hören und kriecht, geleitet durch seinen Geruchssinn, durch das Fell der Mutter von der Geburtsöffnung bis in den Beutel. Dort saugt es sich an einer Zitze fest, um sich von der Milch zu ernähren und dort weitere 6 Monate zu wachsen, bevor es sich nach draußen wagt.

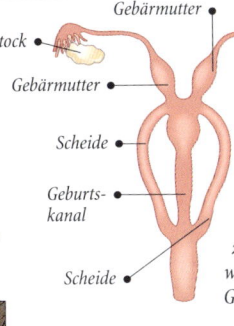

▷ **Joey**
Manche Beuteltierjunge (Joeys) verlassen den Beutel für kurze Zeiträume und kehren zum Saugen, zum Ausruhen oder bei Gefahr zurück. Der Beutel kann sich nach vorn (wie bei den Kängurus) oder nach hinten hin öffnen (wie bei den Koalas).

Säugetiere mit Plazenta

Alle Säugetiere, außer den Kloakentieren und Beuteltieren, besitzen eine voll ausgebildete Plazenta – ein Körperteil, das sich in der weiblichen Gebärmutter neben dem ungeborenen Jungtier entwickelt. Es befördert Sauerstoff und Nährstoffe aus dem mütterlichen Blut zum Nachwuchs und entfernt Abfallprodukte; so kann sich das ungeborene Junge bis zu einem fortgeschritteneren Stadium im Mutterleib entwickeln. Beuteltiermütter weisen nur eine rudimentäre Plazenta auf.

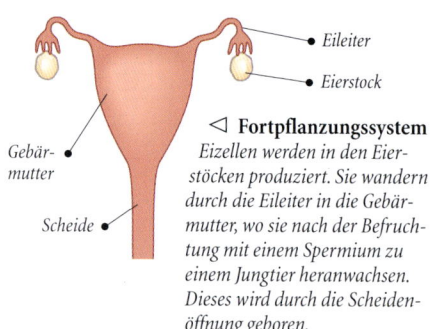

Eileiter

Eierstock

Gebärmutter

Scheide

◁ **Fortpflanzungssystem**
Eizellen werden in den Eierstöcken produziert. Sie wandern durch die Eileiter in die Gebärmutter, wo sie nach der Befruchtung mit einem Spermium zu einem Jungtier heranwachsen. Dieses wird durch die Scheidenöffnung geboren.

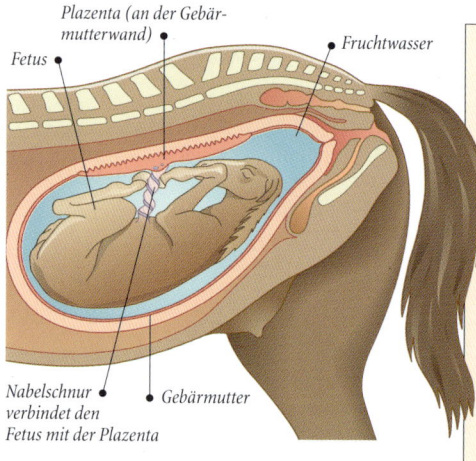

Plazenta (an der Gebärmutterwand)

Fetus

Fruchtwasser

Nabelschnur verbindet den Fetus mit der Plazenta

Gebärmutter

△ **In der Gebärmutter**
Die Plazenta ist in der Schleimhautschicht der Gebärmutter eingebettet und durch Blutgefäße, die die Nabelschnur bilden, mit dem sich entwickelnden Jungtier (Fetus) verbunden; das Fruchtwasser schützt den Fetus bei Stößen. Die Plazenta wird kurz nach der Geburt des Jungen abgestoßen.

▷ **Neugeboren**
Einige neugeborene Säugetiere können schon kurz nach der Geburt gehen und rennen. Dies trifft auf Arten zu, die in der offenen Landschaft gebären und den Gefahren durch Fressfeinde ausgesetzt sind. In Nestern geborene Jungtiere sind meist weniger weit entwickelt.

ERSTE ATEMZÜGE

Im Mutterleib muss das Junge nicht selbst atmen, denn es erhält durch die Plazenta Sauerstoff aus dem Blut der Mutter. Mit dem Zeitpunkt der Geburt löst sich die Plazenta von der Gebärmutter und das Jungtier benötigt sofort Luft. Die Geburt einiger Säugetiere, z. B. die der Delphine, Tümmler und Wale (Wale) sowie die der Dugongs und Manatis (Sirenen), findet unter Wasser statt. Danach muss das Junge zum Atmen so schnell wie möglich an die Wasseroberfläche. Häufig schubsen die Mutter oder andere ausgewachsene Tiere das Neugeborene vorsichtig an und helfen ihm bei seiner Reise nach oben.

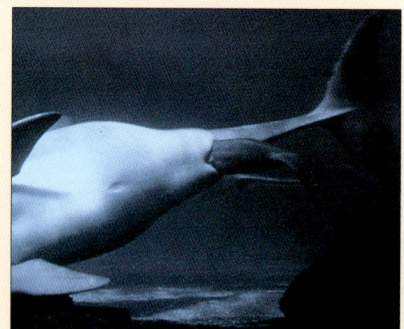

△ **Unterwassergeburt**
Landsäugetiere treten normalerweise mit dem Kopf zuerst durch den Geburtskanal. Delphin- und andere Waljunge werden mit dem Schwanz voran geboren, da ihr stromlinienförmiger Körper leicht durch den Geburtskanal gleitet.

Elternfürsorge

Die Säugetierfortpflanzung unterscheidet sich von der der anderen Tiere u. a. durch die lange Aufzucht. Die Nachkommen werden wochen-, mitunter sogar monatelang mit Muttermilch gefüttert. Außerdem werden die Jungen warm gehalten und beschützt. Bei den meisten Arten übernimmt die Mutter die Pflege, bei wenigen anderen hilft auch der Vater oder andere Gruppenmitglieder mit. Bei einigen größeren Säugetieren, wie z. B. den Elefanten, den großen Affen oder den Menschen, dauert die Aufzucht ca. 10 Jahre.

◁ **Hohe Reproduktionsrate**
Kleine Nagetiere, z. B. Mäuse, gehören zur „Grundnahrung" vieler Raubtiere. Eine hohe Reproduktionsrate gewährleistet daher die Erhaltung der Art. Ein einziges Hausmauspaar kann über zwei bis drei Generationen jährlich mehr als 1000 Nachkommen erzeugen.

△ **Säugen**
Die Zeit, in der eine Säugetiermutter ihr Junges mit ihrer Milch säugt, wird Laktationsphase genannt. Bei kleinen Säugetieren kann sie 10 bis 14 Tage dauern, bei größeren, etwa den Elefanten, 3 bis 4 Jahre.

△ **Wenige Jungtiere**
Größere Säugetiere, wie dieser Hundskopfaffe, bekommen nur ein oder zwei Nachkommen. Dadurch haben die Eltern mehr Zeit für die Aufzucht der Jungen, was deren Lebenserwartung erhöht.

Zeit der Lernens

Als Folge der intensiveren Elternfürsorge bei den Säugetieren erleben die Jungen eine längere „Kindheit" und haben mehr Zeit zum Lernen. Sie können ihre Eltern oder andere Gruppenmitglieder beobachten und verschiedene Aktivitäten ausprobieren, wie etwa die Futtersuche oder das Jagen.

◁ **Spielen**
Junge Säugetiere erwecken während ihrer Spielphasen den Eindruck, als hätten sie sorgenfreien Spaß. Doch im Spiel liegt eine ernste Absicht, denn es fördert Sinnesentwicklung, schnelle Reaktion, Stärke und Beweglichkeit. Diese Fähigkeiten müssen ausgewachsene Tiere für den Beutefang, das Vertreiben von Feinden sowie für Rivalenkämpfe in der Paarungszeit aufweisen.

SOZIALVERBÄNDE

Säugetiere zeigen eine Vielzahl verschiedener sozialer Verhaltensweisen. Geselligkeit scheint bei Pflanzenfressern häufiger vorzukommen als bei Fleischfressern. Aufgrund der Fähigkeit der Tiere, sich gut an die äußeren Gegebenheiten anzupassen, variieren die sozialen Gruppierungen je nach Lebensraum, Jahreszeit, Paarungszeit, Lebensabschnitt oder Nahrungsangebot. Die meisten Säugetiere leben mit ihren Artgenossen nur während der Aufzucht der Jungtiere zusammen.

Einzelgänger

Fleischfressende Säugetiere, wie Katzen, einige Bären, Marder und Schleichkatzen leben meist solitär. Dies dient z. T. dazu, den Nahrungswettbewerb in einem Jagdgebiet zu vermindern. Eine Ausnahme bilden die Mitglieder der Familie der Hunde, die gut organisierte Rudel bilden.

△ **Einsames Anpirschen**
Katzen sind nachtaktive solitäre Tiere, die sich an ihre Beute anpirschen. Sie bilden nur während der Fortpflanzungszeit Paare oder sind als Mutter-Kind-Gruppe anzutreffen. Als einzige Ausnahme bilden Löwen Gruppen oder Rudel.

◁ **Territorien**
Bären und andere große Raubtiere besetzen jeweils ein eigenes Jagdgebiet. Doch das Territorium eines männlichen Braunbären überschneidet sich mit denen der Weibchen, sodass sich die beiden Geschlechter zur Paarung treffen.

Paarbildung

Einige Säugetiere, vor allem die Primaten, bilden Paare, die für ein ganzes oder sogar für mehrere Jahre zusammenbleiben. Manche Gibbonarten bilden lebenslange Partnerschaften; diese Lebensweise spart Energie und vermindert Risiken, denen sich die Tiere bei jeder neuen Partnerwahl zur Paarungszeit aussetzen müssten. Neuere Studien zeigen jedoch, dass diese Partnerschaften nicht immer monogam sind.

△ **Harmonie**
Manche Gibbons verstärken die Paarbindung, indem sie im Duett Rufe ausstoßen. Diese dienen gleichzeitig dem Fernhalten anderer Gibbons aus dem Revier dieses Paares.

Erweiterte Gruppen

Verschiedene Affen- und Fuchsarten leben in Familienverbänden, die ein Weibchen, seine Jungtiere und oft den männlichen Partner umfassen. Bei einigen Arten, etwa den Löwen, Wölfen und Gorillas, wird diese Gruppe noch um andere nahe Verwandte und manchmal um eine oder zwei weitere Generationen des eigenen Nachwuchses erweitert. Ausgewachsene Männchen leben meist allein und verbinden sich nur zu Paarungszwecken mit einer Gruppe. Viele Huftiere bilden zum Schutz große Herden einer Art oder gemischter Arten.

△ **Kaninchenbau**
Kaninchen bilden stabile Gruppen von bis zu 20 Individuen, die zu gleichen Teilen aus Männchen und Weibchen bestehen. Ranghöhere Weibchen belegen größere und geschütztere Nestkammern im Zentrum des Kaninchenbaus.

◁ **Elefantenherden**
Eine Elefantenherde wird von der Leitkuh angeführt und umfasst in der Regel verwandte Weibchen und deren Nachwuchs. Wie bei vielen Pflanzenfressern üblich, bilden die jungen Männchen Junggesellengruppen, während ältere Männchen solitär leben.

▷ **Schwertwalherden**
Eine Schwertwalherde besteht aus bis zu 30 Tieren (Männchen, Weibchen und deren Nachwuchs) und wird von einem älteren Weibchen angeführt. Daraus kann eine Einheit entstehen, zu der mehrere Generationen gehören.

ARBEITEN IN DER GEMEINSCHAFT

Die Nacktmulle Ostafrikas weisen ein einzigartiges soziales System innerhalb der Säugetiergruppe auf, das eher den Insektengesellschaften gleicht. In einer Kolonie leben bis zu 80 Individuen, die von einer „Königin" dominiert werden. Nur sie bekommt Nachwuchs, der auch von ihr gesäugt, aber von anderen Mitgliedern gepflegt wird. Arbeiter graben Tunnel und sammeln Nahrung, die sie in der zentralen Kammer der Kolonie mit den anderen teilen.

SINNE UND KOMMUNIKATION

Säugetiere benutzen ihre Sinne nicht nur zur Orientierung, zur Lokalisierung von Nahrung und zum Erkennen von Gefahren, sondern auch zur Kommunikation. Ihre zahlreichen komplizierten Kommunikationsarten, wie Rufe oder Duftmarkierungen, werden zur Partnerwerbung, zum Kampf um die Vorherrschaft und zur Abwehr von Eindringlingen im Territorium eingesetzt.

Sinne

Säugetiere besitzen fünf Hauptsinne – Sehen, Hören, Riechen, Fühlen und Schmecken. Welcher Sinn am besten entwickelt ist, hängt vom jeweiligen Lebensraum ab. Einige Maulwürfe z. B., die unter der Erde leben, sind nahezu blind, besitzen jedoch einen äußerst sensiblen Tastsinn und können auch feine Vibrationen wahrnehmen. In dichten Wäldern, in denen die Sicht sehr eingeschränkt ist, kommunizieren Affen durch Laute.

große empfindliche Ohren

nach vorn gerichtete große Augen

zum Greifen geeigneter Schwanz

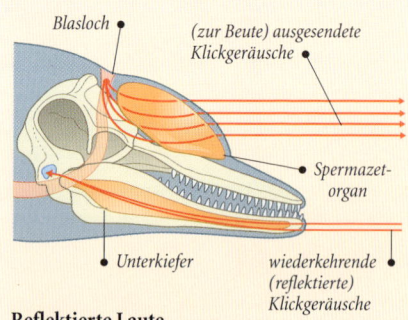

△ **Unter der Erde**
Der Sternmull lebt unterirdisch und benötigt seinen Sehsinn kaum. Die Tentakel rund um die Nase nehmen selbst leichte Berührungen wahr; in Kombination mit dem Geruchssinn ermöglichen sie es dem Tier, Beute aufzuspüren.

ECHOLOKATION

Wale und Fledermäuse benutzen die Echolokation zum Navigieren und Aufspüren von Beute. Die Tiere produzieren Laute, die von nahegelegenen Objekten abprallen und als Echo zurückkehren. Dabei werden Informationen bezüglich Größe, Standort und Entfernung vermittelt.

Blasloch

(zur Beute) ausgesendete Klickgeräusche

Spermazetorgan

Unterkiefer

wiederkehrende (reflektierte) Klickgeräusche

Reflektierte Laute
Vom Delphin produzierte Laute werden vom Spermazetorgan in der Stirn gebündelt. Wiederkehrende Echos gelangen durch den Unterkiefer zum Ohr.

△ **Nachtsinne**
Die Aktivitätsphasen beeinflussen ebenfalls die Entwicklung der Sinne. Der in den Wäldern Afrikas heimische nachtaktive Galago besitzt sehr große nach vorn gerichtete Augen, um auch den kleinsten Lichtschimmer wahrzunehmen, sowie große Ohren zum Lokalisieren leiser Geräusche.

Kommunikation

Die Dämmerung im tropischen Regenwald ist erfüllt von Schreien, Heullauten und ähnlichen Rufen, die meistens von Affen und anderen Primaten stammen. Diese Geräusche stellen eine Form der Kommunikation zwischen den Mitgliedern einer Art dar und erfüllen verschiedene Zwecke; sie können zur Festigung der Paarbindung dienen oder den Aufenthaltsort von Gruppenmitgliedern bekannt geben. Außerdem teilen sie mit, welches Individuum dominant ist, warnen vor Gefahr, geben bekannt, dass ein bestimmter Teil des Waldes als Territorium besetzt ist, und warnen andere Artgenossen vor dem Betreten. Diese Art der Kommunikation ist überall in der Gruppe der Säugetiere zu finden.

△ **Lautes Heulen**
Die Brüllaffen Südamerikas produzieren die lautesten Geräusche der gesamten Tierwelt. Das Brüllen des Männchens in der Dämmerung gibt den Standort der Gruppe bekannt und kann noch in einer Entfernung von 2 km gehört werden.

△ **Duftmarkierung**
Viele Säugetierarten hinterlassen Kot oder Urin an den Reviergrenzen, um andere vor dem Betreten dieses Gebiets zu warnen. Einige Arten reiben mit der gleichen Absicht in speziellen Drüsen produzierte Duftstoffe an Oberflächen.

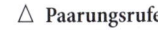

△ **Paarungsrufe**
Der männliche Knurrwal lässt zum Anlocken eines Weibchens einen „Gesang" hören, der aus Stöhngeräuschen, Schreien, Klick- und Heullauten besteht. Jeder Gesang kann bis zu 30 Minuten dauern.

◁ **Gegenseitige Fellpflege**
Säugetiere pflegen ihr eigenes Fell, um Schmutz und Verknotungen zu entfernen. Sie betreiben aber auch gegenseitige Fellpflege und stärken damit das Gemeinschaftsgefühl innerhalb des Sozialverbandes.

FORTBEWEGUNG

Ein typisches Säugetier bewegt sich mit seinen vier Gliedmaßen fort (vierfüßige Bewegung). Doch existieren viele Variationen und Ausnahmen dieser Grundbewegung; einige Säugetiere sind zweibeinig, wie das Känguru oder der Wallabi. Fledermäuse fliegen, Maulwürfe graben Tunnel, Gibbons schwingen sich mit ihren Vordergliedmaßen von Ast zu Ast, Wüstenspringmäuse hüpfen und Robben schwimmen mithilfe ihrer hinteren Gliedmaßen. Wale und Delphine benutzen keine Gliedmaßen – ihre Schwanzflossen enthalten keine Extremitätenknochen.

Gliedmaßenlänge

Die Länge der Gliedmaßen – im Verhältnis zur Körpergröße – gibt einen Hinweis auf die Geschwindigkeit des Tieres. Lange Beine, wie die der Pferde und Hirsche, bedeuten meist schnelle Fortbewegung. Insektenfresser, etwa Maulwürfe und Spitzmäuse, schieben sich langsam vorwärts, da sich ihre Beute (Würmer und Wegschnecken) nicht schnell bewegt.

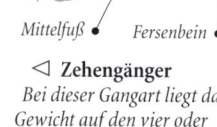

▷ **Zehenspitzengänger**
Bei huftragenden Säugetieren berührt nur die Spitze jeder Zehe den Boden; diese ist mit einem harten Huf bedeckt, wie z. B. beim Elch. Die Zehenanzahl ist variabel; Paarhufer besitzen zwei Zehen, Unpaarhufer nur eine.

Zehen

Mittelfuß • *Fersenbein*

Fersenbein •

Mittelfuß •

◁ **Zehengänger**
Bei dieser Gangart liegt das Gewicht auf den vier oder fünf Zehen (kein Huf); der zentrale Teil des Fußes (Mittelfuß) berührt den Boden nicht. Bei einigen Arten, z. B. bei Raubtieren, ist der Fuß sehr lang, sodass die Ferse wie ein nach hinten gerichtetes Knie aussieht.

einzelne Zehe

▷ **Sohlengänger**
Bei dieser Gangart läuft das Tier auf Fersenbein, Mittelfuss und Zehen. Bären, Dachse und Menschen sind Sohlengänger.

Fersenbein •

Zehen

Mittelfuß

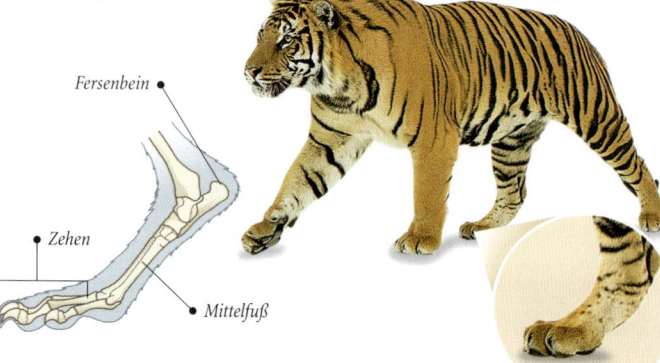

Hüpfen und Springen

Einige Beuteltiere, wie die Kängurus und Wallabis, sowie manche Nagetiere, etwa die Springtiere und Springhasen, hüpfen und springen auf zwei Beinen. Der Fuß nimmt hier einen relativ großen Teil der Hinterextremität ein; er dient dem Tier als Polster.

▽ **Energiesparend**
Ein Säugetier, das zweibeinig schneller und schneller hüpft, bewegt sich energiesparender vorwärts als ein laufendes. Die Bewegungsenergie wird in den langen Sehnen der Hinterbeine gespeichert, der Schwanz schwingt als Impulsgeber auf und ab.

Durch die Luft

Verschiedene Säugetiere, etwa Eichhörnchen und Kletterbeutler, können gleiten. Doch nur Fledertiere sind in der Lage, lange und kontrolliert zu fliegen; da sie mehr als ein Fünftel aller Säugetierarten ausmachen, ist das Fliegen bei der Klasse der Säugetiere ein häufig vorkommendes Merkmal.

▷ **Gleiter**
Der Riesengleiter besitzt – im Vergleich zu seiner Körpergröße – die größte Gleitmembranfläche aller Säugetiere.

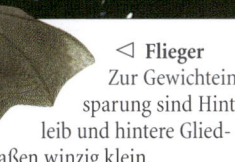

◁ **Flieger**
Zur Gewichteinsparung sind Hinterleib und hintere Gliedmaßen winzig klein.

HANGELSCHWUNG

Gibbons bewegen sich vorwärts, indem sie sich von den Ästen herabhängen und in die gewünschte Richtung schwingen lassen. Diese spezialisierte Art der Fortbewegung wird Brachiation (Hangelschwung) genannt. Die Finger haben sich zu kleinen Haken entwickelt und der Daumen ist nicht zum Greifen geeignet.

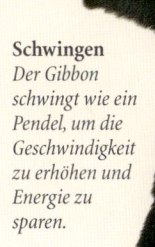

Schwingen
Der Gibbon schwingt wie ein Pendel, um die Geschwindigkeit zu erhöhen und Energie zu sparen.

Im Wasser

Im Wasser lebende Säugetiere besitzen Flossen zur Fortbewegung (s. S. 42). Der Wal beugt zum Bewegen der Schwanzflossen sein Rückgrat auf und nieder, indem er abwechselnd parallel verlaufende Muskelstränge kontrahiert.

◁ **Der Schwanz des Wals**
An den spitz zulaufenden Flossen mit den nach hinten gebogenen Spitzen perlt das Wasser ab; sie besitzen keine Wirbel, sodass sie nicht bremsend wirken.

ERNÄHRUNGSWEISE

Um die Körpertemperatur aufrecht zu erhalten, benötigen die Säugetiere als Warmblüter wesentlich mehr Nahrung zum Verbrennen als kaltblütige Tiere gleicher Größe.

Nahezu alles Organische, angefangen von Fleisch über Eier, Pilze, Vegetation, Früchte, Nüsse, Rinde, Saft, Honig bis hin zu Blut, dient als Säugetiernahrung.

Fleischfresser

Die Hauptgruppe der Säugetiere – die Ordnung der Raubtiere – ernährt sich hauptsächlich von Fleisch. Zu dieser Ordnung gehören die Familien der Felidae (Katzen), Canidae (Hunde, Füchse und Wölfe), Mustelidae (Hermeline und Otter) und Schleichkatzen (Mangusten, Linsangs und Ginsterkatzen). Ausnahmen bilden einige Hundeartige und Bären, wie der Große Panda, die nur sehr wenig Fleisch fressen. Alle Robben, Seelöwen, Wale und Delphine verzehren Fleisch, z. B. Krill, Fisch und aquatische Säugetiere. In kleinerem Umfang beinhaltet die Ordnung der Insektivoren auch Fleisch fressende Arten, etwa Spitzmäuse.

▷ **Fisch fangen**
Die Familie der Marder besteht aus einer Reihe von Arten, die hauptsächlich Fischfresser sind. Dazu gehören die im Wasser lebenden Otter und die halb aquatischen Nerze, die zum Ergreifen und Zerreißen schlüpfriger Beute sehr scharfe Zähne besitzen.

◁ **Schnelle Jäger**
Der Gepard, eine typische Katze, jagt schnell rennende Beute, wie Hasen und Gazellen, und stößt sie allein durch den Aufprall mit hoher Geschwindigkeit um.

FLÜSSIGE NAHRUNG

Der Gemeine Vampir ernährt sich ausschließlich von Blut. Mit seinen Zähnen macht er einen Schnitt in die Haut des Beutetiers und leckt das austretende Blut auf.

Große Trinker
Der Gemeine Vampir leckt eine der Hälfte seines Körpergewichts entsprechende Blutmenge in 10 Minuten auf.

△ **Aasfresser**
Schakale fressen alles, was von anderen Raubtieren zurückgelassen wurde, sind jedoch auch selbst erfolgreiche Jäger.

△ **Große Fresser**
*Der Energiebedarf der Zwergspitzmaus ist so hoch, dass
die täglich benötigte Nahrungsmenge ihrem Körpergewicht entspricht.*

△ **Winzige Beute**
*Das Erdferkel ernährt sich von Ameisen und Termiten.
Täglich leckt es Tausende dieser Tiere auf und zerkaut sie
mit seinen stiftähnlichen Backenzähnen.*

FILTRIERENDE FRESSER

Die größten Säugetiere, die Glattwale, fressen
die kleinsten Tiere – shrimpsähnlichen Krill.
Der Größenunterschied zwischen „Jäger" und
„Beute" sowie die passive Art des Fressens
(der Wal schluckt riesige Mengen Wasser und
filtert mit den Barten die Nahrung heraus)
machen es schwer, dieses Tier als Raubtier zu
bezeichnen. Ein hungriger Blauwal kann
innerhalb eines Tages mehr als 4 t Nahrung zu
sich nehmen.

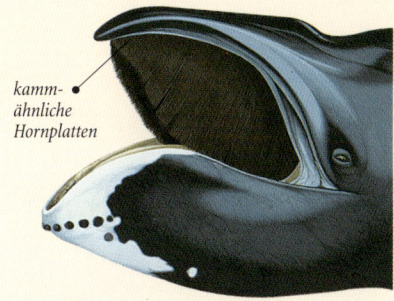

kamm-
ähnliche
Hornplatten

△ **Riesensieb**
*Die Barten – steife Filterplatten knorpelähnlicher
Substanz – hängen vom Oberkiefer des Wales
herab. Der Grönlandwal besitzt die längsten
Bartenplatten – sie werden bis zu 4 m lang.*

Allesfresser

Viele Säugetiere sind Allesfresser, die unterschied-
liche Nahrung zu sich nehmen, angefangen bei
Pflanzen, Nüssen und Beeren über Eier, Fleisch,
Insekten, Getreide bis hin zu Aas. Die größten
Allesfresser sind die Bären; in dieser Familie frisst
nur der Eisbär fast ausschließlich Fleisch, andere
Arten sind anpassungsfähiger. Der Speiseplan des
Schwarzbären besteht zu neun Zehnteln aus Pflan-
zenmaterial; das Tier macht sich jedoch jahreszeit-
lich bedingte Nahrungsüberschüsse zunutze.
Waschbären gehören zu einer anderen Gruppe von
Gelegenheitsfressern – sie fressen fast alles, was
ihren Weg kreuzt. Einige Säugetiere, die haupt-
sächlich räuberisch leben, u. a. Wölfe, Hunde und
Füchse sowie einige Katzen, können in Zeiten von
Nahrungsknappheit zu Allesfressern werden.

△ **Vegetarischer Bär**
*Trotz seines Gewichts – manchmal bis zu 300 kg – erklet-
tert der Schwarzbär Bäume und Büsche, um mit seinen
beweglichen Lippen Früchte und Beeren abzupflücken.*

Pflanzenfresser

Pflanzliche Nahrung liefert weit weniger Nährstoffe und Energie als Fleisch; zudem ist die Aufspaltung im Verdauungssystem schwieriger. Pflanzenfresser verbringen täglich sehr viel Zeit damit, riesige Mengen Futter zu sich zu nehmen. Zwar sind Pflanzen leichter erreichbar als tierische Nahrung, die gejagt werden muss, doch haben einige Pflanzen Formen von Selbstschutz, wie Dornen und Gift, entwickelt. Die meisten Pflanzenfresser besitzen zum gründlichen Zermalmen ihrer Mahlzeit gut ausgebildete vordere und hintere Backenzähne.

△ **Größte Fresser**
Die größten landbewohnenden Säugetiere, die Elefanten, nehmen täglich bis zu 150 kg Futter zu sich. Aufgrund ihrer schlechten Verdauung passiert nahezu die Hälfte unverändert den Darmtrakt.

◁ **Äsen und Grasen**
Grasende Tiere, wie Gazellen und Zebras, ernähren sich von Gräsern und niedrigen Pflanzen. Äsende Tiere, z. B. Hirsche, fressen eine größere Auswahl an Pflanzen, u. a. die Blätter von Büschen und Bäumen.

△ **Nüsse und Samen**
In gemäßigten Gegenden bietet der Herbst einen Überfluss an Nüssen und Beeren. Diese werden von Nagetieren, versteckt oder vergraben und später gefressen.

PFLANZENVERDAUUNG

Es gibt zwei Typen von huftragenden Pflanzenfressern; die Enddarmfermentierer – Wildpferde und Zebras – kauen ihr Futter und schlucken es hinunter. Vom Magen gelangt es in den Blinddarm, wo es durch Fermentierung verdaut wird. Bei den Vorderdarmfermentierern oder Wiederkäuern – dazu zählen die meisten anderen Paarhufer – wird das hinuntergeschluckte Futter im Pansen fermentiert. Anschließend wird die Nahrung wieder heraufgewürgt und nochmals durchgekaut. Nach dem erneuten Verschlucken wird sie im übrigen Darmtrakt verdaut.

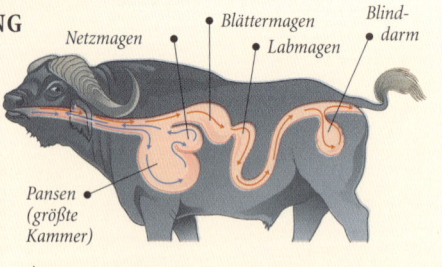

Netzmagen · Blättermagen · Blinddarm · Labmagen

Pansen (größte Kammer)

△ **Wiederkäuer**
Büffel kauen jedes Futter zweimal, einmal beim Grasen und ein weiteres Mal, nachdem es im Pansen z. T. fermentiert worden ist.

SYMBOLE ZUR ERNÄHRUNGSWEISE

In diesem Buch wird die große Vielfalt der Nahrung der Säugetiere durch Symbole charakterisiert, die im folgenden erklärt werden. Informationen zu besonderen Ernährungsgewohnheiten sind bei der Beschreibung der jeweiligen Art zu finden.

Große Säugetiere
Normalerweise Pflanzen fressende Paarhufer, wie Hirsche, Antilopen, Zebras, Vieh, Schafe und Ziegen.

 **Aquatische Säugetiere**
Robben, Seelöwen, Walrosse, Wale, Delphine, Tümmler und Seekühe.

 Kleine Säugetiere
Bis zu 30 cm groß, meist Pflanzenfresser, wie Mäuse, Ratten, Wühlmäuse, Kaninchen und Eichhörnchen.

Vögel
Am Boden lebende Vögel, wie Wachteln, und Wasservögel, z. B. Enten, aber auch Küken aus den Nestern.

 Reptilien
Eidechsen und Schlangen, manchmal auch Schildkröten oder Krokodile.

 Amphibien
Frösche, Kröten, Salamander und Molche, auch giftige.

 Cephalopoden
Große Weichtiere mit langen Tentakeln, wie Tintenfisch und Kraken.

 Fische
Einzeln oder in Schwärmen, schnell oder langsam schwimmend, an der Oberfläche oder am Grund lebend.

 Krill
Shrimpsähnliches marines Krebstier, das Schwärme aus Milliarden von Tieren bildet.

 Schnecken
Schnecken und Wegschnecken, Meeresschnecken und Meeresweichtiere mit Schale, wie Muscheln, Austern.

 Würmer
An Land lebende gehäuse- und schalenlose Tiere, wie Insektenmaden.

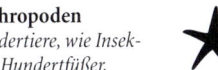 **Arthropoden**
Gliedertiere, wie Insekten, Hundertfüßer, Spinnen, Krabben und Krebse.

 Andere Wirbellose
Seesterne, Seegurken und Quallen.

 Eier
Vorwiegend Vogeleier, oft aus Nestern, oder Reptilieneier, die eingegraben sein können.

 Honig
Produkt der Bienen, aber auch ähnliche Substanzen anderer Insekten.

 Pflanzen
Oberirdisches Pflanzenmaterial, wie Blätter, aber auch Blüten und weiche Zweige.

 Gras
Halme, aber auch nahrhafte Kletterranken und Wurzeln.

 Früchte
Normalerweise saftige, fleischige Früchte und Beeren, weniger harte Früchte.

 Nüsse
Sehr hartschalige Früchte oder Samen, die gespalten werden müssen, um an den weichen inneren Kern zu gelangen.

 Samen
Samen von reifen Blumen, die nicht zu fleischig oder zu hartschalig sind.

 Getreidekörner
Stärkehaltige Samen von Wildkräutern und kultiviertem Getreide, z. B. Weizen.

 Wurzeln
Wurzeln und unterirdisch wachsende Pflanzen, wie Zwiebeln.

 Pilze
Pilze, Giftpilze, Löcherpilze sowie Hefepilze und Flechten.

 Rinde
Die äußere Baumschicht (wird oft abgeknabbert, um an den Pflanzensaft zu gelangen).

 Wasserpflanzen
Süß- und Salzwasserpflanzen; aquatische Säugetiere, wie die Manatis, fressen beides.

SÄUGETIERE DER WÜSTEN

Wüsten können heiß oder kalt, windig oder windstill, hoch oder tief gelegen sein, doch alle sind trocken. Im Gegensatz zu anderen großen Tiergruppen, wie den Insekten und Reptilien, benötigen Säugetiere sehr viel Wasser.

Die an das Leben in der Wüste angepassten Säugetiere durchliefen im Laufe der Zeit viele große körperliche Veränderungen bezüglich des Aufnehmens, des Haltens und des Abgebens von Flüssigkeit.

Wasseraufnahme

In Wüsten lebende Raubtiere nehmen durch das Fressen ihrer frisch getöteten Beute genügend Flüssigkeit in Form von Blut und anderen Körpersäften auf. Kleine Säugetiere versperren die Tunneleingänge, damit die Luft feucht bleibt. Pflanzenfresser erhalten Wasser von Pflanzen, vor allem von Sukkulenten. Kleinere pflanzenfressende Säugetiere lagern Samen in Höhlen ein; sie decken ihren Feuchtigkeitsbedarf, indem sie den Tau von Kieseln und Steinen ablecken.

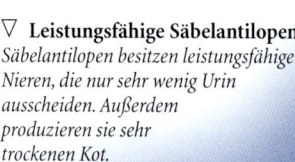

▽ **Leistungsfähige Säbelantilopen**
Säbelantilopen besitzen leistungsfähige Nieren, die nur sehr wenig Urin ausscheiden. Außerdem produzieren sie sehr trockenen Kot.

Feuchtigkeit in der Nahrung (10%) · *aus verdautem Futter durch Stoffwechselprozesse erhaltenes Wasser 90%)*

Wasseraufnahme

Urin (23%) · *Feuchtigkeit im Kot (4%)* · *durch die Haut oder das Atmen verlorene Feuchtigkeit (73%)*

Wasserverlust

△ **Wassergleichgewicht**
Die Grafik zeigt, wie die Kängururatte unter trockenen Wüstenbedingungen überleben kann. Sie nimmt Wasser nur durch ihr Futter auf; die Wasseraufnahme muss mit dem Wasserverlust im Gleichgewicht stehen, damit das Tier nicht austrocknet.

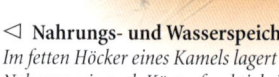

◁ **Nahrungs- und Wasserspeicher**
Im fetten Höcker eines Kamels lagert sowohl Nahrung wie auch Körperfeuchtigkeit: Das Fett wird zur Energiegewinnung gespalten. Bei der Spaltung entsteht durch Stoffwechselprozesse Wasser. Ein durstiges Kamel kann in wenigen Minuten mehr als 50 l trinken.

Nahrungssuche

Große Pflanzenfresser der Wüste nehmen mithilfe ihres ausgezeichneten Geruchssinns Regen wahr und wandern in die Richtung des darauf folgenden Pflanzenwuchses. Selbst kleine Pflanzenfresser legen weite Strecken zurück, um zu temporärem Nahrungsüberschuss zu gelangen; die Wüstenspringmaus kann in einer Nacht bis zu 10 km hinter sich lassen.

▷ **Wache**
In offenen Lebensräumen ist das Sehen der wichtigste Sinn zum Erkennen von Gefahren. In einer Erdmännchenkolonie halten immer einige Tiere Ausschau nach Raubtieren und Raubvögeln.

◁ **Futterspeicher**
Die Dickschwanz-Schmalfußbeutelmaus ist ein gefräßiger Jäger von Insekten und Würmern. Überschüssiges Futter wird als Körperfett in der Schwanzwurzel gespeichert.

Der Umgang mit Hitze

Große Wüstensäugetiere, wie die Säbelantilopen und Kamele, sind in der kühleren Morgen- und Abenddämmerung aktiver. Tagsüber erholen sie sich im Schatten. Zu neuen Nahrungsplätzen ziehen sie häufig nachts, wenn es weniger heiß ist und sie von Raubtieren schlechter zu entdecken sind. Säbelantilopen wandern bis zu 30 km durch die Dunkelheit und käuen während des Laufens wieder. Ihre Körpertemperatur steigt um ca. 5° C an, bevor sie beginnen zu schwitzen.

▷ **Hitzeabgabe**
Die großen Körperoberflächen der warmblütigen Säugetiere dienen der Abgabe von Hitze. Der Wüstenfuchs der Sahara besitzt sehr große Ohren, die den Körper abkühlen und mit deren Hilfe er die kleinste Beute auf dem Sand aufspüren kann.

◁ **Nächtliche Futtersuche**
Kleine Wüstensäugetiere, wie die Vierzehen-Wüstenspringmaus, verstecken sich während der Hitze des Tages meist in ihren Tunneln und Höhlen. Sie begeben sich in der Dämmerung auf Futtersuche; mit ihren großen Augen, Ohren und Barthaaren lokalisieren sie die Nahrung.

SÄUGETIERE DER GRASLANDSCHAFTEN

Graslandschaften bedecken nahezu ein Viertel der Erdoberfläche und sind die Heimat zahlreicher Tiergemeinschaften. Die eher offenen grasbewachsenen Lebensräume liegen meist in tropischen und subtropischen Regionen und weisen vereinzelt Baumbestand, Dickichte und lichte Wälder auf. Sie sind durch Trockenperioden (mit der Gefahr von Buschbränden) gekennzeichnet, die durch gelegentlichen Regen unterbrochen werden.

Herden

In den offenen Ebenen gibt es nur sehr wenige Stellen, wo sich große Säugetiere verstecken können. Eine Möglichkeit des Schutzes, die von den Pflanzenfressern der Graslandschaften genutzt wird, ist das Bilden großer Herden. Während ein Teil der Gruppe frisst oder sich ausruht, hält ein anderer Ausschau nach Gefahren. Entdeckt ein Herdenmitglied ein Raubtier, warnt es die anderen durch Rufe oder bestimmte Verhaltensweisen. Die größten Säugetierherden sind in der afrikanischen Savanne zu finden, wo Antilopen und Gazellen sich zu riesigen Verbänden zusammenschließen.

▽ **Wanderungen**
In der Savanne regnet es in unregelmäßigen Abständen; einige Regionen weisen reichlich Pflanzenbewuchs auf, andere sind trocken. Große Pflanzenfresser, wie die Gnus, ziehen auf Nahrungs- und Wassersuche regelmäßig umher.

△ **Gemischte Herden**
Verschiedene Säugetierarten bilden gemischte Herden, um ihre besten Eigenschaften zu vereinen. Giraffen können weite Gebiete überblicken, Zebras besitzen einen ausgezeichneten Geruchssinn.

◁ **Jagd in Rudeln**
Viele Raubtiere der Graslandschaften, wie Hyänen, Schakale und Löwen, jagen in Gruppen. Dadurch können sie auch große Beute erlegen, wie das Gnu, das ihnen Nahrung für mehrere Tage liefert.

Geschwindigkeit und Bewegung

Graslandschaften bieten nur relativ wenig Versteckmöglichkeiten. Daher ist die Geschwindigkeit eine wichtige Eigenschaft der in diesen Lebensräumen heimischen Säugetiere. Die Evolution hat die Raubtiere begünstigt, die schneller rennen können als ihre Beute, z. B. den Gepard in Afrika, sowie die Beutetiere, die schnell genug sind, um ihren Jägern zu entkommen, wie die Gabelhornantilope in Nordamerika – diese beiden sind die schnellsten Läufer der gesamten Tierwelt. Das Wildpferd entwickelte sowohl Geschwindigkeit wie auch Ausdauer, um in den Graslandschaften große Strecken zurückzulegen.

▷ **Gliedmaßenaufbau**
Dank seinen langen Beinen kann der Tasmanische Beutelwolf über hohes Gras hinweg nach Beute oder Gefahr Ausschau halten. Er ist kein schneller Läufer.

△ **Selektion in Aktion**
Eine Löwin sprintet hinter ihrer Beute her. Diese Raubtiere der Graslandschaften konzentrieren sich auf junge und schwache Tiere.

Graben

Viele in Graslandschaften lebende kleine Säugetiere, vor allem Präriehunde, Wühlmäuse, Ratten und Maulwurfsratten, graben sich Verstecke. So finden sie Schutz vor Raubtieren, extremen klimatischen Bedingungen und Feuer. An den Höhleneingängen befinden sich häufig Hügel, die das Überfluten verhindern sollen. Die größten Höhlen sind so geräumig, dass ein Mensch darin Platz findet; sie stammen vom afrikanischen Erdferkel, einem spezialisierten Ameisen- und Termitenfresser. In den australischen Graslandschaften bauen die Wombats fast ebenso große Höhlen.

▷ **Unterirdisches Leben**
Jede Präriehundfamilie besitzt ein Tunnel- und Kammersystem. Benachbarte Höhlensysteme werden miteinander verbunden, um kleine „Städte" aufzubauen.

SÄUGETIERE DER WÄLDER

Verschiedene Säugetierarten sind auf Bäumen heimisch. Diese bieten Nahrung, Schutz vor bodenbewohnenden Raubtieren und Nistmöglichkeiten. Woll- und Klammeraffen z. B. leben ausschließlich auf Bäumen (Baumbewohner) und betreten fast nie den Boden. Andere Säugetiere, wie die Marder und Ozelots, leben z. T. auf Bäumen und auf dem Boden.

Bewegung in den Bäumen

Viele baumbewohnende Säugetiere bewegen sich hüpfen und springend durch das Geäst. Die Gewandtesten von allen sind die Altweltgibbons mit ihren hakenähnlichen Händen und die Neuweltaffen, die mit Händen, Füßen sowie mit dem Schwanz greifen können. Eichhörnchen besitzen scharfe Krallen, die sich in die Rinde bohren, einen langen Schwanz zum Halten des Gleichgewichts und große Augen zum Einschätzen der Entfernung vor dem Sprung.

▷ **Springen**
Primaten halten ihren Körper während des Sprungs senkrecht. Lemuren benutzen ihre langen kräftigen Hinterbeine zum Abstoßen, den langen Schwanz zum Halten des Gleichgewichts und die vier Gliedmaßen zum Abfedern der Landung.

△ **Gleiten**
Einige Säugetiere, z. B. Kletterbeutler, Flugbeutler, Riesengleiter und Flughörnchen, gleiten mithilfe von Hautlappen, die zwischen den Gliedmaßen ausgestreckt werden, durch den Wald. Sie sind eher Gleiter als wahre Flieger.

Leben am Boden

Wälder bieten mit ihren Blättern, Samen, Früchten und Nüssen reichlich Nahrung. Die am Boden lebenden Säugetiere, von Mäusen und Wühlmäusen bis hin zu Wildschweinen, Tapiren, Hirschen und Okapis, machen sich dieses große Angebot zunutze. Die verrotteten Blätter und Äste sind der Lebensraum von Würmern, Insekten und anderen kleinen Lebewesen, die von kleinen Säugetieren erbeutet werden.

◁ **Tarnung**
Die meisten Säugetiere der Wälder sind in Brauntönen gefärbt und verschmelzen so mit ihrer Umgebung. Junge Hirsche und Frischlinge besitzen ein scheckiges Fell, sodass sie mit dem Untergrund farblich eine Einheit bilden. Auf den Bäumen lebende Katzen sind im Schatten der Äste fast unsichtbar, da sie Tupfen und Flecke aufweisen.

Nestbau
Kleine Säugetiere, wie die Eichhörnchen, bauen sich ihren Unterschlupf in Baumlöchern.

Leben in den Bäumen

In den Baumkronen der tropischen Wälder ist das meiste Futter des Waldes zu finden, denn hier wachsen Blätter, Früchte und Blumen das ganze Jahr über. Daher gedeihen Tiere, die gut an die Fortbewegung in Bäumen angepasst sind, besonders gut. In Wäldern der gemäßigten Zonen hängt das Nahrungsangebot von der Jahreszeit ab, und die Baumkronen sind in der Regel weniger dicht, sodass auch am Boden mehr Pflanzen wachsen können. Hier lohnt meist das Hinabsteigen von den Bäumen.

△ **Eines der Langsamsten**
Zu den sich am langsamsten bewegenden Säugetieren gehören die Faultiere. Sie hängen kopfunter von den Ästen – wobei sie sich mit ihren langen scharfen, hakenförmigen Krallen festhalten – und fressen vorwiegend Blätter. Die Tiere steigen nur von den Bäumen hinab, um Kot abzusetzen oder um zu einem anderen Baum zu gelangen, wenn das Futter knapp wird. Am Boden sind sie eine leichte Beute für Raubtiere, da sie nur sehr unbeholfen laufen.

△ **Kräftiger Schwanz**
Der zum Greifen geeignete Schwanz der Klammeraffen ist so kräftig, dass er das gesamte Körpergewicht tragen kann.

▷ **Schlafen**
Fledermäuse, die wahren Flieger des Waldes, hängend während des Tages schlafend an Ästen oder in Baumhöhlen. Nachts fliegen sie auf der Suche nach Futter umher.

SÄUGETIERE DER POLAR- UND BERGREGIONEN

Das Land und das Meer nahe den Polen und die Spitzen der hohen Berge gehören zu den rauesten Lebensräumen. Diese Regionen sind kalt, mit Schnee und Eis bedeckt, und es wehen eisige Winde; das Futter ist rar und schwer zu beschaffen.

Einige Säugetiere haben sich jedoch an diese harten Bedingungen angepasst. Sie besitzen – außer den Vögeln – nur sehr wenige Konkurrenten, da die Temperaturen für Reptilien und Amphibien zu niedrig sind.

Wärme bewahren

Für die Säugetiere in kalten Klimazonen ist die Bewahrung der Körperwärme lebenswichtig. Für diesen Zweck besitzen sie in der Regel ein äußeres Fell aus langen Deckhaaren, das sie schützt und Regen und Schnee abperlen lässt; zudem weisen sie ein dichtes Wollfell auf, das die Körperwärme erhält. Unter der Haut befindet sich eine dicke Fettschicht , die ebenfalls isolierend wirkt. Abstehende Körperteile, wie Nase und Ohren, sind klein, da an diesen Körperstellen die meiste Wärme verloren geht und die Gefahr von Erfrierungen besteht.

△ **Zottiges Fell**
Das äußere Fell des Moschusochsen besteht aus sehr langen Haaren, die bis zu 1 m lang sind. Der Yak Zentralasiens besitzt ein ähnlich dickes äußeres Fell.

△ **Mit Fell bedeckt**
Der Eisbär ist – außer an Augen und Nasenspitze – vollständig mit Fell bedeckt. Sogar die Sohlen seiner Pfoten sind behaart, um die Körperwärme zu erhalten und einen guten Halt auf dem rutschigen Untergrund zu bieten.

◁ **Unter dem gefrorenen Ozean**
Robben besitzen ein ausgezeichnetes Gedächtnis für Atem-löcher im Eis. Diese schneiden sie mit ihren Zähnen sogar wieder auf, wenn das Eis einige Zentimeter dick geworden ist. Robben und Seelöwen verbringen etliche Stunden außerhalb des Wassers, um ihr Fell mit den Zähnen und den Krallen an ihren Flossen zu pflegen. Ohne ihr Fell könnten die Tiere an den kalten Orten nicht überleben.

Fellwechsel

Wie viele andere Polartiere wechselt auch der Polarfuchs zweimal im Jahr sein Fell. Jedes der beiden unterschiedlichen Felle dient der Tarnung und ist der jahreszeitlich bedingten Veränderung seiner Umwelt angepasst. Im hohen Norden besitzen Große Wiesel im Winter ein weißes Fell und werden dann Hermeline genannt; im Sommer tragen sie ein braunes Fell. Weiter südlich, wo Schnee und Eis den Boden spärlicher bedecken, ist dieselbe Art das ganze Jahr hindurch braun gefärbt.

◁ **Sommerfell**
Das Sommerfell des Polarfuchses ist bei einigen Individuen hellgrau bis graubraun, bei anderen bräunlicher und dunkler gefärbt. Es ist der Farbe der Steine, der Erde und der Pflanzen angepasst.

▷ **Winterfell**
Das Winterfell ist weiß und doppelt so dick wie das Sommerfell. Es bietet dem Tier Tarnung, wenn es durch den Schnee pirscht.

An den Abhängen

In den Bergen lebende Säugetiere besitzen kräftige Beine und Füße, die für einen guten Halt auf den rutschigen nassen Felsen und vereisten Hängen sorgen. Auch die Schneeziege besitzt sehr große Hufe und gelangt so trittsicher über jede Oberfläche. Gemeinsam mit den Europäischen Gemsen und anderen Bergbewohnern ziehen diese Ziegen im Frühjahr in höhere Regionen, um sich dort von der Sommervegetation zu ernähren.

HÖHENANPASSUNG

Ein besonderes Problem für die Säugetiere in den Bergen ist die dünne Luft, die einen geringeren Sauerstoffgehalt aufweist. Viele Tiere haben sich durch vermehrte Bildung roter Blutkörperchen an dieses Problem angepasst.

▷ **Hoch hinaus**
Vikunjas sind in der Tundra der Anden in fast 5000 m Höhe zu finden.

△ **Trittsicher**
Die Hufe der Wildziege weisen eine harte und scharfe äußere Kante und ein weiches inneres Polster auf, das ausgezeichneten Halt bietet. Nur sehr wenige Raubtiere können diese Pflanzenfresser fangen, da diese auf äußerst steile felsige Abhänge oder auf winzige schmale Pfade fliehen.

WASSERBEWOHNENDE SÄUGETIERE

Säugetiere entwickelten sich zunächst an Land als vierbeinige Tiere, die gehen und rennen konnten. Von dieser Ursprungsform unterscheiden sich die im Wasser lebenden Säugetiere – die zu den Säugetierarten zählen, die sich am meisten ver-ändert haben – sehr stark. Einige der für das Leben im Wasser notwendigen Veränderungen in Form und Bewegung sind klar erkennbar, andere dagegen sind weniger auffällig.

Bewegung

Sich im Wasser fortzubewegen erfordert weit mehr Energie, da es ein „dickeres" Medium ist als Luft. Der Gepard kann Geschwindigkeiten von bis zu 100 km/h erreichen – der Schwertwal, der fast 400-mal soviel wiegt, nur etwa die Hälfte dessen. Delphine, Wale, Dugongs und Manatis bewegen sich mithilfe ihrer Schwanz-flossen vorwärts und benutzen ihre Vorder-flossen zum Steuern; halbaquatische Arten, wie die Otter, gebrauchen im Wasser ihre mit Schwimmflossen versehenen Füße.

◁ **Antrieb**
Der Schwertwal kann trotz seiner enormen Kör-permasse eine ausreichend hohe Geschwindigkeit ent-wickeln, um aus dem Wasser zu springen. Dieser Sprung, gefolgt von einem riesigen „Klatscher" beim Zurück-fallen in das Wasser, wird auch Wellenbrechen genannt.

△ **Körperform**
Im Wasser lebende Säugetiere, wie Delphine, besitzen einen glatten stromlinienförmigen Körper, der leicht durch das Wasser gleitet. Die Rückenflosse verhindert, dass sich der Körper beim Schwimmen um die eigene Achse dreht.

△ **Beweglichkeit**
Bewegliche Schwimmer können auch sehr schnelle Beutetiere fangen. Die Seehunde bewegen sich im Wasser mithilfe ihrer Hinterflossen fort.

Temperaturkontrolle

Viele wasserbewohnende Säugetiere sind an den Polen heimisch, wo das Meer das ganze Jahr hindurch kalt ist und im Winter sogar gefrieren kann. Zum Bewahren der Körpertemperatur – eine lebenswichtige Funktion – sind die Extremitäten relativ klein, da sie am schnellsten Wärme abgeben. Einige Säugetiere, etwa Seehunde und Seelöwen, besitzen ein dichtes Fell, dessen Haare mit wasserabweisendem Öl bedeckt sind. Die Körpergröße ist ebenfalls von Bedeutung – größere Säugetiere verlieren ihre Körperwärme langsamer.

◁ **Sonnenbaden**
Walrosse wälzen sich an Land und legen sich in die Sonne, um Wärme aufzunehmen und dabei Energie zu sparen, die sie sonst für die Bewahrung der Körpertemperatur benötigen.

Haut • Tran

Blutgefäße

▷ **Tran**
Die Fettschicht unter der Haut konserviert Wärme, verleiht dem Körper eine glattere Oberfläche und bietet Schutz.

MARINER LEBENSSTIL

Der Seeotter ist ein meeresbewohnendes Säugetier. Er besitzt das dichteste Haar aller Säugetiere, das ihn im Wasser schützt; nur selten betritt er Land. Das Tier frisst, während es sich auf dem Rücken treiben lässt, und schläft treibend auf einem Bett aus Meeresalgen.

▷ **Marine Mahlzeit**
Der Seeotter legt ein Schalentier auf seinen Bauch und zerstößt dessen Schale mit einem Stein.

△ **Meisterhafte Taucher**
Der Pottwal unternimmt wahrscheinlich die tiefsten und längsten Tauchgänge aller Säugetiere. Er kann bis zu 2 Stunden unter Wasser bleiben und erreicht dabei Tiefen von 300 m.

Unter Wasser überleben

Aquatische Säugetiere müssen regelmäßig an die Wasseroberfläche kommen, um ihren Sauerstoffvorrat durch das Einatmen von Luft wieder aufzufüllen. Flossenfüßer (Seehunde und Seelöwen) und Wale (Wale, Tümmler und Delphine) können Sauerstoff in ihren Muskeln speichern. Dieser wird dort in einem speziellen Protein (Myoglobin) gelagert und während des Tauchens nach und nach abgegeben.

BEOBACHTUNG VON SÄUGETIEREN

Viele Säugetiere leben in unserer Nähe und können daher leicht beobachtet werden. Je nach dem, wo wir leben, können wir Hauskatzen und -hunde, Pferde auf den Weiden, Schafe und Kühe auf den Bauernhöfen sowie Eichhörnchen und Affen in den Wäldern sehen. Beim genaueren Studieren dieser Säugetiere können viele Einzelheiten ihres Verhaltens entdeckt werden. Das Beobachten der wilden Säugetiere erfordert jedoch mehr Planung und Vorbereitung.

Leicht zugängliche Säugetiere

Wilde Säugetiere sind sehr wachsam hinsichtlich möglicher Gefahren. Da sich die Menschen meist geräuschvoll bewegen, verstecken sich freilebende Säugetiere normalerweise, wenn Menschen sich ihnen nähern. Viele Säugetierarten sind nachtaktiv und können uns auch bei Dunkelheit klar sehen, wenn wir kaum etwas erkennen können. Das erfolgreiche Beobachten gelingt nur nach sorgfältiger Planung, Vorbereitung und mit viel Geduld. So sollten zunächst Informationen über die Gewohnheiten und das Verhalten der Tiere (während des Tages und zu den verschiedenen Jahreszeiten) mithilfe detaillierter Sachbücher oder ähnlicher Quellen zusammengetragen werden. Als nächster Schritt sollte das zu beobachtende Gebiet sorgfältig nach Hinweisen abgesucht werden, etwa Höhlen, Nester, Fußspuren im Schlamm oder Sand, Haarbüschel an Dornen oder angenagte Kadaver.

△ **Vor der Haustür**
Einige freilebende Säugetiere sind in Gärten und Parks heimisch. Geeignetes Futter kann sie zum näheren Betrachten anlocken. Eine Infrarot- oder Taschenlampe kann dabei hilfreich sein.

◁ **Wildparks und Zoos**
Wildparks, Zoos und Naturschutzgebiete sind geeignete Orte zum Beobachten von Säugetieren. Das Verhalten von in Gefangenschaft gehaltenen Tieren kann sich von dem ihrer freilebenden Artgenossen unterscheiden.

HINWEISE FÜR DIE BEOBACHTUNG

Bei der Beobachtung von Säugetieren sollten Sie nicht allein unterwegs sein, da unterwegs ein Unfall passieren könnte. Auch sollten Sie nicht an einem Ort in der Dunkelheit umherwandern, mit dem Sie sich nicht vorher bei Tageslicht vertraut gemacht haben. Warme und wasserdichte Kleidung ist wichtig, da sich das Wetter schnell ändern und es nachts sehr kalt werden kann. Steile Abhänge, rutschige Felsen und Flussufer sollten gemieden werden. Die Ausrüstung ist in einem Rucksack am besten aufgehoben, so sind beide Hände zum Festhalten und Balancieren frei. Gehen Sie keinesfalls ein Risiko ein, wenn die Gefahr besteht, auf große und potenziell gefährliche Arten zu stoßen.

In der freien Natur

Nah an aufregende große Säugetiere in der freien Natur heranzukommen, ist ein schwieriges und potenziell gefährliches Unterfangen. Diese Art von Säugetierbeobachtung sollten Sie am besten mit einer organisierten Gruppe durchführen – es gibt eine große Auswahl von Ausflugsangeboten, angefangen bei Luxustouren bis hin zu „Survival-Trips". Führer und Wildhüter wissen, wo die unterschiedlichen Arten wahrscheinlich zu finden sind; sie können Hinweise bezüglich der Routen und Versteckmöglichkeiten geben, in denen Sie die Tiere in der Wildnis unbemerkt beobachten können.

△ **Unter Wasser**
Schnorcheln und Tauchen können eine unglaubliche Unterwasserwelt offenbaren, in der Delphine, Seehunde und andere im Wasser lebende Säugetiere sich graziös bewegen.

△ **Auf Safari**
Säugetiere gewöhnen sich an Fahrzeuge, die den Menschen als mobile Standorte dienen. Die Beobachter sind geschützt und die Tiere bleiben relativ ungestört.

AUSRÜSTUNG

Modernes und leichtes elektronisches Equipment, wie Fotoapparate und Videokameras, vereinfachen das Aufzeichnen des Lebens von Säugetieren. Die traditionellen Ausrüstungsgegenstände, etwa Notizblock, Bleistift, Landkarte und Fernglas, sind jedoch immer noch wichtig.

◁ **Fotoapparat**
Teleobjektive ermöglichen es, nah an das Tier zu gelangen. Serienbildfunktionen fangen schnelle Bewegungen ein.

◁ **Fernglas**
Das Fernglas sollte nur mit einer Hand bedient werden. Um den Hals gehängt ist es stets griffbereit.

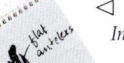

◁ **Notizblock**
In einem Notizblock können Listen über die beobachteten Arten angelegt werden. Skizzen halten Details fest.

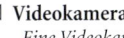

◁ **Videokamera**
Eine Videokamera muss für den sofortigen Gebrauch bereit sein. Prüfen Sie vorher die Lichtverhältnisse.

GEFÄHRDETE SÄUGETIERE

Säugetiere sind in der modernen Welt zahlreichen Gefahren ausgesetzt. Die Rote Liste des IUCN (s. u.) benennt über 1000 Säugetierarten – beinah jede Vierte ist gefährdet, 180 Arten können als stark gefährdet eingestuft werden. Die Gefahren sind für die verschiedenen Säugetiere unterschiedlich, lassen sich aber fast immer auf menschliche Aktivitäten zurückführen.

Am Rande des Abgrunds

Die stark gefährdeten Säugetiere umfassen viele relativ große Arten, z. B. große Katzen, Nashörner, Wale und Rinder (Vieh und Verwandte). Informationen bezüglich Populationsgröße und Fortpflanzungsrate sind bei diesen Arten leichter zu sammeln, der Grad der Gefährdung kann daher genauer bestimmt werden als bei kleineren Arten, etwa den Nagetieren. Die genaue Individuenzahl einer Art ist ebenso wichtig wie die Anzahl und Größe der Populationen der Unterarten und ihre Verbreitung. Kleine isolierte Gruppen sind sowohl durch Epidemien bedroht wie durch genetische Probleme – aufgrund von Inzucht verkleinert sich der gesamte „Genpool" dieser Arten.

△ **Stark gefährdet**
Mit einer Populationsgröße von wahrscheinlich weniger als 100 Tieren steht das Java-Nashorn kurz vor seiner Ausrottung. Ursache sind Rodungen tief gelegener Wälder, seiner Lebensräume.

△ **Gefährdet**
Dank besonderer Schutzmaßnahmen gibt es heute einige Tausend Tiger. Ihre Situation ist aber nach wie vor sehr ernst.

△ **Besondere Bedrohung**
Der Amazonas-Flussdelphin leidet unter der Verunreinigung des Wassers durch Schwermetalle und der Störung seines Echolotsystems.

ROTE LISTE

Die Rote Liste der bedrohten Arten wird von der Internationalen Union für Naturschutz (IUCN) veröffentlicht und mithilfe der gesammelten Daten von mehr als 10 000 Wissenschaftlern aus aller Welt alle paar Jahre aktualisiert. Die Listen stellen ein globales Nachschlagewerk über den Bestand der Tiere, Pflanzen und anderer Lebewesen auf unserem Planeten dar. Die Liste des Jahres 2000 teilt die Säugetierarten in acht Kategorien ein, wie z. B. weniger gefährdet, bedroht, stark gefährdet usw. (s. S. 9).

Die größte Gefahr

Die größte allgemeine Gefahr für die meisten Säugetiere besteht in der Zerstörung ihres Lebensraumes. Die sich ausbreitende menschliche Bevölkerung übernimmt das Land, baut Getreide an, hält Vieh, errichtet Häuser und Straßen und verbraucht die natürlichen Ressourcen. Wälder werden zum Zwecke des schnellen Profits abgeholzt und nur für wenige Jahre landwirtschaftlich genutzt.

▷ **Von Menschen gelegte Brände**
Die kostbarsten Lebensräume – die tropischen Wälder der Amazonasregion in Westafrika und Südostasien – werden niedergebrannt.

Umweltverschmutzung

Die Lebensräume der Säugetiere werden auf verschiedenste Weise verschmutzt; auch bekommen die Tiere die Auswirkungen der Klimaveränderungen zu spüren. Im Wasser lebende Arten fressen verseuchte Beutetiere und leiden dann an einer ständigen leichten Vergiftung (Bioamplifikation).

◁ **Ölpest**
Das Fell eines Säugetiers ist sein Schutzschild, verschmutztes Öl zerstört dessen schützende Eigenschaften. Außerdem schluckt das Säugetier das Öl, während es sich davon zu befreien versucht.

Jagd

Seit den 80er-Jahren ist aufgrund einer Übereinkunft zwischen der Mehrheit der Nationen das Abschlachten vieler großer Wale verboten. Eine sehr schnell wachsende Gefahr liegt jedoch in der Jagd nach Tieren des Urwalds für den Fleischhandel.

△ **Wildern**
Die Jagd nach Tierhäuten ist heutzutage größtenteils verboten. Doch bestreiten einige Menschen damit nach wie vor ihren Lebensunterhalt.

◁ **Walfänger**
Walarten, die bisher gejagt werden durften, sind nun gefährdet. Wale pflanzen sich nur sehr langsam fort, daher kann es Jahrzehnte dauern, bis sie sich wieder erholen.

ARTENSCHUTZ

Viele Säugetiere leiden unter der Bedrohung der freien Natur, z. B. dem Verlust des Lebensraums und der Umweltverschmutzung. Die Unterstützung dieser Arten stellt ein allgemeines Anliegen des Naturschutzes dar. Einige Säugetiere benötigen daher spezielle Schutzmaßnahmen.

Schutz des Lebensraumes

Da der Verlust des Lebensraumes für freilebende Tiere die größte Gefahr darstellt (s. S. 47), ist sein Erhalt die wirksamste Schutzmethode. Aus diesem Grund gibt es Nationalparks und Naturschutzgebiete. Diese geschützten Lebensräume bieten alles, was eine Art zum Gedeihen benötigt. Doch müssen sie groß genug für Großkatzen und Herden von Paarhufern sein, damit diese genug zu fressen finden, Territorien besetzen und sich ohne die Probleme, die Inzucht mit sich bringt, fortpflanzen können.

△ **Aufforstung**
Ist die Bodenerosion noch nicht zu weit fortgeschritten, können wieder Bäume angepflanzt werden. Die Abbildung zeigt ein Aufforstungsprojekt in Guatemala.

◁ **Geschützte Parks**
In geschützten Gebieten halten Wildhüter nach Wilderern Ausschau und verhindern, dass die Tiere des Parks die umliegenden Getreidefelder oder Viehherden überfallen.

Berühmte Arten

Einige Tiere, wie Große Pandas, Delphine und Krallenaffen, erregen von sich aus Aufmerksamkeit und Sympathie, da sie „knuddelig" und ansprechend anzusehen sind. Anderen, etwa Bären und Großkatzen, wird dank ihrer Kraft Respekt und Ehrfurcht entgegengebracht. Der „Star"-Status dieser Säugetiere wird von den Naturschutzorganisationen häufig für Sensationsüberschriften und Abbildungen genutzt. Es verdienen jedoch alle bedrohten Säugetierarten ein geschütztes Leben in ihrem natürlichen Lebensraum.

▷ **Symbol des Naturschutzes**
Der Große Panda ist das weltweit bekannte Symbol der World Wide Fund for Nature (WWF), der führenden Naturschutzorganisation.

Züchtung in Gefangenschaft

Einige Säugetiere sind derart gefährdet, dass eine Züchtung in Gefangenschaft das letzte Mittel darstellt, ihre Ausrottung zu verhindern. An den Züchtungsprogrammen beteiligte Zoos und Naturparks tauschen Individuen aus – so wird die genetische Vielfalt gewährleistet und die Population bleibt gesund.

▷ **Löwenaffe**
Dem stark gefährdeten Löwenaffen gelten schon seit den 60er-Jahren große Artenschutzbemühungen. Es konnte in Primatenzentren erfolgreich nachgezüchtet werden und wurde Mitte der 80er-Jahre in Südostbrasilien wieder eingeführt.

Artenschutzkontrolle

Wie ist einzuschätzen, welches Säugetier in großer Gefahr schwebt und was die beste Rettungsmethode ist? Zahlreiche Wissenschaftler, Wildhüter und freiwillige Helfer sammeln ständig Daten auf der Suche nach der besten Lösung. Blutproben und Darminhalte werden analysiert, um die Wanderbewegungen der Tiere genauer herauszufinden.

△ **Satellitenortung**
Der Weg von Tieren mit einem weiten Verbreitungsgebiet, z. B. der des Belugawals, kann mithilfe eines an ihnen befestigten Funksenders über die ganze Welt verfolgt werden.

△ **Hörner entfernen**
Naturschützer schneiden manchmal die (schmerzunempfindlichen) Hörner der Nashörner ab, um der Gefahr durch Wilderer vorzubeugen.

▷ **Rückkehr in die Heimat**
Einige Säugetiere, z. B. Baby-Orang-Utans, werden für den Haustierhandel gefangen. Werden sie gerettet, müssen sie wieder an das Waldleben gewöhnt werden. Dabei werden sie von ausgebildeten Mitarbeitern von Rehabilitationszentren unterstützt.

SÄUGETIERE UND MENSCHEN

Die Einstellung gegenüber Säugetieren, selbst gegenüber denen derselben Art, variiert von Kultur zu Kultur. Ein Pferd kann ein Vollblutrennpferd sein, ein Lasttier, ein lebenslanger Freund oder eine Fleischmahlzeit. Viele Arten wurden domestiziert oder für den menschlichen Gebrauch gezüchtet.

Domestizierung

Die Hauptmerkmale domestizierter Tiere sind die verringerte Aggression, die gesteigerte Zahmheit und die positive Reaktion auf Verhaltensübungen. Wahrscheinlich stellt der Hund – der vom Wolf abstammt und vor mehr als 10 000 Jahren gezüchtet wurde – die erste domestizierte Art dar. Zu den Säugetieren, die wegen ihrer Stärke als Arbeitskraft genutzt werden, gehören Pferde, Ochsen, Büffel und Elefanten. Schweine, Schafe und Ziegen wurden ebenfalls schon vor langer Zeit domestiziert. Seit kurzem werden auch Hirsche und Antilopen auf Bauernhöfen gezüchtet.

△ „Geldkühe"
Mindestens 180 unterschiedliche Zuchtformen des Rinds wurden ausgewählt, um mit den verschiedenen auf der Welt vorkommenden klimatischen Bedingungen fertig zu werden sowie Milch, Fleisch und Felle zu liefern.

▽ Nützliche Katzen
Katzen wurden wahrscheinlich zuerst von den alten Ägyptern vor mehr als 5000 Jahren gehalten, um Mäuse zu jagen. Sie wurden sowohl angebetet wie auch am Pfahl als Teufel verbrannt.

DAS PFERD

Das domestizierte Pferd *(Equus caballus)* könnte seinen Ursprung vor über 4000 Jahren in Asien haben; sein Vorfahre ähnelte wahrscheinlich dem Przewalski-Wildpferd. Das Maultier, ein beliebtes Arbeits- und Lasttier, ist der Nachkomme eines männlichen Esels und eines weiblichen Pferds.

Przewalskipferd

Maultier

Vollblut

Verwilderte Säugetiere

Einst domestizierte, dann den Menschen entlaufene und nun wieder z. T. oder vollständig in der freien Natur lebende Arten werden als verwildert bezeichnet. Zu ihnen gehören die Nordamerikanischen Mustangs und die englischen Neuwaldponys, verschiedene Arten von Hunden, Katzen und Schweinen sowie Kamele. Dromedare (einhöckerige Kamele) wurden um 1840 von den Entdeckern mit nach Australien gebracht und leben mittlerweile in verwilderten Herden.

◁ **Verwilderte Hunde**

Der Dingo könnte ein domestizierter Hund sein, der während der letzten paar tausend Jahre in das freie wilde Leben in Australien und Südostasien zurückgekehrt ist. Eine Paarung mit Haushunden ist so problemlos möglich, dass in einigen Teilen Australiens die Hälfte aller Dingos Dingo-Hund-Mischlinge sind.

Eingeführte Arten

Eine große Gefahr für einige Säugetiere stellen Säugetierarten dar, die aus anderen Regionen stammen und von den Menschen eingeführt worden sind. In Australien hat eine große Anzahl von Beuteltieren durch die Einführung der Kaninchen und Ratten stark gelitten. Die Neuankömmlinge stehen mit den alt eingesessenen Arten im Wettbewerb um Nahrung, jagen sie oder übertragen Krankheiten.

▽ **Graues Eichhörnchen**

Das nordamerikanische Graue Eichhörnchen wurde um 1870 nach Europa gebracht. Da es größer und aggressiver ist als das einheimische Gemeine Eichhörnchen, konnte es sich leicht ausbreiten, während die Anzahl der anderen Art zurückging.

Wieder eingeführte Arten

Die Zucht in Gefangenschaft (s. S. 49) kann eine Säugetierart retten; diese kann dann in ihrer natürlichen Heimat wieder eingeführt werden. Ist eine Art verschwunden, wird ihre Nische im Lebensraum von anderen Tieren besetzt. Die wieder eingeführten Individuen stehen einer ungewöhnlich starken Konkurrenz gegenüber.

◁ **Davidhirsch**

Der Davidhirsch ist in seinem Ursprungsland China ausgestorben. Ab etwa 1900 existierte er nur in Gefangenschaft in englischen Naturparks, um 1980 wurde er in China wieder eingeführt.

KLASSIFIKATION

Das Tierreich ist in Stämme eingeteilt. Säugetiere werden zum Stamm Chordata gezählt (Tiere mit Wirbelsäule), einem der Hauptstämme; innerhalb dessen werden sie in der Klasse Mammalia zusammengefasst. Diese ist in 21 Ordnungen unterteilt (s. u.); jede dieser Ordnungen besteht aus einer oder mehreren Familien, die wiederum aus einer oder mehreren Gattungen zusammengesetzt sind. Eine Gattung umfasst eine Gruppe nah miteinander verwandter Arten.

EIERLEGENDE SÄUGETIERE
Ordnung Monotremata   **Familien** 2   **Arten** 5

BEUTELTIERE
Ordnung Marsupialia   **Familien** 22   **Arten** 292

INSEKTENFRESSER
Ordnung Insectivora   **Familien** 6   **Arten** 365

FLEDERTIERE
Ordnung Chiroptera   **Familien** 18   **Arten** 977

RÜSSELSPRINGER
Ordnung Macroscelidea   **Familien** 1   **Arten** 15

RIESENGLEITFLIEGER
Ordnung Dermoptera   **Familien** 1   **Arten** 2

SPITZHÖRNCHEN
Ordnung Scandentia   **Familien** 1   **Arten** 19

PRIMATEN
Ordnung Primates   **Familien** 11   **Arten** 356

HALBAFFEN
Unterordnung Strepsirhini   **Familien** 6   **Arten** 85

AFFEN UND MENSCHENAFFEN
Unterordnung Haplorhini

AFFEN
Familien 3   **Arten** 242

MENSCHENAFFEN
Familien 2   **Arten** 21

AMEISENBÄREN UND VERWANDTE
Ordnung Xenarthra   **Familien** 4   **Arten** 29

SCHUPPENTIERE
Ordnung Pholidota   **Familien** 1   **Arten** 7

KANINCHEN, HASEN UND PFEIFHASEN
Ordnung Lagomorpha   **Familien** 2   **Arten** 80

NAGETIERE
Ordnung Rodentia   **Familien** 30   **Arten** 1702

WALE

Ordnung Cetacea   **Familien** 13   **Arten** 83

BARTENWALE

Unterordnung Mysticeti **Familien** 4   **Arten** 12

ZAHNWALE

Unterordnung Odontoceti **Familien** 9   **Arten** 71

RAUBTIERE

Ordnung Carnivora   **Familien** 7   **Arten** 249

HUNDE UND VERWANDTE

Familie Canidae   **Arten** 36

BÄREN

Familie Ursidae   **Arten** 8

WASCHBÄREN UND VERWANDTE

Familie Procyonidae   **Arten** 20

MARDER

Familie Mustelidae   **Arten** 67

SCHLEICHKATZEN UND VERWANDTE

Familie Viverridae   **Arten** 76

HYÄNEN UND ERDWÖLFE

Familie Hyaenidae   **Arten** 4

KATZEN

Familie Felidae   **Arten** 38

ROBBEN UND SEELÖWEN

Ordnung Pinnipedia   **Familien** 3   **Arten** 34

ELEFANTEN

Ordnung Proboscidea   **Familien** 1   **Arten** 3

KLETTERSCHLIEFER

Ordnung Hyracoidea   **Familien** 1   **Arten** 8

ERDFERKEL

Ordnung Tubulidentata   **Familien** 1   **Arten** 1

DUGONGS UND MANATIS

Ordnung Sirenia   **Familien** 2   **Arten** 4

HUFTRAGENDE SÄUGETIERE

UNPAARHUFER

Ordnung Perissodactyla **Familien** 3 **Arten** 19

PFERDE UND VERWANDTE

Familie Equidae   **Arten** 10

NASHÖRNER

Familie Rhinocerotidae   **Arten** 5

TAPIRE

Familie Tapiridae   **Arten** 4

PAARHUFER

Ordnung Artiodactyla **Familien** 10 **Arten** 225

SCHWEINE UND PEKARIS

Familie Suidae und Tayassuidae   **Arten** 17

NILPFERDE

Familie Hippopotamidae   **Arten** 2

KAMELE UND VERWANDTE

Familie Camelidae   **Arten** 7

HIRSCHE, MOSCHUSHIRSCHE UND ZWERGBÖCKCHEN

Familie Cervidae, Moschidae   **Arten** 56
und Tragulidae

GABELHORNANTILOPEN

Familie Antilocapridae   **Arten** 1

GIRAFFEN UND OKAPIS

Familie Giraffidae   **Arten** 2

RINDER UND VERWANDTE

Familie Bovidae   **Arten** 140

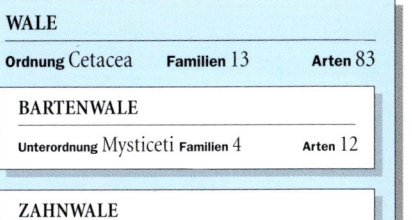

Eierlegende Säugetiere

D ie auch Monotremata (Kloakentiere) genannte Ordnung, die in die Familien der Ameisenigel und Schnabeltiere untergliedert wird, umfasst fünf sehr ungewöhnliche Säugetierarten. Die vielleicht merkwürdigste ist das Schnabeltier, das in Süßwasserlebensräumen in Ostaustralien vorkommt. Es besitzt einen otterähnlichen Körper, Schwimmfüße und einen abgeplatteten Schwanz; sein Schnabel gleicht dem einer Ente. Es ist eines der sehr wenigen giftigen Säugetiere – Jungtiere und Männchen weisen an einem der Hinterfüße einen Giftsporn auf.

Zu den Ameisenigeln gehören vier Arten. Diese ernähren sich von Ameisen, Termiten, Würmern und Raupen. Die langschnäuzigen Arten (Langschnabeligel) sind auf Neuguinea heimisch, die Kurzschnabeligel kommen außerdem in Australien vor.

Kloakentiere legen Eier, die daraus schlüpfenden Jungen werden dann aber wie alle Säugetiere mit Milch ernährt. Ausgewachsene Tiere haben keine Zähne mehr; daher zerreiben sie ihre Nahrung mit im Maul befindlichen Hornleisten oder Hornstacheln.

Familie TACHYGLOSSIDAE	Art *Tachyglossus aculeatus*	Bestand weniger gefährdet

Australien-Kurzschnabeligel

Dieser Ameisenigel besitzt zahlreiche dicke und lange Stacheln, zwischen denen kurze Haare wachsen. Die Tiere weisen einen kleinen Kopf und eine längliche Schnauze mit empfindlichen Elektrorezeptoren auf, die ihnen bei der Nahrungssuche helfen. Die ca. 17 cm lange Zunge ist klebrig, sodass kleine Beutetiere daran hängen bleiben. Bei sehr hohen oder niedrigen Temperaturen fallen die Tiere manchmal in eine Art Starre, bei der die Körpertemperatur bis auf 4° C absinken kann.
Größe: Körperlänge 30–45 cm, Schwanzlänge 1 cm.
Verbreitung: Australien, Tasmanien und Neuguinea.
In verschiedenen Lebensräumen, außer in Regenwäldern.
Anmerkung: Das vergleichsweise primitive Tier gehört zu den am weitesten verbreiteten Säugern in Australien.

Australien,
Tasmanien,
Neuguinea

*lange Stacheln und
● kurze Haare*

*● lange schmale
Schnauze*

kurze Beine ●

Lebensweise solitär	Tragzeit 23 Tage	Wurfgröße 1	Ernährung 🕷 🐛

Familie TACHYGLOSSIDAE	Art Zaglossus bartoni	Bestand gefährdet

Barton-Langschnabeligel

Diese Art verdankt ihren Namen der langen nach unten gebogenen Schnauze, die eine Länge von über 20 cm erreichen kann und eine winzige Öffnung an der Spitze besitzt. Die kurzen weißen Stacheln werden zum größten Teil von langen schwarzen Haaren verdeckt. Die Tiere bewegen sich nur langsam und rollen sich bei Gefahr zu einer Kugel zusammen. Mit der empfindlichen Schnauze suchen sie im Boden nach Würmern, die sie dann mit ihrer an der Spitze stacheligen langen Zunge herausziehen. Das Weibchen gräbt für die Eiablage einen Bau, säugt die Jungen dann aber in seinem Beutel.
Größe: Körperlänge 60–100 cm, schwanzlos.
Verbreitung: Neuguinea. In Bergwäldern und auf alpinen Wiesen.
Anmerkung: Dies ist das größte Kloakentier.

fast völlig verdeckte Stacheln

nach unten gebogene Schnauze

Neuguinea

Lebensweise solitär	Tragzeit unbekannt	Wurfgröße 1	Ernährung

Familie ORNITHORHYNCHIDAE	Art Ornithorhynchus anatinus	Bestand bedroht*

Schnabeltier

Der entenähnliche Schnabel, die Schwimmfüße, der abgeplattete schuppige Schwanz und der reptilienartige Gang machen diese Art zu einem einzigartigen Säugetier. Das wasserabweisende bräunliche Fell ist samtig weich; der Schnabel sendet bei der Nahrungssuche elektrische Signale aus, mit deren Hilfe kleine Wassertiere, z. B. Insektenlarven, Krebse und Würmer, aber auch Forelleneier aufgespürt werden. Schnabeltiere sind nachtaktiv und verbringen den Tag in einem verzweigten Bau im Ufer, in dem sich auch die mit Pflanzen ausgepolsterte Nistkammer befindet.
Größe: Körperlänge 40–60 cm, Schwanzlänge 8,5–15 cm.
Verbreitung: Ostaustralien und Tasmanien. In Gewässern bis zu einer Höhe von ca. 1600 m.

schnabelartiges Maul

Ostaustralien, Tasmanien

Hinterfüße z. T. mit Schwimmhäuten

Milchdrüsen

Vorderfüße mit Schwimmhäuten

Lebensweise solitär	Tragzeit 1 Monat	Wurfgröße 1	Ernährung

Beuteltiere

Die Tiere der Ordnung Marsupialia verdanken ihren Namen dem Beutel, in dem die Weibchen ihre Jungen säugen und aufziehen. Diese sind bei der Geburt blind und noch unbehaart, außerdem besitzen sie nur sehr rudimentäre Gliedmaßen. Sie schaffen es aber, bis in den Beutel oder zu den Zitzen der Mutter zu kriechen, um sich dort an den Milchdrüsen festzusaugen. Wochen- oder monatelang ernähren sie sich von Muttermilch, bis ihre Entwicklung so weit abgeschlossen ist, dass sie den Beutel für immer längere Perioden verlassen können.

Die meisten Beuteltiere leben in Australien, wo sie sich ohne die Konkurrenz anderer Säugetiere entwickeln konnten. Zu den 22 Familien mit 292 Arten gehören so unterschiedliche Tiere wie die Roten Riesenkängurus und die winzigen Rattenkängurus, aber auch die auf Bäumen lebenden und zum Gleitflug befähigten Gleitbeutler oder die bärenähnlichen Wombats.

Einige Beuteltierarten kommen auch auf Neuguinea vor. In Südamerika gibt es ebenfalls ca. 80 Arten; das Virginia-Opossum hat sich sogar bis nach Nordamerika ausgebreitet.

Familie DIDELPHIDAE	Art *Didelphis virginiana*	Bestand weniger gefährdet*

Virginia-Opossum

Das größte amerikanische Beuteltier konnte bis nach Nordamerika vordringen. Dabei hat es auch von der menschlichen Besiedlung profitiert, denn es sucht gern Unterschlupf in Scheunen oder Ställen; außerdem frisst es Nahrungsabfälle. Virginia-Opossums sind nachtaktive Tiere, die sich hauptsächlich von Eiern, Früchten und Aas ernähren, gelegentlich aber auch Hühner erbeuten. Bei Gefahr stellen sie sich gerne tot – manchmal mehrere Stunden lang. Die Tiere besitzen graues, rötlich braunes oder schwarzes Deckhaar mit hellen Spitzen und dichtes Wollhaar.
Größe: Körperlänge 33–50 cm, Schwanzlänge 25–54 cm.
Verbreitung: USA, Mexiko und Mittelamerika. Auf Wiesen, Weiden und in Wäldern.

struppiges Fell •

Nord- und Mittelamerika

• *weißliches Gesicht*

fünf Zehen mit langen Krallen •

• *unbehaarter schuppiger Greifschwanz*

Lebensweise solitär	Tragzeit 12–13 Tage	Wurfgröße 5–13	Ernährung

Familie DIDELPHIDAE	Art Chironectes minimus	Bestand weniger gefährdet

Schwimmbeutler

Die Schwimmbeutler – oft auch Yapoks genannt – leben als einzige Beuteltiere im Wasser. Sie besitzen ein dichtes wasserabweisendes Fell und Schwimmhäute an den Hinterfüßen; sowohl Weibchen wie auch Männchen weisen einen Beutel auf, der unter Wasser fest verschlossen werden kann. Die nachtaktiven Beutler fressen Fische, Frösche und andere Wassertiere. Tagsüber ruhen sie sich in der Regel in einer mit Blättern ausgepolsterten Höhle in Wassernähe aus.
Größe: Körperlänge 26–40 cm, Schwanzlänge 31–43 cm.
Verbreitung: Südmexiko bis mittleres Südamerika. In Wäldern der gemäßigten und tropischen Zonen.

Nord-, Mittel- und Südamerika

schwarze Flecke auf
• grauem Fell

dunkle masken-
artige Zeichnung •

kräftiger
Schwanz
mit heller
• Spitze

Lebensweise solitär	Tragzeit 2 Wochen	Wurfgröße 2 – 5	Ernährung

Familie DIDELPHIDAE	Art Marmosa murina	Bestand weniger gefährdet*

Zwergbeutelratte

Diese oberseits meist grau gefärbte Art besitzt ein kurzes samtiges, cremeweißes Bauchfell. Typisch sind auch die dunkle maskenartige Zeichnung im Gesicht, die auffälligen Augen und die aufrecht stehenden Ohren. Der kräftige Greifschwanz ist länger als Kopf und Körper zusammen und wird von den Weibchen zum Transport von Blättern benutzt. Die nachtaktiven Zwergbeutelratten, die sich von Insekten, Spinnen, Eidechsen, Vogeleiern und Jungvögeln, aber auch von Früchten ernähren, leben gern in Flussnähe zwischen Bäumen, kommen jedoch auch in der Nähe menschlicher Siedlungen vor. Den Tag verbringen sie meist in Baumhöhlen oder Vogelnestern.
Größe: Körperlänge 11–14,5 cm, Schwanzlänge 13,5–21 cm.
Verbreitung: Nördliches und mittleres Südamerika. In tropischen Wäldern.

Südamerika

kräftiger
• Greifschwanz

helles, meist graues
• Rückenfell

große Augen •

feines samtiges
Bauchfell

Lebensweise solitär	Tragzeit 13 Tage	Wurfgröße 5 – 10	Ernährung

Familie DASYURIDAE	Art *Ningaui ridei*	Bestand weniger gefährdet*

Rides Ningaui

Das an eine Spitzmaus erinnernde Beuteltier besitzt einen spitzen Kopf mit kleinen Augen und Ohren. Sein Fell ist, von einigen orangefarbenen Flecken abgesehen, einheitlich braun. Die Nahrung der Tiere besteht aus bis zu 1 cm großen Wirbellosen, z. B. Käfern, Grillen und Spinnen, die sie nachts jagen, wobei ihnen der gute Geruchssinn und das ausgezeichnete Gehör zugute kommen. Tagsüber ruhen sich die Beuteltiere im dichten Unterholz oder in Erdhöhlen aus.
Größe: Körperlänge 5–7,5 cm, Schwanzlänge 5–7 cm.
Verbreitung: Zentralaustralien. In trockenen Grassteppen mit oder ohne Baumbestand.
Anmerkung: Diese Art wurde erst 1975 entdeckt und beschrieben.

Australien

Schwanz ebenso lang wie der Körper

langes braunes Fell

spitze Schnauze

Lebensweise solitär	Tragzeit 13 – 21 Tage	Wurfgröße 5 – 7	Ernährung

Familie DASYURIDAE	Art *Sminthopsis crassicaudata*	Bestand weniger gefährdet*

Dickschwänzige Schmalfußbeutelmaus

Dieses kleine Säugetier besitzt eine braune Ober- und eine helle Unterseite, große Augen, aufgerichtete Ohren sowie eine spitze Schnauze. Der Schwanz dient der Speicherung von Fettreserven; sind alle Nahrungsreserven verbraucht, verfallen die Tiere in eine Art Starre, die 12 Stunden anhalten kann. Nachts jagen sie Insekten und kleine Säugetiere, die mit einem Biss ins Genick getötet werden. Im Sommer leben die Mäuse als Einzelgänger, im Winter finden sie sich manchmal zu kleinen Gruppen zusammen.
Größe: Körperlänge 6–9 cm, Schwanzlänge 4–7 cm.
Verbreitung: Südaustralien (außer Südwestspitze und Ostküste). In Graslandschaften, Wüsten, Wäldern und auf Feldern.
Anmerkung: Da sie offene Lebensräume bevorzugt, profitierte diese Art von der Urbarmachung des Landes durch die europäischen Siedler.

Australien

lange aufrecht stehende Ohren

dicker Schwanz dient der Fettspeicherung

schmale Hinterfüße

Lebensweise solitär	Tragzeit 13 Tage	Wurfgröße 8 – 10	Ernährung

| Familie DASYURIDAE | Art *Antechinomys laniger* | Bestand bedroht |

Östliche Springbeutelmaus

Diese Maus bewohnt Wälder und Halbwüsten. Die kleinen braunen, nachtaktiven Beuteltiere besitzen eine helle Unterseite, große Augen und Ohren sowie einen langen Schwanz. Zur Fortbewegung springen sie mit den langen Hinterbeinen ab und landen dann auf den Vorderfüßen. Sie graben manchmal einfache Baue, benutzen aber auch die Höhlen anderer Tiere. Wie die Dickschwänzige Schmalfußbeutelmaus (s. S. 58) tötet die Springbeutelmaus ihre Beute durch einen Biss ins Genick.
Größe: Körperlänge 7–10 cm, Schwanzlänge 10–15 cm.
Verbreitung: Süd- und Zentralaustralien.
In Wäldern, Graslandschaften und Wüsten.
Anmerkung: Diese Tiere tauchen manchmal ganz plötzlich in einem Gebiet auf und sind ebenso schnell wieder verschwunden – möglicherweise sind in diesen Fällen ihre Baue durch starke Regenfälle unbewohnbar geworden.

dunkler Augenring •   Australien

büschelförmiger • Schwanz

| Lebensweise solitär | Tragzeit 12 Tage | Wurfgröße 6 – 8 | Ernährung |

| Familie DASYURIDAE | Art *Parantechinus apicalis* | Bestand gefährdet |

Sprenkelbeutelmaus

Diese Art wurde 1967 wieder entdeckt, nachdem sie 80 Jahre lang als verschollen galt. Sie besitzt ein weiß gesprenkeltes graubraunes Fell, helle Augenringe, eine weiße Unterseite und einen spitz zulaufenden behaarten Schwanz. Die solitär lebenden Mäuse ernähren sich hauptsächlich von Wirbellosen, die sie sowohl nachts wie auch tagsüber jagen; dank ihrer scharfen Zähne können sie jedoch auch kleine Wirbeltiere erlegen. In der Regel leben Sprenkelbeutelmäuse am Boden, manchmal sind sie aber auch 2 bis 3 m hoch auf Bäumen zu finden.
Größe: Körperlänge 10–16 cm, Schwanzlänge 7,5–12 cm.
Verbreitung: Australien (Südwestspitze sowie Whitlock- und Boullangerinseln).
In küstennahen Heidelandschaften und *Banksia*-Wäldern.
Anmerkung: In manchen Jahren sterben alle Männchen der Inselpopulationen gleich nach der Paarung.

Australien

helle Linie rund um die Augen •

kräftiger spitz zulaufender, behaarter • Schwanz

spitze Schnauze •

| Lebensweise solitär | Tragzeit 7 Wochen | Wurfgröße 8 – 10 | Ernährung |

Familie DASYURIDAE	Art *Pseudantechinus macdonnellensis*	Bestand weniger gefährdet*

Fettschwanzbeutelmaus

Der zur Fettspeicherung verwendete Schwanz dieser Art erinnert in der Form an eine Möhre, vor allem wenn die Tiere gut genährt sind. Die Körperoberseite ist graubraun mit rötlichen Flecken hinter den Ohren, der Bauch weist eine hellere Färbung auf. Beutelmäuse kommen hauptsächlich in gras- und strauchbewachsenen felsigen Lebensräumen vor, wo sie sich gerne in großen Termitenhügeln verstecken. Die Art ist nachtaktiv, gelegentlich sind die Tiere aber auch am frühen Morgen beim Sonnenbaden auf einem Felsen zu beobachten. Die Beute wird mit einem Biss ins Genick getötet; größere Beutetiere werden dabei oft mit den Vorderpfoten festgehalten.
Größe: Körperlänge 9,5–10,5 cm, Schwanzlänge 7,5–8,5 cm.

Verbreitung: West- und Zentralaustralien. In felsigen Gebieten und Wüsten.

• kräftiger Körperbau

rötliche Flecken hinter den
• Ohren

Australien

Lebensweise solitär	Tragzeit 45–55 Tage	Wurfgröße 6	Ernährung

Familie DASYURIDAE	Art *Dasycercus byrnei*	Bestand bedroht

Doppelkammbeutelmaus

Diese nachtaktive Art gräbt unterirdische Gänge, in denen sie sich tagsüber verkriecht. Die auch Kowaris genannten, etwa eichhörnchengroßen Tiere besitzen einen grauen bis bräunlichen Rücken, eine hellere Unterseite, einen buschigen schwarzen Schwanz und einen breiten Kopf mit großen Augen. Wenn die harte, steinige Erde nach Regenfällen aufgeweicht ist, wird der Bau häufig erweitert.
Größe: Körperlänge 13,5–18 cm, Schwanzlänge 11–14 cm.
Verbreitung: Zentralaustralien (vor allem Queensland). In Lehmwüsten.

dreieckiger breiter
Kopf •

graues bis
• bräunliches Fell

buschiger •
Schwanz

Australien

Lebensweise solitär	Tragzeit 30–35 Tage	Wurfgröße 6–7	Ernährung

Familie DASYURIDAE	Art Neophascogale lorentzii	Bestand weniger gefährdet*

Neuguinea-Spitzhörnchenbeutler

Typisch für diese Art ist das mit langen weißen Haaren durchsetzte dunkelgraue Fell. Die Tiere besitzen kurze kräftige Beine mit sehr langen Krallen an allen Zehen, die dazu verwendet werden, Beutetiere aus weicher Erde oder faulendem Holz herauszukratzen.
Größe: Körperlänge 17–22 cm, Schwanzlänge 17–22 cm.
Verbreitung: Neuguinea. In Bergmischwäldern in höheren Lagen.
Anmerkung: Die Art kommt nur stellenweise häufig vor; die Gründe für die ungleichmäßige Verbreitung sind unbekannt.

Neuguinea

langer Schwanz mit weißer Spitze

grauweiß gesprenkeltes Fell

Lebensweise solitär	Tragzeit unbekannt	Wurfgröße 4	Ernährung 🦗

Familie DASYURIDAE	Art Dasyurus viverrinus	Bestand weniger gefährdet

Tüpfelbeutelmarder

Diese manchmal auch Quoll genannten schlanken, ein wenig an Katzen erinnernde Tiere besitzen charakteristische weiße Flecke auf dem braunen oder schwarzen Fell, ein schmales Gesicht und große aufrecht stehende Ohren. Der Schwanz weist ebenfalls eine braune oder schwarze Färbung auf. Die nachtaktiven Beuteltiere bewohnen Trockenwälder, Heidegebiete, aber auch landwirtschaftlich genutzte Flächen. Dort jagen sie am Boden nach großen Insekten, kleinen Säugetieren, Vögeln und Eidechsen; sie fressen jedoch auch Gras, Früchte und Aas. Das Weibchen, das deutlich größer und schwerer ist als das Männchen, hat nur sechs Zitzen, was die Zahl der Jungen einschränkt.
Größe: Körperlänge 28–45 cm, Schwanzlänge 17–28 cm.
Verbreitung: Tasmanien. In Wäldern, Heidelandschaften sowie auf Wiesen und Äckern.
Anmerkung: Früher kam die Art auch in Südostaustralien vor – dort wurde sie allerdings das letzte Mal in den 60er-Jahren gesehen.

unregelmäßige weiße Flecke

Tasmanien

lange aufrecht stehende Ohren

einfarbiger Schwanz

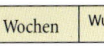

Lebensweise solitär	Tragzeit 3 Wochen	Wurfgröße 6	Ernährung 🦗🦎🐍🦗🍂🌱🐌

| Familie DASYURIDAE | Art *Sarcophilus harrisii* | Bestand weniger gefährdet |

Tasmanischer Teufel

Die auch Beutelteufel genannte nachtaktive Art ist in Tasmanien heimisch, vor allem in den Wäldern des Nordostens. Die Tiere besitzen einen gedrungenen schwarzen Körper, der dem eines Bären ähnelt; auf der Brust – und manchmal auch auf dem Hinterleib – ist ein weißes Band zu erkennen. Beutelteufel machen Jagd auf andere Tiere, fressen aber auch Aas.

Tasmanien

Größe: Körperlänge 52–80 cm, Schwanzlänge 23–30 cm.
Verbreitung: Tasmanien. In verschiedenen Lebensräumen, u. a. in Städten.
Anmerkung: Diese Art ist das größte Fleisch fressende Beuteltier.

schwarzer bären-ähnlicher Körper

kaum behaarte aufrecht stehende Ohren

| Lebensweise solitär | Tragzeit 30 – 31 Tage | Wurfgröße 4 | Ernährung |

| Familie MYRMECOBIIDAE | Art *Myrmecobius fasciatus* | Bestand bedroht |

Numbat

Dieses Tier kommt heute nur noch im Südwesten Australiens vor. Es besitzt ein orangebraunes Fell mit sechs oder sieben weißen Bändern auf dem Rücken; am schmalen Kopf sind dunkle Augenstreifen zu erkennen. Die Art – die auch Ameisenbeutler genannt wird – ernährt sich fast ausschließlich von Termiten, die mit den kräftigen Krallen ausgegraben und dann mit der ca. 10 cm langen Zunge aufgeleckt werden.
Größe: Körperlänge 20–28 cm, Schwanzlänge 16–21 cm.
Verbreitung: Westaustralien. In Eukalyptuswäldern und Buschland.
Anmerkung: Der Numbat besitzt 52 Zähne – mehr als jedes andere Landsäugetier.

dunkleres Fell auf dem Hinterteil

schmaler Kopf

Australien

| Lebensweise solitär | Tragzeit 2 Wochen | Wurfgröße 4 | Ernährung |

| Familie PERAMELIDAE | Art *Perameles gunnii* | Bestand stark gefährdet |

Langnasenbeutler

weiße Bänder am Hinterleib

aufrecht stehende große Ohren

In Westaustralien ist diese nachtaktive Art praktisch ausgestorben, sodass sie heute fast nur noch in Tasmanien zu finden ist. Typisch sind die an Kaninchen erinnernden großen Ohren und die hellen Bänder auf dem Hinterkörper.

Größe: Körperlänge 27–35 cm, Schwanzlänge 7–11 cm.
Verbreitung: Australien und Tasmanien. In grasbewachsenem offenem Gelände, gelegentlich auch in Städten.

Australien, Tasmanien

| Lebensweise solitär | Tragzeit 12,5 Tage | Wurfgröße 1–5 | Ernährung 🐛 🌿 🐌 ● 🐀 🍃 |

| Familie PERAMELIDAE | Art *Macrotis lagotis* | Bestand bedroht |

Kaninchennasenbeutler

kaum behaarte große Ohren

blaugraues Fell

Diese Tiere besitzen sehr große Ohren, lange Hinterbeine und einen schwarzweiß gefärbten Schwanz. Sie können ausgezeichnet graben, hören und riechen aber auch sehr gut, was ihnen bei der Jagd in der Dunkelheit zugute kommt.
Größe: Körperlänge 30–55 cm, Schwanzlänge 20–29 cm.
Verbreitung: Nordwestaustralien. In grasbewachsenem offenem Gelände und in Wüsten.
Anmerkung: Die Männchen sind stämmiger als die Weibchen und oft doppelt so schwer.

Australien

| Lebensweise solitär | Tragzeit 13–16 Tage | Wurfgröße 2 | Ernährung 🐛 🌿 🍄 ⋮ |

| Familie PERORYCTIDAE | Art *Echymipera kalubu* | Bestand weniger gefährdet |

Stachelnasenbeutler

unbehaarte Ohren

borstiges Fell am Hinterleib

Dieser nachtaktive Beutler ist bezüglich Färbung und Größe äußerst variabel. Häufig besitzen die Tiere eine braune, kupferfarbene, gelbe oder schwarze Oberseite und eine blassgelbe Unterseite; der Schwanz ist unbehaart und das Fell stachelborstig. Als Nahrung dienen hauptsächlich Insekten, gelegentlich auch Früchte.
Größe: Körperlänge 20–50 cm, Schwanzlänge 5–12,5 cm.
Verbreitung: Neuguinea. In Graslandschaften und Wäldern.

kegelförmige längliche Schnauze

Neuguinea

| Lebensweise solitär | Tragzeit 2 Wochen | Wurfgröße 1–3 | Ernährung 🐛 🍒 🍃 |

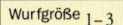

Familie NOTORYCTIDAE	Art Notoryctes typhlops	Bestand gefährdet

Großer Beutelmull

Als Anpassung an ihre unterirdische Lebensweise besitzen Beutelmulle einen Hornschild auf der Nase und kurze schaufelförmige Vorderbeine. Mit diesen graben sie bis zu 2,5 m lange Gänge in den Wüstenboden oder „schwimmen" auf der Suche nach Beute durch den losen Sand. Das seidige Fell ist weißlich bis zimtfarben mit roten Bereichen; die Augen sind verkümmert. Der Beutel der Weibchen öffnet sich nach hinten, so füllt er sich nicht ständig mit Sand.
Größe: Körperlänge 12–18 cm, Gewicht 40–70 g.
Verbreitung: Südwestaustralien. In sandigen Wüsten.

glänzendes weißliches Fell

Australien

lederner Stummelschwanz

zwei schaufelartige Klauen

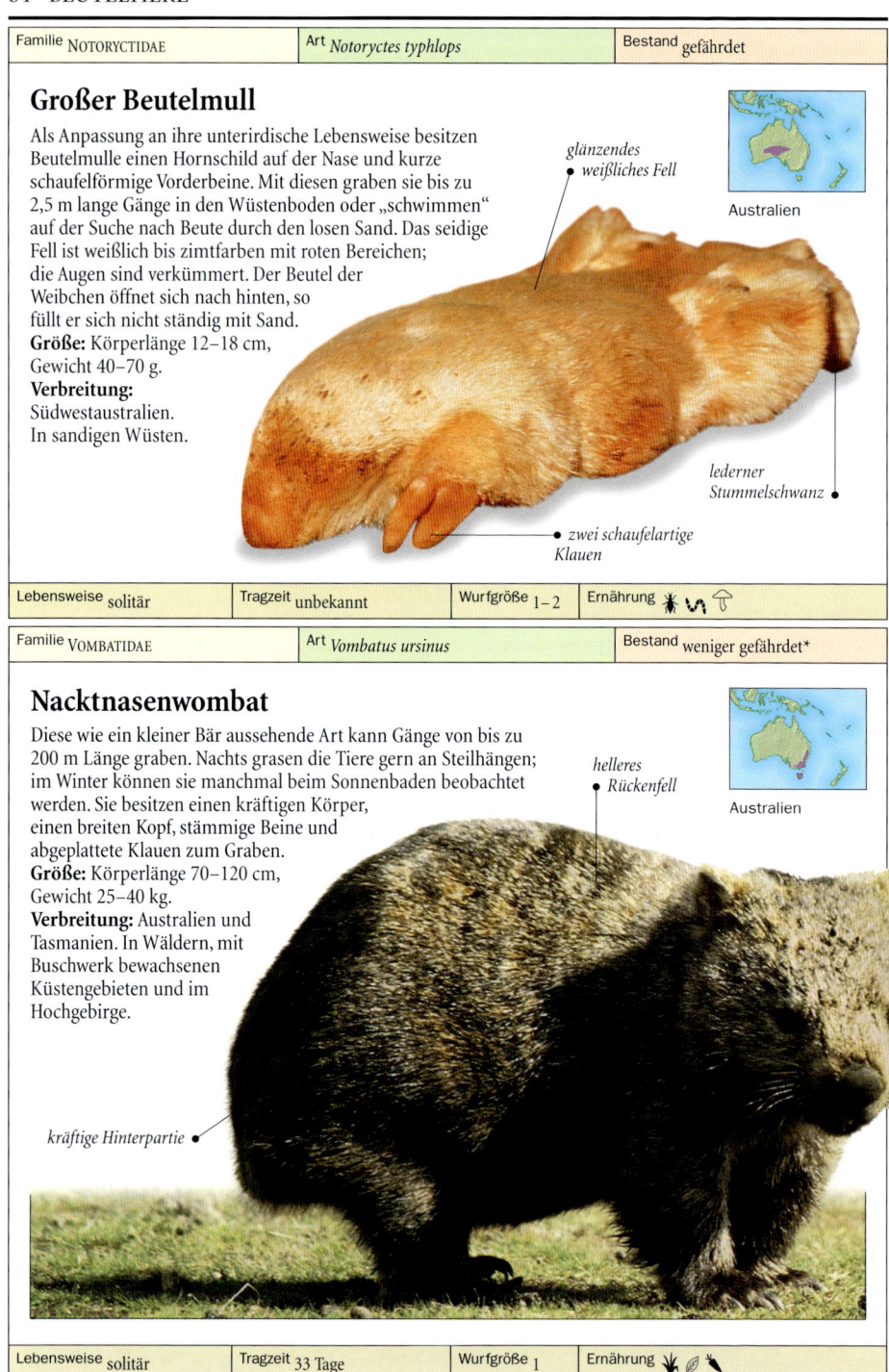

Lebensweise solitär	Tragzeit unbekannt	Wurfgröße 1–2	Ernährung 🦗 🐛 🕷

Familie VOMBATIDAE	Art Vombatus ursinus	Bestand weniger gefährdet*

Nacktnasenwombat

Diese wie ein kleiner Bär aussehende Art kann Gänge von bis zu 200 m Länge graben. Nachts grasen die Tiere gern an Steilhängen; im Winter können sie manchmal beim Sonnenbaden beobachtet werden. Sie besitzen einen kräftigen Körper, einen breiten Kopf, stämmige Beine und abgeplattete Klauen zum Graben.
Größe: Körperlänge 70–120 cm, Gewicht 25–40 kg.
Verbreitung: Australien und Tasmanien. In Wäldern, mit Buschwerk bewachsenen Küstengebieten und im Hochgebirge.

helleres Rückenfell

Australien

kräftige Hinterpartie

Lebensweise solitär	Tragzeit 33 Tage	Wurfgröße 1	Ernährung 🌿 🍃 🥕

Familie PHASCOLARCTIDAE	Art *Phascolarctos cinereus*	Bestand weniger gefährdet

Koala

Koalas leben hauptsächlich auf Eukalyptusbäumen, von deren Blättern sie sich ernähren. Nur gelegentlich klettern sie einmal herab, um den Futterbaum zu wechseln oder um Kieselsteine zu verschlucken, die sie für ihre Verdauung benötigen. Die Tiere besitzen einen gedrungenen Körper, einen großen Kopf, ein graubraunes Fell mit weißlichen Bereichen auf Hals und Brust sowie einen hell gesprenkelten Rücken. Das einzige Junge dieses „Beutelbären" wird 6 Monate im Beutel gesäugt und hängt sich dann an den Rücken der Mutter, bis es ca. 1 Jahr alt ist. Von Raubvögeln abgesehen haben Koalas kaum natürliche Feinde, doch die ständig zunehmenden Waldrodungen stellen eine ernsthafte Bedrohung dar.
Größe: Körperlänge 65–82 cm, Gewicht 4–15 kg.
Verbreitung: Ostaustralien. In Eukalyptuswäldern bis 1000 m Höhe.
Anmerkung: Koalas fressen jede Nacht ca. 4 Stunden lang und ruhen sich dann den Rest des Tages aus.

Australien

große runde, weißlich gesprenkelte Ohren

glatte schwarze Nase

langes weiches Fell

Ein Leben im Sitzen

Koalas setzen sich für Nickerchen gern in Astgabeln. Dabei halten sie sich mit den Vorderbeinen fest, die zwei abspreizbare Zehen aufweisen.

kurze kräftige Hinterbeine

Lebensweise solitär	Tragzeit 5 Wochen	Wurfgröße 1	Ernährung

| Familie PHALANGERIDAE | Art Phalanger orientalis | Bestand weniger gefährdet |

Grauer Kuskus

dunkler Streifen auf dem Rücken

Weibchen mit weißer Schwanzspitze

Die Farbe dieser Art variiert – je nach der Insel, auf der sie vorkommt – von weiß bis schwarz. Charakteristisch ist der dunkle Streifen auf dem Rücken und der im unteren Teil unbehaarte weiße Schwanz des Weibchens. Die nachtaktiven Tiere – die wie eine Mischung aus Faultier und Affe aussehen – besitzen kräftige Greiffüße und sind gute Kletterer; oft wird auch der Schwanz mit seiner rauen Unterseite zum Festhalten benutzt.
Größe: Körperlänge 38–48 cm, Schwanzlänge 28–43 cm.
Verbreitung: Neuguinea, Salomon-Inseln und weitere kleinere Inseln der Region. In Wäldern.
Anmerkung: Der anpassungsfähige Kuskus ist in seiner Heimat ein beliebtes Haustier.

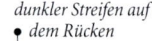

Neuguinea, Salomon-Inseln

spitzes Gesicht mit großen Augen

| Lebensweise solitär | Tragzeit 2–3 Wochen | Wurfgröße 1–2 | Ernährung |

| Familie PHALANGERIDAE | Art Trichosurus vulpecula | Bestand weniger gefährdet |

Gewöhnlicher Fuchskusu

lange aufrecht stehende, unbehaarte Ohren

Diese Art ist in den verschiedensten Lebensräumen heimisch. Die Tiere sind meist silber-grau gefärbt; im Norden des Verbreitungsgebietes besitzen sie manchmal ein kürzeres kupferrotes, im Süden ein längeres dunkelgraues oder schwarzes Fell. Fuchskusus sind gute Kletterer, die nachts auf Bäumen nach Nahrung suchen. Sie können zahlreiche Laute von sich geben, u. a. Zischen, Grunzen, Knurren und Schnattern. Ihre Nester legen die Tiere in Baumhöhlen, unter umgestürzten Baumstämmen, in Uferböschungen, aber auch unter Dächern an. Abgesehen von der Paarungszeit beanspruchen beide Geschlechter rund um ihr Schlafnest ein eigenes Revier.
Größe: Körperlänge 35–58 cm, Schwanzlänge 25–40 cm.
Verbreitung: Australien und Tasmanien. In allen Lebensräumen mit Baumbestand, auch in Parks und Gärten.
Anmerkung: Die Bestände der einst in Australien weit verbreiteten Art sind stark zurückgegangen.

spitze gebogene Krallen

Greiffüße

Australien, Tasmanien

Schwanz dunkler als der Körper

| Lebensweise solitär | Tragzeit 16–18 Tage | Wurfgröße 1 | Ernährung |

Familie PETAURIDAE	Art Gymnobelideus leadbeateri	Bestand gefährdet

Leadbeaters Possum

keulen-
förmiger
Schwanz

Dieses graue Beuteltier besitzt einen dunklen Streifen auf dem Rücken. Es sucht nachts auf Bäumen nach kleinen Insekten, Pflanzensaft und Nektar. Die Art lebt in aus einem Paar und seinen Nachkommen bestehenden Kolonien von bis zu acht Exemplaren. Das Revier wird vom Weibchen verteidigt. **Größe:** Körperlänge 15–17 cm, Schwanzlänge 14,5–20 cm. **Verbreitung:** Südostaustralien (Victoria). In montanen Eschenwäldern. **Anmerkung:** Die Art wurde 1961 wieder entdeckt, nachdem sie 52 Jahre lang als ausgestorben galt.

dunkler
Rücken-
streifen

große
abgerundete
Ohren

Australien

Lebensweise gesellig	Tragzeit 20 Tage	Wurfgröße 1–2	Ernährung 🐜 ❁

Familie PETAURIDAE	Art Dactylopsila trivirgata	Bestand weniger gefährdet

Streifenbeutler

schlanker
Körper

Auffällig bei dieser nachtaktiven Art sind die an einen Streifenskunk (s. S. 256–257) erinnernde Zeichnung und der buschige Schwanz mit der weißen Spitze. Ebenso wie der Streifenskunk kann der Streifenbeutler aus speziellen Analdrüsen einen üblen Geruch absondern. Die Tiere besitzen lange Zehen mit kräftigen Krallen, mit denen sie Zweige nach Insekten, Ameisen und Termiten absuchen. **Größe:** Körperlänge 24–28 cm, Schwanzlänge 31–39 cm. **Verbreitung:** Neuguinea und Nordostaustralien. In Regenwäldern.

auffällig
schwarzweiß
gestreift

buschiger Schwanz
mit heller Spitze

Australien,
Neuguinea

Lebensweise variabel	Tragzeit unbekannt	Wurfgröße 1–2	Ernährung 🐜 🥬 🐛 🐀

Familie PETAURIDAE	Art Petaurus norfolcensis	Bestand weniger gefährdet

Eichhörnchengleitbeutler

schwarzer Streifen
auf dem Kopf

heller
Bauch

Dank der behaarten Flughaut, die zum Gleitflug zwischen der fünften Zehe des Vorderfußes und dem Hinterfuß aufgespannt wird, und dem als Steuer dienenden buschigen Schwanz kann dieser Beutler bis zu 50 m weit gleiten. Das Rückenfell weist eine blaugraue bis bräunliche Färbung auf, die Unterseite ist heller; auf dem Kopf ist ein dunkler Streifen zu erkennen. Die nachtaktive Art verbringt den Tag in Baumhöhlen. Die Nahrung besteht hauptsächlich aus Nektar und Pollen; außerdem beißen die Tiere mit den kräftigen Zähnen auf der Suche nach Larven Baumrinde ab. **Größe:** Körperlänge 18–23 cm, Schwanzlänge 22–30 cm. **Verbreitung:** Ostaustralien (Nordöstliches Queensland bis Zentralvictoria). In Eukalyptus- und Küstenwäldern.

langes
spitzes
Gesicht

behaarter
Greifschwanz

Australien

Lebensweise gesellig	Tragzeit 20 Tage	Wurfgröße 1–2	Ernährung 🐜 ❁

Familie PSEUDOCHEIRIDAE	Art Pseudocheirus peregrinus	Bestand weniger gefährdet

Gewöhnlicher Ringbeutler

weiße Flecke hinter den Ohren

Ebenso wie andere Beuteltiere lebt diese Art überwiegend auf Bäumen. Sie besitzt zum Kauen der aus Blättern bestehenden Nahrung scharfe Backenzähne sowie einen langen Darm, der Pflanzenfasern gut verdaut. Mit dem kräftigen rauen, am hinteren Ende unterseits unbehaarten Greifschwanz und den Vorderfüßen mit den zwei gegenüberliegenden Zehen können sich die Tiere problemlos an Zweigen festhalten. Das Fell ist grau, rötlich oder graubraun, hinter den kleinen Ohren sind weiße Flecke zu sehen. Die im Norden des Verbreitungsgebietes vorkommenden Tiere verbringen den Tag in Baumhöhlen, die im Süden lebenden Ringbeutler bauen sich ähnlich wie Eichhörnchen runde Nester aus Zweigen, Rinde und Gras.
Größe: Körperlänge 30–35 cm, Schwanzlänge 30–35 cm.
Verbreitung: Ostaustralien und Tasmanien. In Wäldern, küstennahem Buschland sowie in Parks und Gärten.

Anmerkung: Ungewöhnlicherweise helfen die Männchen dieser Art bei der Jungenaufzucht – z. B. bewachen sie das Nest und sorgen für Futter.

oberer Teil des Schwanzes dunkel gefärbt

helle Schwanzspitze

Australien, Tasmanien

Lebensweise gesellig	Tragzeit bis zu 30 Tage	Wurfgröße 1–3	Ernährung 🍃

Familie PSEUDOCHEIRIDAE	Art Petauroides volans	Bestand weniger gefährdet

Riesengleitbeutler

grauschwarzes Fell

Diese Art ist gut an das Leben in Bäumen angepasst. Sie kann durch Ausbreiten der behaarten Flugmembran, die sich zwischen Ellenbogen und Hinterfuß befindet, gleitend Entfernungen von bis zu 1 m überwinden; die spitzen Krallen ermöglichen eine sichere Landung. Die großen Ohren und Augen der nachtaktiven Tiere sind nach vorn gerichtet, sodass sie Entfernungen auch in der Dunkelheit gut abschätzen können. Der Riesengleitbeutler kommt in zwei Farbvarianten vor; er kann grau bis schwarz gefärbt sein und einen bräunlichen Schimmer aufweisen (s. Abbildung) oder hellgrau oder cremeweiß gesprenkelt sein. Männchen und Weibchen bewohnen eine gemeinsame Baumhöhle; der Nachwuchs bleibt 5 Monate im Beutel der Mutter, um dann noch 2 weitere Monate in der Höhle zu leben oder bei der Futtersuche auf dem Rücken des Weibchens zu sitzen. Nach ca. 10 Monaten werden die jungen Männchen vertrieben, während die Weibchen bei der Gruppe bleiben.

Flughaut

Größe: Körperlänge 35–48 cm, Schwanzlänge 45–60 cm.
Verbreitung: Ostaustralien. In Wäldern mit vielen Eukalyptusbäumen.
Anmerkung: Dies ist der größte Gleitbeutler.

langer Schwanz zum Steuern während des Gleitens

Australien

Lebensweise paarweise	Tragzeit unbekannt	Wurfgröße 1	Ernährung 🍃

Familie TARSIPEDIDAE	Art *Tarsipes rostratus*	Bestand weniger gefährdet

Honigbeutler

dunkler Rücken-
• streifen

Diese Beuteltiere ernähren sich ausschließlich von Nektar und Pollen. Die winzige nachtaktive Art besitzt eine borstenbesetzte Zunge, eine spitze Schnauze und einen langen Greifschwanz; die Zehen sind mit scharfen Krallen ausgestattet.

lange spitze
• Schnauze

Größe: Körperlänge 6,5–9 cm,
Schwanzlänge 7–10,5 cm.
Verbreitung: Südwestaustralien.
In sandigen Heidelandschaften und tropischen Wäldern.
Anmerkung: Dies ist das kleinste Beuteltier.

Australien

Lebensweise gesellig	Tragzeit 3 – 4 Wochen	Wurfgröße 1 – 4	Ernährung ✸

Familie ACROBATIDAE	Art *Distoechurus pennatus*	Bestand weniger gefährdet

Pinselschwanzbeutler

hellbraunes
bis graues Fell •

Diese nachtaktive Art ist an dem weißen Gesicht mit den vier schwarzen Streifen und dem federartig behaarten Greifschwanz leicht zu erkennen. Die Beutler leben auf Bäumen, wo sie hauptsächlich Zikaden jagen. Ebenso wie der Zwerggleitbeutler (s. u.) besitzt das Tier an den Hinterfüßen ein zusätzliches Haftpolster.

dünner federartig
behaarter
• Schwanz

Größe: Körperlänge 10,5–13,5 cm,
Schwanzlänge 12,5–15,5 cm.
Verbreitung: Neuguinea.
In Regenwäldern und in der Nähe menschlicher Siedlungen.

Neuguinea

schwarzer •
Augenfleck

Lebensweise gesellig	Tragzeit unbekannt	Wurfgröße 1 – 2	Ernährung ✲ ⌀ ✸

Familie ACROBATIDAE	Art *Acrobates pygmaeus*	Bestand weniger gefährdet

Zwerggleitbeutler

langer federartig
• behaarter Schwanz

nach vorn gerichtete
Augen •

Dieses winzige nachtaktive Beuteltier besitzt einen federartig behaarten Schwanz, den es zum Steuern verwendet. Die Flughaut befindet sich zwischen den Vorder- und Hinterbeinen; die Zehen sind mit spitzen Krallen ausgestattet, sodass die Tiere sich selbst an glatter Rinde problemlos festklammern können.

Größe: Körperlänge 6,5–8 cm,
Schwanzlänge 7–8 cm.
Verbreitung: Ostaustralien.
In Wäldern bis 1400 m Höhe.
Anmerkung: Dies ist die kleinste Gleitbeutlerart.

Australien

Lebensweise gesellig	Tragzeit unbekannt	Wurfgröße 1 – 4	Ernährung ✲ ✸

Familie BURRAMYIDAE	Art Cercartetus lepidus	Bestand weniger gefährdet*

Bilchbeutler

auffallend große
• Ohren

kurzer abge-
rundeter Kopf •

Dieses nachtaktive Beuteltier besitzt eine bräunliche Oberseite und einen grauen Bauch; der Kopf ist abgerundet, die Ohren sind groß und stehen aufrecht. Manchmal hängen die Tiere an ihrem Greifschwanz herab, in dessen Wurzel sie überschüssige Nahrung in Form von Fett speichern können.

Australien,
Tasmanien

Größe: Körperlänge 5–6,5 cm, Schwanzlänge 6–7,5 cm.
Verbreitung: Südostaustralien und Tasmanien. In bewaldeten Lebensräumen, außer in Regenwäldern.
Anmerkung: Die Art gehört zu den kleinsten Kletterbeutlern.

Lebensweise solitär	Tragzeit 30–51 Tage	Wurfgröße 3–4	Ernährung 🐜 🪱 ✹

Familie POTOROIDAE	Art Hypsiprymnodon moschatus	Bestand weniger gefährdet

Moschusrattenkänguru

schmaler Kopf mit
• großen Augen

langer schuppiger •
Schwanz

Bei diesem oberseits bräunlichen, am Bauch etwas heller gefärbten kleinen Känguru sind die Hinterbeine nur wenig länger als die Vorderbeine. Beide Geschlechter verbreiten zur Paarungszeit einen moschusartigen Geruch.
Größe: Körperlänge 16–28 cm, Schwanzlänge 12–17 cm.

Australien

Verbreitung: Nordostaustralien (Queensland). In unzugänglichen Regenwäldern.
Anmerkung: Diese Art legt Futtervorräte an.

Lebensweise solitär	Tragzeit unbekannt	Wurfgröße 2	Ernährung 🌰 ❖ 🍄 🐜

Familie POTOROIDAE	Art Potorous longipes	Bestand gefährdet

Langfuß-Potoroo

graubraunes
Rückenfell •

Diese Art – auch Kaninchenkänguru genannt – sieht aus wie eine Mischung aus Ratte und Känguru. Die nachtaktiven Tiere bewegen sich hüpfend auf den Hinterbeinen vorwärts; die Nahrung besteht hauptsächlich aus Pilzen und Wurzeln und wird mit den kurzen Vorderbeinen ausgegraben.
Größe: Körperlänge 38–42 cm, Schwanzlänge 31–33 cm.
Verbreitung: Südostaustralien. In Regenwäldern der gemäßigten Zonen.

langer
kräftiger
Schwanz •

Australien

Lebensweise solitär	Tragzeit 38 Tage	Wurfgröße 1	Ernährung 🍄 🌿

Familie POTOROIDAE	Art Bettongia penicillata	Bestand weniger gefährdet

Bürstenrattenkänguru

Ebenso wie das Langfuß-Potoroo (s. gegenüberliegende S.) ernährt sich das Bürstenrattenkänguru hauptsächlich von Pilzen. Die Tiere sind oberseits hell- bis orangegrau und unterseits hellgrau gefärbt; der lange Schwanz weist einen bürstenartigen schwarzen Haarkamm auf. Bei Gefahr springen die kleinen Kängurus mit hoher Geschwindigkeit und aufgerichtetem Kamm davon. Sie suchen nachts am Waldboden nach Pilzen, den Tag verbringen sie in runden Nestern aus Blättern, Gras und Rinde.
Größe: Körperlänge 30–38 cm, Schwanzlänge 29–36 cm.
Verbreitung: Südwestaustralien. In lichten Wäldern und Parks.

hell- bis orange-graues Fell

große schwarze Augen

bürsten-artiger Haar-kamm

Australien

Lebensweise solitär	Tragzeit 3 Wochen	Wurfgröße 1	Ernährung

Familie MACROPODIDAE	Art Petrogale penicillata	Bestand bedroht

Bürstenfelskänguru

Dieses Känguru besitzt gekörnte Fußsohlen, die für guten Halt sorgen; so kann es sich in seinem felsigen Lebensraum gefahrlos bewegen. Die Tiere, die bis zu 4 m weit springen können, sind mittel- bis dunkelbraun gefärbt und weisen graue und rötliche Bereiche auf Schultern, Hinterteil und Flanken auf; die Füße und die buschige Schwanzspitze sind schwarz oder dunkelbraun. Die Futtersuche erfolgt nachts, tagsüber halten sich die Tiere in kühlen Felsspalten auf.
Größe: Körperlänge 50–60 cm, Schwanzlänge 50–70 cm.
Verbreitung: Südostaustralien, in Neuseeland und Hawaii eingeführt. In felsigen Gebieten.
Anmerkung: Die ehemals häufige Art wurde im frühen 20. Jahrhundert stark dezimiert, weil sie als Plage für die Landwirtschaft galt. Viele Populationen bestehen heute nur noch aus zehn bis zwölf Tieren, was einen weiteren Rückgang zur Folge haben dürfte.

helle Gesichtsstreifen

mittel- bis dunkelbraunes Fell

schwarze oder dunkelbraune Füße

Australien

Lebensweise gesellig	Tragzeit 30–32 Tage	Wurfgröße 1	Ernährung

Familie MACROPODIDAE	Art *Lagorchestes conspicillatus*	Bestand weniger gefährdet

Brillenhasenkänguru

weißes Deckhaar •

Diese weiß gesprenkelte graubraune Art ist gut an ihren trockenen Lebensraum angepasst – sie benötigt weniger Wasser zum Leben als jedes andere Säugetier vergleichbarer Größe. Die Tiere schwitzen und hecheln nicht, sofern die Temperatur nicht über 30° C ansteigt, und auch der Urin ist stets stark konzentriert. Der Name geht auf die orangefarbenen Ringe um die Augen zurück. Die Kängurus ernähren sich hauptsächlich von Gras.

Größe: Körperlänge 40–48 cm, Schwanzlänge 37–50 cm.

Verbreitung: Nordaustralien. In grasbewachsenen Gebieten und lichten Wäldern.

orangefarbene Augenringe •

Australien

graubraunes Fell •

Lebensweise solitär	Tragzeit 29 – 31 Tage	Wurfgröße 1	Ernährung 🌿

Familie MACROPODIDAE	Art *Thylogale stigmatica*	Bestand weniger gefährdet

Rotbeinfilander

rötlich brauner Ohransatz •

kompakter Körperbau •

Diese Kängurus besitzen einen kompakten Körper, einen schmalen Kopf und aufrecht stehende lange Ohren. Im Regenwald lebende Tiere sind häufig graubraun, in lichten Wäldern vorkommende Exemplare hellbraun gefärbt. Die Art ist sowohl tagsüber wie auch nachts aktiv und geht gern in Gruppen auf Nahrungssuche. Häufig sind die Tiere an Waldrändern zu sehen, wo sie leichter Schutz vor Feinden finden, z. B. vor Dingos oder großen Schlangen. Bei Gefahr stampfen sie laut mit den Hinterbeinen auf, um dann schnell zu fliehen.

Größe: Körperlänge 38–58 cm, Schwanzlänge 30–47 cm.

Verbreitung: Nord- und Ostaustralien sowie Neuguinea. In Regenwäldern, lichten Wäldern und Savannen.

dicker Schwanz •

Australien, Neuguinea

Lebensweise solitär	Tragzeit 20 – 30 Tage	Wurfgröße 1	Ernährung 🌿 🥜 🌿 ⋮⋮

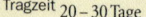

| Familie MACROPODIDAE | Art *Setonix brachyurus* | Bestand bedroht |

Quokka

rötliches Gesicht •

Dieses Beuteltier – manchmal auch Kurzschwanzkänguru genannt – besitzt einen rundlichen Körper und ein struppiges braunes Fell, das im Gesicht und am Hals oft rötlich getönt ist. Auf dem australischen Festland ist die Art sehr selten, doch auf einigen Inseln im Südwesten, wo es keine eingeschleppten Raubtiere gibt, ist sie etwas häufiger zu finden.

dichtes •
braunes
Fell

Größe: Körperlänge 40–54 cm,

Schwanzlänge 25–35 cm.
Verbreitung: Südwestaustralien. Fast nur noch auf trockenen Inseln.

Australien

| Lebensweise gesellig | Tragzeit 27 Tage | Wurfgröße 1 | Ernährung |

| Familie MACROPODIDAE | Art *Wallabia bicolor* | Bestand weniger gefährdet |

Sumpfwallaby

schwärzliches Gesicht •

Dieses Känguru besitzt ein braunschwarzes Körperfell; Gesicht, Schnauze und Füße sind deutlich dunkler gefärbt und der schwärzliche Schwanz weist oft eine weiße Spitze auf. Die nachtaktiven Tiere, die sich mit tief gesenktem Kopf und erhobenem Schwanz springend vorwärts bewegen, ernähren sich von den unterschiedlichsten Pflanzen, u. a. von giftigen Arten, wie dem Schierling. Zu ihren Feinden

braunes bis •
schwarzes
Fell

gehören Dingo und Rotfuchs.
Größe: Körperlänge 66–85 cm,

Schwanzlänge 65–86 cm.
Verbreitung: Ostaustralien. In Wäldern der tropischen und gemäßigten Zonen.

Australien

dunkler
Schwanz •

| Lebensweise solitär | Tragzeit 33 – 38 Tage | Wurfgröße 1 | Ernährung |

| Familie MACROPODIDAE | Art *Macropus robustus* | Bestand weniger gefährdet |

Bergkänguru

dünn •
behaarte
Ohren

Fell zotteliger als bei anderen
• Kängurus

Diese dunkelgraue bis rötlich braune, auch Wallaroo genannte Art kommt in verschiedenen Lebensräumen vor, bevorzugt jedoch felsige Gebiete. Dort verbringen die Tiere den Tag in der Regel im Schatten und kommen am späten Nachmittag heraus, um Gras oder andere Pflanzen zu fressen. Die Einwohner Australiens nennen das Bergkänguru oft auch „Euro".

unbehaarte •
dunkle
Nasenlöcher

Größe: Körperlänge 80–140 cm,

Schwanzlänge 60–90 cm.
Verbreitung: Australien. In felsigen Gebieten, Wüsten und Wäldern.

Australien

| Lebensweise solitär | Tragzeit 32 –34 Tage | Wurfgröße 1 | Ernährung |

Familie MACROPODIDAE	Art *Macropus fuliginosus*	Bestand weniger gefährdet

Westliches Graues Riesenkänguru

Diese Art gehört zu den größten und am weitesten verbreiteten Kängurus. Die vorwiegend nachtaktiven Tiere besitzen ein dickes graubraunes bis schokoladenbraunes Fell, das unterseits meist heller gefärbt ist, einen kräftigen Körper und einen muskulösen spitz zulaufenden Schwanz. Sie leben in Gruppen von 2 bis 15 Exemplaren und erkennen einander am Geruch, der bei den Männchen besonders ausgeprägt ist. Während der Paarungszeit kämpfen die Männchen – die etwa doppelt so groß sind wie die weiblichen Tiere – um die Weibchen, aber auch um Futter- und Ruheplätze. Dabei verschränken sie die Vorderbeine und versuchen ihre Konkurrenten wegzudrücken, oder sie stützen sich auf ihrem Schwanz ab und treten mit den Hinterbeinen aus.

Größe: Körperlänge 90–140 cm, Schwanzlänge 75–100 cm.
Verbreitung: Südaustralien. In lichten Wäldern, strauchbewachsenen Gebieten und Savannen.
Anmerkung: Die Tiere, die erheblichen Schaden auf landwirtschaftlichen Nutzflächen anrichten können, werden wegen ihres Fleisches und ihrer Felle gejagt.

Australien

graubraunes bis schokoladenbraunes Fell

große Augen

fein behaarte dunkelbraune bis schwarze Schnauze

Lebensweise gesellig	Tragzeit 30–31 Tage	Wurfgröße 1	Ernährung 🌱 🍂

muskulöser Schwanz

Großes Sprungvermögen
Wenn sich das Graue Känguru langsam auf allen vier Füßen vorwärts bewegt, hüpft es wie ein Kaninchen. Bei der Flucht benutzt es dagegen nur die Hinterbeine, mit denen große Männchen bis zu 10 m weite Sprünge machen können.

kürzere Vorderbeine

dichtes borstiges Fell

kräftiger Körper

Aufzucht der Jungen
Die Jungen dieser Art hängen zunächst 130 bis 150 Tage an der Zitze im Beutel der Mutter. Erst nach ca. 250 Tagen verlassen sie kurzzeitig einmal die Sicherheit des Beutels, um bei Gefahr aber sofort wieder Schutz bei der Mutter zu suchen. Bedroht sind die Jungtiere vor allem durch Dingos und große Greifvögel, z. B. Adler.

Jungtier im Beutel der Mutter

spitz zulaufender Schwanz

Familie MACROPODIDAE	Art Macropus parma	Bestand weniger gefährdet

Parmawallaby

Diese Art ist das kleinste Mitglied ihrer Gattung. Die rot- oder graubraunen Kängurus weisen einen typischen dunklen Streifen auf dem Rücken, einen weißen Streifen auf der Wange, eine helle Kehle und einen hellen Bauch auf; die aufrecht stehenden abgerundeten Ohren sind kürzer als die der meisten anderen Wallabys. Das Männchen ist etwas schwerer als das Weibchen, außerdem besitzt es einen breiteren Brustkorb und kräftigere Vorderbeine. Als Nahrung dienen die unterschiedlichsten Pflanzen. Die solitär lebenden Tiere verstecken sich tagsüber im dichten Unterholz und kommen nachts zum Fressen heraus. Bedroht ist die Art durch Rodungen und Waldbrände.
Größe: Körperlänge 45–53 cm, Schwanzlänge 41–54 cm.
Verbreitung: Australien (östliches New South Wales), in Neuseeland (Kawau-Inseln) eingeführt. In Eukalyptuswäldern und Regenwäldern mit dichtem Unterholz.
Anmerkung: Dieses Känguru galt fast 100 Jahre lang als ausgestorben, bis es 1965 auf den Kawau-Inseln und 1967 auf dem australischen Festland wieder entdeckt wurde.

Australien

aufrecht stehende abgerundete Ohren

weißer Streifen auf der Wange

rot- oder graubraunes Fell auf dem Rücken

Sitzende Ruhestellung

Das Parmawallaby legt sich nur selten hin. In der Regel sitzt es auf seinem Schwanz, der dabei zwischen den Beinen nach vorn gestreckt wird. Beim Hüpfen wird der Körper waagrecht gehalten und die Vorderbeine werden gegen die Brust gedrückt.

langer muskulöser Schwanz

Lebensweise solitär	Tragzeit 34–35 Tage	Wurfgröße 1	Ernährung 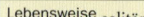

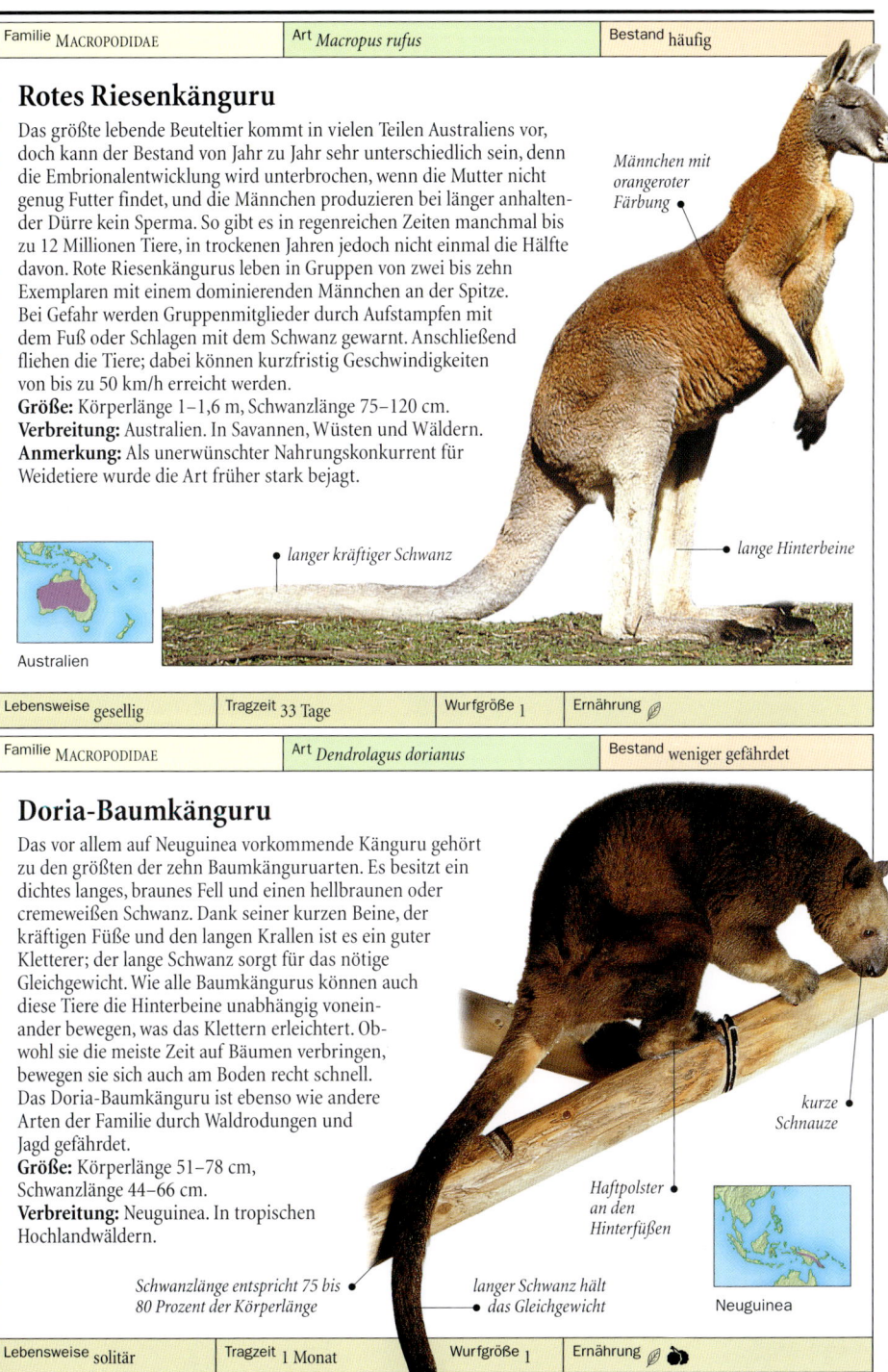

| Familie MACROPODIDAE | Art Macropus rufus | Bestand häufig |

Rotes Riesenkänguru

Das größte lebende Beuteltier kommt in vielen Teilen Australiens vor, doch kann der Bestand von Jahr zu Jahr sehr unterschiedlich sein, denn die Embrionalentwicklung wird unterbrochen, wenn die Mutter nicht genug Futter findet, und die Männchen produzieren bei länger anhaltender Dürre kein Sperma. So gibt es in regenreichen Zeiten manchmal bis zu 12 Millionen Tiere, in trockenen Jahren jedoch nicht einmal die Hälfte davon. Rote Riesenkängurus leben in Gruppen von zwei bis zehn Exemplaren mit einem dominierenden Männchen an der Spitze. Bei Gefahr werden Gruppenmitglieder durch Aufstampfen mit dem Fuß oder Schlagen mit dem Schwanz gewarnt. Anschließend fliehen die Tiere; dabei können kurzfristig Geschwindigkeiten von bis zu 50 km/h erreicht werden.
Größe: Körperlänge 1–1,6 m, Schwanzlänge 75–120 cm.
Verbreitung: Australien. In Savannen, Wüsten und Wäldern.
Anmerkung: Als unerwünschter Nahrungskonkurrent für Weidetiere wurde die Art früher stark bejagt.

Männchen mit orangeroter Färbung

langer kräftiger Schwanz

lange Hinterbeine

Australien

| Lebensweise gesellig | Tragzeit 33 Tage | Wurfgröße 1 | Ernährung |

| Familie MACROPODIDAE | Art Dendrolagus dorianus | Bestand weniger gefährdet |

Doria-Baumkänguru

Das vor allem auf Neuguinea vorkommende Känguru gehört zu den größten der zehn Baumkänguruarten. Es besitzt ein dichtes langes, braunes Fell und einen hellbraunen oder cremeweißen Schwanz. Dank seiner kurzen Beine, der kräftigen Füße und den langen Krallen ist es ein guter Kletterer; der lange Schwanz sorgt für das nötige Gleichgewicht. Wie alle Baumkängurus können auch diese Tiere die Hinterbeine unabhängig voneinander bewegen, was das Klettern erleichtert. Obwohl sie die meiste Zeit auf Bäumen verbringen, bewegen sie sich auch am Boden recht schnell. Das Doria-Baumkänguru ist ebenso wie andere Arten der Familie durch Waldrodungen und Jagd gefährdet.
Größe: Körperlänge 51–78 cm, Schwanzlänge 44–66 cm.
Verbreitung: Neuguinea. In tropischen Hochlandwäldern.

kurze Schnauze

Haftpolster an den Hinterfüßen

Schwanzlänge entspricht 75 bis 80 Prozent der Körperlänge

langer Schwanz hält das Gleichgewicht

Neuguinea

| Lebensweise solitär | Tragzeit 1 Monat | Wurfgröße 1 | Ernährung |

Insektenfresser

U ngeachtet ihres Namens besteht die Nahrung dieser Tiere nicht ausschließlich aus Insekten, sondern auch aus anderen kleinen Beutetieren, z. B. Würmern, Spinnen und Nacktschnecken.

Es gibt 365 Insektenfresserarten (Ordnung Insectivora) die in sechs Familien zusammengefasst werden. Alle Tiere sind nachtaktiv, vergleichsweise klein und besitzen noch zahlreiche anatomische Merkmale ihrer frühen Vorfahren. Dazu gehören die bis zu 48 einfach strukturierten Zähne, das im Vergleich zum Körper relativ kleine und primitive Gehirn sowie die im Körperinneren befindlichen Hoden. Augen und Ohren der Insektenfresser sind klein, die längliche bewegliche Schnauze ist sehr empfindlich.

Bezüglich der Lebensweise lassen sich drei Gruppen unterscheiden; Spitzmäuse, Igel, Rattenigel, Tanreks und Schlitzrüssler sind Bodenbewohner, die überwiegend nachts kleine Tiere erbeuten. Maulwürfe und Goldmulle leben unter der Erde, wo sie nach Erdinsekten, Würmern und Larven suchen. Wassertanreks, Wasserspitzmäuse, Otterspitzmäuse und Desmane verbringen einen großen Teil ihres Lebens im Wasser, um dort Fische, Frösche und andere Wassertiere zu jagen.

Die meisten Insektenfresser sind weit verbreitet, drei Familien kommen jedoch nur regional vor: Die Schlitzrüssler leben auf den Karibikinseln Kuba und Hispaniola, die Tanreks auf Madagaskar sowie in Äquatorialafrika und die Goldmulle in Afrika südlich der Sahara.

Familie ERINACEIDAE	Art *Erinaceus europaeus*	Bestand häufig

Europäischer Igel

Igel können nachts in Parks, Gärten, Feldern und Wäldern auf der Suche nach Würmern, Insekten, Vogeleiern und Aas beobachtet werden. Tagsüber verkriechen sie sich in Nestern aus Gras und Blättern, die sie sich unter Büschen, Holzstapeln oder in Scheunen bauen. Außer an Kopf, Bauch und Beinen ist der einfarbig graubraune rundliche Körper dicht mit kurzen spitzen Stacheln besetzt; die Ohren sind klein, der Schwanz ist sehr kurz. Bei Gefahr rollen sich die Tiere normalerweise zu einer Stachelkugel zusammen; sie können aber auch erstaunlich schnell laufen und sogar klettern.
Größe: Körperlänge 22–27 cm, Schwanz nicht sichtbar.
Verbreitung: Westeuropa bis Skandinavien, Nordrussland und Sibirien. In Wäldern, Feldern, Gärten und Parks.
Anmerkung: Die Igelstacheln härten innerhalb weniger Stunden nach der Geburt aus.

einheitlich graubraune Färbung

kurze Stacheln auf dem Rücken

Europa

Lebensweise solitär	Tragzeit 31–35 Tage	Wurfgröße 4–6	Ernährung

| Familie ERINACEIDAE | Art *Hemiechinus auritus* | Bestand stellenweise häufig |

Langohrigel

gebänderte Stacheln

lange Ohren

Dieser Igel besitzt schwarze, braune, gelbe oder weiße Bänder auf den Stacheln und struppiges weißliches Fell im Gesicht sowie auf Beinen und Bauch. Die in heißen trockenen Lebensräumen heimischen Tiere können längere Zeit ohne Nahrung oder Wasser auskommen; über die langen Ohren wird Wärme abgegeben.

Größe: Körperlänge 15–27 cm, Schwanzlänge 1–5 cm.
Verbreitung: Ukraine bis Mongolei sowie Libyen bis Pakistan. In Wüsten und Trockensteppen.

Afrika, Asien

| Lebensweise solitär | Tragzeit 35–42 Tage | Wurfgröße 1–6 | Ernährung |

| Familie ERINACEIDAE | Art *Echinosorex gymnura* | Bestand weniger gefährdet* |

Großer Haarigel

schwarze, graue und weiße Streifen

langes stacheliges Fell

Diese wie eine Mischung aus einem Igel und einer Ratte aussehenden nachtaktiven Tiere besitzen ein stachliges Fell und einen langen schuppigen Schwanz; ihre Duftmarken zur Markierung des Reviers ähneln dem Geruch von Knoblauch oder faulen Zwiebeln.
Größe: Körperlänge 26–46 cm, Schwanzlänge 16–30 cm.
Verbreitung: Südostasien. In tropischen Tieflandregenwäldern, oft in Wassernähe.

Asien

| Lebensweise solitär | Tragzeit 35–40 Tage | Wurfgröße 2 | Ernährung |

| Familie SOLENODONTIDAE | Art *Solenodon paradoxus* | Bestand gefährdet |

Dominikanischer Schlitzrüssler

Diese kleine flinke Art wühlt mit der langen beweglichen Schnauze im Waldboden nach Beute, die dann mit einem Giftbiss betäubt wird. Die Färbung der spitzmausähnlichen nachtaktiven Insektenfresser variiert zwischen rotbraun und schwarz; Füße, Schwanz und Ohrenspitzen sind weitgehend unbehaart.

rotbraunes Fell

Karibik

Größe: Körperlänge 28–32 cm, Schwanzlänge 17–26 cm.
Verbreitung: Dominikanische Republik und Haiti. In Wäldern und Buschland.
Anmerkung: Dieses Tier ähnelt dem Kubanischen Schlitzrüssler (*S. cubanus*); beide Arten sind gefährdet.

fast unbehaarter langer Schwanz

| Lebensweise solitär | Tragzeit unbekannt | Wurfgröße 1–3 | Ernährung |

Familie TENRECIDAE	Art *Tenrec ecaudatus*	Bestand häufig

Großer Tanrek

Tanreks ähneln sowohl einer Spitzmaus wie auch einem Igel.
Es gibt 25 Arten, die ausschließlich in Zentralafrika und
auf Madagaskar vorkommen. Der nachtaktive
Große Tanrek besitzt spitze Stacheln, ein
graues bis rötliches Fell und eine spitze
Schnauze für die Nahrungssuche zwischen
Blättern. Bei Gefahr quieken die Tiere
laut, richten Ihre Nackenstacheln
auf und versuchen zu beißen.
Größe: Körperlänge 26–39 cm,
Schwanzlänge 1–1,5 cm.
Verbreitung: Madagaskar.
In tropischen Wäldern
und Savannen.

grobes, stachliges
Fell

graue bis
rötliche
Färbung

lange bewegliche
Schnauze

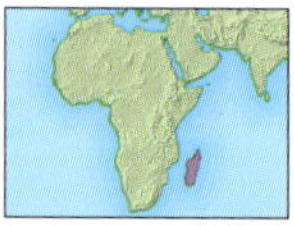

Madagaskar

Lebensweise solitär	Tragzeit 50–60 Tage	Wurfgröße 10–12	Ernährung

Familie CHRYSOCHLORIDAE	Art *Eremitalpa granti*	Bestand bedroht

Grants Goldmull

Diese kleine Art weist einen rundlichen Körper und
ein weiches seidiges Fell auf, das von grau bis blassrot
variieren kann. Als Anpassung an ihre unterirdische
Lebensweise besitzt sie eine unbehaarte Nase mit
breiter Hornplatte sowie drei lange und breite Krallen
an jedem Fuß; die Augen sind verkümmert. Da sie
ihren Bau fast nie verlassen, sind
Goldmulle selten zu sehen. Sie sind
sowohl tagsüber wie auch nachts
aktiv; ihre Beute besteht hauptsächlich aus Insektenlarven und
im Boden lebenden Eidechsen.
Größe: Körperlänge 7–8 cm,
schwanzlos.
Verbreitung: Afrika.
An Küsten mit Sanddünen.
Anmerkung: Diese hoch
spezialisierte Art, die nur in
bestimmten Böden leben kann,
reagiert besonders empfindlich
auf die Zerstörung ihres ange-
stammten Lebensraumes.

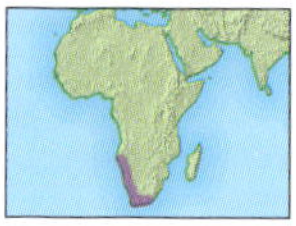

graues bis
blassrotes Fell

Afrika

rundlicher Kopf mit kegelförmiger Schnauze

Lebensweise solitär	Tragzeit unbekannt	Wurfgröße unbekannt	Ernährung

Familie SORICIDAE	Art *Scutisorex somereni*	Bestand unbestätigt

Schildspitzmaus

Diese grau gefärbte Art wird auch Panzerspitzmaus genannt, da sie eine unter Säugetieren einzigartige, sehr stabile Wirbelsäule aus großen Wirbeln mit zahlreichen Gelenkflächen und ineinander verschränkten Dornfortsätzen besitzt. Berichten zufolge hält die Wirbelsäule so viel Druck aus, dass die Tiere sogar unverletzt bleiben, wenn ein Mensch auf sie tritt. Die Schildspitzmaus ist sowohl tagsüber wie auch nachts aktiv.
Größe: Körperlänge 10–15 cm, Schwanzlänge 6,5–9,5 cm.
Verbreitung: Zentral- bis Ostafrika. In tropischen Wäldern.
Anmerkung: Bei den Einheimischen gilt eine aus bestimmten Körperteilen dieser Spitzmaus zubereitete Arznei als Wundermedizin, die unverwundbar macht.

weiches dickes Fell

Afrika

spitzer Kopf mit kleinen Augen

Lebensweise solitär	Tragzeit unbekannt	Wurfgröße unbekannt	Ernährung 🐜

Familie SORICIDAE	Art *Neomys fodiens*	Bestand häufig

Wasserspitzmaus

Typisch für diese Art sind die glänzende schwarze Körperoberseite und die deutlich abgegrenzte grauweiße Unterseite. Die in Gewässernähe lebenden Tiere besitzen ein wasserabweisendes Oberfell und ein dickes weiches Unterfell, das Luft speichert und daher gut gegen Kälte schützt. Wasserspitzmäuse schwimmen mit den Hinterfüßen, die dicht mit Haaren besetzt sind und so einen größeren Widerstand bieten. Sie jagen hauptsächlich nachts und in der Morgendämmerung, sowohl im Wasser wie auch an Land; die Beute wird durch ein Gift im Speichel gelähmt. Die Tiere graben ihre Gänge normalerweise direkt in den Uferbereich der Gewässer; das einfache Nest besteht aus trockenen Gräsern und Blättern.
Größe: Körperlänge 6,5–9,5 cm, Schwanzlänge 4,5–8 cm.
Verbreitung: Europa bis Nordasien. An Flüssen, Bächen, Kanälen, Teichen und Sümpfen sowie in Wäldern.

Rücken und Flanken schwarz

Eurasien

grauweiße Unterseite

Lebensweise solitär	Tragzeit 2 – 3 Wochen	Wurfgröße 6	Ernährung 🐜 🐛 🐟 🦐

| Familie SORICIDAE | Art *Blarina brevicauda* | Bestand häufig |

Große Kurzschwanzspitzmaus

grauschwarzes Fell

Diese kräftige Spitzmaus besitzt ein kurzes grauschwarzes Fell, winzige Augen und einen behaarten Schwanz; die Ohren sind verdeckt. Die Beute wird mithilfe des feinen Geruchs- und Tastsinns aufgespürt und mit einem Giftbiss betäubt. Ungewöhnlicherweise frisst die Art außer kleinen Säugern auch Pflanzen. **Größe:** Körperlänge 12–14 cm, Schwanzlänge 3 cm.

Verbreitung: Südkanada sowie Norden und Osten der USA. In Laub- und Nadelwäldern, Sümpfen sowie in Graslandschaften.

Nordamerika

kräftige Schnauze

| Lebensweise variabel | Tragzeit 17–22 Tage | Wurfgröße 3–7 | Ernährung |

| Familie SORICIDAE | Art *Suncus etruscus* | Bestand unbestätigt |

Etruskerspitzmaus

spitze Schnauze

Diese Art ernährt sich von kleinen Insekten, denen sie auflauert und die sie dann geschickt erbeutet. Sie greift sogar Tiere an, die größer sind als sie selbst, frisst aber auch verendete Insekten, wenn diese noch nicht lange tot sind. Das winzige Tier zeigt mit seiner spitzen Schnauze das typische Aussehen einer Spitzmaus; die Ohren sind groß, das Fell weist eine überwiegend graubraune Färbung auf. **Größe:** Körperlänge 4–5 cm, Schwanzlänge 2–3 cm.

Verbreitung: Südeuropa, Süd- und Südostasien, Nord-, Ost- und Westafrika.

Europa, Asien, Afrika

graubraunes Fell

| Lebensweise solitär | Tragzeit 27–28 Tage | Wurfgröße 2–5 | Ernährung |

| Familie TALPIDAE | Art *Condylura cristata* | Bestand stellenweise häufig |

Sternmull

dichtes weiches, schwarzes Fell

sternförmig ange-ordnete Tentakel rund um die Nase

Dieses Tier verdankt seinen Namen den 22 fleischigen Tentakeln, die die Nase sternförmig umgeben und dazu dienen, Beute im Wasser aufzuspüren. Die tag- und nachtaktiven Sternmulle können ausgezeichnet schwimmen und tauchen. **Größe:** Körperlänge 18–19 cm, Schwanzlänge 6–8 cm.

Verbreitung: Ostkanada bis Nordosten der USA. In Sümpfen sowie an Flüssen und Seen.

Nordamerika

| Lebensweise variabel | Tragzeit unbekannt | Wurfgröße 2–7 | Ernährung |

| Familie TALPIDAE | Art *Talpa euoropaea* | Bestand häufig |

Europäischer Maulwurf

Das in einem unterirdischen Tunnelsystem lebende Tier ist praktisch blind. Es besitzt ein kurzes dichtes, schwarzes Fell, dessen Haare sich in jede Richtung legen können, sodass die Bewegung im Bau nicht behindert wird. Maulwürfe weisen kräftige Schultermuskeln und nach außen gerichtete spatenähnliche Grabfüße auf, mit denen sie die Erde beim Anlegen des Röhrensystems als „Maulwurfshaufen" über die Erdoberfläche schieben. Die Tiere sind sowohl tag- wie auch nachtaktiv; ihre Beute – hauptsächlich Regenwürmer – finden sie mithilfe ihres guten Tast- und Geruchssinns oder des feinen Gehörs. Erbeuten sie sehr viele Würmer, lähmen sie diese mit einem Biss und bewahren sie für später auf.
Größe: Körperlänge 11–16 cm, Schwanzlänge 2 cm.
Verbreitung: Europa bis Nordasien. In Wäldern sowie auf Wiesen, Weiden und Feldern.

walzenförmiger, fast vollständig behaarter Körper

Eurasien

helle Nase

nach außen gerichtete Grabfüße

| Lebensweise solitär | Tragzeit 4 Wochen | Wurfgröße 3 – 4 | Ernährung |

| Familie TALPIDAE | Art *Desmana moschata* | Bestand bedroht |

Russischer Desman

Zwar gehört die Art zur Familie der Maulwürfe, doch gleicht das Tier eher einer Wasserspitzmaus mit dichtem glänzendem Fell. Der seitlich abgeplattete Schwanz dient als Ruder; die Zehen sind an den Vorderfüßen z. T. und an den Hinterfüßen vollständig durch Schwimmhäute miteinander verbunden. Nachts suchen die Tiere am Grund von Flüssen und Bächen mit ihrer langen empfindlichen Nase nach Beute.
Größe: Körperlänge 18–21 cm, Schwanzlänge 17–21 cm.
Verbreitung: Osteuropa bis Mittelasien. In ruhig fließenden Flüssen sowie in Seen, Teichen, Kanälen und Sümpfen.
Anmerkung: Nachdem er Jahrhunderte lang wegen seines Fells gejagt wurde, steht der Russische Desman jetzt unter Schutz. Gefährdet ist er jedoch weiterhin, da er von Wassertieren lebt und geeignete Lebensräume immer seltener werden.

Eurasien

langes raues Oberfell

bewegliche Schnauze

seitlich abgeplatteter Schwanz

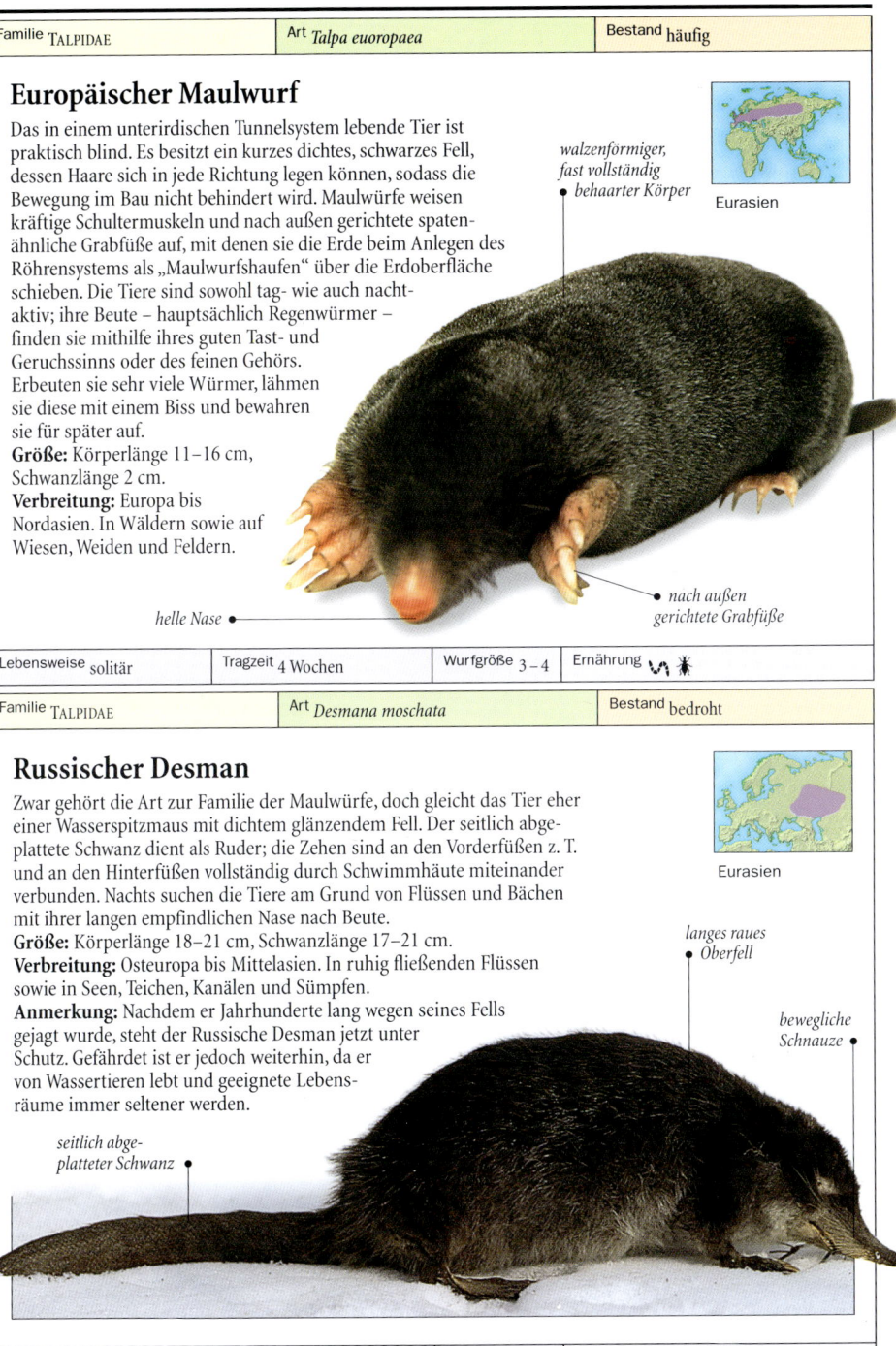

| Lebensweise gesellig | Tragzeit unbekannt | Wurfgröße 3 – 5 | Ernährung |

Fledertiere

Zu den Fledertieren (Chiroptera) gehören mehr als ein Fünftel aller Säugetiere, also fast 1000 Arten. Sie können als einzige Säuger wirklich fliegen, da ihre vorderen Gliedmaßen zwischen den langen Finger- und Armknochen eine dünne Flughaut (Patagium) aufweisen und daher als Flügel benutzt werden können.

Die weltweit vorkommenden Tiere leben hauptsächlich in Wäldern tropischer und gemäßigter Zonen; manche von ihnen besiedeln aber auch offene Lebensräume und einige sind in menschlichen Behausungen anzutreffen. Die meisten Arten gehören zur Unterordnung Microchiroptera (Fledermäuse); sie jagen zumeist nachts mithilfe ihres sehr effektiven Ultraschallsystems kleine Fluginsekten. Einige Arten fressen jedoch Fische und Schnecken oder saugen sogar Blut. Die Unterordnung Megachiroptera umfasst die größeren Flughunde, die sich hauptsächlich vegetarisch ernähren.

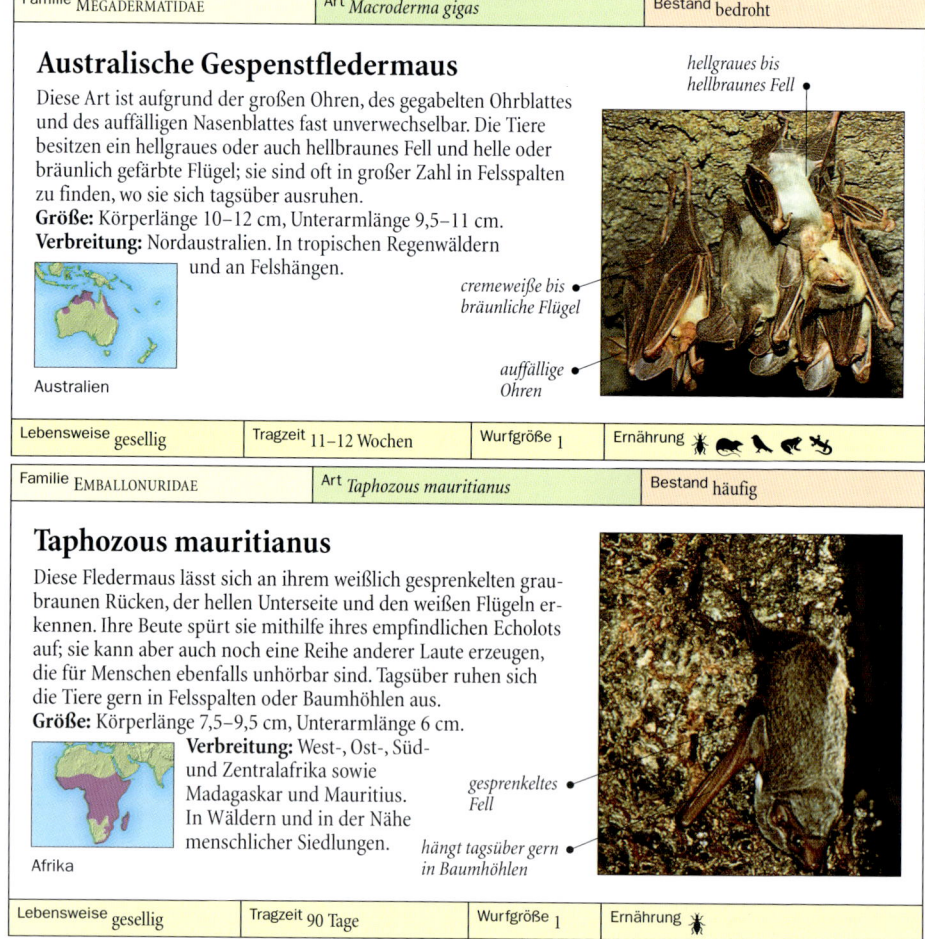

| Familie MEGADERMATIDAE | Art *Macroderma gigas* | Bestand bedroht |

Australische Gespenstfledermaus

Diese Art ist aufgrund der großen Ohren, des gegabelten Ohrblattes und des auffälligen Nasenblattes fast unverwechselbar. Die Tiere besitzen ein hellgraues oder auch hellbraunes Fell und helle oder bräunlich gefärbte Flügel; sie sind oft in großer Zahl in Felsspalten zu finden, wo sie sich tagsüber ausruhen.
Größe: Körperlänge 10–12 cm, Unterarmlänge 9,5–11 cm.
Verbreitung: Nordaustralien. In tropischen Regenwäldern und an Felshängen.

Australien

hellgraues bis hellbraunes Fell

cremeweiße bis bräunliche Flügel

auffällige Ohren

| Lebensweise gesellig | Tragzeit 11–12 Wochen | Wurfgröße 1 | Ernährung |

| Familie EMBALLONURIDAE | Art *Taphozous mauritianus* | Bestand häufig |

Taphozous mauritianus

Diese Fledermaus lässt sich an ihrem weißlich gesprenkelten graubraunen Rücken, der hellen Unterseite und den weißen Flügeln erkennen. Ihre Beute spürt sie mithilfe ihres empfindlichen Echolots auf; sie kann aber auch noch eine Reihe anderer Laute erzeugen, die für Menschen ebenfalls unhörbar sind. Tagsüber ruhen sich die Tiere gern in Felsspalten oder Baumhöhlen aus.
Größe: Körperlänge 7,5–9,5 cm, Unterarmlänge 6 cm.
Verbreitung: West-, Ost-, Süd- und Zentralafrika sowie Madagaskar und Mauritius. In Wäldern und in der Nähe menschlicher Siedlungen.

Afrika

gesprenkeltes Fell

hängt tagsüber gern in Baumhöhlen

| Lebensweise gesellig | Tragzeit 90 Tage | Wurfgröße 1 | Ernährung |

Familie EMBALLONURIDAE	Art *Rhynchonycteris naso*	Bestand häufig

Nasenfledermaus

Diese kleine Insekten fressende Art lässt sich gut an der langen spitzen Nase erkennen, die deutlich über das Maul hinausragt. Das Fell ist graubraun bis gelblich gesprenkelt; typisch sind auch die zwei gewellten cremeweißen Streifen zwischen Schulter und Hinterleib. Ungewöhnlich ist das Verhalten während der Ruhephasen: Die Tiere hängen in Gruppen von meist 5 bis 10 Exemplaren (ganz selten sind es mehr als 40) Nase an Hinterteil in einer Reihe an einem Zweig; zu jeder Reihe gehört ein dominantes Männchen, das normalerweise auch das in der Nähe liegende Jagdrevier verteidigt.

Größe: Körperlänge 3,5–5 cm, Unterarmlänge 3,5–4 cm.
Verbreitung: Mexiko, Peru, Bolivien, Brasilien, Französisch-Guayana, Surinam, Guyana und Trinidad. In tropischen Wäldern an Flüssen und Bächen.

1. Typisches Aussehen

Das auffälligste Merkmal dieser Fledermaus ist ihre rüsselartige Nase. Die Unterarme sind mit Haarbüscheln versehen, der Kopf wirkt im Verhältnis zum Körper recht klein.

hell
gesprenkeltes Fell

vergleichsweise
kleiner Kopf

lange über das Maul
hinausragende Nase

Nord- und
Südamerika

Lebensweise gesellig	Tragzeit unbekannt	Wurfgröße 1	Ernährung 🕷

Familie PTEROPODIDAE	Art *Epomops franqueti*	Bestand unbestätigt

Franquet-Epauletted-Flughund

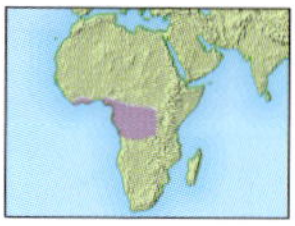

Bei dieser mittelgroßen Art ist das Männchen etwas schwerer als das Weibchen und besitzt auf den Schultern helle Haarbüschel, die ein wenig an Epauletten erinnern. Typisch für die Flughunde sind die lauten hohen Rufe, die die männlichen Tiere nachts von ihren Sitzplätzen aus hören lassen, um Weibchen anzulocken, und die zu den unverwechselbaren Geräuschen der afrikanischen Nacht gehören. Außer bei ihren Sitzplätzen, die gegen andere Männchen verteidigt werden, zeigen diese Flughunde kein Revierverhalten. Die Art kann sich das ganze Jahr über fortpflanzen; die Jungen werden normalerweise dort zur Welt gebracht, wo ausreichend Nahrung vorhanden ist. Diese besteht aus Früchten, wie Feigen und Bananen, aber auch aus weichen jungen Blättern. Daher ist das Gebiss – an dem sich einzelne Arten der Gattung unterscheiden lassen – vergleichsweise schwach entwickelt. Tagsüber ruhen sich die Tiere gern gemeinsam aus; dicht belaubte Äste und Kletterpflanzen sind beliebte Rastplätze.

Größe: Körperlänge 11–15 cm, Unterarmlänge 8–9 cm.
Verbreitung: West- und Zentralafrika. In Regenwäldern.

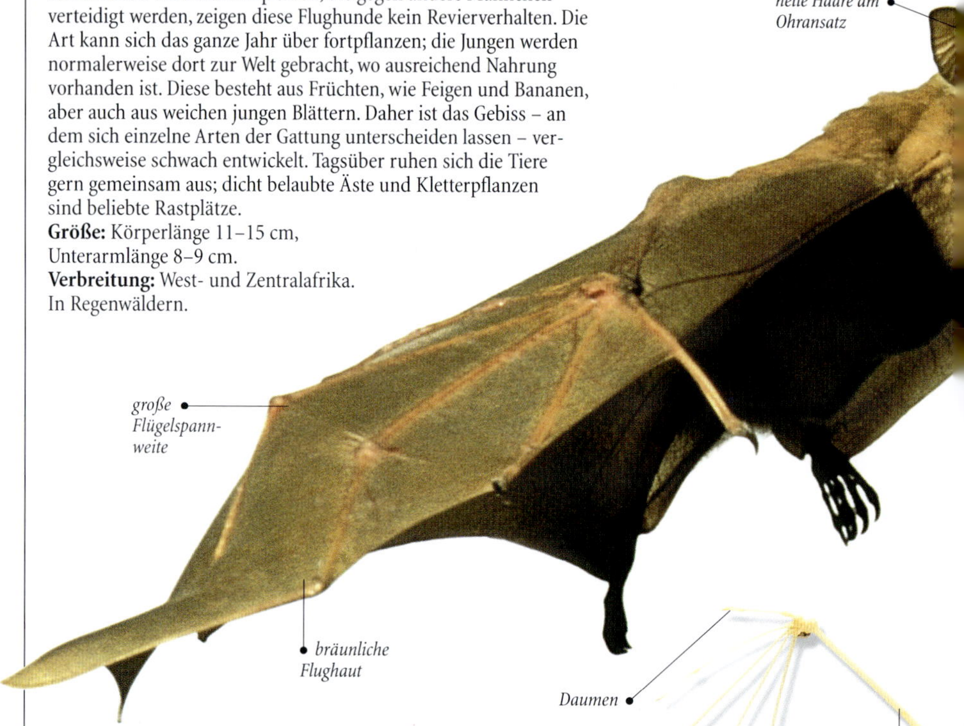

Afrika

helle Haare am Ohransatz

große Flügelspannweite

bräunliche Flughaut

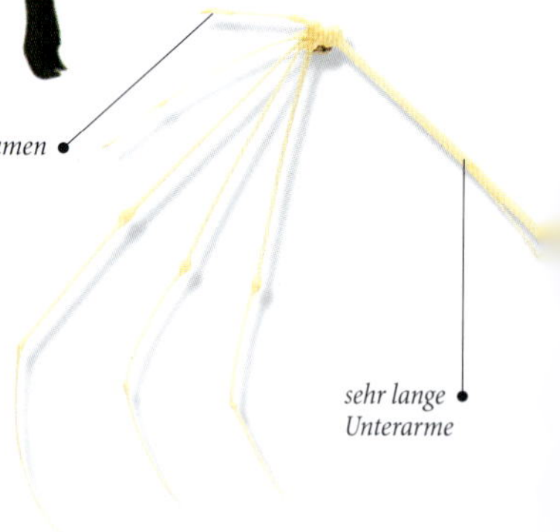

Daumen

mit den breiten Zähnen wird der Saft aus Früchten gepresst

sehr lange Unterarme

breite abgerundete Ohren

Nahrungsspezialisten

Wie viele andere Flughunde benutzt auch diese Art ihre breiten Backenzähne zum Zerquetschen von Früchten. Anschließend wird das Fruchtfleisch ausgesaugt und der Faseranteil ausgespuckt.

Lebensweise gesellig	Tragzeit unbekannt	Wurfgröße 1	Ernährung

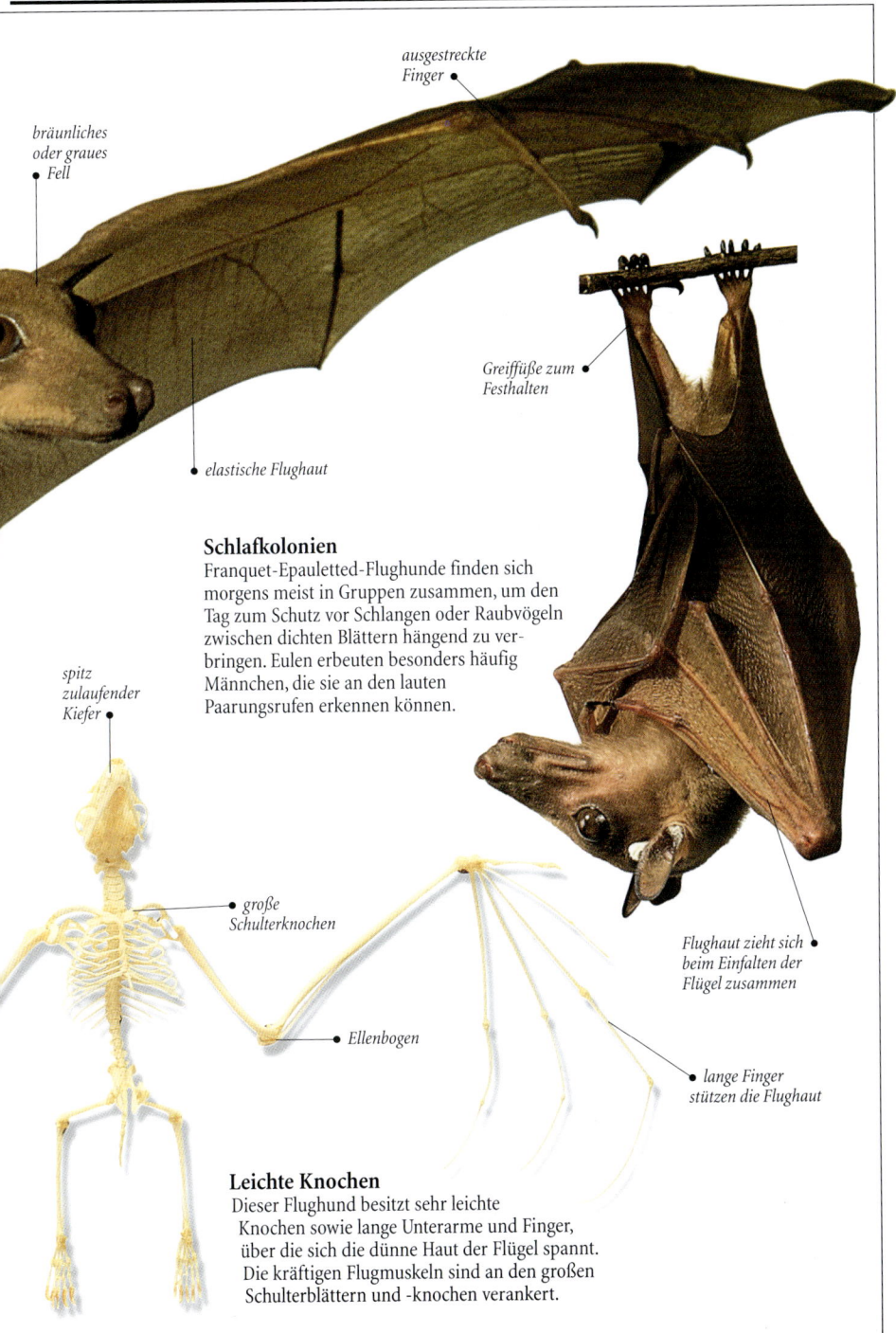

ausgestreckte
Finger

bräunliches
oder graues
Fell

Greiffüße zum
Festhalten

elastische Flughaut

Schlafkolonien

Franquet-Epauletted-Flughunde finden sich
morgens meist in Gruppen zusammen, um den
Tag zum Schutz vor Schlangen oder Raubvögeln
zwischen dichten Blättern hängend zu verbringen. Eulen erbeuten besonders häufig
Männchen, die sie an den lauten
Paarungsrufen erkennen können.

spitz
zulaufender
Kiefer

große
Schulterknochen

Flughaut zieht sich
beim Einfalten der
Flügel zusammen

Ellenbogen

lange Finger
stützen die Flughaut

Leichte Knochen

Dieser Flughund besitzt sehr leichte
Knochen sowie lange Unterarme und Finger,
über die sich die dünne Haut der Flügel spannt.
Die kräftigen Flugmuskeln sind an den großen
Schulterblättern und -knochen verankert.

Familie PTEROPODIDAE	Art *Rousettus egyptiacus*	Bestand häufig

Ägyptischer Flughund

Die auch Nilflughund genannte Art ist oberseits schiefergrau bis dunkelbraun und unterseits rauchgrau gefärbt. Ungewöhnlicherweise sind die Unterarme mit Fell besetzt; außerdem besitzen die Tiere – im Gegensatz zu den meisten anderen Flughunden – ein Echolot, mit dessen Hilfe sie sich in den dunklen Höhlen orientieren, wo sich ihre Schlafplätze befinden.

Größe: Körperlänge 14–16 cm, Unterarmlänge 8,5–10 cm.

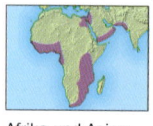

Afrika und Asien

Verbreitung: Nord-, West-, Ost- und Südafrika sowie Westasien. In Wüsten, tropischen Wäldern und in der Nähe menschlicher Siedlungen.

grauer bis dunkelbrauner Körper

gelbe bis blassgelbe kragenförmige Zeichnung

Lebensweise gesellig	Tragzeit 4 Monate	Wurfgröße 1	Ernährung

Familie RHINOPOMATIDAE	Art *Rhinopoma hardwickei*	Bestand häufig

Hardwicke-Klappnase

Diese Fledermaus gehört zu den vier Rhinopoma-Arten, die manchmal auch Mausschwanz-Fledermäuse genannt werden, da ihr Schwanz – der ebenso lang sein kann wie der gesamte Maus – dem einer Maus ähnelt. Die in offenem Gelände lebenden Tiere vertragen dank gespeicherter Fettreserven längere Trockenperioden besser als viele andere Fledermäuse; in dieser Zeit sind sie allerdings kaum aktiv.

sehr langer Schwanz

Größe: Körperlänge 5,5–7 cm, Unterarmlänge 4,5–6 cm.

Verbreitung: Nord- und Ostafrika sowie West- bis Südasien. Sowohl in Wüsten wie in tropischen Wäldern.

Afrika, Asien

blattartige Struktur an der Nase

Lebensweise gesellig	Tragzeit 123 Tage	Wurfgröße 1	Ernährung

Familie NOCTILIONIDAE	Art *Noctilio leporinus*	Bestand weniger gefährdet*

Großes Hasenmaul

Diese Fledermaus besitzt samtiges orangefarbenes, braunes oder graues Fell mit einem auffälligen hellen Streifen auf dem Rücken. Die Tiere erbeuten nachts Fische oder Winkerkrabben, jagen aber auch Insekten, die sie häufig an der Oberfläche von

Oberlippe mit „Hasenscharte"

hängende Unterlippe

Gewässern oder auch am Boden mit ihren großen krallenbewehrten Hinterfüßen ergreifen.

Größe: Körperlänge 9–10 cm, Unterarmlänge 8–9 cm.

Verbreitung: Mittelamerika sowie nördliches, östliches und mittleres Südamerika. In Wäldern und in Flussnähe.

Mittel und Südamerika

kräftige Hinterfüße

Lebensweise gesellig	Tragzeit 60–70 Tage	Wurfgröße 1	Ernährung

Familie RHINOLOPHIDAE	Art *Rhinolophus hipposideros*	Bestand bedroht

Kleine Hufeisennase

Diese in Wäldern und auch in offenen Lebensräumen vorkommende Fledermaus ist kleiner als ein menschlicher Daumen. Der Bestand geht ständig zurück, weil die Schlafplätze und Winterquartiere, etwa Höhlen, hohle Bäume, alte Schornsteine und Grubenschächte, immer seltener werden.

Europa, Afrika, Asien

Größe: Körperlänge 4 cm, Unterarmlänge 3,5–4,5 cm.
Verbreitung: Europa und Nordafrika bis Westasien. In Wüsten und Wäldern der gemäßigten Zonen.

hufeisenförmige • Nase

breite Flügel • erlauben langsamen Flug

Lebensweise gesellig	Tragzeit 2 Monate	Wurfgröße 1	Ernährung 🐜

Familie NATALIDAE	Art *Natalus stramineus*	Bestand unbestätigt

Trichterohr

Diese zerbrechlich wirkende kleine Art besitzt abgerundete Ohren, ein flauschiges Fell und einen durch eine Flughaut mit den Beinen verbundenen Schwanz. Von anderen Fledermäusen lassen sich die Tiere anhand ihres Fluges unterscheiden, der denen von Schmetterlingen ähnelt. Tagsüber sind oft Hunderte von Exemplaren schlafend in Höhlen anzutreffen, nachts jagen sie kleine Fluginsekten.

Größe: Körperlänge 4–4,5 cm, Unterarmlänge 3,5–4 cm.
Verbreitung: Westen der USA bis nördliches Südamerika. In tropischen Wäldern, gelegentlich auch in trockenen Mischwäldern.

Nord-, Mittel- und Südamerika

Schwanz länger • als Kopf und Körper

orangefarbenes oder • gelbbraunes Fell

Lebensweise gesellig	Tragzeit unbekannt	Wurfgröße 1	Ernährung 🐜

Familie MORMOOPIDAE	Art *Pteronotus davyi*	Bestand häufig

Kleine Nacktrücken-Fledermaus

nackter Rücken • große Ohren •

Diese Art ist nachts manchmal in Städten zu sehen, wo sie Jagd auf Nachtfalter und andere Insekten macht, die vom Licht der Straßenlaternen angelockt werden. Tagsüber ruhen sich die Tiere gern gemeinsam in Höhlen und alten Stollen aus, die weit von ihren Jagdrevieren entfernt sein können. Da die Flughäute in der Rückenmitte angewachsen sind, entsteht der Eindruck, der Rücken sei nackt.
Größe: Körperlänge 4–5,5 cm, Unterarmlänge 4–5 cm.

Verbreitung: Mexiko bis nördliches und östliches Südamerika. In tropischen Wäldern.

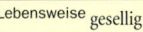

Nord- und Südamerika

orangefarbenes oder • braunes Fell

Lebensweise gesellig	Tragzeit unbekannt	Wurfgröße 1	Ernährung 🐜

Familie PHYLLOSTOMIDAE	Art *Anoura geoffroyi*	Bestand häufig

Anoura geoffroyi

Diese Fledermaus gehört zu den Blattnasen, also zu einer Familie, die ihren Namen einem blattartigen Nasenaufsatz verdankt. Während der Dunkelheit sind die Tiere oft an geöffneten Blüten zu entdecken; dort suchen sie mit ihrer an der Spitze bürstenförmigen langen Zunge nach Nektar und Pollen und bestäuben dabei die Pflanzen. Große Schlafkolonien sind manchmal in Höhlen und Felsgängen zu finden.

Größe: Körperlänge 6–7,5 cm, Unterarmlänge 4–4,5 cm.
Verbreitung: Mexiko, Karibik und nördliches Südamerika. In tropischen und immergrünen Wäldern.

Nord-, Mittel- und Südamerika

graubraunes Fell

verlängerter Unterkiefer

Lebensweise gesellig	Tragzeit unbekannt	Wurfgröße 1	Ernährung

Familie PHYLLOSTOMIDAE	Art *Uroderma bilobatum*	Bestand häufig

Uroderma bilobatum

Diese graubraune Art besitzt weiße Streifen an Kopf und Rücken. Sie gehört zu den ca. 15 Blattnasenarten, die den Tag in „Zelten" verbringen. Diese werden von den Tieren aus Palmen- oder Bananenblättern selbst gefaltet und schützen vor Sonne, Regen und Raubtieren; es können sich gleichzeitig bis zu 50 Tiere darin aufhalten.

Größe: Körperlänge 6–6,5 cm, Unterarmlänge 4–4,5 cm.
Verbreitung: Mexiko und mittleres Südamerika. In sommer- und immergrünen Wäldern.

Nord-, Mittel- und Südamerika

graubrauner Körper

helle Gesichtsstreifen

weiß gesäumtes Nasenblatt

Lebensweise gesellig	Tragzeit 4 – 5 Monate	Wurfgröße 1	Ernährung

Familie PHYLLOSTOMIDAE	Art *Vampyrum spectrum*	Bestand weniger gefährdet

Große Spießblattnase

Aufgrund der Flügelspannweite von bis zu 1 m gehört diese Art – die auch Falsche Vampir-Fledermaus genannt wird – zu den größten Fledermäusen Amerikas. Allerdings saugt sie kein Blut, sondern frisst Mäuse, Ratten, andere Fledermäuse und Vögel. Bei der Jagd ergreift sie die Beute und tötet sie mit einem kraftvollen Biss. Tagsüber verstecken sich die Tiere in hohlen Bäumen.

Größe: Körperlänge 13,5–15 cm, Unterarmlänge 10–11 cm.
Verbreitung: Mexiko und nördliches Südamerika. In immergrünen Wäldern.

Nord-, Mittel- und Südamerika

dunkelbrauner oder schwarzoranger Rücken

längliche Ohren

Lebensweise variabel	Tragzeit unbekannt	Wurfgröße 1	Ernährung

Familie PHYLLOSTOMIDAE	Art Desmodus rotundus	Bestand häufig

Gemeiner Vampir

Diese Art ist an ihren spitzen Zähnen zu erkennen. Von der Abenddämmerung an machen sich die geschickten Flieger auf die Suche nach einem warmblütigen Opfer, etwa einem Vogel, Haustier oder auch einem Menschen, dem sie innerhalb einer halben Stunde bis zu 25 ml Blut abzapfen können.
Größe: Körperlänge 7–9,5 cm, Unterarmlänge 5,3 cm.
Verbreitung: Mexiko sowie Mittel-
und Südamerika. In
Wäldern, offenem
Gelände und Städten.

Nord-, Mittel- und
Südamerika

• dunkles
graubraunes Fell

hellere
Unterseite

• kräftige
Unterarme

langer Daumen •

Lebensweise gesellig	Tragzeit 7 Monate	Wurfgröße 1	Ernährung Blut

Familie PHYLLOSTOMIDAE	Art Pipistrellus pipistrellus	Bestand häufig

Gemeine Zwergfledermaus

Die über 70 Zwergfledermausarten lassen sich anhand der Größe, Farbe und am Gebiss unterscheiden. Die am weitesten verbreitete Gemeine Zwergfledermaus verlässt normalerweise am frühen Abend ihren Schlafplatz und macht Jagd auf kleine Insekten. Am Morgen verschwindet sie dann wieder in Höhlen, Spalten, Gebäuden oder Fledermauskästen. In der kalten Jahreszeit machen die Tiere einen Winterschlaf. Zur Verständigung mit Artgenossen geben sie unterschiedliche Laute von sich, darunter auch Rufe zur Partnerwerbung. Die Jungen werden in Kolonien von bis zu 1000 Muttertieren geboren und aufgezogen.
Größe: Körperlänge 3,5–4,5 cm,
Unterarmlänge 2,8–3,5 cm.
Verbreitung: Europa bis Nordafrika, West- und Mittelasien. In Nadelwäldern, Parks, Gärten und in der Nähe menschlicher Siedlungen.
Anmerkung: Wenn sie sich bedroht fühlen, verlassen Zwergfledermäuse ihre Schlafplätze oft in riesigen Schwärmen.

dunkle
lederartige
Flügel •

Europa, Afrika und
Asien

Lebensweise gesellig	Tragzeit 44 Tage	Wurfgröße 1	Ernährung 🕷

Familie VESPERTILIONIDAE	Art Nyctalus noctula	Bestand weniger gefährdet*

Großer Abendsegler

Diese große Art ist weiter verbreitet als die meisten ihrer Verwandten. Sie besitzt ein glattes gelbliches, ingwerfarbenes oder rötliches Fell und kleine breite Ohren. Die geschickten Flieger jagen vorzugsweise große Fluginsekten, z. B. Heuschrecken und Käfer, die sie mithilfe ihres Echolots aufspüren; manchmal suchen sie aber auch unter Straßenlaternen nach Insekten. Zur Paarungszeit im Spätsommer und Frühherbst besetzen die Männchen – die kleiner sind als die weiblichen Tiere – ein Revier und versuchen, die größeren Weibchen aus Baumhöhlen heraus mit Rufen anzulocken. Die Jungen werden im Frühjahr geboren; zur Aufzucht ihrer Nachkommen bilden die Weibchen in hohlen Bäumen oder Gebäuden große Kolonien von 100 oder mehr Tieren.

Europa, Asien

Größe: Körperlänge 7–8 cm, Unterarmlänge 4,7–5,5 cm.

Verbreitung: Europa bis West-, Ost- und Südasien. In Wäldern und in städtischen Gebieten.

Anmerkung: Der Große Abendsegler macht einen Winterschlaf und fliegt dann häufig bis zu 2000 km weit in neue Jagdgebiete.

Schlafplätze

Den Tag verbringt der Große Abendsegler gern in Baumhöhlen, um die er sich manchmal mit Staren streitet, aber auch in Gebäuden oder unter Felsüberhängen. Am frühen Abend kommen die Tiere aus ihren Verstecken und jagen Insekten.

kurzes glattes Fell

zusammengeklappte Flügel während der Ruhephasen

kurze breite Ohren

kräftige Flügel

weit auseinander liegende Augen

graubraune Flughaut

breites Maul

rötliches, gelbes oder ingwerfarbenes Fell

lang gestreckter Körper

Lebensweise gesellig	Tragzeit 70–73 Tage	Wurfgröße 1–3	Ernährung 🐜

Familie VESPERTILIONIDAE	Art *Plecotus auritus*	Bestand weniger gefährdet*

Braunes Langohr

Charakteristisch für diese Art sind die großen Ohren, die deutlich länger sind als der Kopf. Sie erleichtern das Aufspüren der Beute, z. B. Nachtfalter, Mücken und Fliegen, die die Tiere dann im Sturzflug fangen. Während des Tages verstecken sich die Fledermäuse in Gebäuden oder hohlen Bäumen; den Winter verbringen sie in Höhlen, alten Stollen und Kellern.

Eurasien

Größe: Körperlänge 4–5 cm, Unterarmlänge 23–28 cm.
Verbreitung: Europa bis Mittelasien. In abgelegenen Gebieten mit Baumbestand.

sehr große Ohren

kleines dunkles Gesicht

Haare mit hellen Spitzen

Lebensweise gesellig	Tragzeit unbekannt	Wurfgröße 1	Ernährung 🦟

Familie VESPERTILIONIDAE	Art *Myotis daubentonii*	Bestand häufig

Wasserfledermaus

Die Wasserfledermaus ist eine von 87 Arten der großen Gattung *Myotis*. Die braunen Tiere mit den vergleichsweise kleinen Ohren verdanken ihren Namen der Tatsache, dass sie häufig über Gewässern nach Fluginsekten jagen.
Größe: Körperlänge 4–6 cm, Unterarmlänge 4 cm.

Eurasien

Verbreitung: Europa bis Nord- und Ostasien. In gemäßigten Zonen, meist in Wassernähe.

graue Flughaut

geringe Flügel- spannweite

hellere Unterseite

große Hinterfüße mit gespreizten Zehen

Lebensweise gesellig	Tragzeit 53 – 55 Tage	Wurfgröße 1	Ernährung 🦟 🐚

Familie VESPERTILIONIDAE	Art *Mops condylurus*	Bestand häufig

Mops condylurus

Diese schwere Fledermaus, die in den unterschiedlichsten Lebensräumen zu finden ist, besitzt einen langen Schwanz ohne Flughaut, der dem einer Maus ähnelt. Abends kommen die Tiere oft in größeren Gruppen und mit lautem Geschrei aus ihren Verstecken, um Feinde, wie Eulen, Falken oder Schlangen, abzuschrecken.

Afrika

Größe: Körperlänge 7–8,5 cm, Unterarmlänge 4,5–5 cm.
Verbreitung: West-, Ost- und Zentralafrika sowie Madagaskar. In Wüsten und tropischen Wäldern.

schwerer stämmiger Körper

lange Ohren

Lebensweise gesellig	Tragzeit 80 – 90 Tage	Wurfgröße 1	Ernährung 🦟

Rüsselspringer

D ie 15 Arten der nur in Afrika vorkommenden Rüsselspringer bewohnen unterschiedliche Lebensräume, von felsigen Gebieten über Steppen bis hin zu Wäldern. Der Name bezieht sich auf die lange Nase, mit der die Tiere ausgezeichnet riechen und tasten können; auch Gehör und Sehvermögen sind sehr gut ausgebildet.

Die tagaktiven Tiere bewegen sich mit ihren kräftigen Hinterbeinen und dem langen Schwanz ähnlich wie ein kleines Känguru vorwärts. Ihre Nahrung besteht normalerweise aus Insekten; einige Arten fressen jedoch auch Knospen, Beeren und anderes pflanzliches Material. Rüsselspringer (Macroscelidea) erinnern an Spitzmäuse und wurden daher früher den Insektenfressern zugeordnet, doch deuten bestimmte anatomische Eigenschaften eher auf eine Verwandtschaft mit Hasenartigen (Lagomorpha) hin.

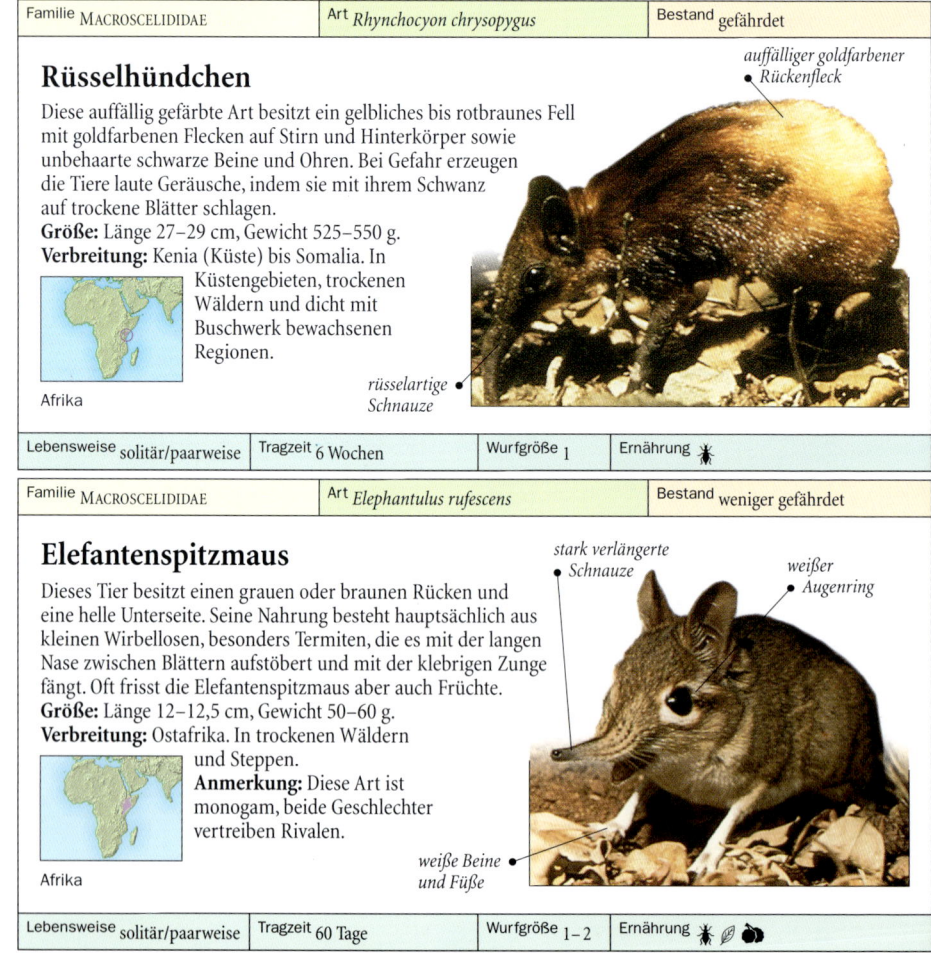

Familie MACROSCELIDIDAE	Art *Rhynchocyon chrysopygus*	Bestand gefährdet

Rüsselhündchen

Diese auffällig gefärbte Art besitzt ein gelbliches bis rotbraunes Fell mit goldfarbenen Flecken auf Stirn und Hinterkörper sowie unbehaarte schwarze Beine und Ohren. Bei Gefahr erzeugen die Tiere laute Geräusche, indem sie mit ihrem Schwanz auf trockene Blätter schlagen.
Größe: Länge 27–29 cm, Gewicht 525–550 g.
Verbreitung: Kenia (Küste) bis Somalia. In Küstengebieten, trockenen Wäldern und dicht mit Buschwerk bewachsenen Regionen.

Afrika

auffälliger goldfarbener
• Rückenfleck

rüsselartige •
Schnauze

Lebensweise solitär/paarweise	Tragzeit 6 Wochen	Wurfgröße 1	Ernährung 🐜

Familie MACROSCELIDIDAE	Art *Elephantulus rufescens*	Bestand weniger gefährdet

Elefantenspitzmaus

Dieses Tier besitzt einen grauen oder braunen Rücken und eine helle Unterseite. Seine Nahrung besteht hauptsächlich aus kleinen Wirbellosen, besonders Termiten, die es mit der langen Nase zwischen Blättern aufstöbert und mit der klebrigen Zunge fängt. Oft frisst die Elefantenspitzmaus aber auch Früchte.
Größe: Länge 12–12,5 cm, Gewicht 50–60 g.
Verbreitung: Ostafrika. In trockenen Wäldern und Steppen.
Anmerkung: Diese Art ist monogam, beide Geschlechter vertreiben Rivalen.

Afrika

stark verlängerte
• Schnauze

weißer
• Augenring

weiße Beine •
und Füße

Lebensweise solitär/paarweise	Tragzeit 60 Tage	Wurfgröße 1–2	Ernährung 🐜 🍎 🐌

Riesengleitflieger

Die ungewöhnlichen Riesengleitflieger (Ordnung Dermoptera) umfassen nur zwei in Aussehen und Größe sehr ähnliche Arten, die in den Wäldern Südostasiens heimisch sind. Beide besitzen ungewöhnliche kammartig ausgezackte Unterkieferzähne, mit denen sie Saft aus Früchten und anderen Pflanzenteilen herauspressen.

Typisch sind auch die großen nach vorn gerichteten Augen, mit deren Hilfe die Tiere Entfernungen genau abschätzen können. Dank der großen Flughäute an den Flanken sind sie in der Lage, mit nur geringem Höhenverlust mehr als 100 m weit durch die Luft zu gleiten; richtig fliegen können sie allerdings nicht.

Familie CYNOCEPHALIDAE	Art *Cynocephalus variegatus*	Bestand häufig

Gleitflieger

Diese baumbewohnende Art besitzt einen kleinen Kopf, eine stumpfe Schnauze und große Augen. Das feine kurze Fell ist bräunlich und zeigt rote oder graue Flecken auf dem Rücken; manchmal ist auch eine Zeichnung vorhanden, die an Flechten erinnert und der Tarnung dient. Die Tiere ernähren sich von weichen Pflanzenteilen und Nektar.
Größe: Länge 33–42 cm, Flügelspannweite 65–75 cm.
Verbreitung: Südostasien. In Wäldern, vom Küstentiefland bis zu einer Höhe von 1000 m.

Gleiten statt Fliegen
Gleitflieger besitzen eine papierdrachenförmige Flughaut – das so genannte Patagium – zwischen Hals, Fingern, Zehen und Schwanz. Dank dieser können sie von Baum zu Baum gleiten.

große nach vorn gerichtete Augen

grüne flechtenähnliche, der Tarnung dienende Zeichnung

durch eine Flughaut verbundene Extremitäten

Jungtier hängt am Bauch der Mutter

grünlich braunes Fell mit helleren Flecken

Asien

Lebensweise gesellig	Tragzeit 60 Tage	Wurfgröße 1	Ernährung 🍂 🍎 ❄

Spitzhörnchen

D ie im Aussehen an Eichhörnchen erinnernden Spitzhörnchen (Ordnung Scandentia) kommen ausschließlich in tropischen
Wäldern Süd- und Südostasiens vor. Viele der
19 Arten sind geschickte Kletterer, einige wagen
sich jedoch fast nie auf Bäume.

Die meisten der tagaktiven Tiere ernähren sich
von Insekten, Würmern und anderen kleinen
Beutetieren; sie fressen gelegentlich aber auch
Früchte und Beeren. Sehvermögen, Gehör und
Geruchssinn sind gut entwickelt; der lange behaarte Schwanz sorgt für das nötige Gleichgewicht,
die Krallen an den Zehen geben einen guten Halt.

Die Klassifizierung der Spitzhörnchen war lange
umstritten – aufgrund ihrer Nahrungsgewohn-
heiten wurden sie früher zu den Insektenfressern
gerechnet oder aber zu den Primaten, mit denen
sie eine Reihe anatomischer Merkmale teilen.

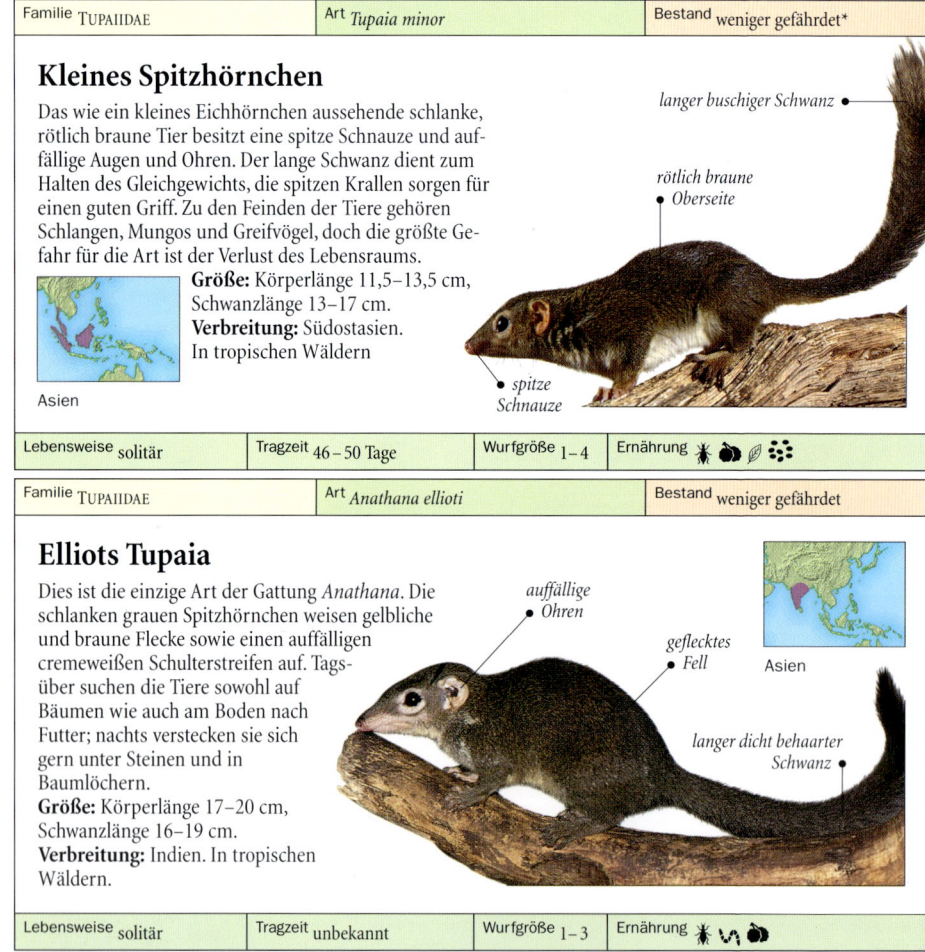

Familie TUPAIIDAE	Art *Tupaia minor*	Bestand weniger gefährdet*

Kleines Spitzhörnchen

Das wie ein kleines Eichhörnchen aussehende schlanke,
rötlich braune Tier besitzt eine spitze Schnauze und auffällige Augen und Ohren. Der lange Schwanz dient zum
Halten des Gleichgewichts, die spitzen Krallen sorgen für
einen guten Griff. Zu den Feinden der Tiere gehören
Schlangen, Mungos und Greifvögel, doch die größte Gefahr für die Art ist der Verlust des Lebensraums.

Größe: Körperlänge 11,5–13,5 cm,
Schwanzlänge 13–17 cm.
Verbreitung: Südostasien.
In tropischen Wäldern

Asien

langer buschiger Schwanz

rötlich braune Oberseite

spitze Schnauze

Lebensweise solitär	Tragzeit 46–50 Tage	Wurfgröße 1–4	Ernährung

Familie TUPAIIDAE	Art *Anathana ellioti*	Bestand weniger gefährdet

Elliots Tupaia

Dies ist die einzige Art der Gattung *Anathana*. Die
schlanken grauen Spitzhörnchen weisen gelbliche
und braune Flecke sowie einen auffälligen
cremeweißen Schulterstreifen auf. Tags-
über suchen die Tiere sowohl auf
Bäumen wie auch am Boden nach
Futter; nachts verstecken sie sich
gern unter Steinen und in
Baumlöchern.
Größe: Körperlänge 17–20 cm,
Schwanzlänge 16–19 cm.
Verbreitung: Indien. In tropischen
Wäldern.

auffällige Ohren

geflecktes Fell

Asien

langer dicht behaarter Schwanz

Lebensweise solitär	Tragzeit unbekannt	Wurfgröße 1–3	Ernährung

Primaten / Halbaffen

D ie in Afrika heimischen Galagos und Pottos, die Lemuren aus Madagaskar und die Loris aus Asien bilden zusammen die Unterordnung Strepsirhini, die sich auf der Evolutionsleiter direkt unterhalb der Affen befindet.

Die meisten Halbaffen sind nachtaktive Baumbewohner mit großen nach vorn gerichteten Augen, langen Armen und Beinen sowie Greifhänden und -füßen; viele besitzen zudem einen langen Schwanz. Die Geschlechtspartner werden durch Laute, Duftmarken und Gebärden angelockt. Vor allem Lemuren sind sehr gesellig lebende Primaten.

Insgesamt umfassen die Halbaffen 77 Arten. In diesem Buch wurden auch die in Südostasien lebenden Galagos in diese Gruppe einbezogen, obgleich sie verwandtschaftlich möglicherweise eher zwischen Halbaffen und Affen stehen.

Familie TARSIIDAE	Art *Tarsius bancanus*	Bestand unbestätigt

Sunda-Koboldmaki

Dieser kleine nachtaktive Halbaffe ist mit seinen spitzen Krallen an den schlanken Fingern und Zehen sowie den verbreiterten Ballen, die als Haftscheiben dienen, ein guter Kletterer. Zur Beute des geschickten Jägers gehören vor allem Insekten, die er mit seinen großen Augen und scharfen Ohren aufspürt; dabei kann er seinen Kopf um fast 360° drehen. Die Art, die vor allem von Eulen gejagt wird, schläft normalerweise auf Zweigen und baut nur selten ein Nest. Die Jungen werden anfangs von der Mutter getragen, lernen aber bald, sich an ihrem Fell festzukrallen.
Größe: Körperlänge 12–15 cm, Schwanzlänge 18–23 cm.
Verbreitung: Südostasien. In tropischen Wäldern und Mangrovensümpfen.
Anmerkung: Der Verlust des Lebensraums führte zu einem Rückgang dieser Art, über die noch wenig bekannt ist.

runder Kopf •

• große Augen zum Aufspüren der Beute

olivgrünes bis rötlich braunes Fell •

Asien

Lebensweise solitär	Tragzeit 180 Tage	Wurfgröße 1	Ernährung 🐜

| Familie LORISIDAE | Art *Loris tardigradus* | Bestand bedroht |

Schlanklori

Ebenso wie die anderen Arten der Familie ist dieser kleine schlanke Primat nachtaktiv; er besitzt große runde Augen, mit denen er bei Dunkelheit gut sehen kann. Charakteristisch sind auch die dunkle maskenartige Zeichnung rund um die Augen, das gelblich graue bis dunkelbraune Fell an der Oberseite und die silbergraue Färbung der Unterseite. Die Tiere ernähren sich vorwiegend von Insekten, fressen aber auch weiche Pflanzenteile, Vogeleier und kleine Wirbeltiere. Bei der Futtersuche bewegen sich die Loris vorsichtig von Ast zu Ast, bis sie die Beute aufgespürt haben, und greifen dann schnell mit den Vorderpfoten zu. Den Tag verbringen sie an einem geschützten Platz, z. B. in einem Baumloch oder einem Nest aus Blättern.
Größe: Körperlänge 17–26 cm, schwanzlos.
Verbreitung: Südindien und Sri Lanka. In dichten Laubwäldern, Sumpflandschaften und Küstenwäldern.
Anmerkung: Dank der nächtlichen Lebensweise und der sehr langsamen Bewegungen werden Schlankloris nur selten von Raubtieren entdeckt.

Fester Griff

Auch während des Schlafens kann sich der Schlanklori mit seinen kräftigen Fingern und Zehen gut an Zweigen festhalten.

schlanke Arme

am Rand unbehaarte runde Ohren

lange Zehen für einen festen Griff

große nach vorn gerichtete Augen

silbergraue Unterseite

Asien

| Lebensweise solitär/paarweise | Tragzeit 165–170 Tage | Wurfgröße 1–2 | Ernährung  |

| Familie LORISIDAE | Art *Nycticebus coucang* | Bestand unbestätigt |

Plumplori

Diese Art verdankt ihren Namen den besonders
langsamen Bewegungen – ein Merkmal, das die
Loris von allen anderen Primaten unterscheidet,
die gerade für ihre Kletterkünste und rasanten
Sprünge bekannt sind. Das Fell der Tiere ist grau-
bis rotbraun und weist einen braunen Streifen
auf dem Rücken auf; charakteristisch sind auch
die dunklen Augenringe und Ohren. Ebenso wie
der Schlanklori (s. S. 98) ist der Plumplori gut an
sein nachtaktives Leben in Bäumen angepasst.
Größe: Körperlänge 26–38 cm,
Schwanzlänge 1–2 cm.
Verbreitung: Süd- und Südostasien.
In tropischen Wäldern, Gärten sowie auf
Bambushainen und Plantagen.
Anmerkung: Einige Körperteile der Tiere werden
für die Herstellung von Arz-
neien für die traditionelle
Medizin benötigt. Daher wird
die Art in manchen Ländern
immer noch gejagt.

Asien

dichtes weiches, braunes Fell •

• dunkle Augenringe

| Lebensweise variabel | Tragzeit 190 Tage | Wurfgröße 1–2 | Ernährung  |

| Familie LORISIDAE | Art *Perodicticus potto* | Bestand stellenweise häufig |

Potto

Dieser unauffällige nächtliche Jäger besitzt sehr bewegliche Arme
und Beine, mit denen er sich geschickt auf den Bäumen bewegt und
selbst größere Zwischenräume überwindet – auch wenn er nicht
springen kann. Manchmal hängen die Tiere stundenlang unbe-
weglich an einem Ast, um nicht die Aufmerksamkeit ihrer
Feinde auf sich zu lenken, gegen die sie sich notfalls
jedoch energisch zur Wehr setzen. Pottos können
grau, braun oder rötlich gefärbt sein. Ver-
glichen mit dem Galago (s. S. 100) sind
die Augen und Ohren relativ klein; als
Nahrung dienen Früchte, Blätter,
Pflanzensaft, Pilze und kleine Tiere.
Größe: Körperlänge 30–40 cm,
Schwanzlänge 3,5–15 cm.
Verbreitung: West- und
Zentralafrika. In tropischen
Wäldern, vor allem in den
Randbereichen, und
Feuchtgebieten.

Afrika

kleine Ohren •

• große Augen

kräftige Hände •

| Lebensweise variabel | Tragzeit 194–205 Tage | Wurfgröße 1–2 | Ernährung  |

Familie LORIDAE	Art *Arctocebus calabarensis*	Bestand weniger gefährdet

Bärenmaki

Der auch Angwantibo genannte Primat ist eine von nur zwei Arten dieser Gattung. Die Tiere sind oberseits orangefarben bis goldbraun, der Bauch ist blassgelb gefärbt. Alle Beine sind gleich lang; die beiden kleinsten Zehen stehen weit auseinander und sorgen so für einen sicheren Griff beim Klettern. Die nachtaktiven Halbaffen halten sich gern im Unterholz von Sekundärwäldern auf, sind aber auch auf Waldlichtungen und an Straßenrändern zu finden. Dort suchen sie nach Insekten, vor allem nach Raupen, die sie mithilfe ihrer scharfen Augen und ihres feinen Geruchssinns ausfindig machen. Fühlen sie sich bedroht, rollen sie sich zu einer Kugel zusammen.
Größe: Körperlänge 22–26 cm, Schwanzlänge 1 cm.
Verbreitung: Westafrika. In Wäldern.

Greifhände

orangefarbene bis goldbraune Oberseite

Afrika

empfindliche feuchte Nase

Lebensweise gesellig	Tragzeit 133 Tage	Wurfgröße 1	Ernährung 🐜 🐛

Familie GALAGONIDAE	Art *Galago crassicaudatus*	Bestand stellenweise häufig

Riesengalago

Die größte Art der Galagos besitzt vergleichsweise riesige Augen und Ohren, mit deren Hilfe die Tiere nachts gut Insekten finden können, die sie dann blitzschnell mit ihren geschickten Händen fangen. Ihre kammartigen Zähne benutzen sie, um getrocknete Baumsäfte von Ästen und Zweigen zu schaben. Die Größe des Tieres schwankt zwischen der eines Eichhörnchens und einer Hauskatze; das Fell ist silbergrau bis braun oder schwarz. In der Regel bewegt sich der Riesengalago auf allen Vieren vorwärts.
Größe: Körperlänge 25–40 cm, Schwanzlänge 34–49 cm.
Verbreitung: Zentral-, Ost- und Südafrika. In tropischen Wäldern und auf Plantagen.
Anmerkung: Wegen der an schreiende Babys erinnernden Rufe werden Galagos auch Buschbabys genannt.

riesige Ohren

helles Gesicht

Afrika

Greiffüße mit Haftpolstern

langer buschiger Schwanz

Lebensweise gesellig	Tragzeit 126–135 Tage	Wurfgröße 1–3	Ernährung 🐜 🐛 🐦

Familie GALAGONIDAE	Art *Galago moholi*	Bestand häufig

Moholi

große Ohren

dunkle Augenringe

Diese manchmal auch Steppengalago genannte kleine Art klettert mit känguruartigen Sprüngen an den Ästen empor. Die Tiere leben in einer Höhe von bis zu 5 m auf den Bäumen; für einen sicheren Griff feuchten sie ihre Hände und Füße regelmäßig mit Urin an. Ihre Hauptnahrung besteht aus Insekten, sie trinken aber auch gern Pflanzensäfte. Tagsüber streifen die Halbaffen meist allein durch den Wald, nachts finden sie sich häufig zu Schlafgemeinschaften zusammen. Die scheuen, flinken Tiere kommen nur selten auf den Boden herunter und sind dann besonders vorsichtig; bei Gefahr flüchten sie laut schreiend auf einen Baum.

Größe: Körperlänge 15–17 cm, Schwanzlänge 12–27 cm.

Verbreitung: Ost-, Zentral- und Südafrika. In Baumsavannen und Wäldern.

Afrika

große Hinterfüße

lang behaarter Schwanz

Lebensweise variabel	Tragzeit 121–124 Tage	Wurfgröße 1–2	Ernährung 🐜

Familie CHEIROGALEIDAE	Art *Cheirogaleus medius*	Bestand weniger gefährdet

Mittlerer Katzenmaki

weiches, wolliges Fell

Diese Art – auch Fettschwanzmaki genannt – besitzt ein weiches, an der Körperoberseite blassgelbes oder rötlich graues und unterseits gelblich weißes Fell. Charakteristisch sind auch die dunklen Ringe rund um die Augen und die weitgehend unbehaarten großen Ohren. Die Tiere können während der Regenzeit Fettreserven in Körper und Schwanz speichern, um die 6 bis 8 Monate andauernde Trockenzeit zu überstehen. In dieser Zeit der Futterknappheit fallen sie auch häufig – eng an ihre Artgenossen geschmiegt – in einen längeren Ruheschlaf. Nach dem Aufwachen gehen sie dann wieder allein auf ihre nächtliche Nahrungssuche. Der Mittlere Katzenmaki ernährt sich von Früchten und anderen Pflanzenteilen, frisst jedoch auch Insekten. Tagsüber verkriecht er sich in einem Nest aus Blättern und Zweigen, das in einer Baumhöhle oder auch frei in der Baumkrone errichtet wird.

auffällige unbehaarte Ohren

dunkle Augenringe

gelblich weiße Unterseite

Größe: Körperlänge 17–26 cm, Schwanzlänge 19–30 cm.

Verbreitung: West- und Südmadagaskar. In primären und sekundären trockenen Wäldern.

Anmerkung: Ebenso wie die meisten ihrer Verwandten ist diese Art durch die Zerstörung ihres Lebensraumes im Bestand gefährdet.

Madagaskar

Fettreserven im Schwanz

Lebensweise variabel	Tragzeit 61–64 Tage	Wurfgröße 1–4	Ernährung 🍎 🌿 🐜

Familie LEMURIDAE	Art *Lemur catta*	Bestand bedroht

Katta

Diese anmutigen Tiere besitzen eine graubraune bis rötlich braune Körperoberseite, einen weißlichen bis grauen Bauch, dunkle dreieckige Augenflecke, eine schwarze Nase und einen auffälligen schwarzweiß geringelten Schwanz. Im Gegensatz zu anderen Lemuren ist dieser geschickte Kletterer häufig auch auf dem Boden anzutreffen, bei Gefahr zieht er sich jedoch sofort wieder auf die Bäume zurück. Kattas ernähren sich von Früchten, Rinde und Pflanzensaft und nehmen beim Fressen die Hände zu Hilfe. Sie sind sehr gesellig, sodass sie meist in Gruppen von 5 bis 25 Tieren zu finden sind; innerhalb der Gruppe herrscht bei den Weibchen – die die Männchen dominieren – eine festgelegte Rangfolge. Die Jungen klammern sich anfangs am Bauch ihrer Mutter fest und sitzen später auf ihrem Rücken. Die jungen Weibchen bleiben danach bei der Mutter, während die männlichen Tiere die Gruppe verlassen.

Größe: Körperlänge 39–46 cm, Schwanzlänge 56–62 cm.

Verbreitung: Süd- und Südwestmadagaskar. In trockenen Laubwäldern, felsigen Gebieten und Galeriewäldern.

Anmerkung: Die größte Bedrohung für diese Art ist der Verlust von Lebensraum durch Holzeinschlag und Brandrodung. Die Tiere werden aber auch gegessen oder als Haustiere gehalten.

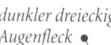

Madagaskar

auffälliger Schwanz dient der Kommunikation

Duftdrüsen

Kattas markieren ihr Territorium mithilfe von Duftdrüsen, aus denen ein stark riechendes Sekret abgesondert wird. Eine dieser Drüsen ist hier auf der Innenseite des rechten Arms zu erkennen.

schwarzweiße Ringzeichnung

dunkler dreieckiger Augenfleck

graubraune bis rötlich braune Oberseite

weißes Gesicht

katzenähnliche Haltung

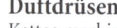

Lebensweise gesellig	Tragzeit 134–138 Tage	Wurfgröße 1	Ernährung

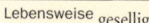

Familie LEMURIDAE	Art *Lemur fulvus*	Bestand weniger gefährdet*

Schwarzkopfmaki

Dieser sehr variabel gefärbte Halbaffe ist – je nach Unterart – grau, gelb oder braun. Alle Tiere besitzen ein dunkles Gesicht mit hellen Flecken oberhalb der Augen; der dicht behaarte Schwanz wird über dem Rücken getragen, wenn sich die Schwarzkopfmakis am Boden oder in den Bäumen bewegen. Die in Gruppen lebenden Tiere, die einander am Geruch erkennen, sind ausgezeichnet an ein Leben auf Bäumen angepasst. Die Nahrung besteht aus Früchten, deren Saft und anderen Pflanzenteilen.

Größe: Körperlänge 38–50 cm, Schwanzlänge 46–60 cm.

Verbreitung: Nord- und Westmadagaskar. In tropischen Wäldern.

Madagaskar

dicht behaarter Körper

helle Flecke oberhalb der Augen

graues, gelbliches oder braunes Fell

Lebensweise gesellig	Tragzeit 120 Tage	Wurfgröße 1 – 2	Ernährung 🍎 🌿

Familie LEMURIDAE	Art *Lemur macaco*	Bestand weniger gefährdet*

Mohrenmaki

Alle Mohrenmakis besitzen ein weiches und relativ langes Fell, die dunkle Färbung – nach der die Art benannt ist – zeigen aber nur die Männchen; die recht variabel gefärbten Weibchen sind grau bis rötlich braun. Mohrenmakis weisen einen kleinen Kopf, eine spitze Schnauze, große Augen und eine auffällige Halskrause auf. Sie leben in Gruppen von 5 bis 15 Exemplaren, die von einem einzelnen Weibchen angeführt werden. Im Gegensatz zu den meisten Lemuren ist diese Art z. T. nachts aktiv – möglicherweise als Folge menschlicher Besiedlung ihrer Lebensräume. Es werden zwei Unterarten unterschieden, *Lemur macaco macaco* und *Lemur macaco flavifrons*.

Größe: Körperlänge 30–45 cm, Schwanzlänge 40–60 cm.

Verbreitung: Nordmadagaskar. In immergrünen tropischen Wäldern.

Anmerkung: Die Art ist u. a. durch Holzeinschlag und Brandrodungen, aber auch durch die Jagd bedroht.

Madagaskar

Männchen mit schwarzem Fell

Halskrause

an das Klettern angepasste Hände und Füße

langer dicht behaarter Schwanz

Lebensweise gesellig	Tragzeit 125 Tage	Wurfgröße 1 – 2	Ernährung 🍎 🌿 🍃

| Familie LEMURIDAE | Art *Varecia variegata* | Bestand gefährdet |

Schwarzweißer Vari

Die größte Lemurenart besitzt ein langes weiches, weißes oder rötlich weißes Fell und ein schwarzes Gesicht; Schultern, Brust, Flanken, Füße und Schwanz sind in der Regel schwarz. Ungewöhnlicherweise baut dieser Halbaffe für seine Jungen ein einfaches Nest aus Blättern in einer Baumhöhle oder Astgabel. Die Mutter trägt die Jungtiere anfangs am Nackenfell herum, sobald diese jedoch einige Wochen alt sind, klammern sie sich selbst fest. Die Tiere leben in Gruppen von 2 bis 20 Exemplaren, mehrere dominante Weibchen verteidigen ein gemeinsames Territorium. Die Nahrung der Halbaffen besteht hauptsächlich aus Früchten, die sie in der Morgendämmerung und am späten Nachmittag suchen.
Größe: Körperlänge 55 cm, Schwanzlänge 1,1–1,2 m.

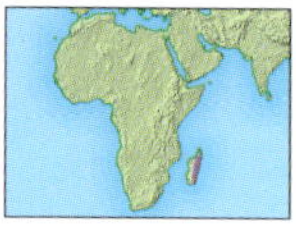

Verbreitung: Ostmadagaskar, eingeführt auf der Insel Nossi-Mangabe. In Regenwäldern.
Anmerkung: Die Art ist vor allem durch den Verlust ihres Lebensraums und die Jagd bedroht.

weiße Haare an den Ohren

schwarzes Gesicht

dichtes weiches Fell

schwarzer Schwanz doppelt so lang wie der Körper

Madagaskar

| Lebensweise gesellig | Tragzeit 90–102 Tage | Wurfgröße 2–3 | Ernährung |

| Familie LEMURIDAE | Art *Hapalemur griseus* | Bestand unbestätigt |

Grauer Halbmaki

Diese grau gefärbte Art mit stumpfer Schnauze ist der einzige an Seeufern zwischen Schilf und Binsen lebende Primat. Zur Hauptnahrung der Tiere gehören Rinde, Mark, Blätter, Triebe und Knospen der Schilfhalme. Im Gegensatz zu anderen Arten dieser Familie sollen die Grauen Halbmakis schwimmen können – dies wird jedoch nur vermutet, da die Lebensgewohnheiten dieser Halbaffen noch nicht sehr gut untersucht sind. Jedes Rudel, zu dem drei bis fünf, aber auch bis zu 40 Tiere gehören können, wird von einem Männchen angeführt; das einzige Junge wird im Januar oder Februar geboren und zunächst auf dem Rücken der Mutter getragen.
Größe: Körperlänge 40 cm, Schwanzlänge 40 cm.
Verbreitung: Nord- und Ostmadagaskar (rund um den Alaotra-See). In Schilfrohr- und Papyrusdickichten.
Anmerkung: Die größten Bedrohungen für diese nur regional verbreitete Art, die an einigen Stellen ihres Verbreitungsgebietes vermutlich schon ausgestorben ist, sind das Abbrennen der Schilfbestände, der Verlust des Lebensraums und die Jagd.

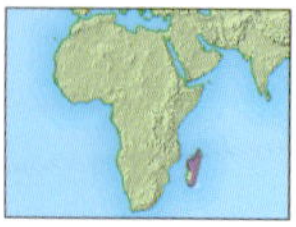

kurze Schnauze

Schwanz ebenso lang wie der Körper

Madagaskar

| Lebensweise gesellig | Tragzeit unbekannt | Wurfgröße 1 | Ernährung |

Familie LEMURIDAE	Art *Lepilemur mustelinus*	Bestand weniger gefährdet

Großer Wieselmaki

nach vorn gerichtete Augen

Madagaskar

Greifhände

Dieser nachtaktive Halbaffe weist ein langes weiches, graubraunes Fell am Körper, einen grauen Kopf, eine dunkle Schwanzspitze und unbehaarte Ohren auf. Dank der nach vorn gerichteten großen Augen haben Wieselmakis eine gute räumliche Sicht und können so Entfernungen bei einem Sprung genau abschätzen. Die Tiere leben überwiegend auf Bäumen und ernähren sich hauptsächlich von Früchten und Blättern. Der Große Wieselmaki besitzt Greiffüße, aber keinen Greifschwanz.
Größe: Körperlänge 30–35 cm, Schwanzlänge 25–35 cm.
Verbreitung: Nordostmadagaskar. In Regenwäldern.
Anmerkung: Die Lebensweise dieser Halbaffen ist weitgehend unbekannt. Die Tiere sind besonders durch den Verlust ihres Lebensraums aufgrund von Holzeinschlag und Brandrodungen bedroht.

graubraunes Fell

Lebensweise gesellig	Tragzeit unbekannt	Wurfgröße unbekannt	Ernährung

Familie INDRIIDAE	Art *Propithecus verreauxi*	Bestand stark gefährdet*

Larvensifaka

braune oder schwarze Kopfoberseite

schwarze Handflächen

Madagaskar

Diese Art besitzt in der Regel ein weißliches Fell mit abgesetzten dunklen Bereichen im Gesicht, auf dem Kopf sowie an den Armen und Beinen. Hinterbeine und Schwanz sind vergleichsweise lang, Handflächen und Sohlen weisen eine schwarze Färbung auf. Auf dem Boden bewegen sich diese Halbaffen seitlich auf ihren Beinen vorwärts, wobei die Arme meist hoch gehalten werden. Die Tiere leben in Gruppen unterschiedlicher Größe; das Revier wird mit lauten Rufen abgegrenzt. Der Name „Sifaka" hat seinen Ursprung in der Sprache der einheimischen Bevölkerung Madagaskars und bezieht sich auf den Ruf dieser Halbaffen, der wie ein Niesen klingt.
Größe: Körperlänge 43–45 cm, Schwanzlänge 56–60 cm.
Verbreitung: Süd- und Westmadagaskar. In Nadel-, Galerie- und trockenen Laubwäldern sowie in Wüsten.
Anmerkung: Die Bestände der Art leiden unter dem fortschreitenden Verlust an geeignetem Lebensraum.

Lebensweise gesellig	Tragzeit 150–162 Tage	Wurfgröße 1	Ernährung

| Familie INDRIIDAE | Art *Indri indri* | Bestand gefährdet |

Indri

Diese Art besitzt ein überwiegend schwarzes
Fell mit unterschiedlich großen weißen
Flecken auf Rücken, Kopf, Hals, Armen und
Beinen. Charakteristisch sind auch die großen
schwarzen Haarbüschel an den Ohren, der
Schwanz ist sehr kurz. Dank der langen
Hinterbeine können die Tiere sehr weite
Sprünge machen. Zwar sind die Indris tagaktiv, doch
legen sie oft auch tagsüber lange Ruhephasen ein. Die
Tiere leben paarweise mit ihrem Nachwuchs zusam-
men, das Männchen verteidigt ein Revier. Die Art war
früher in Madagaskar recht häufig, ist inzwischen aber
wegen des ständig knapper werdenden Lebensraums
in ihrem Bestand bedroht. Bei den Einheimischen
heißen die Tiere „Babakoto", was soviel bedeutet wie
„Vatersohn", oder „Amoalana" (Waldhund).
Größe: Körperlänge 60 cm, Schwanzlänge 5 cm.
Verbreitung: Ostmadagaskar. In Hochlandregenwäldern.

Madagaskar

Anmerkung: Dies ist die einzige
Art ihrer Gattung.

dunkle Ohrbüschel
Greifhände
sehr lange Hinterbeine

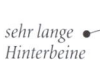

| Lebensweise paarweise | Tragzeit 172 Tage | Wurfgröße 1 | Ernährung |

| Familie DAUBENTONIIDAE | Art *Daubentonia madagascariensis* | Bestand gefährdet |

Fingertier

Die auch Aye-Aye genannte Art sucht gern unter der Rinde von
Bäumen nach Insektenlarven. Dabei entfernen die Tiere, die
ein langes rauhaariges, braun bis schwarz gefärbtes
Fell besitzen, die Rinde mit ihren sehr großen
Vorderzähnen und ziehen die Beute dann mit
ihrem stark verlängerten
Mittelfinger heraus. Die
scheuen Fingertiere bauen
ein Nest aus Zweigen,
in dem sie sich tagsüber verstecken, um
dann nachts auf Nahrungssuche zu gehen.
Größe: Körperlänge 40 cm,
Schwanzlänge 40 cm.
Verbreitung: Nordwest- und Ostmadagaskar.
In Wäldern, Dornensteppen und auf
Plantagen.
Madagaskar

Anmerkung: Die Art galt
schon als ausgestorben,
wurde aber 1957 wieder-
entdeckt.

raues Fell
große Ohren und gutes Gehör
verlängerter Mittelfinger

| Lebensweise variabel | Tragzeit 120–150 Tage | Wurfgröße 1 | Ernährung |

Primaten/Affen

D ie 242 Affenarten werden in der Unterordnung Haplorhini zusammengefasst. Zwei Familien aus dieser Gruppe sind in Süd- und Mittelamerika heimisch (Neuweltaffen); zu ihnen gehören die kleinen weichhaarigen Krallenaffen und Springtamarine aus der Familie Callitrichidae sowie die Nacht-, Totenkopf-, Spring-, Schweif-, Brüll-, Kurzschwanz-, Kapuziner- und Klammerschwanzaffen, die zur Familie der Kapuzinerartigen (Cebidae) gerechnet werden.

Die Angehörigen einer dritten Familie (Cercopithecidae) kommen in Afrika und Asien vor und werden daher auch Altweltaffen genannt; sie umfassen Meerkatzen, Makaken, Paviane und Schlankaffen. Die meisten Affen sind Waldbewohner und besitzen fünf Greiffinger oder -zehen, einen langen Schwanz und ein verhältnismäßig großes Gehirn. Viele leben in Gruppen mit festem Sozialgefüge und ernähren sich von Pflanzen und kleinen Tieren.

Familie CEBIDAE	Art *Lagothrix cana*	Bestand bedroht

Großer Wollaffe

Typisch für Wollaffen ist das dichte wollige Fell und die dunklere Färbung an Kopf, Händen, Füßen und Schwanzspitze. Die hier vorgestellte Art weist ein graues Fell mit schwarzen Flecken, kräftige Schultern und Hüften sowie einen gut ausgebildeten Greifschwanz auf, der zum Klettern benutzt wird. Die Tiere – die ein großes Gehirn besitzen und als sehr intelligent gelten – leben in gemischten Gruppen; diese teilen sich bei der Futtersuche oft in kleinere Horden auf, in denen meist eine altersbedingte Hierarchie herrscht.
Größe: Körperlänge 50–65 cm, Schwanzlänge 55–77 cm.
Verbreitung: Brasilien, Peru und Bolivien. In Wäldern, vor allem in feuchten Bergwäldern.
Anmerkung: Diese Art benötigt große ursprüngliche Wälder, so bedeuten Waldrodungen eine große Gefahr für sie.

nackte „Greifsohle" an der Schwanzunterseite

kräftige Schultern

mächtige Stirnpartie

grauschwarze Unterseite

Greifhände

Südamerika

Sanftes Gemüt
Ungeachtet ihres Aussehens ist diese Art selten aggressiv und erlaubt sogar Mitgliedern anderer Horden, in ihr Gebiet einzudringen.

Lebensweise gesellig	Tragzeit 233 Tage	Wurfgröße 1	Ernährung

Familie CEBIDAE	Art *Ateles geoffroyi*	Bestand bedroht

Geoffroy-Klammeraffe

Diese Affen sind am schwarzen Kopf, an den schwarzen Händen und Füßen sowie an der typischen „Kapuze" zu erkennen, die das Gesicht umgibt. Ebenso wie andere Klammeraffen benutzt diese Art die daumenlosen Hände wie Haken, um sich daran von Ast zu Ast zu schwingen oder um Zweige heranzuziehen und Früchte, Blätter und Blüten abzufressen. Der Greifschwanz wird

Greifschwanz ●

beim Klettern eingesetzt.
Größe: Körperlänge 50–63 cm, Schwanzlänge 63–84 cm.
Verbreitung: Südmexiko und Mittelamerika. In tropischen Wäldern und Mangrovensümpfen.

Nord- und Südamerika

schwarze ●
Hände

Lebensweise gesellig	Tragzeit 226–232 Tage	Wurfgröße 1	Ernährung 🍎 ⁛ 🍃

Familie CEBIDAE	Art *Ateles chamek*	Bestand weniger gefährdet

Schwarzer Klammeraffe

Diese Art besitzt ein langes schwarzes Fell und eine dunkle Gesichtshaut. Die geselligen Affen durchstreifen in Horden ein Territorium von 150 bis 230 Hektar; zur Futtersuche teilen sich die Horden in variable Untergruppen auf. Junge Weibchen besetzen häufig ein Viertel bis zu einem Drittel des Territoriums; bei Einsetzen der Geschlechtsreife wechseln sie dann die Gruppenzugehörigkeit.

schwarzes Gesicht ●

langes
schwarzes
Fell ●

Größe: Körperlänge 40–52 cm, Schwanzlänge 80–88 cm.
Verbreitung: Peru, Brasilien und Bolivien (oberes Amazonasgebiet). In tropischen Wäldern.

Südamerika

Lebensweise gesellig	Tragzeit 225 Tage	Wurfgröße 1	Ernährung 🍎 ⁛ 🍃 〰 🕷 ❋

Familie CEBIDAE	Art *Brachyteles arachnoides*	Bestand stark gefährdet

Südlicher Muriki

Die Murikis – oder Spinnenaffen – gehören zu den größten Primaten Amerikas. Sie besitzen ein dichtes graubraunes Fell und ein schwarzes Gesicht. Auf der Suche nach Früchten und Samen bewegen sie sich nur langsam durch die Bäume.
Größe: Körperlänge 55–61 cm, Schwanzlänge 67–84 cm.

daumenlose
Hände

graubraunes ●
Fell

Verbreitung: Südbrasilien. In tropischen Wäldern.
Anmerkung: Heute gibt es nur noch einige hundert Exemplare des Südlichen und des Nördlichen Muriki
(*B. hypoxanthus*).

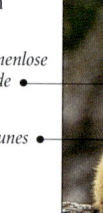

Südamerika

Lebensweise variabel	Tragzeit 210–255 Tage	Wurfgröße 1	Ernährung 🍃 🍎 ⁛

Familie CEBIDAE	Art *Alouatta pigra*	Bestand bedroht

Guatemala-Brüllaffe

Diese Art ist, abgesehen vom weißen Kehlsack der
Männchen, vollkommen schwarz gefärbt. Die Tiere
bilden Gruppen von ca. sieben Exemplaren, die aus
einem ausgewachsenen Männchen sowie mit mehreren
Weibchen und Jungtieren bestehen und manch-
mal Gebiete von bis zu 25 Hektar bewohnen.
Ihren Namen verdanken die Affen den lauten
Rufen in der Abend- und Morgendämmerung,
die der Revierabgrenzung dienen. Die Art ernährt
sich von Früchten, Blüten und Blättern; zum
Fressen wird mit der Hand ein Zweig mit
Früchten vor die Schnauze gezogen und be-
schnüffelt, dann werden die reifen Früchte
abgebissen.
Größe: Körperlänge 52–64 cm,
Schwanzlänge 59–69 cm.
Verbreitung: Mexiko und Mittelamerika.
In tropischen Wäldern.
Anmerkung: Früher wurde dieser Primat für
eine Unterart des Mantelbrüllaffen (*Alouatta
palliata*) gehalten. Heute ist bekannt, dass sich
die beiden Arten nicht kreuzen.

vollkommen
schwarzes
• Fell

Nord- und
Südamerika

Lebensweise gesellig	Tragzeit 190 Tage	Wurfgröße 1	Ernährung

Familie CEBIDAE	Art *Alouatta seniculus*	Bestand weniger gefährdet

Roter Brüllaffe

Die lauten Rufe dieser Affen sind oft 2,5 km weit zu hören. Die Tiere
leben in der Regel in kleinen Gruppen, bestehend aus einem ausgewachsenen Männchen sowie mehreren Weibchen und Jungtieren. Übernimmt ein neues Männchen die Horde, tötet es
manchmal die Nachkommen seines Vorgängers, sodass
nur seine eigenen Jungen aufgezogen werden. Da die
Nahrung der Tiere nicht sehr nahrhaft ist, bewegen sie sich nur langsam vorwärts.
Größe: Körperlänge 51–63 cm,
Schwanzlänge 55–68 cm.
Verbreitung: Kolumbien, Venezuela,
Brasilien und Peru. In Regenwäldern, Mangrovensümpfen
und mit Buschwerk be-
wachsenen Savannen.

rötlich gelber
„Sattel" auf
• dem Rücken

Südamerika

• stark aus-
gebildetes
Zungenbein

rötliches Fell •

Lebensweise gesellig	Tragzeit 191 Tage	Wurfgröße 1	Ernährung

| Familie PITHECIIDAE | Art *Pithecia pithecia* | Bestand weniger gefährdet |

Weißkopfsaki

Bei keinem anderen Neuweltaffen unterscheiden sich die Geschlechter so deutlich wie bei dieser Art. So ist das Männchen schwarz gefärbt und zeigt ein weißes oder gelbliches Gesicht mit einer schwarzen Nase. Das Weibchen besitzt ein graubraunes Fell mit weißen Spitzen und ein schwärzliches Gesicht mit einem weißen Streifen an beiden Nasenseiten. Beide Geschlechter weisen einen buschigen Schwanz und einen perückenartigen Haarschopf auf.

Größe: Körperlänge 34–35 cm, Schwanzlänge 34–44 cm.

Verbreitung: Südamerika (nördliches Amazonasgebiet). In tropischen Regen-, Galerie- und Savannenwäldern.

Anmerkung: Diese Tiere gehören zu den fünf Arten echter Sakis; sie sind nah mit den Bartsakis und Uakaris (s. u.) verwandt.

perückenartiger Haarschopf

Männchen mit hellem Gesicht

Südamerika

weißer Streifen an beiden Nasenseiten beim Weibchen

| Lebensweise gesellig | Tragzeit 170 Tage | Wurfgröße 1 | Ernährung |

| Familie PITHECIIDAE | Art *Cacajao calvus* | Bestand gefährdet |

Scharlachgesicht

Das leuchtend rote, unbehaarte Gesicht und der bei ausgewachsenen Tieren z. T. kahle Kopf – manchmal auch Kahlkopf-Uakari genannt – machen diese unverkennbar. Es gibt mehrere Unterarten, die sich hauptsächlich an der unterschiedlichen weißen, goldgelben oder roten Färbung erkennen lassen. Die Tiere leben in den Regenwäldern des brasilianischen Amazonasgebietes; sie ziehen in Gruppen von bis zu 100 Exemplaren umher.

Größe: Körperlänge 38–57 cm, Schwanzlänge 14–18,5 cm.

Verbreitung: Brasilien. In z. T. überfluteten Regenwäldern.

Anmerkung: Das Scharlachgesicht besitzt als einziger Neuweltaffe einen kurzen Schwanz.

Südamerika

unbehaartes Gesicht

dichtes rotes Körperfell

im Vergleich zum Körper kurzer Schwanz

| Lebensweise gesellig | Tragzeit unbekannt | Wurfgröße 1 | Ernährung |

Familie PITHECIIDAE	Art *Callicebus moloch*	Bestand weniger gefährdet

Grauer Springaffe

Die ca. 20 Springaffenarten besitzen in der Regel ein dickes weiches Fell, einen gedrungenen Körper und kurze Beine; die Ohren sind fast völlig vom Fell verdeckt. Der Graue Springaffe weist einen bräunlichen Rücken und eine orangefarbene Unterseite auf. Dank der unauffälligen Färbung und der langsamen Bewegungen sind die Tiere in den Bäumen, auf denen sie leben, sehr gut getarnt. Die Art ist monogam, die Paare leben häufig in Revieren von 6 bis 12 Hektar. Kurz vor dem Morgengrauen verschlingen sie ihre Schwänze miteinander und „singen" im Duett, um die Paarbindung zu stärken und ihre Revieransprüche zu untermauern. Das Junge, das vom Männchen während des ersten Lebensjahres gefüttert und herumgetragen wird, bleibt bis zu 3 Jahre bei den Eltern.
Größe: Körperlänge 27–43 cm, Schwanzlänge 35–55 cm.

dunkles Gesicht

orangefarbenes Fell rund um das Gesicht

orangefarbene Unterseite

Verbreitung: Brasilien. In Sümpfen und überfluteten tropischen Wäldern.
Anmerkung: Die Tiere gehören zu den sechs bis acht Springaffenarten aus dem südlichen Amazonasgebiet.

Südamerika

langer buschiger Schwanz

Lebensweise paarweise	Tragzeit 155 Tage	Wurfgröße 1	Ernährung

Familie AOTIDAE	Art *Aotus lemurinus*	Bestand bedroht

Nachtaffe

Wie genetische Studien zeigen, gibt es wahrscheinlich zehn Nachtaffenarten und nicht, wie bisher angenommen, nur eine einzige. Charakteristisch für Nachtaffen sind die lauten Rufe, die sie im Morgengrauen hören lassen; während der Nacht streifen sie auf der Suche nach Nahrung durch den Wald. Die hier abgebildete Art besitzt einen gelblichen oder grauen Bauch, die weiter südlich lebenden Tiere weisen eine rote Unterseite auf. Den grauen Rücken, die weißen Wangen, das helle Kinn, die großen weißen Flecke oberhalb der Augen und die drei dunklen Gesichtsstreifen zeigen alle Nachtaffenarten.
Größe: Körperlänge 30–42 cm, Schwanzlänge 29–44 cm.
Verbreitung: Ecuador und Kolumbien bis Panama. In tropischen Wäldern.
Anmerkung: Nachtaffen – die einzigen Affen mit einer nächtlichen Lebensweise – können bei Dunkelheit sehr gut sehen.

graues Rückenfell

Mittel- und Südamerika

dunkle buschige Schwanzspitze

Greiffüße

schwarze Gesichtszeichnung

Lebensweise gesellig	Tragzeit 120 Tage	Wurfgröße 1	Ernährung

Familie CEBIDAE	Art *Cebus apella*	Bestand weniger gefährdet

Gehaubter Kapuziner

Diese Art streift zum besseren Schutz vor Raubtieren oft gemeinsam mit anderen Affen umher. Die Tiere verwenden Werkzeuge wie Stöcke und Steine, um harte Nüsse zu knacken oder Insekten aus Baumstämmen herauszustochern. Ungewöhnlicherweise werben bei der Paarung die Weibchen um die Männchen. Ihren Namen verdankt die Art den dichten Haarbüscheln am Kopf. Der Gehaubte Kapuziner ist von allen amerikanischen Affen am weitesten verbreitet.

Größe: Körperlänge 33–42 cm, Schwanzlänge 41–49 cm.

Verbreitung: Nördliches, mittleres und östliches Südamerika. In tropischen Wäldern.

Anmerkung: Die nah verwandte Art *Cebus xanthosternos* ist vom Aussterben bedroht.

Südamerika

helles Gesicht

braunes Fell

dicht behaarter Schwanz

Lebensweise gesellig	Tragzeit 5 Monate	Wurfgröße 1	Ernährung

Familie CEBIDAE	Art *Saimiri boliviensis*	Bestand weniger gefährdet*

Schwarzköpfiger Totenkopfaffe

Diese Tiere besitzen ein orangefarben und schwarz geflecktes Rückenfell, ein weißes Gesicht und eine schwarze Schnauze; Gliedmaßen und Bauch sind orangefarben. Zur Paarungszeit entwickeln sich beim Männchen Fettpolster an den Schultern und es finden Kämpfe um die Weibchen statt. Totenkopfaffen – von denen es fünf Arten gibt – bilden große Horden von 40 bis 200 Exemplaren. Sie ernähren sich hauptsächlich von Insekten, die sie durch lautes Gebrüll aufscheuchen; oft folgen ihnen bei der Futtersuche andere Affen, die versuchen, einen Teil der Kerbtiere zu erbeuten.

Größe: Körperlänge 27–32 cm, Schwanzlänge 38–42 cm.

Verbreitung: Südamerika. In tropischen Regenwäldern und Mangrovensümpfen.

Anmerkung: Entsprechend der Form der Augenbögen werden die verschiedenen Arten auch als „gotisch"(spitz) und „romanisch" (rund) bezeichnet; der Totenkopfaffe gehört zur zweiten Gruppe.

weiß behaarte Ohren

orangefarben und schwarz gefleckte Oberseite

orangefarbene Gliedmaßen

schwarze buschige Schwanzspitze

schlanker Schwanz

Südamerika

Lebensweise gesellig	Tragzeit 170 Tage	Wurfgröße 1	Ernährung

| Familie CALLITRICHIDAE | Art *Callimico goeldii* | Bestand bedroht |

Springtamarin

schwarze Kopfmähne

langes schwarzes Körperfell

Diese Art besitzt ein langes schwarzes Fell und eine abstehende Mähne an Kopf und Hals. Mit den Schneidezähnen beißen die Tiere Löcher in Baumrinde und trinken dann den austretenden Saft; sie ernähren sich aber auch von Früchten, Insekten und kleinen Wirbeltieren. Springtamarine halten sich gern in dichter Vegetation auf und bilden feste Gruppenverbände von bis zu zehn Individuen.

Größe: Körperlänge 22–23 cm, Schwanzlänge 26–32 cm.

Verbreitung: Nordwestliches Südamerika. In tropischen Regenwäldern und Bambushainen.

Anmerkung: Im Gegensatz zu ihren Verwandten besitzt diese Art Weisheitszähne.

Südamerika

| Lebensweise gesellig | Tragzeit 22 Wochen | Wurfgröße 1 | Ernährung 🍒 🕷 |

| Familie CALLITRICHIDAE | Art *Leontopithecus rosalia* | Bestand stark gefährdet |

Löwenaffe

rötlich gelbe Mähne

Diese Art – die etwa doppelt soviel wiegt wie die meisten anderen Krallenaffen – besitzt ein langes seidiges, rötlich gelbes Gesichtsfell. Die schmalen Finger mit den langen Krallen dienen zum Festhalten der Früchte beim Fressen und der Nahrungssuche in Baumlöchern oder Rinde. Löwenaffen leben in der Regel in Gruppen von 4 bis 11 Exemplaren. Im Gegensatz zu anderen Krallenaffen wird die sexuelle Aktivität rangniederer Tiere nicht vom dominanten Paar unterdrückt; nur dieses pflanzt sich jedoch fort.

Größe: Körperlänge 20–25 cm, Schwanzlänge 32–37 cm.

Verbreitung: Östliches Südamerika. In tropischen Wäldern.

Anmerkung: Der starke Rückgang dieser Art ist hauptsächlich auf Waldrodungen zurückzuführen. Seit über 40 Jahren bemüht man sich verstärkt um den Schutz der Löwenaffen und setzt auch in Gefangenschaft gezüchtete Tiere wieder aus.

graues Gesicht

schmale Finger

Schwanz länger als der Körper

Südamerika

| Lebensweise gesellig/paarweise | Tragzeit 129 Tage | Wurfgröße 2 | Ernährung 🍒 ✽ |

Familie CALLITRICHIDAE	Art *Saguinus imperator*	Bestand bedroht

Kaiserschnurrbarttamarin

schwarzes Gesicht

grau oder rotbraun gesprenkeltes Fell

großer weißer Schnurrbart

Diese Art ist leicht an ihrem prächtigen weißen Schnurrbart zu erkennen. Sie besitzt ein grau oder rotbraun gesprenkeltes Fell, einen schwarzen Kopf und einen oberseits orangefarbenen und unterseits weißen Schwanz. Die kleinen Affen streifen oft zusammen mit verwandten Arten, z. B. dem Braunrückentamarin (*S. fuscicollis*), umher, dabei reagieren die Tiere sogar auf die Warnrufe der jeweils anderen Art. In der Regenzeit fressen die Tamarine hauptsächlich Früchte, während der Trockenzeit ernähren sie sich überwiegend von Nektar und anderen Pflanzensäften; Insekten, besonders Grillen, werden das ganze Jahr über gefressen. Die beiden Jungen werden hauptsächlich vom Männchen betreut.

Zehen mit Krallen

Schwanz oberseits orangefarben, unterseits weiß

Größe: Körperlänge 23–26 cm, Schwanzlänge 39–42 cm.
Verbreitung: Westliches Südamerika. In tropischen Wäldern und bergigen Regionen.
Anmerkung: Krallenaffen und Tamarine bilden eine deutlich abgegrenzte Gruppe von ca. 35 Arten. Im Gegensatz zu anderen Neuweltaffen besitzen sie anstelle von Nägeln Krallen und tragen nicht ein, sondern gleichzeitig zwei Junge aus.

Südamerika

Schwanz länger als der Körper

Lebensweise gesellig	Tragzeit 140–145 Tage	Wurfgröße 2	Ernährung 🍎 ❋ 🐛

Familie CALLITRICHIDAE	Art *Callithrix pygmaea*	Bestand weniger gefährdet*

Zwergseidenaffe

charakteristischer Haarschopf

gesprenkeltes Fell

unbehaarte Stellen im Gesicht

Diese Tiere – die so klein sind, dass sie problemlos in eine menschliche Hand passen – kommen nur in den Sümpfen und tropischen Wäldern des oberen Amazonasbeckens vor. Ihr Fell ist gelbbraun gesprenkelt, der lange Haarschopf am Kopf reicht bis über die Ohren, und im Gesicht sind dreieckige, unbehaarte helle Stellen zu erkennen. Zwergseidenaffen nagen Löcher in Baumrinde und schaben mit ihren unteren Schneidezähnen den austretenden Baumsaft ab – ihre Hauptnahrung. Die Löcher werden mithilfe von Duftdrüsen markiert und von den Tieren dann in regelmäßigen Abständen wieder aufgesucht. Die Affen leben in Horden von fünf bis zehn Exemplaren; eine Gruppe besteht in der Regel aus einem dominierenden Paar und einigen „Helfern" für die Jungenaufzucht.

Zehen mit Krallen

Größe: Körperlänge 12–15 cm, Schwanzlänge 17–23 cm.
Verbreitung: Südamerika (oberes Amazonasbecken). In tropischen Wäldern und Sümpfen.
Anmerkung: Der Zwergseidenaffe ist der kleinste Affe der Erde.

Südamerika

Schwanz mit undeutlichen Ringen

Lebensweise gesellig/paarweise	Tragzeit 137–140 Tage	Wurfgröße 2	Ernährung Saft

Familie CALLITRICHIDAE	Art *Callithrix argentata*	Bestand weniger gefährdet*

Silberaffe

Der Silberaffe ist eine von 10 bis 15 recht ähnlichen Arten, die alle im Amazonasgebiet leben. Er besitzt ein silbergraues Rückenfell, eine cremeweiße Unterseite und einen schwarzen Schwanz; das Gesicht und die großen Ohren sind rosa gefärbt. Silberaffen leben in Horden, die aus einem dominierenden Paar und einigen „Helfern" (normalerweise Geschwistern) für die Jungenaufzucht bestehen.

Größe: Körperlänge 20–23 cm, Schwanzlänge 30–34 cm.

Verbreitung: Südamerika (südlich des Amazonasbeckens). In jahreszeitlich überschwemmten tropischen Wäldern.

Anmerkung: Von dieser Art gibt es mehrere Unterarten mit oft sehr geringer Verbreitung.

Südamerika

rosa Gesichtshaut

vergleichsweise große Ohren

cremeweißer Bauch

Lebensweise gesellig	Tragzeit 20 Wochen	Wurfgröße 2	Ernährung

Familie CERCOPITHECIDAE	Art *Papio papio*	Bestand weniger gefährdet

Guineapavian

Das Männchen der auch Sphinxpavian oder Roter Pavian genannten Art ist größer als das Weibchen und besitzt außerdem ein schwarzes Gesicht und eine Mähne, die fast bis zu seinem dunkelroten Hinterteil reicht. Die Affen leben in der Regel in Gruppen von ca. 40 Exemplaren, gelegentlich aber auch in Horden von bis zu 200 Tieren. Einige Männchen beanspruchen innerhalb der Gruppe einen Harem, dessen Mitglieder sie mit schmerzhaften Halsbissen zusammenhalten; dennoch kommt es immer wieder vor, dass sich diese Weibchen heimlich mit anderen Männchen paaren. Das Nahrungsspektrum des Guineapavians reicht von zähen Wurzeln über saftige Maden und Eier bis hin zu Feldfrüchten.

Größe: Körperlänge 69 cm, Schwanzlänge 56 cm.

Verbreitung: Westafrika. In Baumsavannen, Galeriewäldern und Buschland.

Anmerkung: Dies ist die kleinste Pavianart; sie weist auch die geringste Verbreitung auf.

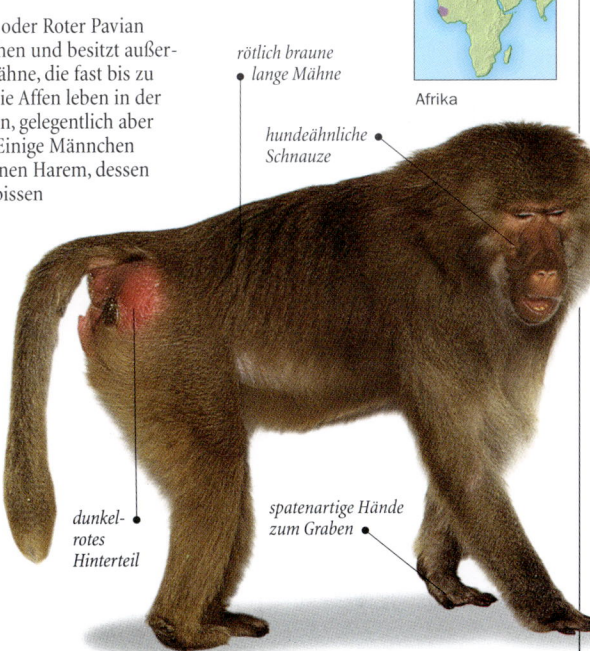

Afrika

rötlich braune lange Mähne

hundeähnliche Schnauze

dunkelrotes Hinterteil

spatenartige Hände zum Graben

Lebensweise gesellig	Tragzeit 184 Tage	Wurfgröße 1	Ernährung

Familie CERCOPITHECIDAE	Art *Papio anubis*	Bestand weniger gefährdet

Grüner Pavian

Dieser kräftige Pavian besitzt ein gesprenkeltes olivgrünes Fell und eine lange Schnauze; Gesicht und Hinterteil sind schwarz. Die Männchen sind oft doppelt so groß wie die Weibchen. Beide Geschlechter können sich sehr schnell auf ihren langen Beinen vorwärts bewegen. Sie fressen Pflanzen, Insekten, Echsen, aber auch größere Tiere, wie junge Gazellen und Lämmer. Die dunkel gefärbten Jungtiere werden zunächst in der Gruppe geduldet. Wenn die jungen Männchen das Aussehen ausgewachsener Paviane angenommen haben, werden sie vertrieben; die Weibchen dürfen bleiben.
Größe: Körperlänge 60–86 cm, Schwanzlänge 41–58 cm.
Verbreitung: West- bis Ostafrika. In Baum- und mit Buschwerk bewachsenen Savannen sowie an Waldrändern.
Anmerkung: Dies ist eine der größten Pavianarten Afrikas.

dickes raues Fell rund um das Gesicht

Jungtiere mit dunklerer Färbung

Afrika

muskulöse Gliedmaßen

Lebensweise gesellig	Tragzeit 180 Tage	Wurfgröße 1	Ernährung 

Familie CERCOPITHECIDAE	Art *Mandrillus sphinx*	Bestand bedroht

Mandrill

Die leuchtend rote Nase, die hellblauen Knochenwülste auf der Schnauze, der gelbe Bart und das blaue Hinterteil charakterisieren die Männchen dieser Art. Die deutlich kleineren Weibchens sind weniger auffällig gefärbt. Der Mandrill hält sich hauptsächlich am Waldboden auf, wo er in Gruppen nach Früchten, Samen, Eiern sowie Insekten und anderen kleinen Tieren sucht. Einige dieser Gruppen umfassen bis zu 250 Tiere; andere bestehen nur aus einem Männchen und einigen Weibchen.
Größe: Körperlänge 63–81 cm, Schwanzlänge 7–9 cm.
Verbreitung: Westliches Zentralafrika. In primären und sekundären Regenwäldern.
Anmerkung: Der Mandrill wird wegen seines Fleisches gejagt.

graugrün geflecktes Fell

Stummelschwanz

Männchen mit gelbem Bart

alle Gliedmaßen gleich lang

Männchen mit bläulich gefärbtem Hinterteil

Afrika

Lebensweise gesellig	Tragzeit 152–182 Tage	Wurfgröße 1	Ernährung 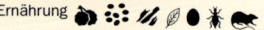

| Familie CERCOPITHECIDAE | Art *Theropithecus gelada* | Bestand weniger gefährdet |

Dschelada

Zu den auffälligsten Merkmalen dieser nah mit den Pavianen verwandten Art gehört der nackte Hautbereich auf der Brust. Der übrige Körper ist mit braunem Fell bedeckt, die ausgewachsenen Männchen besitzen außerdem eine auffällige Schultermähne. Die bodenbewohnenden Tiere ernähren sich hauptsächlich von Gras und Grassamen; letztere stopfen sie mit ihren geschickten Händen meist rasch ins Maul. In der Regel bilden die Affen nicht sehr streng organisierte große Gruppen. Diese setzen sich aus kleineren Horden zusammen, die normalerweise aus einem dominierenden Männchen und dessen Harem miteinander verwandter Weibchen bestehen.

Größe: Körperlänge 70–74 cm, Schwanzlänge 46–50 cm.
Verbreitung: Äthiopien.
Auf grasbewachsenen Bergplateaus.

Anmerkung: Der Primat wird durch die verstärkte Besiedlung seines Lebensraums bedroht.

langes Gesicht mit kurzer Nase

rosafarbene Brust

bewegliche Finger

Schwanz weist mittlere Länge auf

Afrika

| Lebensweise gesellig | Tragzeit 150–180 Tage | Wurfgröße 1 | Ernährung |

| Familie CERCOPITHECIDAE | Art *Erythrocebus patas* | Bestand weniger gefährdet* |

Husarenaffe

Typisch für diese Art ist der weiße Schnurr- und Kinnbart im ansonsten dunkler gefärbten Gesicht. Ein dunkler Rahmen verläuft von den Augenbrauen bis zu den Wangen, an den kleinen Ohren sind Haarbüschel zu sehen. Die flinken schlanken, langbeinigen Tiere besitzen kurze Finger und Zehen. Sie leben in Horden von bis zu zehn Exemplaren. Angeführt wird die Gruppe von einem einzelnen Männchen, das sich stets am Rand der Horde aufhält, um die Weibchen und Jungen vor Raubtieren zu schützen.

Größe: Körperlänge 60–88 cm, Schwanzlänge 43–72 cm.
Verbreitung: West- bis Ostafrika. In trockenen Steppen.
Anmerkung: Dies ist die schnellste Meerkatzenart.

dunkel eingerahmtes Gesicht

rötlich brauner Rücken

langer dünner Schwanz

schlanker Körper

kurze Finger und Zehen

Afrika

| Lebensweise gesellig | Tragzeit 167 Tage | Wurfgröße 1 | Ernährung |

| Familie CERCOPITHECIDAE | Art *Cercocebus torquatus* | Bestand stark gefährdet |

Halsbandmangabe

Dieser Affe besitzt einen grauen Körper sowie ein graues bis rosafarbenes Gesicht mit einer langen Schnauze, hellen Augenlidern und großen Backentaschen. In diesen sammelt er häufig Nüsse, um sie später mit seinen kräftigen Zähnen aufzuknacken. Die Tiere halten sich hauptsächlich am Boden auf, wo sie große Horden bilden, die aus bis zu 90 Männchen, Weibchen und Jungtieren bestehen können. Unter den Männchen herrscht eine Rangordnung, doch können sich auch rangniedere Männchen paaren; oftmals pflanzen sich diese sogar häufiger fort als die Anführer der Gruppe.
Größe: Körperlänge 50–60 cm, Schwanzlänge 60–75 cm.
Verbreitung: Westafrika. In Regenwäldern.

Anmerkung: Zur Gattung gehören sechs Arten, die alle in West- bis Zentralafrika vorkommen.

Afrika

• grau bis rosafarbenes Gesicht   • Backentaschen

graues Fell •

| Lebensweise gesellig | Tragzeit 167 Tage | Wurfgröße 1 | Ernährung |

| Familie CERCOPITHECIDAE | Art *Cercopithecus neglectus* | Bestand weniger gefährdet* |

Brazzameerkatze

Diese Art weist ein grau gesprenkeltes Fell, einen schwarzen Haarschopf auf der Kopfoberseite, einen weiß gesäumten orangefarbenen Streifen auf der Stirn und einen hellen Schnurr- und Kinnbart auf. Auf den Oberschenkeln verläuft ein weißer Streifen, Schwanz und Gliedmaßen sind dunkler gefärbt. Das Männchen ist beträchtlich größer als das Weibchen und besitzt einen hellblauen Hodensack. Die Art, die sich hauptsächlich von Samen und Früchten ernährt, ist weit verbreitet, lebt aber sehr versteckt, sodass sie selten zu sehen ist. Das große Revier wird mit Speichel markiert und mit lauten Rufen abgegrenzt; Eindringlinge werden jedoch nur selten aus dem Territorium vertrieben.
Größe: Körperlänge 50–59 cm, Schwanzlänge 59–78 cm.
Verbreitung: Zentral- bis Ostafrika. In Regenwäldern, Sümpfen und Tieflandwäldern.
Anmerkung: Diese Tiere stellen die einzige monogame Art der Familie dar.

grau gesprenkeltes Fell •

Afrika

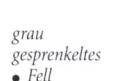

langer behaarter Schwanz •

• *schwarze Füße*

| Lebensweise paarweise | Tragzeit 168 Tage | Wurfgröße 1 | Ernährung |

Familie CERCOPITHECIDAE	Art *Macaca nigra*	Bestand gefährdet

Schopfmakak

Diese vollkommen schwarz gefärbte
Art besitzt einen kurzen Schwanz sowie einen auffälligen großen, von der
Stirn bis zum Hinterkopf verlaufenden
Haarschopf, der angelegt werden kann.
Charakteristisch ist auch die lange Schnauze mit
den knöchernen Backenleisten. Die scheuen Waldbewohner können gemischte Horden von mehr
als 100 Tieren bilden. Schopfmakaken sind
friedlich, selbst die Männchen zeigen
untereinander kaum Aggressionen.
Größe: Körperlänge 52–57 cm,
Schwanzlänge 2,5 cm.
Verbreitung: Südostasien (Sulawesi). In Tieflandregenwäldern, u. a. in sekundären Wäldern.
Anmerkung: Der Schopfmakak ist eine der sechs
oder sieben Makakenarten
dieser Region, deren Verbrei-
tungsgebiete sich jedoch nicht
überschneiden.

auffälliger
Haarschopf

knöcherne
Backenleisten

vollkommen
schwarzer
Körper

Asien

Lebensweise gesellig	Tragzeit 174–196 Tage	Wurfgröße 1	Ernährung 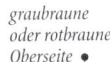

Familie CERCOPITHECIDAE	Art *Macaca fascicularis*	Bestand weniger gefährdet

Langschwanzmakak

Typisch für den wohl häufigsten Primaten in Südostasien ist der graueweiße Schnurrbart im rosafarbenen
Gesicht; häufig ist auch ein kleiner spitzer Haarschopf
am Kopf vorhanden. Die Tiere sind gute Kletterer und
Schwimmer, verbringen aber auch viel Zeit
am Boden. Außerdem sind sie in der Nähe
menschlicher Siedlungen zu finden, etwa in
Tempeln auf Bali, wo die Tiere verehrt werden.
Die oft etwas streitsüchtigen lauten Affen
ziehen meist in Gruppen umher, die bis zu
100 Exemplare umfassen können; die Rangordnung ist nicht so streng reglementiert
wie bei anderen Makaken.
Größe: Körperlänge 37–63 cm,
Schwanzlänge 36–72 cm.
Verbreitung: Südostasien. In Wäldern und
Mangrovensümpfen, an Flüssen, Küsten
und auf vorgelagerten Inseln.
Anmerkung: Die Art wird
manchmal für die medizi-
nische Forschung gefangen.

Asien

graubraune
oder rotbraune
Oberseite

hellgraue oder
weißliche
Unterseite

Lebensweise gesellig	Tragzeit 160–170 Tage	Wurfgröße 1	Ernährung

Familie CERCOPITHECIDAE	Art *Colobus guereza*	Bestand weniger gefährdet*

Mantelaffe

Dieser Affe weist eine helle Gesichtsumrandung und eine weiße Mähne an den Flanken auf; ebenfalls weiß gefärbt ist die Spitze seines sehr langen Schwanzes. Neu geborene Tiere sind vollständig weiß und entwickeln erst später die typische schwarzweiße Färbung. Die Primaten leben in Gruppen, die von einem Männchen angeführt werden und normalerweise aus vier oder fünf Weibchen und Jungtieren bestehen. Die Horden besetzen ein Revier, das mit lautem Gebrüll und Drohgebärden verteidigt wird. Die Tiere sind eigentlich tagaktiv, oft sind ihre Rufe aber auch nachts zu hören. Sie fressen Blätter, die zu über 70 Prozent von einer einzelnen Baumart stammen können. Genau wie andere Blätter fressende Affen besitzt auch diese Art einen komplexen dreiteiligen Magen, in dem zahllose Mikroben die Zellulose zerlegen, damit die pflanzliche Nahrung verwertet werden kann.

weiß einge-
rahmtes Gesicht

lange Nase reicht
bis zum Maul

daumenlose
Hände

Größe: Körperlänge 52–57 cm, Schwanzlänge 53–83 cm.
Verbreitung: Südkamerun bis Äthiopien, Kenia und Nordtansania. In lichten Wäldern.

Afrika

weiße Mähne

langer schwarzer
Schwanz mit weißer Spitze

Lebensweise gesellig	Tragzeit 170 Tage	Wurfgröße 1	Ernährung 🍃🍑

Familie CERCOPITHECIDAE	Art *Semnopithecus entellus*	Bestand weniger gefährdet

Hanumanlangur

Das pechschwarze Gesicht mit der hellen Umrandung und das graue bis bräunliche oder auch goldbraune Fell charakterisieren diese Art, die bei den Hindus als heilig gilt und nach dem Halbgott Hanuman benannt wurde. Die Tiere besitzen lange Gliedmaßen und einen langen Schwanz, den sie in der Regel einrollen. Sie bilden häufig friedliche Horden mit mehreren Männchen, es gibt aber auch Gruppen mit nur einem männlichen Tier. Die sehr anpassungsfähigen Hanumanlanguren leben oft in der Nähe von Dörfern, wo sie sich von Abfällen ernähren oder von Futter, das die Menschen für sie bereitlegen.

schwarzes un-
behaartes
Gesicht

schwarze
Gliedmaßen

Größe: Körperlänge 51–78 cm, Schwanzlänge 69–102 cm.
Verbreitung: Pakistan, Indien, Bhutan, Nepal und Sri Lanka. In verschiedenen Lebensräumen, außer in Regenwäldern.
Anmerkung: Auf dem indischen Subkontinent kommen mehrere Unterarten vor, u. a. der braune weißköpfige Himalajalangur und eine nur halb so große rehbraune, auf Sri Lanka lebende Unterart.

Asien

lange Arme
und Beine

Lebensweise gesellig	Tragzeit 200 Tage	Wurfgröße 1	Ernährung 🍃🍑

Familie CERCOPITHECIDAE	Art *Nasalis larvatus*	Bestand gefährdet

Nasenaffe

Diese Art kommt nur in wasserreichen Lebensräumen vor. Vor allem die Männchen der großen Baumaffen besitzen eine sehr lange Nase. Der Rücken der Tiere ist ziegelrot, die Flanken sind orangefarben und Kehle, Wangen sowie Unterseite zeigen eine weißliche Färbung. Nasenaffen weisen einen sehr komplex aufgebauten Magen auf, mit dem sie pflanzliches Futter verwerten können. Sie leben in Horden von sechs bis zehn Tieren, die von einem Männchen angeführt werden. Die Affen sind geschickte Kletterer, aber auch gute Schwimmer, die problemlos Bäche und Flüsse durchqueren.

Größe: Körperlänge 73–76 cm, Schwanzlänge 66 cm.

Verbreitung: Borneo. In Tieflandregenwäldern, Mangrovensümpfen, an Flüssen und Küsten.

Anmerkung: Diese seltene, in ihrem Bestand gefährdete Art ist in Gefangenschaft nur schwer zu halten.

große Nase

helle Bauchseite

Zehen z. T. durch Häute verbunden

Asien

Lebensweise gesellig	Tragzeit 166 Tage	Wurfgröße 1	Ernährung

Familie CERCOPITHECIDAE	Art *Rhinopithecus roxellana*	Bestand bedroht

Goldstumpfnase

Dieser kräftige Affe, der ein dichtes Fell und einen buschigen Schwanz besitzt, verträgt Temperaturen bis zu 5° C unter Null. Er besitzt ein dreieckiges hellblaues Gesicht, eine nach oben gerichtete Nase und hervorstehende Kiefer. Die männlichen Tiere, die etwa doppelt so groß sind wie die Weibchen, weisen ein schwarzes Rückenfell auf. Goldstumpfnasen sind gute Kletterer, bewegen sich aber auch sehr geschickt am Boden. Sie leben in Gruppen von mehreren hundert Tieren, die in kleinere Horden mit einem Männchen und mehreren Weibchen untergliedert sind.

Größe: Körperlänge 54–71 cm, Schwanzlänge 52–76 cm.

Verbreitung: China. In Bergwäldern.

Anmerkung: Dies ist eine von vier Bergaffenarten; drei davon kommen in China, eine in Vietnam vor. Die Goldstumpfnase ist als einzige Art nicht stark gefährdet.

flammend rotes bis goldgelbes Fell

dreieckiges hellblaues Gesicht

kräftige Arme mit kurzen Fingern

Asien

Lebensweise gesellig	Tragzeit 195 Tage	Wurfgröße 1	Ernährung

Primaten/Menschenaffen

D ie 21 Menschenaffenarten, die in zwei Familien zusammengefasst werden, bilden gemeinsam mit den Affen die Unterordnung Haplorhini. Menschenaffen ähneln in vielerlei Hinsicht den Altweltaffen; auch sie sind Waldbewohner und besitzen ein flaches Gesicht, nach vorn gerichtete Augen, sehr bewegliche Gliedmaßen sowie Greifhände und -füße. Sie sind allerdings größer als Affen, gehen aufrecht und besitzen keinen Schwanz.

Zur in Südostasien heimischen Gruppe der Kleinen Menschenaffen gehören nur die Gibbons; die Großen Menschaffen, deren Mitglieder unsere nächsten Verwandten sind, umfassen die Gorillas, Schimpansen und Zwergschimpansen (Bonobos) aus Afrika sowie die Orang-Utans aus Südostasien.

Familie HYLOBATIDAE	Art *Hylobates lar*	Bestand gefährdet

Weißhandgibbon

Dieser Gibbon besitzt eine dunkle Gesichtshaut, einen weißen Ring rund um das Gesicht und helle Fellbereiche auf Händen und Füßen. Das übrige Fell kann cremeweiß bis rotbraun oder sogar fast schwarz gefärbt sein. Sohlen und Handflächen sind nackt und lederartig; die Zehen sind so angeordnet, dass die Tiere gut mit den Füßen greifen und dabei aufrecht auf Ästen entlanggehen können. Die Affen hangeln sich mit schwingenden Bewegungen von Baum zu Baum und benutzen ihren Körper dabei als Pendel – damit sparen sie Energie. Am Morgen sind laute Rufe beider Geschlechter zu hören, die zur Stärkung der Paarbindung dienen; das Weibchen beginnt mit einem langen lauten Heulen, auf das das Männchen mit weniger komplexen Rufen antwortet.
Größe: Körperlänge 42–59 cm, Gewicht 4,5–7,5 kg.
Verbreitung: Südchina, Burma, Laos, Thailand, Malaysia und Nordsumatra. In trockenen Laubwäldern und feuchten immergrünen Regenwäldern, vom Flachland bis zum Gebirge.
Anmerkung: Diese Art wird in China gejagt.

Asien

Arme ca. 40 Prozent länger als Beine

Junges klammert sich an der Mutter fest

Lebensweise paarweise	Tragzeit 7–8 Monate	Wurfgröße 1	Ernährung

Familie HYLOBATIDAE	Art *Hylobates syndactylus*	Bestand weniger gefährdet

Siamang

Der muskulöse Affe stellt
mit bis zu 90 cm Körperlänge
die größte Gibbonart dar. Beide Geschlechter besitzen ein vollkommen schwarzes Fell; das etwas größere
Männchen ist an einem Haarbüschel im Genitalbereich zu
erkennen, das auf den ersten Blick wie ein Schwanz aussieht.
Die Art lebt in sehr festen Familienverbänden, die aus einem
dominanten Weibchen, einem Männchen und ein oder zwei
Jungtieren bestehen; alle Familienmitglieder entfernen sich
selten mehr als 30 m voneinander. Die Gruppe lebt in einem
ca. 47 Hektar großen Revier, verteidigt aber nur 60 Prozent
dieses Gebietes durch laute Rufe. An der Kehle weist der
Siamang einen dunkelgrauen elastischen Kehlsack auf, den
er zur Größe einer Grapefruit aufblasen kann und dann als
Resonanzboden für seine Rufe nutzt – die lautesten aller
Gibbons.

Größe: Körperlänge 90 cm, Gewicht 10–15 kg.
Verbreitung: Malaiische Halbinsel und Sumatra.
In primären und sekundären Regenwäldern.

Anmerkung: Der Siamang kommt auch in Bergwäldern bis 2000 m Höhe vor, wo andere Gibbons
normalerweise nicht mehr zu finden sind.

Südostasien

*Armspannweite
bis 1,5 m*

*Finger sorgen
für festen Griff*

*Daumen liegt den
Fingern gegenüber*

*elastische
dunkelgraue
Haut*

*sehr lange
Finger*

*vollkommen
schwarzer
Körper*

*lange
Armknochen*

*großer
Brustkorb*

*zweite und dritte
Zehe durch
Haut verbunden*

*kurze
Oberschenkel-
knochen*

Lange Arme
Dank der außerordentlich langen Arme kann
der Siamang elegant von Ast zu Ast schwingen.
Manchmal geht er aber auch mit seitwärts
gehaltenen Armen auf Ästen entlang.

Lebensweise gesellig/paarweise	Tragzeit 6,5 – 7,5 Monate	Wurfgröße 1	Ernährung

Familie PONGIDAE	Art *Pongo pygmaeus*	Bestand gefährdet

Borneo-Orang-Utan

Der Borneo-Orang-Utan ist das größte auf Bäumen lebende Tier der Erde. Seine Arme sind doppelt so lang wie der Körper, die Füße können wie Hände zum Umgreifen von Zweigen verwendet werden. Die langen Gliedmaßen weisen sehr flexible Hand-, Hüft- und Schultergelenke auf – dadurch sind die Tiere viel beweglicher als alle anderen großen Affen. Die Männchen sind größer als die Weibchen; sie besitzen einen langen Bart, einen großen Kehlsack und lange Haare an Hals und Armen, die wie ein Umhang herabhängen. Orang-Utans verbringen die meiste Zeit ihres Lebens in Baumkronen. Nur alle 7 oder 8 Jahre kommt ein winziges Junges zur Welt. Die Geburt findet in einem Baumnest statt, und das Paar bleibt zusammen, bis das Jungtier ca. 8 Jahre alt ist. Das Männchen grenzt sein Revier – das notfalls auch durch Kämpfe verteidigt wird – durch laute Rufe ab. Genetische Untersuchungen ergaben, dass zwei Orang-Utan-Arten existieren: der Borneo-Orang-Utan und der Sumatra-Orang-Utan (*Pongo abelii*).

Größe: Körperlänge 1–1,4 m, Gewicht 40–80 kg.

Verbreitung: Borneo. In primären Regenwäldern.

Anmerkung: Obwohl sie gesetzlich geschützt sind, werden junge Orang-Utans immer noch gefangen und verkauft. Auswilderungsversuche weisen eine gute Erfolgsquote auf; für einige Tiere scheint es allerdings schwierig zu sein, sich ihrem natürlichen Lebensraum wieder anzupassen.

Asien

sehr lange
Arme

Männchen
mit langen
Haaren

orangebraunes bis
graubraunes Fell

langsame, vorsichtige
Fortbewegung am
Boden

fester Griff
mit Daumen
und Fingern

Fortbewegung am Boden

Verlässt ein Orang-Utan tatsächlich einmal die Bäume, bewegt er sich auf den Sohlen und den zu Fäusten geballten Händen fort. Seine Arme sind so lang, dass die Hände immer noch den Boden berühren, wenn er fast aufrecht steht.

Lebensweise variabel	Tragzeit 8,5 Monate	Wurfgröße 1	Ernährung 

Futter wird zwischen Daumen und Fingern gehalten

Fressen mit den Händen

Orang-Utans verwenden beim Fressen Finger und Zähne, z. B. um Früchte zu schälen. Zur Nahrung der Tiere gehören außerdem Honig, kleine Tiere, wie Eidechsen, Termiten, Jungvögel, und Eier.

hohe Stirn und großes Gehirn

Erinnerungsvermögen

Orang-Utans wissen genau, wo sich in ihrem Waldrevier Nahrungsbäume befinden und zu welcher Jahreszeit sie Früchte tragen.

Familie PONGIDAE	Art *Pan troglodytes*	Bestand stark gefährdet

Schimpanse

Der dem Menschen wohl am meisten ähnelnde Affe ist der Schimpanse. Er besitzt ein sehr ausdrucksstarkes Gesicht mit beweglichen hervorstehenden Lippen, mit denen er oft zu lächeln scheint – doch zeigt diese Gebärde tatsächlich Angst an. Die Tiere weisen viel längere Arme als Beine auf und bewegen sich auf ihren Fingerknöcheln und Fußsohlen vorwärts; mit ihrer daumenartigen großen Zehe, die den anderen Zehen gegenüberliegt, können sie beim Klettern gut greifen. Schimpansen leben in Gruppen von 15 bis 120 Tieren. Sie fressen hauptsächlich Pflanzen, jagen manchmal aber auch andere Affenarten, kleine Antilopen und Vögel. Die Affen verwenden nicht nur Werkzeuge, sondern stellen sie auch selbst her; so entrinden z. B. Zweige, um damit Termiten aus ihren Nestern zu angeln.

Größe: Körperlänge 63–90 cm, Gewicht 30–60 kg.

Verbreitung: West- und Zentralafrika. In Hoch- und Tieflandregenwäldern sowie in Savannen.

Anmerkung: Der Schimpanse – der dem Menschen in Bezug auf Intelligenz, Gefühlsregungen und Lernfähigkeit am nächsten steht – ist eine der gefährdetsten Tierarten der Erde.

Afrika

Nestbau

Die Schimpansenmutter baut fast jede Nacht ein neues Nest in den Bäumen, indem sie Zweige umbiegt und miteinander verwebt; so schützt sie ihre Jungen vor gefährlichen Raubtieren.

Gesichtshaut wird mit zunehmendem Alter dunkler

bewegliche Schultern

dünnes schwarzes Fell am Körper

Arme länger als Beine

Fortbewegung auf den Knöcheln

daumenartiger großer Zeh

Lebensweise gesellig	Tragzeit 8 Monate	Wurfgröße 1	Ernährung

Familie PONGIDAE	Art *Pan paniscus*	Bestand gefährdet

Bonobo

Die Bonobos sind etwas kleiner als die Schimpansen (s. gegenüberliegende S.) und besitzen einen schlankeren Körper sowie dünnere Arme und Beine. Die auch Zwergschimpansen genannten Primaten, die erst 1929 als eigene Art beschrieben wurden, weisen eine überwiegend dunkle Gesichtshaut und eine kahle Stelle über der Stirn auf. Sie sind manchmal in Gruppen von bis zu 80 Exemplaren zu finden, leben aber meist in kleineren Horden. Es gibt sexuelle Beziehungen zwischen Männchen, Weibchen und Jungtieren, die vermutlich Bindungen stärken und Spannungen abbauen sollen. Die in der Regel dominierenden Weibchen verlassen ihre Familie bei einsetzender Geschlechtsreife, während die Männchen oft weiterhin bei ihrer Horde bleiben.

Größe: Körperlänge 70–83 cm, Gewicht bis zu 39 kg.
Verbreitung: Zentralafrika. In tropischen Wäldern, an der Südgrenze ihres Verbreitungsgebietes auch in Savannen.
Anmerkung: Die Art ist stark durch die Jagd gefährdet, sodass der Bonobo bald der erste Menschenaffe sein könnte, der in der Wildnis ausstirbt.

Afrika

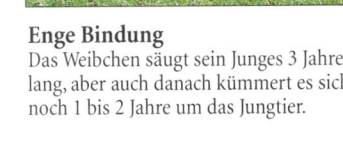

Enge Bindung

Das Weibchen säugt sein Junges 3 Jahre lang, aber auch danach kümmert es sich noch 1 bis 2 Jahre um das Jungtier.

kahle Stelle über der Stirn

schwarze Haut

schlanker Körper

lange dünne Gliedmaßen

Lebensweise gesellig	Tragzeit 8 Monate	Wurfgröße 1	Ernährung

Familie PONGIDAE	Art *Gorilla beringei*	Bestand stark gefährdet

Berggorilla

Die Gorillas – die größten Primaten – umfassen zwei Arten, den
Westgorilla (*G. gorilla*) und den Ostgorilla (*G. beringei*). Von
letzterem existieren zwei Unterarten: der Östliche Flachlandgorilla
(*G. beringei graueri*) und der Berggorilla (*G. beringei beringei*).
Berggorillas leben in einer Höhe von ca. 3000 m; sie sind vor allem
an ihrem sehr langen Fell zu erkennen, das sie vor der Kälte schützt.
Ältere Männchen besitzen häufig eine hell gefärbte Rückenpartie
und werden daher Silberrücken genannt. Der Berggorilla lebt in
einer Gruppe, die in einem Gebiet von 400 bis 800 Hektar umher-
streift; abgesehen von einem Kernbereich kann sich dieses Territorium jedoch mit dem anderer Gruppen überschneiden. Der domi-
nierende Silberrücken zeugt normalerweise alle Nachkommen der
Gruppe; die Aufmerksamkeit paarungsbereiter Weibchen versucht
er durch das Ausreißen von Pflanzen, symbolische Futtergaben,
lautes Heulen oder Trommeln auf seinem Brustkorb zu erringen.
Wird ein Männchen von einem Eindringling bedroht, beginnt es zu
heulen. Anschließend richtet es sich auf und schlägt sich mit den
Fäusten auf die Brust oder wirft mit Ästen um sich. Zeigt dies keine
Wirkung, stürzt es sich mit lautem Gebrüll auf den Gegner und
schlägt nach ihm.

Größe: Körperlänge 1,3–1,9 m, Gewicht 68–210 kg.
Verbreitung: Zentral- bis Ostafrika. In Hochlandregenwäldern,
Bambuswäldern und Sumpflandschaften.
Anmerkung: In Zoos ist meist der in Zentralafrika heimische
Westgorilla zu sehen. Auch er ist durch Wilderei und Rodungen
in seinem Bestand gefährdet.

Afrika

Sorgfältige Futterauswahl

Gorillas wählen ihr Futter sehr
sorgfältig aus. Zu ihrer Nahrung
gehören hauptsächlich Blätter und
Triebe von Bambuspflanzen; sie
fressen aber auch wilden Sellerie,
Nesseln, Disteln, Früchte, Wurzeln,
weiche Rinde und Pilze.

langes zotteliges,
schwarzes Fell

behaarte Augenwülste

Lebensweise gesellig	Tragzeit 8,5 Monate	Wurfgröße 1	Ernährung

Nestbau

Berggorillas bauen sich jeden Abend ein neues Nest. Ausgewachsene Männchen schlafen in der Regel auf dem Boden, während die Weibchen mit ihrem Nachwuchs die Nacht auch in Astgabeln verbringen. Ein trächtiges Weibchen baut manchmal mehrere Nester im Abstand weniger Meter, bis es sich sicher fühlt und das Junge zur Welt bringt. Das Neugeborene wird nie im Nest zurückgelassen, sondern hängt sich an das Fell der Mutter und begleitet sie überall hin.

Fetthöcker am Hinterkopf

Jungtier auf den Schultern der Mutter

sehr lange Arme

Faultiere, Ameisenbären, Gürteltiere

D iese drei Gruppen mit insgesamt 29 Arten wurden früher in der Ordnung Xenarthra (oder Edentata = Zahnarme) zusammengefasst. Heute werden sie in die beiden Ordnungen Cingulata (Gürteltiere) und Pilosa (Ameisenbären und Faultiere) eingeteilt.

Ein gemeinsames Kennzeichen dieser Tiere sind ihre einzigartigen verstärkten Gelenke (auch Xenarthrales genannt) am unteren Teil der Wirbelsäule, auch besitzen sie alle ein im Vergleich zu ihrer Körpergröße relativ kleines Gehirn.

Ansonsten unterscheiden sich die drei Gruppen in wesentlichen Merkmalen. Gürteltiere haben einen schützenden Panzer, graben ausgiebig und fressen neben kleinen Tieren gelegentlich Pflanzen. Ameisenbären sind durch eine röhrenförmige Schnauze und eine lange Zunge zum Auflecken von Ameisen und Termiten gekennzeichnet. Im Gegensatz zu anderen baumbewohnenden Säugetieren weisen Faultiere ein langes Fell und einen kleinen abgerundeten Kopf auf; sie ernähren sich vorwiegend von Blättern und Früchten.

Familie BRADYPODIDAE	Art *Choloepus didactylus*	Bestand unbestätigt

Zweizehenfaultier

Charakteristisch für dieses Faultier sind seine schlanken Gliedmaßen und die langsamen Bewegungen. An den Vorderextremitäten befinden sich zwei, an den Hinterbeinen drei Sichelkrallen. Das graubraune raue Fell, das z. T. mit Grünalgen bewachsen ist, bietet eine optimale Tarnung. Während seiner nächtlichen Aktivitäten bewegt sich das Tier so langsam durch das Kronendach der Bäume, dass es nur sehr schwer zu entdecken ist. Höchstens einmal pro Woche steigt es zum Kotabsetzen von den Bäumen herab. Dabei stellt es eine leichte Beute für Feinde, z. B. Jaguare, Ozelote oder große Adler, dar. Gelegentlich wird es auch von Menschen gejagt.

Größe: Körperlänge 46–86 cm, Gewicht 4–8,5 kg.
Verbreitung: Ostvenezuela, Südguiana bis Ecuador, Peru und Amazonasbecken Brasiliens. In ausgereiften Waldkulturen und Naturparks.
Anmerkung: Die Körpertemperatur dieser Faultiere gehört zu den niedrigsten unter den Säugetieren.

Südamerika

lange Vorderextremitäten mit zwei Sichelkrallen

drei Sichelkrallen an den Hinterbeinen

graubraunes raues Fell

Lebensweise solitär	Tragzeit 11 Monate	Wurfgröße 1	Ernährung 🌿🍎

Familie BRADYPODIDAE	Art *Bradypus torquatus*	Bestand gefährdet

Kragenfaultier

kleiner Kopf, kleine Augen und Ohren

dunklere Mähne

Unterstützt durch sein graubraunes, durch Algen grün angehauchtes Fell integriert sich dieses tag- und nachtaktive Faultier bemerkenswert gut in seinen Lebensraum, den Wald. Die langen Fellhaare sind mit Zecken, Käfern und Motten übersät und bilden eine Mähne um Kopf und Schultern. Ebenso wie das Zweizehenfaultier (s. gegenüberliegende S.) klettert auch diese Art nur selten von den Bäumen herunter. Am Boden zieht sich das Kragenfaultier auf seinen kräftigen Vorderbeinen vorwärts. Der Stoffwechsel ist langsam, die Körpertemperatur extrem niedrig. Die Hauptverteidigungsstrategie des Tieres ist seine Unauffälligkeit, bei einem Angriff wehrt es sich mit seinen äußerst kräftigen, krallenbesetzten Vorderpfoten.
Größe: Körperlänge 45–50 cm, Gewicht 3,5–4 kg.
Verbreitung: Brasilien (Bahia, Espirito Santo und Rio de Janeiro). In küstennahen, tropischen Regenwäldern.
Anmerkung: In einigen Gebieten bemühen sich Tierschützer, die Faultiere vor Baumrodungen einzufangen, um sie umzusiedeln.

herunterhängendes Fell

sehr kurzer Schwanz

Südamerika

Lebensweise solitär	Tragzeit 5 – 6 Monate	Wurfgröße 1	Ernährung

Familie MYRMECOPHAGIDAE	Art *Tamandua tetradactyla*	Bestand bedroht*

Tamandua

Südamerika

Diese Art weist ein hellgelbes Fell mit einer schwarzen „Weste" um den Rumpf auf. Sie besitzt einen kleinen spitz zulaufenden Kopf und einen nur wenig behaarten Wickelschwanz. Die sowohl baum- wie auch bodenbewohnenden Tiere benutzen ihre langen Krallen und kräftigen Gliedmaßen zum Aufbrechen verrotteter Holzstämme und Insektennester. Die Aktivitätsphasen dauern jeweils 8 Stunden, auch nachts.
Größe: Körperlänge 53–88 cm, Gewicht 3,5–8,5 kg.
Verbreitung: Südvenezuela bis Nordargentinien und Uruguay. In verschiedenen Lebensräumen, von Regenwäldern über Galeriewälder und Savannen bis hin zu Plantagen.

schwarze Flecken in der Körpermitte

langer Schwanz

nach unten gerichtete spitze Schnauze

Lebensweise solitär	Tragzeit 4 – 5 Monate	Wurfgröße 1	Ernährung

Familie MYRMECOPHAGIDAE	Art *Myrmecophaga tridactyla*	Bestand bedroht

Großer Ameisenbär

Diese Art besitzt eine lange röhrenförmige Schnauze, die sich zu der schmalen Gesichtspartie mit den winzigen Augen und Ohren hin verbreitert. Die Vorderbeine sind sehr groß, die Hinterbeine klein, der Schwanz ist groß und buschig. Das Tier bewegt sich auf seinen Knöcheln vorwärts; es bricht Ameisennester und Termitenhügel auf, um seine Beute mit seiner klebrigen, dornenbesetzten, bis zu 60 cm langen Zunge aufzulecken. Bei Angriffen durch Pumas und Jaguare stellt sich der Große Ameisenbär auf seine Hinterbeine, brüllt und schlägt mit seinen Krallen um sich. Durch Jagd und Zerstörung ihres Lebensraums ist die Art zunehmend bedroht.

Größe: Körperlänge 1–2 m, Gewicht 22–39 kg.
Verbreitung: Mittel- bis Südamerika.
In Graslandschaften und Wäldern.

Mittel- und
Südamerika

*riesiger, buschiger
brauner Schwanz*

*Junges auf dem Rücken
des Muttertiers sitzend*

*heller Streifen an
den Flanken*

Lebensweise solitär	Tragzeit 190 Tage	Wurfgröße 1	Ernährung 🐜

Familie MYRMECOPHAGIDAE	Art *Cyclopes didactylus*	Bestand unbestätigt

Zwergameisenbär

Dieser Ameisenbär besitzt ein langes dichtes und seidiges Fell, das in der Regel hellgrau gefärbt ist und silbrig schimmert; häufig verläuft ein brauner Streifen von der Schulter bis zum Rumpf. Die gut an das Leben auf Bäumen angepassten Tiere halten sich mit den Füßen, den hakenähnlichen Krallen und dem langen, dicht behaarten Schwanz an den Ästen fest. Auf der Suche nach Nahrung brechen sie von Baumameisen bewohnte hohle Stämme auf und lecken die Insekten mit ihrer langen, klebrigen Zunge auf. Die Ruhephasen verbringen sie zusammengerollt an den Ästen hängend. Bisher ist nicht bekannt, ob diese Art sich ein Nest baut. Das Territorium eines Männchens scheint die mehrerer Weibchen zu beinhalten.

Größe: Körperlänge 16–21 cm,
Gewicht 150–275 g.
Verbreitung: Mexiko und Mittel- bis nördliches Südamerika. In Tieflandregenwäldern.
Anmerkung: Der Bestand der Art ist durch die zunehmende Abholzung der Wälder gefährdet.

*Unterseite der
Schwanzspitze unbehaart*

*große Krallen an
den Vorderfüßen*

*lange Glied-
maßen*

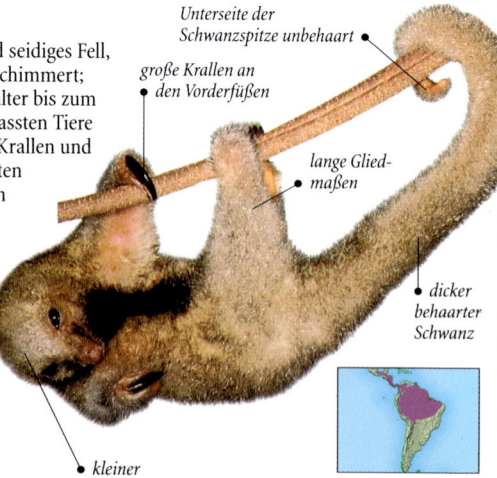

*dicker
behaarter
Schwanz*

*kleiner
spitzer Kopf*

Nord-, Mittel- und
Südamerika

Lebensweise solitär	Tragzeit unbekannt	Wurfgröße 1–2	Ernährung 🐜

| Familie DASYPODIDAE | Art *Chaetophractus villosus* | Bestand unbestätigt |

Braunzottiges Gürteltier

Der Panzer dieser Art weist borstige Haare auf und besteht aus 18 oder mehr knöchernen, hautbedeckten Bändern. Sieben bis acht dieser Bänder sind beweglich und ermöglichen dem Tier, sich zu einer Kugel zusammenzurollen, um seine verletzbare, haarige Unterseite zu schützen. Bei Gefahr knurrt die solitär lebende Art, flüchtet oder gräbt sich mit ihren scharfen Krallen ein. Im Sommer sind die Tiere meist nachtaktiv und ernähren sich von kleinen Beutetieren, wie Insekten, Nagetiere, Reptilien und Aas. Im Winter sind sie eher tagaktiv und nehmen größere Mengen pflanzlicher Nahrung zu sich. Das Gürteltier bewohnt trockene Lebensräume; in seinem Verbreitungsgebiet wird es von den Menschen gejagt.
Größe: Körperlänge 22–40 cm, Gewicht 1–3 kg.
Verbreitung: Südliches Südamerika. In sandigen Halbwüsten.

Südamerika

große spitze Ohren

stumpfer Kopf mit spitzer Schnauze

borstiges Haar

| Lebensweise solitär | Tragzeit 60–75 Tage | Wurfgröße 1–2 | Ernährung |

| Familie DASYPODIDAE | Art *Priodontes maximus* | Bestand gefährdet |

Riesengürteltier

Als die größte aller Gürteltiere besitzt diese Art 11 bis 13 eingeschränkt bewegliche Scharnierplatten am Körper sowie drei bis vier Platten am Hals. Der lange spitz zulaufende Schwanz ist ebenfalls gepanzert. Die Körperfärbung ist dunkelbraun, mit einem gelblich weißen Band am unteren Rand der Knochenplatten; Kopf und Schwanz sind gelblich weiß gefärbt. Die ungewöhnlich lange dritte Vorderkralle wird zum Aufreißen des Bodens auf der Suche nach Beute, z. B. Termiten, Ameisen, Würmer und Schlangen, benutzt. Die Vorderkrallen dienen außerdem zum Graben eines Unterschlupfs während des Tages. Die Tiere sind weder gesellig noch territorial; auf der Suche nach Nahrung ziehen sie alle 2 bis 3 Wochen in neue Gebiete.
Größe: Körperlänge 75–100 cm, Gewicht 30 kg.
Verbreitung: Nördliches und mittleres Südamerika. In einer Vielzahl von Lebensräumen, von Graslandschaften bis hin zu tropischen Regenwäldern.

vorstehende Ohren

Südamerika

harter, schwerer Panzer

| Lebensweise solitär | Tragzeit 4 Monate | Wurfgröße 1–2 | Ernährung |

| Familie DASYPODIDAE | Art *Dasypus novemcinctus* | Bestand stellenweise häufig |

Neunbinden-Gürteltier

Charakteristisch für diese Gürteltierart sind die acht bis zehn Bänder in der Mitte des Rückenpanzers. Ebenso wie andere Mitglieder der Familie gräbt dieses häufig zu beobachtende Tier ein ausgedehntes Tunnelsystem in den Boden. Aus einem befruchteten Ei entwickeln sich zahlreiche Jungtiere des gleichen Geschlechts.
Größe: Körperlänge 35–57 cm, Gewicht 2,5–6,5 kg.
Verbreitung: Mexiko sowie Mittel- und Südamerika. In Graslandschaften und Wäldern.

acht bis zehn bewegliche Bänder in der Mitte des Rückenpanzers

grauer bis gelber Rückenpanzer

Nord-, Mittel- und Südamerika

| Lebensweise solitär | Tragzeit 8–9 Monate | Wurfgröße 4 | Ernährung |

| Familie DASYPODIDAE | Art *Zaedyus pichiy* | Bestand häufig |

Zwerggürteltier

Diese kleine Gürteltierart ist die einzige Vertreterin ihrer Gattung. Bei Gefahr hält sich das Tier mit seinen scharfen Krallen am Boden fest und verlässt sich auf seine schützende knöcherne Schale, oder es drückt sich in eine Bodenmulde, wobei der Panzer nach außen zeigt.
Größe: Körperlänge 26–34cm, Gewicht 1–2 kg.
Verbreitung: Argentinien und Chile. In Graslandschaften.

abgerundeter, niedriger Körper

kurzer spitzer Kopf und kleine spitze Ohren

langer nackter Schwanz

Südamerika

| Lebensweise solitär | Tragzeit 60 Tage | Wurfgröße 1–3 | Ernährung |

| Familie DASYPODIDAE | Art *Cabassous centralis* | Bestand unbestätigt |

Cabassous centralis

Diese großohrige Gürteltierart kommt in einer Vielzahl von Lebensräumen vor. Sie besitzt an jedem Vorderfuß eine vergrößerte Mittelkralle, die zum Graben dient. Die sich nur langsam bewegenden Tiere reißen Ameisen- und Termitenbaue mit ihren Krallen auf und lecken die Insekten mit ihrer langen klebrigen Zunge auf. Bei Gefahr vergraben sie sich im Boden und präsentieren den Panzer.
Größe: Körperlänge 30–40 cm, Gewicht 2–3,5 kg.
Verbreitung: Mittleres und nördliches Südamerika. In Graslandschaften und Wäldern.

breiter Kopf mit stumpfer Nase

dünner Schwanz

Mittel- und Südamerika

| Lebensweise solitär | Tragzeit unbekannt | Wurfgröße 1 | Ernährung |

Schuppentiere

I n Lebensweise und Körperbau ähneln die Schuppentiere den Gürteltieren, Ameisenbären und Faultieren; doch bestehen zwischen ihnen keinerlei verwandtschaftliche Beziehungen. Schuppentiere werden in eine separate Ordnung gestellt. Die Gemeinsamkeiten beruhen auf der Tatsache, dass im Laufe der Evolution eine ähnliche Adaption an den Lebensraum stattgefunden hat.

Es werden sieben Schuppentierarten unterschieden, die alle in Afrika und Südasien vorkommen. Einige leben vorwiegend auf Bäumen, andere auf dem Boden. Keines dieser Tiere besitzt Zähne. Die Nahrung, die vorwiegend aus Ameisen und Termiten besteht, wird mit der extrem langen und beweglichen Zunge der Tiere aufgesammelt, im Ganzen geschluckt und im Magen zermalmt.

Die auffälligsten Merkmale der Schuppentiere sind ihre scharfkantigen, verhornten Schuppen, die den größten nach außen weisenden Teil des Körpers sowie den spitz zulaufenden Kopf und den Schwanz bedecken. Die Schuppen dienen dem Schutz und der Tarnung. Sie können mithilfe von Muskeln bewegt werden und wachsen in regelmäßigen Abständen nach.

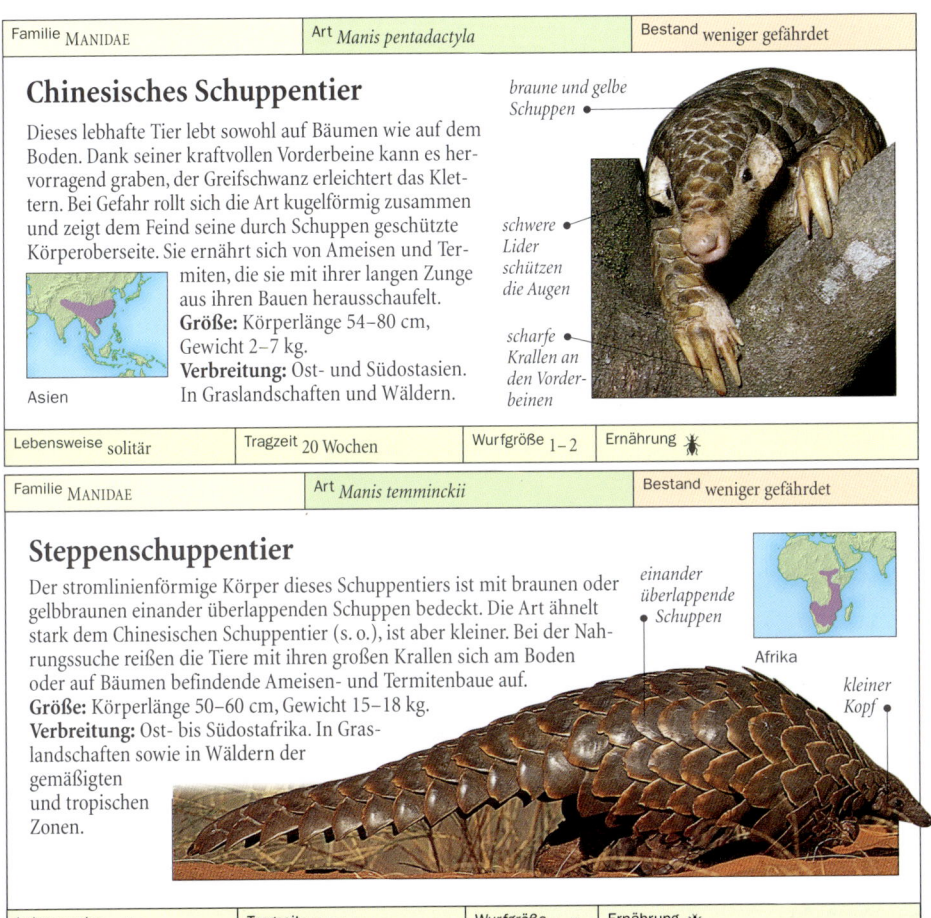

Familie MANIDAE	Art *Manis pentadactyla*	Bestand weniger gefährdet

Chinesisches Schuppentier

braune und gelbe Schuppen ●

Dieses lebhafte Tier lebt sowohl auf Bäumen wie auf dem Boden. Dank seiner kraftvollen Vorderbeine kann es hervorragend graben, der Greifschwanz erleichtert das Klettern. Bei Gefahr rollt sich die Art kugelförmig zusammen und zeigt dem Feind seine durch Schuppen geschützte Körperoberseite. Sie ernährt sich von Ameisen und Termiten, die sie mit ihrer langen Zunge aus ihren Bauen herausschaufelt.
Größe: Körperlänge 54–80 cm, Gewicht 2–7 kg.
Verbreitung: Ost- und Südostasien. In Graslandschaften und Wäldern.

Asien

schwere Lider schützen die Augen

scharfe Krallen an den Vorderbeinen

Lebensweise solitär	Tragzeit 20 Wochen	Wurfgröße 1–2	Ernährung 🐜

Familie MANIDAE	Art *Manis temminckii*	Bestand weniger gefährdet

Steppenschuppentier

einander überlappende ● Schuppen

Afrika

Der stromlinienförmige Körper dieses Schuppentiers ist mit braunen oder gelbbraunen einander überlappenden Schuppen bedeckt. Die Art ähnelt stark dem Chinesischen Schuppentier (s. o.), ist aber kleiner. Bei der Nahrungssuche reißen die Tiere mit ihren großen Krallen sich am Boden oder auf Bäumen befindende Ameisen- und Termitenbaue auf.
Größe: Körperlänge 50–60 cm, Gewicht 15–18 kg.
Verbreitung: Ost- bis Südostafrika. In Graslandschaften sowie in Wäldern der gemäßigten und tropischen Zonen.

kleiner Kopf ●

Lebensweise solitär	Tragzeit 120 Tage	Wurfgröße 1–2	Ernährung 🐜

Kaninchen, Hasen und Pfeifhasen

D ie Ordnung Lagomorpha (= „hüpfende Form") umfasst Kaninchen, Hasen und Pfeifhasen. Da die Lagomorphen Beute zahlreicher Fressfeinde sind, vermehren sie sich schnell, um ihre Anzahl stabil zu halten. Dank ihrer extrem geschärften Sinne können sie Gefahr frühzeitig entdecken; die langen Ohren nehmen das leiseste Geräusch wahr und die hoch an den Kopfseiten sitzenden Augen ermöglichen eine gute Rundumsicht. Die kraftvollen Beine, besonders die verlängerten Hinterbeine, dienen der schnellen Flucht.

Als nagende Säugetiere werden die Lagomorphen häufig fälschlicherweise zu den Nagetieren gerechnet. Von diesen unterscheiden sie sich durch den zweiten Satz an Schneidezähnen im Oberkiefer, die leichtere Schädelstruktur, die schlitzähnlichen Nasenlöcher sowie durch den abgerundeten Stummelschwanz. Die eher mausähnlichen Pfeifhasen besitzen vier gleich lange Gliedmaßen und keinen sichtbaren Schwanz. Die 80 verschiedenen Arten der Lagomorphen kommen meist in offenen Lebensräumen vor, von der Tundra bis hin zur Wüste.

Familie OCHOTONIDAE	Art *Ochotona princeps*	Bestand bedroht

Alaska-Pfeifhase

Nordamerika

Der eiförmige, schwanzlose Körper und die kurzen Beine der Art sind typisch für alle Vertreter dieser Familie. Ihr weiches, dichtes Fell ist auf der Rückenpartie gräulich bis braun, häufig mit einem cremeweißen oder ockerfarbenen Schimmer; die Flanken zeigen eine blassgelbe Färbung. Die Fußsohlen sind dicht behaart. Normalerweise sind die Tiere in der Nähe von Schuttkegeln zu finden, d.h. in Gebieten mit angehäuften Felsenhügeln, die von alpiner Wiese umgeben sind. Jeder Hügel wird von einem solitär lebenden Pfeifhasen besetzt. Über ein größeres Gebiet verteilt liegen abwechselnd männlich und weiblich besetzte Territorien, die mit kurzen Pfiffen verteidigt werden. Der gleiche kurze Pfeifton dient, wenn er wiederholt ausgestoßen wird, als Warnsignal vor Feinden. Das Männchen gibt während der Paarungszeit einen langgezogenen, gesangähnlichen Ton von sich. Der Alaska-Pfeifhase hält keinen Winterschlaf, stattdessen legt er sich im Spätsommer in den unterirdischen Kammern seines Baus einen Haufen aus Gras und anderen Pflanzen als Nahrungsvorrat an. Die von ihm gewählten Pflanzen weisen häufig einen hohen Proteingehalt auf.

Größe: Körperlänge16–22 cm, Gewicht 121–176 g.

Verbreitung: Südwestkanada und Westen der USA. In bergigen Regionen, meist auf alpinen Wiesen.

• *kleine Augen*

• *große runde, behaarte Ohren*

• *graue bis braune Oberseite*

• *blassgelbe Unterseite*

Lebensweise solitär	Tragzeit 1 Monat	Wurfgröße 3	Ernährung

| Familie OCHOTONIDAE | Art *Ochotona curzoniae* | Bestand häufig |

Schwarzlippenpfeifhase

Diese Art zeigt eine hellbraune Ober- und eine gelblich weiße
Unterseite; Nase und Lippen sind auffällig schwarz gefärbt.
Die Tiere werden selten älter als ein
Jahr; sie sind sehr gesellig und leben
in größeren Familienverbänden, die
jeweils ein gemeinsames Tunnelsystem
besetzen. In einigen Gegenden kommen
diese Pfeifhasen in großer Anzahl vor
und werden als Plage betrachtet.
Größe: Körperlänge 14–18,5 cm,
Gewicht 124–171 g.
Verbreitung: Himalaya, Nepal, Tibet
und Westchina. In hoch gelegenen
Graslandschaften.
Anmerkung: Diese Pfeifhasen erhalten
die Artenvielfalt des tibetischen
Hochlands, somit
bilden sie eine
Schlüsselart.

*dunkle Ohren mit
weißen Rändern*

*schwarze
Nase*

Asien

*hellbraunes
Fell*

| Lebensweise gesellig | Tragzeit 3 Wochen | Wurfgröße 2–8 | Ernährung |

| Familie LEPORIDAE | Art *Pentalagus furnessi* | Bestand gefährdet |

Riu-Kiu-Kaninchen

Ein einheitlich schwarz gefärbtes Fell, kleine Augen und Ohren sowie eine
spitze Schnauze charakterisieren diese seltene Art, die nur auf zwei Inseln
Japans zu finden ist. Die Tiere sind nachtaktiv und ernähren sich von
Pflanzen, z. B. von Pampasgrashalmen, Süßkartof-
feln, Bambussprossen und Rinde. Die langen
Krallen an den Pfoten dienen zum
Graben von Nestlöchern. Dieses
Kaninchen kommuniziert mit
seinen Artgenossen, indem
es klickende Laute von
sich gibt. Bisher ist
wenig über Sozialver-
halten und Jugenauf-
zucht bekannt.
Größe: Körperlänge 42–51 cm,
Gewicht 2–5 kg.
Verbreitung: Ausschließlich auf
den Amami- und Tokunoinseln
Japans. In tropischen Wäldern.
Anmerkung: Die Art ist durch die
Zerstörung ihres Lebensraums
sowie durch Raubtiere gefährdet.

*schwarzes
Fell*

Japan

kleine Ohren

| Lebensweise variabel | Tragzeit unbekannt | Wurfgröße 2–3 | Ernährung |

| Familie LEPORIDAE | Art *Brachylagus aquaticus* | Bestand stellenweise häufig |

Brachylagus aquaticus

zimtfarbene Ringe
um die Augen

kurzes glattes
Fell

Dieser fähige Schwimmer lebt reviertreu in versumpften
Landstrecken in Wassernähe. Bei Gefahr flüchtet er ins
Wasser. Die Tiere ernähren sich von Seggen, Binsen und
Wasserpflanzen. Sie sind sowohl tag- wie auch nachtaktiv
und bauen ihre aus Gras bestehenden und mit Fell ausge-
polsterten Nester auf dem Boden. Das Fell ist schwarz
gefärbt, der After ist weiß.
Größe: Körperlänge 45–55 cm,
Gewicht 1,5–2,5 kg.
Verbreitung: Südosten der USA.
In Sumpf- und Marschlandschaften
sowie in Wäldern.

Nordamerika

| Lebensweise gesellig | Tragzeit 37 Tage | Wurfgröße 1–6 | Ernährung |

| Familie LEPORIDAE | Art *Brachylagus floridanus* | Bestand häufig |

Florida-Waldkaninchen

lange Ohren

brauner
oder grauer
Rücken

Dieses Kaninchen ist die am weitesten verbreitete Art ihrer Gattung.
Es besiedelt die verschiedensten Lebensräume. Das lange und dichte
Fell ist in der Regel braun oder grau gefärbt; die Nackenpartie ist
rostfarben, der weiße Schwanz zeigt eine rötlich braune Spitze. Im
Sommer fressen die Tiere vom späten Morgen bis in die Abend-
stunden saftige grüne Vegetation, im Winter Rinde und Äste.
Größe: Körperlänge 38–49 cm,
Gewicht 1–1,5 kg.
Verbreitung: Südostkanada bis Mexiko,
Mittelamerika, nördliches Südamerika
und Europa. In Graslandschaften,
Wüsten und Wäldern.

weiße Füße

Nord-, Mittel- und
Südamerika

| Lebensweise gesellig | Tragzeit 26–30 Tage | Wurfgröße 3–7 | Ernährung |

| Familie LEPORIDAE | Art *Brachylagus idahoensis* | Bestand weniger gefährdet |

Brachylagus idahoensis

kurze Ohren
mit Fell an der
Innenkante

langes seidiges
Fell

Das Fell dieses Kaninchens zeigt im Winter eine graue, im Sommer eine braune
Färbung; Nacken, Brust, Beine und Schwanz sind zimtfarben. Die Tiere graben
ein ausgedehntes Tunnelsystem mit vier bis fünf weit auseinander liegenden
Eingängen. Sie ernähren sich von großen Beifußbüschen und anderen verwandten Pflanzenarten, die im Verbreitungsgebiet der Art häufig vorkommen. Im Sommer macht sich das Kaninchen meist im Morgengrauen
und in der Abenddämmerung auf Futtersuche; im Winter kann es den
ganzen Tag über aktiv sein.
Größe: Körperlänge 22–29 cm, Gewicht 350–450 g.
Verbreitung: USA (Wüste des Großen Beckens).
In dicht mit Beifuß bewachsenen Gebieten.
Anmerkung: Bei dieser Art handelt es sich um das
kleinste Kaninchen der Welt.

Nordamerika

| Lebensweise solitär | Tragzeit 26–28 Tage | Wurfgröße 4–8 | Ernährung |

Familie LEPORIDAE	Art *Oryctolagus cuniculus*	Bestand häufig

Europäisches Wildkaninchen

Diese Art gilt als der Vorfahre aller Hauskaninchen-Züchtungen und wurde in viele Länder der Welt eingeführt. Sie besitzt lange Hinterläufe und stark behaarte Füße. Die Färbung des Fells reicht von schwarz bis hellbraun mit dunklem Kragen und blassgelbem Nacken; die Bauchpartie ist häufig weiß, die Ohren zeigen eine schwarze Spitze. Die in der Regel nachtaktiven Kaninchen stellen die geselligste Art dieser Ordnung dar und leben gemäß einer strikten Rangordnung. Sie graben komplizierte, unterirdische Tunnelsysteme oder Labyrinthe mit großen Aufzuchtshöhlen. Mütter eines niedrigeren Ranges graben kleinere Höhlen außerhalb des Hauptlabyrinths. Von den Rammlern ist bekannt, dass sie – unabhängig von der jeweiligen Vaterschaft – die Nachkommen vor den Weibchen verteidigen, da diese häufig versuchen, fremde Jungtiere zu töten.

Größe: Körperlänge 34–50 cm, Gewicht 1–2,5 kg.

Verbreitung: Ursprünglich nur in Südwesteuropa und wahrscheinlich auch in Nordwestafrika beheimatet, wurde diese Art in Südamerika, Australien, Neuseeland und anderen Teilen Europas eingeführt. In Graslandschaften.

Anmerkung: Wo immer diese sich schnell vermehrende Art eingeführt wurde, veränderte sie das biologische Gleichgewicht drastisch, da sie anderen Arten den Lebensraum nahm.

Europa, Afrika, Australien, Südamerika

Niedliche Haustiere

Im Mittelalter zogen französische Mönche Wildkaninchen auf, um sie zu schlachten; dabei kreuzten sie Tiere mit unterschiedlichen Merkmalen. Heutzutage sind Kaninchen beliebte Haustiere, die in unterschiedlichen Größen und mit verschiedenen Körper- und Ohrenformen, Fellarten und Farbmustern vorkommen. Das oben abgebildete Kaninchen ist ein Zweifarbiges Französisches Lop.

lange Ohren mit schwarzer Spitze

blassgelb zwischen den Schultern

schwarzbraunes Fell

behaarte Füße

Lebensweise gesellig	Tragzeit 28–33 Tage	Wurfgröße 3–12	Ernährung

| Familie LEPORIDAE | Art *Romerolagus diazi* | Bestand gefährdet |

Mexikanisches Vulkankaninchen

Diese Art ist in der Umgebung von Mexiko City in
Kiefernwäldern heimisch, die dicht mit Grasbüscheln
(mex.: „zacaton") bewachsen sind. Sie lebt in Gruppen von bis zu fünf Tieren und ist vor allem in den
frühen Morgen- und Abendstunden aktiv. Auffällig
sind die kleinen runden Ohren und der kleine
äußerlich nicht sichtbare Schwanz. Das kurze dichte
Fell weist am Rücken und an den Flanken eine
gelbschwarze Färbung auf; Spitze und Basis der
Deckhaare sind an der Unterseite schwarz.
Größe: Körperlänge 23–32 cm, Gewicht 375–600 g.
Verbreitung: Um Mexiko City. Auf bewaldeten, mit
Grasbüscheln bewachsenen vulkanischen Hängen.

kleine runde
Ohren

kurzes
dichtes
Fell

Anmerkung: Die Art ist durch
den zunehmenden Verlust ihres
Lebensraumes und die saisonale
Verbrennung des Grases bedroht.

Nordamerika

| Lebensweise gesellig | Tragzeit 38 – 40 Tage | Wurfgröße 2 | Ernährung ⬇ |

| Familie LEPORIDAE | Art *Lepus europaeus* | Bestand häufig |

Feldhase

Dieser langbeinige, großohrige Hase besitzt einen
auffälligen an der Oberseite schwarz und an der Unterseite weiß
gefärbten Schwanz. Auf der Rückseite der Ohrenspitzen ist jeweils
ein dreieckiger Fleck zu sehen. Brust und Flanken sind goldbraun
oder rostfarben, der Rücken zeigt ein dunkleres Braun. Der solitär
lebende Hase verbringt seinen Tag in einer Mulde auf offenem
Feld oder versteckt im dichten Gras oder Gebüsch. Während
der Paarungszeit ist häufig das so genannte verrückte
Märzhasen-Verhalten zu bobachten. Dabei tragen
die Rammler heftige Rivalenkämpfe aus, in
deren Verlauf sie mit den Vorderläufen
auf den Gegner einschlagen und ihn
mit Harn bespritzen.
Größe: Körperlänge 48–70 cm,
Gewicht 2,5–7 kg.
Verbreitung: Europa und Asien, eingeführt nach Ostkanada, Nordostamerika,
Südamerika, Südostaustralien und Neuseeland. In offenem Gelände, Feldern,
Steppen und bewaldeten Gebieten.

schwarze Dreiecke
auf den Ohrenspitzen

langes gelocktes
Haar auf dem
Rücken

lange Beine

Anmerkung: Obwohl der
Feldhase in viele Länder
eingeführt wurde, ist ein
allgemeiner Rückgang des
Bestands zu verzeichnen.

Eurasien

auffälliger zwei-
farbiger Schwanz

lange Hinterpfoten

| Lebensweise solitär | Tragzeit 6 Wochen | Wurfgröße 1–10 | Ernährung 🌿 ⬇ 🌾 |

Familie LEPORIDAE	Art *Lepus arcticus*	Bestand häufig

Arktischer Hase

Mit ihrem gedrungenen Körper und dem langen Fell ist diese Art besonders gut an die extremen Bedingungen der arktischen Tundra angepasst. Während einige Unterarten das gesamte Jahr hindurch ihr weißes Fell behalten, nehmen andere im Sommer eine graue Farbe an. Die speziellen Vorderzähne des Arktischen Hasen erlauben ein problemloses Beknabbern von schneebedeckten Pflanzen, wie Moosen, Flechten, Knospen, Beeren, Blättern und Rinden niedriger Vegetation. Um unter der Schneedecke wachsende Pflanzen freizulegen, stampft das Tier mit seinen Hinterläufen auf den Boden. Im Gegensatz zu anderen Hasen frisst diese Art auch das Fleisch aus den Fallen der Jäger. Außer in der Paarungszeit lebt sie in Gruppen von bis zu 300 Tieren und zeigt dabei ein Herdenverhalten, z. B. kann es vorkommen, dass die gesamte Gruppe während des Laufens plötzlich die Richtung ändert. Auf der Flucht vor Feinden erreichen die Tiere eine Geschwindigkeit von bis zu 64 km/h.

Größe: Körperlänge 43–66 cm, Gewicht 3–7 kg.

Verbreitung: Nordkanada (Ellesmere Island, Northwest Territories, Neufundland) und Grönland. An Berghängen und auf felsigen Plateaus.

Arktis

Weißes Winterkleid
Das Fell des Arktischen Hasen ist im Winter vollständig weiß und dient der Tarnung im Schnee; eine Ausnahme bilden nur die schwarzen Spitzen der Ohren.

auf der Vorderseite schwarze, auf der Rückseite weiße Ohren

lange Barthaare

graues Fell im Sommer

dickes, pelziges Fell

große breite Füße

Lebensweise variabel	Tragzeit unbekannt	Wurfgröße 1–8	Ernährung

| Familie LEPORIDAE | Art *Lepus timidus* | Bestand stellenweise häufig |

Schneehase

Die auch unter dem Namen Blauer Hase bekannte Art ist kleiner als der verwandte Feldhase (s. S. 140). Sie besitzt lange Ohren mit schwarzen Spitzen und große pelzige Füße. Der Fellwechsel findet im Herbst und im Frühjahr statt; das Winterfell ist vollständig weiß, das Sommerfell braun gefärbt. Der Schneehase ernährt sich bevorzugt von Gräsern, frisst aber auch holzige Pflanzen, wie Heide, Stechginster und Wacholder. Im Winter schaufelt das Tier den Schnee beiseite, um die Vegetation freizulegen. **Größe:** Körperlänge 43–61 cm, Gewicht 2–3,5 kg. **Verbreitung:** Europa und Asien (arktische Regionen). In Nadelwäldern, der Tundra und in den Bergen. **Anmerkung:** Diese Art wird mit

Ohren an der Spitze schwarz

lange Ohren

braunes Sommerfell

dem Arktischen Hasen zusammengefasst, der in Kanada und der USA verbreitet ist.

Eurasien

| Lebensweise solitär | Tragzeit 50 Tage | Wurfgröße 1–3 | Ernährung |

| Familie LEPORIDAE | Art *Lepus californicus* | Bestand häufig |

Kalifornischer Eselhase

Diese Art besitzt ein gräulich braunes bis sandfarbenes Fell, lange Beine und einen schwarzen Schwanz, von dem aus ein schwarzer Streifen bis zum hinteren Körperbereich verläuft. Dank der außergewöhnlich großen, bis zu 15 cm langen Ohren kann der Hase in heißen und trockenen Lebensräumen überschüssige Körperwärme nach außen ableiten. Er ist in der Lage, selbst leiseste Geräusche von Feinden wahrzunehmen. Die Tiere sind in den verschiedensten Vegetationen zu finden, z. B. in mit Beifuß, Mesquitebaum, Wiesenknöterich und Wacholder bewachsenen Gebieten. Sie bevorzugen saftige Gräser und Kräuter; im Winter können sie überleben, indem sie an Ästen knabbern. Bei Gefahr erstarrt der Hase oder liegt bewegungslos, während er den Kopf an den Boden presst. Er gräbt eine flache Mulde oder baut ein Nest im Schutz eines Busches, wo er die meiste Zeit verbringt. Dieses Tier zeigt ein komplexes Paarungsverhalten, das lange Verfolgungsläufe, Sprünge mit dem Partner und Kämpfe zwischen Männchen und Weibchen beinhaltet. **Größe:** Körperlänge 47–63 cm, Gewicht 1,5–3,5 kg. **Verbreitung:** Westen der USA und Nordmexiko. In trockenen Graslandschaften und Wüsten. **Anmerkung:** Dies ist einer der schnellsten Hasen; er erreicht Geschwindigkeiten von bis zu 56 km/h.

große Ohren mit schwarzen Spitzen

schwarzer hinterer Körperbereich

Nordamerika

kräftige lange Füße

| Lebensweise solitär | Tragzeit 41–47 Tage | Wurfgröße 1–6 | Ernährung |

Nagetiere

Mindestens zwei von fünf Säugetierarten gehören zur Ordnung der Nagetiere (Rodentia). Typische Vertreter sind Mäuse und Ratten, die außer in der Antarktis auf jedem Kontinent und in beinahe jedem Lebensraum zu finden sind. Trotz der Unterschiede in ihrer Lebensweise zeigen die meisten Nagetiere – von baumbewohnenden Eichhörnchen über halb aquatisch lebende Biber und Wasserschweine, im Winter unter der Schneedecke versteckte Lemminge und Springmäuse bis hin zu grabenden Blindmäusen – gemeinsame Merkmale. Die Tiere sind relativ klein, weisen kompakte Körper auf und bewegen sich auf ihren vier Gliedmaßen fort. Sie besitzen bekrallte Füße, einen langen Schwanz und kräftige Zähne und Kiefer, die gut für das Nagen geeignet sind. Die langen und tief verwurzelten vier Schneidezähne wachsen kontinuierlich. Geruchs- und Gehörsinn sind außergewöhnlich gut ausgebildet; empfindliche Barthaare erlauben eine gute Orientierung.

Einige wenige Arten, z. B. das Waldmurmeltier, leben solitär. Die meisten Nagetiere sind jedoch gesellig; einige, wie Lemminge, Ratten, Mäuse und Präriehunde, bilden große offene Gemeinschaften. Viele kleine Nagetiere weisen kurze Fortpflanzungszyklen auf – einige Feldmäuse werfen mehr als zehn Mal pro Jahr. Diese Arterhaltungsstrategie wirkt der Jagd durch Fressfeinde und Menschen entgegen.

Familie APLODONTIDAE	Art *Aplodontia rufa*	Bestand weniger gefährdet

Stummelschwanzhörnchen

Dieses Tier besitzt ein langhaariges Fell, das auf der Oberseite schwarz bis rotbraun und auf der Unterseite gelbbraun gefärbt ist. Der Kopf ist abgeflacht, unter jedem Ohr ist ein weißer Fleck zu erkennen; der Schwanz ist recht kurz. Das nachtaktive Nagetier gräbt Nester und weit reichende Tunnelsysteme unter gefallenen Bäumen; die Eingänge führen direkt zu einer Nahrungsquelle, wie z. B. zu Rinde, Ästen, Trieben und Sukkulenten; so legt das Tier auf der Suche nach Futter nie längere Strecken zurück. Es bringt die Nahrung ins Nest, wo sie gefressen oder gelagert wird. Durch das Benagen werden jedoch häufig junge Bäume, wie Tannen und Fichten, in großer Anzahl zerstört. Stummelschwanzhörnchen sind gute Kletterer und können die Bäume bis zu einer Höhe von 7 m erklimmen. Obwohl die Tiere auch in bergigen Regionen zu finden sind, bevorzugen sie tief liegende Erhebungen. Gejagt werden sie von Stinktieren, Wieseln, Füchsen, Kojoten und Uhus.

Größe: Körperlänge 30–46 cm, Schwanzlänge 2–4 cm.
Verbreitung: Südwestkanada (Britisch-Kolumbien) bis USA (Kalifornien). In den Bergen und entlang der Küste.
Anmerkung: Das Tier profitiert von Baumrodungen, da es seinen Unterschlupf unter gefallenen Bäumen baut.

Nordamerika

lange • Fellhaare

abgeflachter • breiter Kopf

Lebensweise solitär	Tragzeit 28–30 Tage	Wurfgröße 2–6	Ernährung 🌿 🐾

Familie SCIURIDAE	Art *Marmota monax*	Bestand häufig

Waldmurmeltier

kleine Ohren

weißer Bereich rund um die Nase

kräftiger Körperbau

Diese Art ist eine der größten und kräftigsten ihrer Gattung. Sie besitzt einen untersetzten Körper, kurze Beine und einen buschigen Schwanz. Das braune Fell ist z. T. grau meliert oder weist weiße Spitzen auf. Der fähige Kletterer und Schwimmer frisst in der Regel nachmittags; die Nahrung besteht aus Gras, Klee, Samen, Früchten und kleinen Tieren, z. B. Schnecken und Grashüpfern. Gegenüber Artgenossen zeigen die Tiere häufig ein aggressives Verhalten, vor allem wenn sie ihre Höhlen verteidigen und wenn die Männchen während der Paarungszeit um die Vorherrschaft kämpfen. Bei Gefahr richtet sich das Murmeltier auf, springt, versteift den Schwanz und klappert mit den Zähnen. Im Herbst gräbt es sich für den Winterschlaf eine tiefe Höhle.
Größe: Körperlänge 32–52 cm, Schwanzlänge 7,5–11,5 cm.
Verbreitung: Kanada, Alaska und Osten der USA. In bewaldeten

Nordamerika

Gebieten und Feldern.
Anmerkung: Der 2. Februar wird in Nordamerika als der Tag des Murmeltiers gefeiert. Wenn das Tier an diesem Tag aus seinem Winterschlaf erwacht und aus der Höhle herausschaut, wird es ein schöner Sommer.

Lebensweise variabel	Tragzeit 31–32 Tage	Wurfgröße 1–8	Ernährung

Familie SCIURIDAE	Art *Marmota flaviventris*	Bestand stellenweise häufig

Gelbbäuchiges Murmeltier

kurze Schnauze

kleine Ohren

gelbbraunes oder goldbraunes Fell mit weißen Spitzen

gedrungener Körper

langer Schwanz

Diese Art besitzt einen gedrungenen Körper, einen breiten Kopf und starke Krallen. Die Ohren sind klein und behaart, der Rücken und die Flanken sind mit weichem Wollhaar bedeckt. Bei vielen Tieren variiert das grobe Deckhaar in seiner Färbung von gelbbraun bis goldbraun mit helleren Spitzen, es kommen aber auch einige schwarze Exemplare vor. Das Murmeltier ist an zahlreiche Lebensräume angepasst; seine Nahrung besteht aus Gräsern, Blumen, Kräutern und Samen. Es frisst hauptsächlich am Morgen und am späten Nachmittag. Anschließend betreibt es Fellpflege und sonnt sich zusammen mit anderen Mitgliedern seiner Kolonie, die meist aus einem männlichen und mehreren weiblichen Tieren besteht. Bei Gefahr suchen die Tiere Schutz in ihrem Bau; zu ihren Feinden gehören Kojoten, Rotluchse, Habichte, Eulen und Adler. Im Herbst fällt dieses Nagetier in seinem Bau in einen bis zu 8 Monaten andauernden Winterschlaf.
Größe: Körperlänge 34–50 cm, Schwanzlänge 13–22 cm.
Verbreitung: Westkanada und Westen der USA. In verschiedenen Lebensräumen, von alpinen Zonen über bewaldete Gebiete und Waldlichtungen bis hin zu Halbwüsten.

Nordamerika

Lebensweise gesellig	Tragzeit 30 Tage	Wurfgröße 3–8	Ernährung

Familie SCIURIDAE	Art Cynomys ludovicianus	Bestand weniger gefährdet

Präriehund

Dieses Eichhörnchen gehört zu den fünf Präriehundarten, die ihren umgangssprachlichen Namen ihrem grasbewachsenen Lebensraum und dem charakteristischen hundeähnlichen Bellen verdanken. Das Tier besitzt ein braunes oder rotbraunes Fell, das im Sommer weiße und im Winter schwarze Spitzen zeigt. Barthaare und Schwanzspitze sind schwarz gefärbt. Während der Revierkämpfe spreizen diese Eichhörnchen ihre Schwänze und bellen. Sie ernähren sich im Sommer von Hundsgras, Büffelgras und Malven, im Winter von Disteln, Kakteen und Wurzeln.

Größe: Körperlänge 28–30 cm, Schwanzlänge 7–11,5 cm.

Verbreitung: USA (Great Plains). In Graslandschaften.

Anmerkung: Der Präriehund verursacht große Ernteschäden und ist daher in einigen Gegenden das Ziel einiger sehr erfolgreicher Ausrottungskampagnen.

rötlich braunes Deckhaar

kleine Augen

Nordamerika

Lebensweise gesellig	Tragzeit 33 – 38 Tage	Wurfgröße 1 – 8	Ernährung

Familie SCIURIDAE	Art Xerus inauris	Bestand stellenweise häufig*

Borstenhörnchen

Wie auch die anderen bodenbewohnenden Eichhörnchen besitzt diese afrikanische Art große und starke Krallen, die ihr den Bau des umfangreichen Tunnelsystems ermöglichen, in dem sie lebt. Das Rückenfell ist schwarz, der Kopf bräunlich rosa gefärbt. Gesicht, Füße und Bauch sind weiß, an den Flanken befindet sich ein weißer Streifen; der weiße Schwanz zeigt an Wurzel und Spitze jeweils ein schwarzes Band. Die Nahrung der Tiere reicht von Samen, Zwiebeln und fleischigen Wurzeln über Insekten bis hin zu Vogeleiern. Das Eichhörnchen lebt in Kolonien mit sechs bis zehn, gelegentlich auch 30 Mitgliedern. In der Regel verlässt es nach Sonnenaufgang seinen Bau, an kalten und bedeckten Tagen bleibt es verborgen.

Größe: Körperlänge 20–30 cm, Schwanzlänge 18–26 cm.

Verbreitung: Südangola, Zimbabwe, Botswana, Südafrika und Namibia. In offenem Gelände.

Afrika

breiter Kopf mit hervorstehenden Augen

weißliche Linie ober- und unterhalb der Augen

Lebensweise gesellig	Tragzeit 6 –7 Wochen	Wurfgröße 1 – 3	Ernährung

| Familie SCIURIDAE | Art *Tamias striatus* | Bestand stellenweise häufig |

Streifenbackenhörnchen

Die Grundfärbung dieses Nagetiers ist meist gräulich oder rötlich braun. Auf dem Rücken befindet sich ein dunkelbrauner Streifen, an den Flanken sind jeweils zwei dunkelbraune oder gelborangefarbene Streifen zu sehen; der Bauch ist cremeweiß. Helle und dunkle Streifen umrahmen die Augen, der buschige Schwanz besitzt auf der Oberseite einen dunklen, auf der Unterseite einen hellgrauen Rand. Je nach Verbreitungsgebiet variieren Grundfarbe und Muster des Fells. Obwohl von Natur aus sesshaft, durchstreifen die Tiere ein sehr großes Gebiet auf ihrer Nahrungssuche; diese findet vormittags und nachmittags statt. Die Männchen sind eher morgens, die Weibchen meist nachmittags aktiv. Das solitär lebende Streifenbackenhörnchen besetzt ein Höhlensystem und verscheucht daraus alle Eindringlinge, doch kann ein größeres Gebiet auch von mehreren Individuen bewohnt sein. Beide Geschlechter geben als Warnsignale für Artgenossen und andere kleine in der Nähe lebende Tiere laute „Tschip"- und „Kuk"-Laute von sich. Feinde sind Schlangen, Habichte, Füchse, Luchse und Wiesel.

Die Art hält vom Herbst bis zum frühen Frühjahr Winterschlaf, an milden Wintertagen verlässt sie jedoch manchmal ihren Bau.

Größe: Körperlänge 15,5–16,5 cm, Schwanzlänge 7–10 cm.

Verbreitung: Kanada (Manitobasee bis Nova Scotia) und USA (südlich von Louisiana, Alabama, Georgia und Nordflorida). In Laub abwerfenden Wäldern und strauchbewachsenen Gebieten mit zahlreichen Felsspalten.

Anmerkung: Die Weibchen dieser Art vertreiben ihre Nachkommen kurz nach der Geburt, was die Jungtiere zwingt, sich bereits im Alter von zwei Wochen eigene Unterkünfte zu suchen.

Nordamerika

kleine abgerundete Ohren mit weißen Rändern

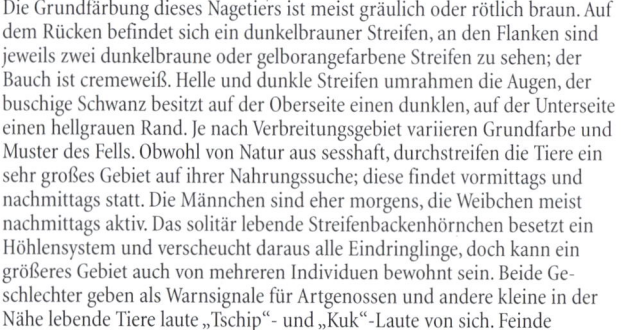

dunkle Streifen mit hellen Grenzen am Rücken

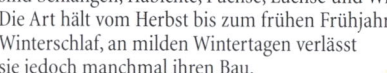

| Lebensweise solitär | Tragzeit 31–32 Tage | Wurfgröße 4–5 | Ernährung |

Lang und schmal

Das Streifenbackenhörnchen streckt seinen Körper, um sich innerhalb seines Tunnelsystems bewegen zu können. Die Tunnel sind extrem schmal, um größere Fressfeinde, z. B. Hermeline, fernzuhalten. Jedes einzelne Höhlensystem kann eine Länge von bis zu 10 m erreichen.

Augen von hellen und dunklen Streifen umrahmt

dicht behaarter Schwanz, auf der Oberseite dunkel

große schwarze Augen

Vorderpfoten werden zum Halten der Nahrung benutzt

gräulich bis rötlich braunes Fell

cremeweißer Bauch

Hinterpfoten länger und breiter als die Vorderpfoten

Angepasste Fresser

Das Streifenbackenhörnchen ist den Menschen als ein frecher Besucher von Picknickplätzen in der freien Natur bekannt. Obwohl es gut klettern kann, sucht das Tier meist am Boden nach Samen, Eicheln und Nüssen, die es mit den Vorderpfoten ergreift. Es stopft sich die Nahrung in die Backentaschen und sammelt es in seiner Höhle, um es zu einem späteren Zeitpunkt zu fressen.

Familie SCIURIDAE	Art *Spermophilus columbianus*	Bestand stellenweise häufig

Kolumbianischer Ziesel

Dieses Tier kommt in bergigen Wiesen vor. Es ist bräunlich rosafarben und weist hellgraue Flecke an den Halsseiten auf; Gesicht und Nase sind goldfarben. Der Schwanz ist auf der Oberseite schwarz und unterseits grau gefärbt. Das Fell ist kurz und dicht, das Wollhaar dunkler gefärbt. Ausgewachsene Eichhörnchen „küssen" sich, wenn sie einander begegnen, oder neigen die Köpfe, um an den Drüsen im Mundbereich des Artgenossen zu schnuppern. Das Tier ernährt sich von Blumen, Samen, Zwiebeln und Früchten. Während der Nahrungsaufnahme läuft es einige Schritte, frisst und läuft dann wieder einige Schritte. Es fängt Insekten während des Fluges und neigt gelegentlich zum Kannibalismus. Die Territorien der ausgewachsenen Männchen überlappen sich, während die Weibchen streng getrennte Reviere besitzen.

Gesicht und Schnauze goldfarben

bräunlich rosafarbener Rücken

dunkleres Wollhaar

Nordamerika

Größe: Körperlänge 25–29 cm, Schwanzlänge 8–11,5 cm.
Verbreitung: Westkanada bis Nordwesten der USA. In alpinen und subalpinen Wiesen.

Lebensweise gesellig	Tragzeit 24 Tage	Wurfgröße 2 – 5	Ernährung

Familie SCIURIDAE	Art *Sciurus vulgaris*	Bestand weniger gefährdet

Gemeines Eichhörnchen

Die Farbe dieser Eichhörnchenart variiert zwischen grau bis rot, braun und schwarz auf dem Rücken sowie weiß auf der Bauchseite. Im Winter kann das Fell leuchtend oder gräulich dunkelbraun sein. Der buschige Schwanz ist ebenso lang wie der übrige Körper, die Ohren sind vor allem im Winter mit haarigen Büscheln versehen. Das Eichhörnchen ist sehr gut an das Klettern und Springen angepasst und frisst sowohl auf der Erde wie auch auf Baumästen; es ernährt sich von Kiefernsamen, Bucheckern, Eicheln, Pilzen, Trieben, Früchten und Rinde. Das Nest (Kobel) ist ein Ball aus Zweigen in einer Astgabel oder einem Baumloch. Das Weibchen baut ein größeres Nest zur Aufzucht der Jungen, das sie mit weichem Material auspolstert.

Eurasien

aufrecht stehende, mit Büscheln versehene Ohren

rotes bis graubraunes oder schwarzes Fell

langer buschiger Schwanz

Größe: Körperlänge 20–25 cm, Schwanzlänge 15–20 cm.
Verbreitung: Westeuropa bis Ostasien. In Wäldern, Parks und Gärten bis zur Baumgrenze.
Anmerkung: Diese Art ist durch Rodungen und ihren eingeführten Nahrungskonkurrenten, das Graue Eichhörnchen, bedroht.

Lebensweise solitär	Tragzeit 38 Tage	Wurfgröße 2 – 5	Ernährung

Familie SCIURIDAE	Art *Sciurus carolinensis*	Bestand häufig

Graues Eichhörnchen

Dieses aus Nordamerika stammende Eichhörnchen wurde z. T. in Europa eingeführt. Der Rücken der Tiere ist grau, die Unterseite weiß bis grau oder bräunlich rosafarben. Gesicht, Rücken und Vorderbeine zeigen einen bräunlichen Schimmer, der Schwanz ist weiß oder hellgrau gefärbt. Das mittelgroße Tier ist ein Gelegenheitsfresser, der sein Futter an mehreren Stellen hortet; es wird im Maul getragen und in mehr als 2 cm Tiefe unter der Erdoberfläche vergraben. Das Eichhörnchen zeigt in der Regel starke Reviertreue, doch legen die Männchen auch lange Distanzen zurück. Die gesellige Art warnt andere Eichhörnchen mit verschiedenen Lauten vor Gefahr und klappert mit den Zähnen, wenn es in die Enge getrieben wird.
Größe: Körperlänge 23–28 cm, Schwanzlänge 15–25 cm.
Verbreitung: Süd- und Südostkanada bis Osten der USA, in Großbritannien und Italien eingeführt. In Wäldern der gemäßigten Zonen, in denen vor allem im Winter reichlich Nahrung zur Verfügung steht.
Anmerkung: Diese eingeführte Art hat das Gemeine Eichhörnchen in Großbritannien nahezu verdrängt.

Ein Heim in den Baumspitzen

Das Graue Eichhörnchen baut ein Nest aus Zweigen, Kobel genannt, in den Baumästen und polstert es mit Gras oder Rinde aus. Obwohl die Tiere im Winter nicht aktiv sind, verlassen sie manchmal ihr Nest auf der Suche nach Futter.

bräunlicher Schimmer im Gesicht

Ohren ohne Fellbüschel

dunkel- bis hellgrauer Rücken

langer buschiger Schwanz

Futter wird mit den Vorderpfoten gehalten

weißliche Unterseite

Nordamerika, Europa

Lebensweise variabel	Tragzeit 44 Tage	Wurfgröße 1–5	Ernährung

Familie SCIURIDAE	Art *Ratufa indica*	Bestand bedroht

Königsriesenhörnchen

Der große buschige Schwanz dieses Eichhörnchens ist länger als Kopf und Körper zusammen. Der Rücken ist in der Regel schwarz, die Unterseite weiß gefärbt; Kopf und Gliedmaßen sind rötlich braun. Die breiten Vorder- und Hinterpfoten weisen gut entwickelte, kräftige Krallen auf. Das stets wachsame Tier kann auf der Suche nach Futter gewaltige Sprünge von bis zu 6 m Länge von Ast zu Ast zurücklegen. Es baut ein für Eichhörnchen typisches Nest (Kobel) für Ruhephasen und zur Aufzucht der Jungtiere.
Größe: Körperlänge 35–40 cm, Schwanzlänge 35–60 cm.
Verbreitung: Indien. In Laubwäldern und feuchten immergrünen Wäldern.
Anmerkung: Im Gegensatz zu anderen Eichhörnchen nimmt dieses Tier beim Fressen nicht eine aufrechte Position ein, sondern beugt sich auf seinen Hinterbeinen stehend nach vorn und benutzt zur Stabilisierung des Gleichgewichts den Schwanz.

typische nach vorn gebeugte Fressposition

kurze runde Ohren

rötlich brauner Kopf

hält das Futter mit den Vorderpfoten fest

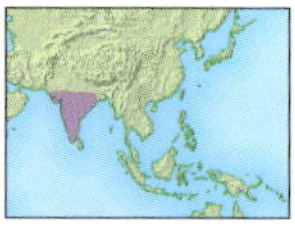

Asien

Lebensweise solitär/paarweise	Tragzeit 4 Wochen	Wurfgröße unbekannt	Ernährung

Familie SCIURIDAE	Art *Heliosciurus gambianus*	Bestand weniger gefährdet*

Graufußhörnchen

Diese Art besitzt ein gelb, braun und grau gebändertes olivbraunes Fell. Der Schwanz ist mit 14 schwarzen Bändern versehen, die Augen sind weiß umrahmt. Nähert sich ein Feind, erklettert dieses baum- und bodenbewohnende Tier einen Baum fernab der Gefahrenquelle. Das Nest befindet sich in einem Baumloch und wird jeden Abend mit frischen Blättern ausgekleidet.
Größe: Körperlänge 15,5–21 cm, Schwanzlänge 15,5–31 cm.
Verbreitung: Senegal bis Sudan, Angola und Nordsambia. In Baumsavannen und sekundären Wäldern.

Afrika

weiße Augenringe

abgerundete Ohren

Lebensweise solitär/paarweise	Tragzeit unbekannt	Wurfgröße 1–5	Ernährung

Familie SCIURIDAE	Art *Callosciurus prevostii*	Bestand weniger gefährdet*

Prevost-Schönhörnchen

Ein auffallendes Farbmuster charakterisiert dieses baumbewohnende Eichhörnchen. Die Körperoberseite ist schwarz, die Unterseite kastanienbraun; an den Flanken verläuft ein leuchtend weißer Streifen von der Nase bis zu den Oberschenkeln. Große hervorstehende Augen ermöglichen ein präzises Sehen. Die Tiere leben allein oder in kleinen Familienverbänden; sie kommunizieren mit ihren Artgenossen durch vogelähnliche Rufe und die Präsentation ihres Schwanzes.

Größe: Körperlänge 13–28 cm, Schwanzlänge 8–26 cm.

Verbreitung: Südostasien. In Tiefland- und Hochlandwäldern sowie auf Bauernhöfen und in Gärten.

Anmerkung: Dies ist eines der farbenprächtigsten Säugetiere.

Asien

weißer Flankenstreifen vom Oberschenkel bis zur Nase

hervorstehende Augen

kastanienbraune Gliedmaßen

schwarzer Schwanz

Lebensweise variabel	Tragzeit 46–48 Tage	Wurfgröße 2–3	Ernährung

Familie SCIURIDAE	Art *Petaurista elegans*	Bestand häufig

Taguan

Dieses Eichhörnchen besitzt einen lohfarbenen bis rötlich braunen, dicht behaarten Körper; die Unterseite ist heller gefärbt, der Schwanz weist eine schwarze Spitze auf. Der Taguan ist eher ein Gleiter als ein Flieger; er breitet eine dünne pelzige Membran zwischen den Vorder- und Hinterbeinen aus und kann so Strecken von mehr als 400 m von Baum zu Baum zurücklegen. In der Regel gleiten die Tiere bei Gefahr – dabei überwinden sie dreimal soviel Distanz wie sie an Höhe verlieren; die Vorderbeine werden zum Navigieren benutzt. Der flinke Kletterer nistet in Baumhöhlen und Astgabeln und geht nachts auf Nahrungssuche.

Größe: Körperlänge 30–45 cm, Schwanzlänge 32–61 cm.

Verbreitung: Ostafghanistan, Nordindien, Westchina und Südostasien. In Nadelwäldern.

Asien

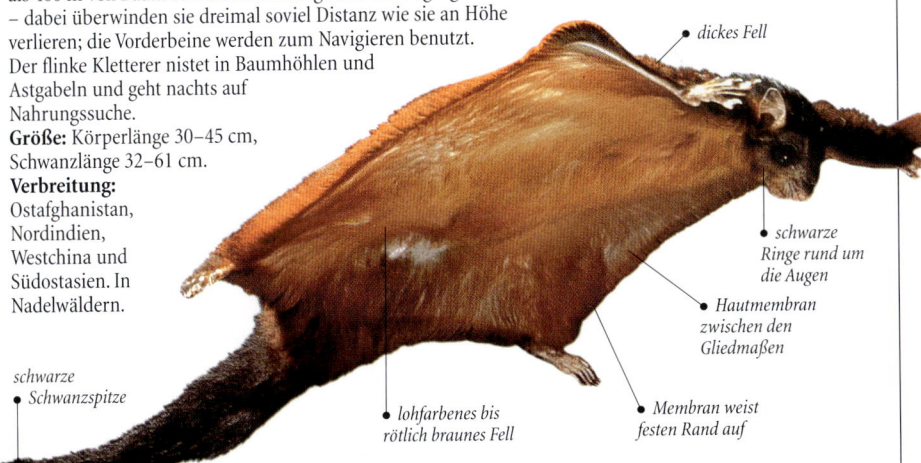

dickes Fell

schwarze Ringe rund um die Augen

Hautmembran zwischen den Gliedmaßen

Membran weist festen Rand auf

schwarze Schwanzspitze

lohfarbenes bis rötlich braunes Fell

Lebensweise paarweise	Tragzeit unbekannt	Wurfgröße 1–3	Ernährung

Familie GEOMYIDAE	Art *Thomomys bottae*	Bestand häufig

Thomomys battae

Dieses solitär lebende, grabende Nagetier zeigt eine gräulich braune Körperoberseite und eine bräunlich orangefarbene Unterseite mit dunklen Haarwurzeln. Es besitzt nach außen geöffnete, behaarte Vorratstaschen an den Wangen. Sein flacher Schädel, die kleinen durch Hautlappen verschließbaren Ohren, die kräftigen Schultern und Vorderbeine sowie die schnell nachwachsenden mittleren drei Krallen ermöglichen es dem Tier, hervorragend in lockerer und nasser Erde zu graben. Es verbringt die meiste Zeit – vor allem die heißen Sommermonate – in seinem ausgedehnten unterirdischen Höhlensystem. Die Tiere kommunizieren mit ihren Artgenossen mithilfe verschiedener Laute, z. B. mit schrillen Schreien, Murmeln und Quieken.
Größe: Körperlänge 11,5–30 cm, Schwanzlänge 4–9,5 cm.
Verbreitung: Westen der USA bis Nordmexiko. In Wüsten und lichten Wäldern.

Nordamerika

unbehaarter kurzer
• Schwanz

an das Graben •
angepasste kleine Ohren

Lebensweise solitär/paarweise	Tragzeit 18–19 Tage	Wurfgröße 3–7	Ernährung

Familie HETEROMYIDAE	Art *Dipodomys merriami*	Bestand häufig

Dipodomys merriami

Kennzeichnend für dieses kleine Nagetier sind der weiße entlang den Flanken bis zur Schwanzwurzel verlaufende Streifen und die weißen Punkte oberhalb der Augen und hinter den Ohren. Die nachtaktive Art bewegt sich mit großer Geschwindigkeit über den Wüstensand, indem sie wie ein Känguru auf ihren großen Hinterfüßen hüpft und ihren langen Schwanz zum Balancieren benutzt. Auch über den schneebedeckten Boden im Winter kommt sie sicher und schnell vorwärts. Im Winter suchen und graben die robusten und fleißigen Tiere nach Dornpflanzen, im Sommer nach Feigenkakteen und Kakteensamen. Häufig können sie beim ausgiebigen Putzen oder beim Sandbaden beobachtet werden.
Größe: Körperlänge 8–14 cm, Schwanzlänge 14–16 cm.
Verbreitung: Südwesten der USA bis Nordmexiko. In Wüsten.

Nordamerika

weiße Punkte
oberhalb der
Augen und hinter
• den Ohren

langer
Schwanz

Lebensweise gesellig	Tragzeit unbekannt	Wurfgröße 1–5	Ernährung

Familie PEDETIDAE	Art *Pedetes capensis*	Bestand bedroht

Springhase

Als einziges Mitglied seiner Familie besitzt dieser Springhase einen buschigen Schwanz mit einer schwarzen Spitze und lange aufrecht stehende Ohren. Auf seinen kräftigen Hinterbeinen hüpft er über trockene bis halbtrockene Böden und kann dabei leicht eine Distanz von 2 bis 3 m pro Sprung zurücklegen. Das nachtaktive Nagetier ernährt sich von Samen, Zwiebeln und Stängeln, aber auch von Kleintieren, wie Heuschrecken und Käfern. Während des Fressens beugt es sich nach vorn und hüpft wie ein Kaninchen auf allen Vieren. In den Ruhephasen sitzt es auf seinen Hinterbacken, steckt seinen Kopf zwischen die Hinterbeine und schlingt seinen Schwanz um den Körper. Die immer wachsamen Tiere besitzen einen gut ausgebildeten Gesichts-, Gehör- und Geruchssinn. Sie leben z. T. paarweise zusammen und bauen verschiedene ausgedehnte Höhlensysteme, die sie jeweils an unterschiedlichen Tagen benutzen.
Größe: Körperlänge 27–40 cm, Schwanzlänge 30–47 cm.
Verbreitung: Zentral- und Ostafrika bis Südafrika. In trockenen und halbtrockenen Gebieten mit spärlicher Vegetation oder lichten Wäldern.

Afrika

bräunlich rosafarbenes bis graues Fell

kurze Vorderfüße

kräftiger Schwanz mit schwarzer Spitze

Lebensweise solitär/paarweise	Tragzeit 2 Monate	Wurfgröße 1	Ernährung

Familie CASTORIDAE	Art *Castor fiber*	Bestand weniger gefährdet

Europäischer Biber

Dieser fähige Erbauer von Dämmen, Höhlen und Kanälen ähnelt in Aussehen und Lebensweise dem Amerikanischen Biber (s. S. 154–155), kann jedoch kräftiger gebaut sein. Wie dieser besitzt die europäische Art Öldrüsen an der Schwanzwurzel; das ölige Sekret wird während der Fellpflege im Fell verteilt, um es wasserabweisend zu machen. Die nachtaktiven Tiere können sich mithilfe der mit Schwimmhäuten versehenen Hinterfüße und des ruderähnlichen Schwanzes gut im Wasser bewegen. Sie können bis zu 20 Minuten unter Wasser bleiben. In Gegenden mit vielen natürlichen Wasserwegen errichtet der Biber keinen Bau, sondern gräbt einen Tunnel ins Flussufer.

Eurasien

breiter schuppiger Schwanz

Größe: Körperlänge 83–100 cm, Schwanzlänge 30–38 cm.
Verbreitung: Europa und Westsibirien; vereinzelte Populationen kommen in China und der Mongolei vor. In Flüssen und Seen.

kleine Augen

Lebensweise gesellig	Tragzeit 105–107 Tage	Wurfgröße 1–5	Ernährung

Familie CASTORIDAE	Art *Castor canadensis*	Bestand stellenweise häufig

Amerikanischer Biber

Dieses Säugetier ist hervorragend an das Leben im Wasser angepasst. Seine Augen sind von einer Membran überzogen (transparentes drittes Augenlid), mithilfe derer die Tiere unter Wasser sehen können. Ohren und Nase können mit ventilähnlichen Klappen verschlossen werden, die Lippen schließen hinter den Schneidezähnen, sodass das Tier auch bei geschlossener Schnauze nagen kann. Schwimmhäute an den Füßen und ein langer abgeflachter Schwanz erleichtern das Schwimmen. Sowohl das lange derbe und rötlich braune Deckhaar wie auch das dichte graue Unterfell konservieren die Körperwärme des Tieres unter Wasser. Die langen Barthaare dienen zur Orientierung im Dunkeln. Bei Gefahr schlägt der Biber als Alarmsignal mit dem Schwanz auf das Wasser. Die Nahrung wird mit den Vorderpfoten ergriffen und mit den Zähnen beknabbert; der Kampf um Nahrung kann manchmal mit Fauchen, Grunzen und Zähneknirschen einhergehen. In der Regel leben die Tiere in Kolonien von vier bis acht miteinander verwandten Individuen. Sie sind Kontakttiere, z. B. betreiben sie gegenseitige Fellpflege, ringen und „tanzen" miteinander. Die Mitglieder einer Kolonie verbringen die Ruhephasen während des Tages gemeinsam in ihrem Bau; Weibchen ruhen häufiger als Männchen.

Größe: Körperlänge 74–88 cm, Gewicht 11–26 kg.
Verbreitung: Nordamerika, außer südwestliche Wüste, Halbinsel Floridas und arktische Tundra. In Flüssen, Teichen und Seen.

Nordamerika

gelblich bis
rötlich braunes
● Fell

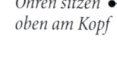

Ohren sitzen ●
oben am Kopf

stumpfe Schnauze ●

Lebensweise gesellig	Tragzeit 107 Tage	Wurfgröße 3–4	Ernährung

Schaden und Nutzen

Das Fällen von Bäumen und Erbauen von Dämmen durch den Amerikanischen Biber verwüstet häufig weite Landschaften, sodass das lokale ökologische System nachhaltig gestört wird. Andererseits können durch die Dämme der Biber Überflutungen reduziert und damit Lebensräume erhalten werden.

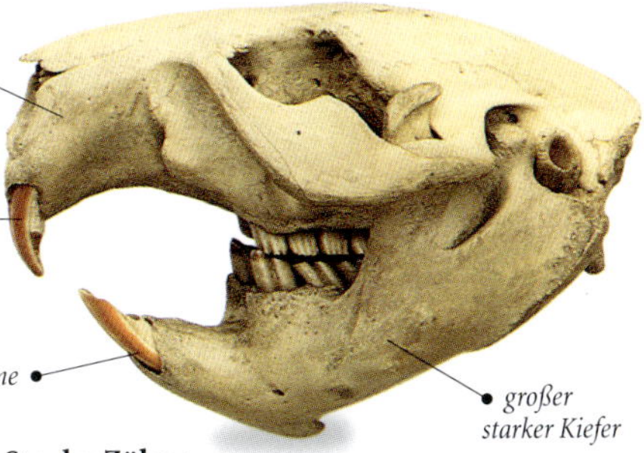

hervorstehender Oberkiefer

Schneidezähne stehen über den Lippen hervor

lange äußere Deckhaare

scharfe, ständig nachwachsende Schneidezähne

großer starker Kiefer

Starke Zähne

Der Amerikanische Biber trennt Baumteile ab oder fällt Bäume, indem er mit seinen starken Zähnen die Äste und Stämme durchnagt. Anschließend schleppt er das Holz mit seinen kräftigen Kiefern weg, um daraus seinen Bau oder einen Damm zu bauen.

schuppiger flacher Schwanz

Familie MURIDAE	Art *Reithrodontomys raviventris*	Bestand bedroht

Amerikanische Erntemaus

Diese Maus gleicht in Größe und Aussehen der Hausmaus (s. S. 167), weist jedoch mehr Haare auf ihrem dünnen schuppigen Schwanz auf. Sie besitzt große Ohren und gefurchte Schneidezähne. Die Körperoberseite ist rosabraun bis bräunlich grau gefärbt, die Unterseite ist gräulich weiß. Der ausgezeichnete nachtaktive Kletterer baut sich im Sommer kompakte Nester in Grasbüscheln oder Buschwerk; im Winter gräbt er Seitengänge in Tunnelsysteme anderer Nagetiere, deren Laufwege er benutzt, um Samen, Grasstängel, grüne Triebe und Insekten zu suchen.
Größe: Körperlänge 7–7,5 cm, Schwanzlänge 4,5–11,5 cm.
Verbreitung: USA (Bucht von San Francisco) und Nordmexiko. In Graslandschaften.

große Ohren • — Nordamerika

rosabraunes bis • graubraunes Fell

Lebensweise solitär	Tragzeit 21–24 Tage	Wurfgröße 1–7	Ernährung

Familie MURIDAE	Art *Peromyscus leucopus*	Bestand häufig

Weißfußmaus

Charakteristisch für diese Art sind die großen Augen, die auffälligen Ohren, die weiße Färbung der Füße und der Körperunterseite, der braune Rücken und der lange wenig behaarte Schwanz. Die nachtaktiven Tiere leben paarweise unter hohlen Steinen, Baumstämmen, im Dickicht oder in einem kleinen Versteck, das sie sich selbst graben oder das von anderen Tieren nach dem Nestbau verlassen worden ist. Dort befindet sich auch das Nest und der mit etwas Erde abgedeckte und aus Samen und Insekten bestehende Futtervorrat.
Größe: Körperlänge 9–10,5 cm, Schwanz: 6–10 cm.
Verbreitung: Südostkanada, Mitte und Osten der USA sowie Nordmexiko. Im Dickicht, in Laub abwerfenden Wäldern und Graslandschaften.

langer dünner und haariger Schwanz •

• weiße Bauchseite

auffällige Ohren

lange Barthaare •

Nordamerika

Lebensweise paarweise	Tragzeit 22–23 Tage	Wurfgröße 1–6	Ernährung

| Familie MURIDAE | Art *Nyctomys sumichrasti* | Bestand stellenweise häufig |

Sumichrasti-Dämmerungsratte

Diese baumbewohnende Art baut in Kolonien
Nester aus Zweigen, Blättern und Kriechpflanzen.
Der Rücken ist blassgelb oder rosabraun, mit
einer dunkleren Färbung in der Mitte.
Ein dunkler, bis zu den Barthaaren verlängerter Ring umgibt die Augen. Die
Ohren sind leicht behaart, der schuppige
Schwanz weist an seiner Spitze längere
und dickere Haare auf. Die langen, dau-
menähnlichen großen Zehen ermöglichen der Ratte ein sicheres Umgreifen
von Ästen. Nur selten klettern die nachtaktiven Tiere hinab auf den Boden. Sie
ernähren sich von Früchten, z. B. von
wilden Feigen und Avocados.
Größe: Körperlänge 11–13 cm,
Schwanzlänge 8,5–15,5 cm.
Verbreitung: Mexiko und Mittelamerika
bis Panama. In tropischen Wäldern.

blassgelbe oder braune Rückenpartie

dunkle Ringe rund um die Augen

Nord- und Mittelamerika

weiße Bauchseite

| Lebensweise gesellig | Tragzeit unbekannt | Wurfgröße 2–4 | Ernährung |

| Familie MURIDAE | Art *Sigmodon hispidus* | Bestand weniger gefährdet |

Baumwollratte

In Amerika gibt es zehn verschiedene Baumwollrattenarten. Während
einige von ihnen sehr selten vorkommen, sind andere so zahlreich, dass
sie während der Erntesaison als Plage gelten. Die Sigmodon hispidus
richtet häufig Ernteschäden an. Ihr Rücken ist mit steifem braungrauem,
der Bauch mit gräulich weißem Fell bedeckt. Das Tier ernährt sich von
Pflanzen, Insekten und Feldfrüchten. Als guter Schwimmer fängt es
außerdem Flusskrebse, Krabben und Frösche, und es klettert
auf Bäume, um Eier und Jungtiere aus Vogelnestern zu
erbeuten. Die tag- und nachtaktive Ratte lebt in geschützten Vertiefungen am Boden oder in Höhlen
von bis zu 75 cm Tiefe. Sie gräbt beim Fressen
flache Gruben und schafft dadurch ein Netz-
werk von Pfaden zu den Futterquellen.
Größe: Körperlänge 13–20 cm,
Schwanzlänge 8–16,5 cm.
Verbreitung: Süden der USA, Mittelamerika und nördliches Südamerika.
In Wäldern, Wüsten, Graslandschaften
und auf Bergen.
Anmerkung: Diese Art kann
große Schäden in Süßkartoffel-
und Zuckerrohrfeldern
anrichten.

steifes braunes bis graues Fell

Nord-, Mittel- und Südamerika

| Lebensweise solitär | Tragzeit 27 Tage | Wurfgröße 12 | Ernährung |

Familie MURIDAE	Art *Mesocricetus auratus*	Bestand gefährdet

Goldhamster

Während der Goldhamster weltweit als Haustier gehalten wird, beschränkt sich sein natürlicher Lebensraum auf ein kleines Gebiet zwischen Osteuropa und Westasien. Das robuste kleine Nagetier besitzt einen sehr kurzen Schwanz, eine stumpfe Schnauze und ein breites Gesicht mit kleinen Augen und auffälligen Ohren. Sein weiches, wolliges Fell ist auf dem Rücken dunkelorange gefärbt; eine hellere Schattierung ist im Gesichtsbereich, auf den Wangen und den Flanken zu sehen. Die Bauchpartie ist grauweiß. Manche Tiere können einen schwarzen Fleck auf der Stirn und zwischen den Augen oder einen schwarzen Streifen auf den Wangen und dem Nacken aufweisen. Der Goldhamster lebt solitär und reagiert häufig aggressiv auf Artgenossen. Er hält sich meist auf Getreidefeldern auf, in denen er bis zu 2 m tiefe Höhlen gräbt. Bis auf die Futtersuche während der Nacht, im Morgengrauen und in der Abenddämmerung verlassen die Tiere nur äußerst selten ihr Versteck. Sie ernähren sich von Samen, Nüssen und Insekten, wie Ameisen, Fliegen, Schaben, Käfer und Wespen. Die Nahrung wird in die großen Backentaschen gestopft und zu einem späteren Zeitpunkt gefressen.

Größe: Körperlänge 13–13,5 cm, Schwanzlänge 1,5 cm.
Verbreitung: Einige verstreut liegende Landstriche in Osteuropa und Westasien. In Graslandschaften.
Anmerkung: In Gefangenschaft hält der Goldhamster Winterschlaf.

Europa, Asien

goldoranges Fell
auf dem Rücken

Sorgfältige Fellpflege
Der Goldhamster entfernt Schmutz und Ungeziefer, z. B. Flöhe, mit den Vorderpfoten und Zähnen von seinem Fell und dem seiner Jungen.

auffällige
Ohren

große Backentaschen

stumpfe
Schnauze

Lebensweise solitär	Tragzeit 16–19 Tage	Wurfgröße 6–10	Ernährung

| Familie MURIDAE | Art *Phodopus roborovskii* | Bestand stellenweise häufig |

Roborowski-Zwerghamster

Charakteristisch für diese Art sind die großen Ohren, der hellbraune Rücken sowie der weiße Bauchbereich. Die kurzen und breiten Hinterpfoten sind auf der Unterseite mit dichtem Fell bedeckt, das sie beim Springen über den heißen, losen Wüstensand schützt. Der Hamster gräbt eine separate Nesthöhle im festen, feuchten Sand und polstert sie mit Kamel- und Schafwolle aus. Er ernährt sich hauptsächlich von Hirse und Grassamen, außerdem von Käfern, Heuschrecken und Ohrenkneifern. Ebenso wie die anderen Hamsterarten stopfen sich die Tiere die Nahrung in die Backen, um sie anschließend in ihrer Höhle einzulagern.
Größe: Körperlänge 5,5–10 cm, Schwanzlänge 7–11 cm.
Verbreitung: Russland (Tuwa), Ostkasachstan, Mongolei und benachbarte Teile Chinas. In Wüsten.

Anmerkung: Der Roborowski-Zwerghamster verbringt einen großen Teil des Tages damit, sich zu säubern.

Asien

auffällige Ohren
hellbraunes Rückenfell
breite Hinterpfoten

| Lebensweise solitär | Tragzeit 20–22 Tage | Wurfgröße 3–9 | Ernährung |

| Familie MURIDAE | Art *Cricetus cricetus* | Bestand weniger gefährdet* |

Feldhamster

Die größte Hamsterart besitzt ein unverwechselbares dickes Fell, das auf dem Rücken rotbraun und auf der Unterseite vorwiegend schwarz gefärbt ist. Nase, Wangen, Kehle, Flanken und Pfoten sind mit weißen Flecken versehen. Die Tiere besitzen große Backentaschen, die sie bei Gefahr oder während des Schwimmens zur Unterstützung des Auftriebs aufblasen. Sie fressen während des Morgengrauens und der Abenddämmerung. Im Herbst legt sich der Hamster einen Nahrungsvorrat in seiner Höhle an und fällt dann bis zum Frühjahr in den Winterschlaf. Während dieser Zeit erwacht er alle 5 bis 7 Stunden, um zu fressen. Die Höhlen sind je nach Alter der Tiere unterschiedlich groß; es gibt verschiedene Eingänge und Bereiche zur Aufzucht der Jungen, Vorratshaltung und Exkretion.
Größe: Körperlänge 20–34 cm, Schwanzlänge 4–6 cm.
Verbreitung: Osteuropa bis Zentralasien. In Steppen, landwirtschaftlich genutzten Gebieten und an Flüssen.

Eurasien

weiße Flecken auf Teilen des Körpers
rotbraunes Fell
breite Füße mit großen Krallen

| Lebensweise solitär | Tragzeit 18–20 Tage | Wurfgröße 4–12 | Ernährung |

| Familie MURIDAE | Art *Meriones unguiculatus* | Bestand stellenweise häufig |

Mongolische Rennmaus

Dieses als Haustier bekannte Nagetier gehört zu den 13 im Mittleren Osten und in Asien heimischen Rennmausarten. Die hellbraunen Fellhaare weisen schwarze Spitzen auf, was dem Pelz ein geflecktes Aussehen verleiht; die Unterseite ist grau oder weiß gefärbt. Hervorstehende schwarze Augen dominieren den kurzen breiten Kopf, der Schwanz ist fast so lang wie Körper und Kopf zusammen. Das Tier bewegt sich auf allen Vieren fort und kann dank seiner langen Hinterbeine ausgezeichnet springen. Während der Paarungszeit trommelt die Mongolische Rennmaus im Stakkato mit den Hinterfüßen. Sie baut ein ausgedehntes unterirdisches Höhlensystem in den trockenen Sand oder Lehmboden der Steppe; häufig sitzen die Tiere aufrecht vor ihren Eingängen. Die Höhle wird mit dem Partner und bis zu zwölf Jungen geteilt, die 20 bis 30 Tage nach der Geburt entwöhnt werden. Die sowohl tag- wie auch nachtaktive Rennmaus ernährt sich sommers wie winters vorwiegend von Buchweizen, Hirse, Gräsern und Seggen; überschüssiges Futter wird in der Höhle gelagert.

Größe: Körperlänge 10–12,5 cm, Schwanzlänge 9,5–11 cm.

Verbreitung: Mongolei, Südwestrussland und Nordchina. In Steppen und Ebenen.

Anmerkung: Im Gegensatz zu anderen Nagetieren wird diese Art erst seit den 60er-Jahren als Haustier gehalten. Dank dem ansprechenden Äußeren und seiner Anpassungsfähigkeit ist das Tier sehr beliebt.

Asien

braunes Fell mit schwarzen Haarspitzen

Schwanz beinah so lang wie der Körper

| Lebensweise gesellig | Tragzeit 19–21 Tage | Wurfgröße 1–12 | Ernährung |

Aufrechtes Stehen
Das Tier hat sein Umfeld besser im Blick und kann Fressfeinde schneller entdecken, wenn es sich auf seine Hinterbeine stellt. Fühlt sich ein Männchen durch einen Konkurrenten bedroht, stellt es sich ebenfalls auf die Hinterbeine und teilt Schläge mit den Vorderpfoten aus. Die großen Hinterfüße und der behaarte lange Schwanz sichern das Gleichgewicht.

*lange
Schnurrhaare*

*behaarter
Schwanz*

kleiner breiter Kopf

*hervorstehende
schwarze Augen*

*sehr gelenkige
Hinterbeine*

*lange Krallen
zum Graben*

*graue
bis weiße
Unterseite*

**Hohe
Sprünge**
Die Mongolische Rennmaus ist ein äußerst bewegliches Nagetier, das spektakuläre Sprünge ausführen kann. Dies ist eine lebenswichtige Fertigkeit, da der meist trockene Lebensraum der Tiere wenig Schutz vor Fressfeinden bietet.

| Familie MURIDAE | Art *Pachyuromys duprasi* | Bestand stellenweise häufig |

Dickschwanzmaus

Diese Art ist in der Sahara heimisch. Ihr langes flauschiges Fell ist auf dem Rücken und den Flanken hell zimtfarben und zeigt schwarze Haarspitzen. Unterseite und Füße weisen eine weiße Färbung auf, die Sohlen sind nur z. T. behaart. Lange Hinterfüße und ein auffälliger keulenförmiger Schwanz vervollständigen das Erscheinungsbild. Mithilfe der großen empfindlichen Ohren können die Tiere auch Geräusche aus großer Reichweite und von niedriger Frequenz über den Wüstensand hinweg wahrnehmen. Der friedfertige Graber wird gegen Abend aktiv und verlässt dann seine Höhle, um Insekten, z. B. Heuschrecken, zu suchen. Außerdem ernährt er sich von Blättern, Samen und anderem Pflanzenmaterial.

Größe: Körperlänge 9,5–13 cm, Schwanzlänge 5,5–16,5 cm.

Verbreitung: Sahara. In spärlich bewachsener Halbwüste.

Anmerkung: Das Tier besitzt als Nahrungs- und Flüssigkeitsreserve ein Fettpolster im Schwanz.

Afrika

schwarze Spitzen an den Haaren des Rückenfells

große Ohren

keulenförmiger Schwanz

| Lebensweise variabel | Tragzeit unbekannt | Wurfgröße 1–6 | Ernährung |

| Familie MURIDAE | Art *Hypogeomys antimena* | Bestand gefährdet |

Votsotsa

Diese rundliche, kaninchenähnliche Art besitzt lange Ohren und Hinterfüße und bewegt sich eher hoppelnd als laufend vorwärts. Im Bereich der oberen Körperteile ist das Fell rau, dicht und grau bis rötlich braun gefärbt; über der Nase ist ein dunklerer V-förmiger Fleck zu sehen. Gliedmaßen und Bauch zeigen eine weiße Färbung, der Schwanz ist muskulös und mit kurzen steifen Haaren bedeckt. Die Tiere graben ein Höhlensystem mit bis zu sechs Eingängen in den sandigen Boden. Sie fressen nachts vorwiegend Fallobst und Rinde; dabei führen sie die Nahrung in einer aufrechten Position sitzend mit den Vorderpfoten zum Maul.

Größe: Körperlänge 30–35 cm, Schwanzlänge 21–25 cm.

Verbreitung: Westmadagaskar. In küstennahen Wäldern.

Anmerkung: Nach der Einführung der Wanderratte ist diese Rattenart durch den Verlust ihres Lebensraumes bedroht.

Madagskar

raues, dichtes Fell

hasenähnliche Ohren

kurze steife Haare auf dem Schwanz

große Krallen

stumpfe Schnauze

| Lebensweise gesellig | Tragzeit unbekannt | Wurfgröße 1–2 | Ernährung |

Familie MURIDAE	Art *Tachyoryctes macrocephalus*	Bestand weniger gefährdet*

Afrikanische Riesenmaulwurfsratte

Diese Rattenart verbringt einen Großteil ihrer Zeit in ihrem Höhlensystem, das häufig mehr als 50 m lang ist. Die Tiere besitzen einen kräftigen Körper, einen stumpfen, abgerundeten Kopf, kleine Augen und Ohren, ein dickes Fell und kurze Gliedmaßen. Sie nagen und graben mit den langen hervorstehenden, orangegelben Schneidezähnen.

steife Haare im Gesicht

kurze Gliedmaßen

Größe: Körperlänge bis zu 31 cm, Schwanzlänge 9–10 cm.
Verbreitung: Äthiopien. In feuchtem Hochland, Gras- und Moorlandschaften sowie in kultivierten Gebieten.

Afrika

Lebensweise variabel	Tragzeit unbekannt	Wurfgröße unbekannt	Ernährung

Familie MURIDAE	Art *Clethrionomys glareolus*	Bestand häufig

Waldwühlmaus

Diese Maus ist vorwiegend im Morgengrauen und in der Nacht aktiv. Sie baut ihre Nester in Höhlen, dichtem Gebüsch und Baumstümpfen. Der Körper ist rötlich bis gelblich braun, Flanken und Hinterbeine zeigen eine graue Färbung.
Größe: Körperlänge 7–13,5 cm, Schwanzlänge 3,5–6,5 cm.
Verbreitung: Westeuropa bis Nordasien. In nadelbaumreichen Wäldern der gemäßigten Zonen und an bewaldeten Flussufern.

rötlich oder gelblich braunes Fell

große schwarze Augen

Eurasien

Schwanzlänge entspricht etwa halber Körperlänge

Lebensweise gesellig	Tragzeit 18 Tage	Wurfgröße 2 – 8	Ernährung

Familie MURIDAE	Art *Microtus arvalis*	Bestand häufig

Feldmaus

kleine Augen

kurzes gräulich braunes Fell

In grasbewachsenen und landwirtschaftlich genutzten Gegenden kommt dieser Nager am häufigsten vor. Das Rückenfell ist kurz und sandfarben bis graubraun, die Bauchseite zeigt eine graue Färbung. Die sowohl tagwie auch nachtaktiven Tiere ernähren sich im Sommer meist von Pflanzen, im Winter von Baumrinde. Sie graben unterirdische Tunnel für die Speisekammer und die Nester.
Größe: Körperlänge 9–12 cm, Schwanzlänge 3–4,5 cm.
Verbreitung: Europa bis Asien. In kultivierten Gebieten und Wiesen.

Eurasien

Lebensweise gesellig	Tragzeit 16 – 24 Tage	Wurfgröße 2–12	Ernährung

Familie MURIDAE	Art *Arvicola terrestris*	Bestand stellenweise häufig

Wasserratte

Größe und Farbe dieses grabenden Nagetiers sind variabel. Sein dickes Fell kann auf der Körperoberseite grau, schwarz oder braun sein und auf dem Bauch eine graue bis weiße Färbung aufweisen; der Schwanz ist in der Regel abgerundet und entspricht der halben Körperlänge. Die Wälder und Wiesen bewohnenden Wasserratten sind nur halb so groß wie die in der Nähe von Seen, Flüssen und Marschlandschaften vorkommenden Tiere. Die äußerst fähigen Schwimmer und Taucher sind meist im Morgengrauen und in der Dämmerung aktiv. Ihre Nahrung besteht aus Pflanzen, Baumwurzeln, Rhizomen, Zwiebeln und Knollen. Zu den Hauptfeinden gehören Adler, Eulen, Wild- und Hauskatzen sowie der eingeführte Amerikanische Nerz (s. S. 250). Durch Wasserverschmutzung und Verlust des Lebensraumes ist diese Art zunehmend bedroht.

Größe: Körperlänge 12–23 cm, Schwanzlänge 7–11 cm.

Verbreitung: Europa, Russland und Iran. An Seen, Flüssen, Strömen, in Marschlandschaften, Wäldern und Wiesen.

Eurasien

graue, braune oder schwarze • Oberseite

dickes pelziges • Fell

Lebensweise solitär/paarweise	Tragzeit 21–22 Tage	Wurfgröße 2–10	Ernährung

Familie MURIDAE	Art *Ondatra zibethicus*	Bestand häufig

Bisamratte

Die größte Art der grabenden Ratten ist ein ausgezeichneter Schwimmer. Ihre großen Hinterfüße haben kleine Schwimmhäute zwischen den Zehen und sind von steifen Borsten umrandet. Der unbehaarte lange Schwanz ist abgeflacht und kann so als Ruder benutzt werden. Da Nasenlöcher und Ohren durch Klappen verschließbar sind, können die Tiere bis zu 20 Minuten tauchen. Die Bisamratte lebt in Gruppen von bis zu zehn Tieren. Sie gräbt Tunnel in Flussufer oder errichtet, ähnlich wie der Biber, Baue aus Schlamm und Schilfrohr; die Weibchen bauen ihre Nester in einer trockenen Tunnelkammer. Charakteristisch für diese Art ist das nach Moschus riechende Sekret, das von Drüsen im Genitalbereich abgesondert wird.

Größe: Körperlänge 25–35 cm, Schwanzlänge 20–25 cm.

Verbreitung: Nordamerika, Westeuropa und Asien. An Fluss-, Strom- und Teichufern.

Anmerkung: Die Bisamratte wird aufgrund ihres Fells sehr geschätzt.

lange raue Deckhaare •

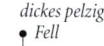

Nordamerika, Eurasien

relativ große • Hinterbeine

Lebensweise gesellig	Tragzeit 25–30 Tage	Wurfgröße 1–3	Ernährung

| Familie MURIDAE | Art *Lemmus sibericus* | Bestand häufig |

Echter Lemming

schwarze Streifen
auf dem Rücken

Dieses meist nachtaktive Tier lebt in großen Kolonien und pflanzt sich ausgesprochen zahlreich fort. Im Herbst wandert es in niedriger gelegene Ebenen der Tundra und zu Seeufern, wo es unter Torfhügeln Tunnel gräbt oder Nester zwischen den Pflanzen baut. Nach der Schneeschmelze steigt der Lemming wieder in trockenere Gegenden hinauf. Seine Nahrung besteht winters wie sommers aus Moos, Kräutern und weichen Zweigen.
Größe: Körperlänge 12–15 cm, Schwanzlänge 1–1,5 cm.
Verbreitung: Alaska bis Kanada, Nordosteuropa bis Nordasien. In der Tundra.

Nordamerika, Eurasien

wohlgerundete
Form

| Lebensweise gesellig | Tragzeit 18 Tage | Wurfgröße 4–13 | Ernährung |

| Familie MURIDAE | Art *Lagurus lagurus* | Bestand weniger gefährdet |

Steppenlemming

schwarzer Streifen
am Rücken

Dieser nachtaktive untersetzte kleine Nager ist vollständig mit wasserabweisendem Fell bedeckt, das ihn vor dem rauen Klima der Steppe schützt; der Körper zeigt eine hell- oder bräunlich graue Färbung. In seinen ca. 1 m tiefen Tunneln kann der Steppenlemming die Kälte ohne Winterschlaf überstehen. Bei Gefahr gräbt er flache Höhlen und verkriecht sich darin. Dank der ständig nachwachsenden Backenzähne können die Tiere scharfkantige Gräser in großen Mengen fressen.
Größe: Körperlänge 8–12 cm, Schwanzlänge 0,7–2 cm.
Verbreitung: Osteuropa bis Ostasien. In Steppen und Halbwüsten.

Eurasien

| Lebensweise variabel | Tragzeit 20 Tage | Wurfgröße 8–12 | Ernährung |

| Familie MURIDAE | Art *Lemniscomys striatus* | Bestand häufig |

Striemengrasmaus

Diese Art ist gelbbraun oder rötlich orange gefärbt; es kommen jedoch auch hellere Exemplare in West- und dunklere Tiere in Ostafrika vor. Auf Nahrungssuche geht die Maus im Morgengrauen und in der Abenddämmerung. Sie lebt in Löchern, von denen aus Pfade zu den einzelnen Futterpflanzen verlaufen.
Größe: Körperlänge 10–14 cm, Schwanzlänge 10–15,5 cm.
Verbreitung: West-, Ost- und Südafrika. In grasreichen Feuchtgebieten.

Streifen vom Nacken
bis zum Schwanz

dünner langer
Schwanz

bräunlich weiße
Seitenpartien

Afrika

| Lebensweise solitär | Tragzeit 4 Wochen | Wurfgröße 4–5 | Ernährung |

Familie MURIDAE	Art *Apodemus flavicollis*	Bestand häufig

Gelbhalsmaus

Eurasien

Dieses Nagetier verdankt seinen Namen dem gelben Fleck an der Kehle. Der Rücken der Maus zeigt eine braune, die Bauchseite eine gelblich weiße Färbung; der Schwanz ist sehr lang. Die auffallenden großen Augen und Ohren sind Anpassungen an die nächtliche Lebensweise. Dank der großen Hinterfüße können die Tiere springend große Distanzen überwinden. Sie klettern auf der Suche nach Nahrung bis zu 6 m hoch auf Bäume und richten dort in Nischen und Vogelnestern Futterplätze ein. Gegenüber Artgenossen und verwandten Arten, wie der Feldmaus (s. ü.), zeigt die Gelbhalsmaus ein aggressives Verhalten. Sie kommuniziert durch schrille, hohe Laute.

bräunlicher Rücken

Schwanz länger als der Körper

Größe: Körperlänge 8,5–13 cm, Schwanzlänge 9–13,5 cm.
Verbreitung: Europa bis Armenien. Vor allem in Laubwäldern, aber auch in Nadelwäldern der gemäßigten Zonen; im südlichen Teil des Verbreitungsgebietes in höher gelegenen Gebieten.

Hinterfüße länger als Vorderfüße

Lebensweise solitär	Tragzeit 21–23 Tage	Wurfgröße 3–8	Ernährung 🐛 🌰 🍃 🕷

Familie MURIDAE	Art *Apodemus sylvaticus*	Bestand häufig

Waldmaus

Eurasien, Afrika

Die Waldmaus ähnelt der Gelbhalsmaus (s. o.), ist jedoch etwas kleiner. Sie besitzt ein gräulich bis rötlich braunes Fell, einen gelben oder orangebraunen Brustfleck, einen ockerfarbenen Streifen zwischen den Vorderbeinen und eine weißlich graue Bauchseite. Die Art rennt und klettert ausgezeichnet und gräbt Höhlen oder bewohnt Baumlöcher. Futter wird vor dem Verzehr an einen sicheren Platz gebracht.
Größe: Körperlänge 8–11 cm, Schwanzlänge 7–11 cm.
Verbreitung: Europa (einschließlich Island), Mittelasien und Nordafrika.
Auf Bauernhöfen, an Flussufern, in Moorlandschaften, Wäldern und städtischen Gebieten sowie auf Plantagen.

Schwanz kürzer als der Körper

gräulich bis rötlich braunes Fell

Lebensweise solitär	Tragzeit 23 Tage	Wurfgröße 3–9	Ernährung 🐛 🌰 🕷 🌾

Familie MURIDAE	Art *Mus musculus*	Bestand häufig

Hausmaus

Die Hausmaus zählt zu den am weitesten verbreiteten Säugetieren. Das kleine schlanke Nagetier besitzt kleine Augen, eine spitze Nase und große Ohren. Die Körperoberseite ist gräulich schwarz bis rötlich braun, die Unterseite weiß gefärbt; der hintere Bereich des Körpers ist mit kürzeren Haaren versehen. Die Maus gedeiht in menschlichen Lebensräumen und ernährt sich nachts, im Morgengrauen und in der Abenddämmerung von unterschiedlichstem Futter. Sie lebt in Familienverbänden, die aus einem dominanten Männchen und einigen Weibchen bestehen. Das besetzte Territorium wird mit Duftmarken und Urin markiert. Die Weibchen sind größer und kräftiger als die Männchen.

Größe: Körperlänge 7–10,5 cm, Schwanzlänge 5–10 cm.
Verbreitung: Weltweit (außer an den Polen). In Gebäuden; meidet Wälder und trockene Gegenden.
Anmerkung: Diese Art wird als Haustier gezüchtet und in der wissenschaftlichen Forschung eingesetzt.

weltweit

Nest wird
aus weichen
Materialien
gebaut

Fruchtbare Maus

Die Jungen der Hausmaus werden unbehaart und mit noch geschlossenen Augen und Ohren geboren. In einem Jahr mit guten äußeren Bedingungen liegt die Wurfgröße bei drei bis acht; die Hausmaus kann jährlich bis zu zehn Mal werfen.

spitze
Schnauze

kürzere Haare im
hinteren Bereich
des Körpers

Fressen in der Gruppe

Die Hausmaus ernährt sich von unterschiedlichster Nahrung, z. B. von Trieben, Maiskörnern, Hafer, Gerste und Hirse sowie von anderen Lebensmitteln der Menschen.

unbehaarter
Schwanz

gräulich
schwarze bis
rötlich braune
Oberseite

Lebensweise gesellig	Tragzeit 18–24 Tage	Wurfgröße 3–8	Ernährung

Familie MURIDAE	Art *Micromys minutus*	Bestand weniger gefährdet

Eurasische Zwergmaus

Diese schmale und elegante Art ist auf dem Rücken gelblich oder rötlich braun und auf der Unterseite weiß gefärbt. Der gute Kletterer besitzt einen langen unbehaarten Schwanz, die Hinterbeine sind länger als die Vorderbeine. Die Tiere fressen während des Tages und der Nacht Samen, Getreidekörner, Beeren, Spinnen und Insekten. Als Unterschlupf bauen sie im Dickicht ein kugelförmiges Nest aus zerfetztem Gras oder schichten in einer Höhe von 50 bis 130 cm einen Grashaufen auf ein verlassenes Vogelnest. Bei Nahrungsmangel kommt es vor, dass die eigenen Jungtiere gefressen werden.

Größe: Körperlänge 5–8 cm, Schwanzlänge 4,5–7,5 cm.

Verbreitung: Europa bis Japan. In Feldern, Gärten, Feuchtgebieten, Graslandschaften und an den Rändern des tropischen Regenwalds.

Anmerkung: Es handelt sich hierbei um den einzigen Nager der Alten Welt mit einem zum Greifen und Festhalten geeigneten Schwanz.

Eurasien

kleine Ohren

langer zum Greifen und Festhalten geeigneter Schwanz

breite greifende Füße

Lebensweise solitär	Tragzeit 3 Wochen	Wurfgröße 2–6	Ernährung

Familie MURIDAE	Art *Acomys minous*	Bestand bedroht

Stachelmaus

Diese Maus kommt ausschließlich auf Kreta vor; eingeschleppt wurde sie einst wahrscheinlich durch Schiffe aus Afrika. Die nachtaktive Art besitzt unbewegliche Stacheln auf Rücken und Schwanz und kann gelb, rot, braun oder dunkelgrau gefärbt sein. Zur Verteidigung vor Fressfeinden stoßen die Tiere blitzschnell ihren Schwanz ab. Sie leben in Horden und bauen rudimentäre Nester. Während der Geburt wird das Muttertier von anderen weiblichen Tieren unterstützt; diese säubern die Jungtiere und durchbeißen die Nabelschnur.

Kreta

Größe: Körperlänge 9–12 cm, Schwanzlänge 9–12 cm.

Verbreitung: Kreta. In trockenen Gebieten.

Anmerkung: Dieser Nager hat eine lange Tragzeit (5 bis 6 Wochen). Die Jungen werden bemerkenswert gut entwickelt geboren.

struppige Stacheln auf dem Rücken

große aufrecht stehende Ohren

Schwanz mit Stacheln besetzt

schmale Schnauze

Lebensweise variabel	Tragzeit 35–42 Tage	Wurfgröße 1–5	Ernährung

| Familie MURIDAE | Art *Notomys alexis* | Bestand häufig |

Australische Hüpfmaus

Diese Maus lebt in Wüstengebieten mit buschigem, stechendem Gras. Es besteht für sie keine Notwendigkeit zu trinken, da die benötigte Flüssigkeit durch die Nahrung aufgenommen wird. Eine Dehydration wird auf unterschiedliche Art und Weise verhindert; so scheiden die Tiere u. a. nur hoch konzentrierten Urin aus, verbringen die heiße Zeit des Tages schlafend in Gruppen (erhöht den Feuchtigkeitsgehalt der Luft) in ihren unterirdischen Höhlen und fressen nur

Australien

nachts. Die gesellige Art lebt in Gruppen von bis zu zehn Tieren, bestehend aus Männchen, Weibchen und Jungtieren, in einem gemeinsamen Nest.
Größe: Körperlänge 9–18 cm, Schwanzlänge 12,5–23 cm.
Verbreitung: Mittel- und Westaustralien. In Sanddünen, Gras- und Moorlandschaften sowie in Wäldern.
Anmerkung: Dies ist die am weitesten verbreitete Hüpfmausart.

große Ohren

sandfarbenes bis gräulich braunes Fell

langer Schwanz

lange schmale Hinterfüße

| Lebensweise gesellig | Tragzeit 32–34 Tage | Wurfgröße 1–9 | Ernährung |

| Familie MURIDAE | Art *Cricetomys gambianus* | Bestand häufig |

Riesenhamsterratte

große Ohren

Diese große nachtaktive Ratte ernährt sich von unterschiedlichem feuchten oder fleischigen Futter, z. B. von Termiten, Avocados, Erdnüssen und Mais. Die Nahrung wird in den großen Backentaschen gesammelt und in die Höhle getragen. Das weitläufige Höhlensystem besteht aus verschiedenen Kammern, die zur Aufbewahrung von Nahrung, zum Schlafen, zur Aufzucht der Jungen und zur Darmentleerung dienen; männliche und weibliche Tiere benutzen unterschiedliche Tunnel. Die Art besitzt auf der Oberseite ein stoppeliges, blassgelbes Fell, das zur Kehle und zur Bauchseite hin weißlicher wird. Weitere typische Merkmale sind die dunkelbraunen Ringe um die Augen und der braune, dünn behaarte Schwanz, dessen Spitze oft weiß gefärbt ist. Die gut entwickelten Hinterbeine machen das Tier zu einem ausgezeichneten Springer.
Größe: Körperlänge 35–40 cm, Schwanzlänge 37–45 cm.
Verbreitung: West-, Zentral-, Ost- und Südafrika. Von Savannen bis hin zu immergrünen Wäldern.

dunkelbraune Augenringe

Anmerkung: Diese Ratte wird als Fleischlieferant und als Haustier gehalten. In den Ruwenzori-Bergen wird die Haut der Tiere zu Tabaksbeutel verarbeitet.

Afrika

gut entwickelte Hinterbeine

| Lebensweise variabel | Tragzeit 32–42 Tage | Wurfgröße 2–4 | Ernährung |

Familie MURIDAE	Art *Rattus norvegicus*	Bestand häufig

Wanderratte

weltweit

Dank ihrer scharfen Sinne, der guten Beweglichkeit und ihrem variablen, anspruchslosen Nahrungsbedarf ist diese Art weltweit verbreitet. Die Fellfarbe variiert von Braun über Graubraun bis hin zu Schwarz. Die Tiere besitzen relativ kleine Augen und Ohren und einen spärlich behaarten langen Schwanz. Sie sind gute Schwimmer, Taucher und Kletterer. Ursprünglich war die nacht- oder im Morgengrauen und in der Abenddämmerung aktive Ratte ein Pflanzenfresser; heute ernährt sie sich im Wesentlichen von Samen, Früchten, Gemüse und Blättern, jagt aber auch Fische, Schnecken und Wasserinsekten. Es bilden sich Horden von bis zu 200 Tieren, die von dominanten Männchen angeführt werden; diese machen auch Jagd auf größere Tiere, z. B. Kaninchen, Geflügel und andere große Vögel. Männliche Ratten verteidigen ihr Territorium, indem sie es mit Geruchsstoffen markieren. Auch zur Identifizierung der Hordenmitglieder werden Geruchsstoffe verwendet. Die Weibchen bauen ein Nest aus Gras, Blättern, Papier, Stofffetzen oder anderem Material, in dem sie wiederholt sechs bis neun Junge aufziehen.

Größe: Körperlänge 20–28 cm, Schwanzlänge 17–23 cm.
Verbreitung: Weltweit, außer an den Polen, vermehrt jedoch in den kälteren Regionen. An Flussufern, in Feldern und in menschlichen Siedlungen, z. B. in Abwassersystemen.

Wasserwelt

Die Wanderratte ist ein ausgezeichneter Schwimmer und Taucher, der an Flussufern und in Abwassersystemen zu finden ist. Während des Schwimmens lässt das Tier zur Wahrung des Gleichgewichts den Schwanz aus dem Wasser ragen. Es jagt nach Fischen, Flusskrebsen, Schnecken und aquatisch lebenden Insekten, die es mit seinen scharfen Zähnen zerbeißt.

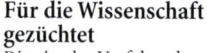

Für die Wissenschaft gezüchtet

Dies ist der Vorfahre der zu Versuchszwecken für die Wissenschaft und als Haustier gehaltenen Ratten. Die Tiere können schwarzweiß oder weiß gefärbt sein.

robuster Körper

graubraunes bis braunes Fell

kurze Nase

haarloser Schwanz

Lebensweise gesellig	Tragzeit 22–24 Tage	Wurfgröße 6–9	Ernährung

Familie MURIDAE	Art *Rattus rattus*	Bestand häufig

Hausratte

weltweit

Zur Zeit der Römer wurde diese Rattenart durch Lastschiffe über die ganze Welt verteilt und bekam daher den Namen „Schiffsratte". Sie besitzt einen schlanken schwarzen Körper mit weißlich rosafarbenen Füßen und einem grauen bis weißen Bauch; ihr Schwanz ist außergewöhnlich lang. Die Tiere sind nachts, im Morgengrauen und in der Abenddämmerung aktiv. Sie ernähren sich bevorzugt von pflanzlichem Material, fressen aber auch Insekten, Fäkalien, Müll und Aas. In Horden von 20 bis 60 Tieren streift diese Art umher und greift dabei auch größere Tiere, z. B. Hunde, an. Die Weibchen bauen häufig Nester aus Gras und anderen Materialien in Dachnischen.

Größe: Körperlänge 16–24 cm, Schwanzlänge 18–26 cm.

Verbreitung: Weltweit, besonders häufig in Mittelmeerländern. In menschlichen Siedlungen, Häfen und auf Bauernhöfen.

Anmerkung: Diese Ratte ist als ein Wirt für Flöhe bekannt, die ansteckende Krankheiten übertragen.

große Ohren •

kurze Schnauze •

• Schwanz länger als der Körper

Lebensweise variabel	Tragzeit 20–24 Tage	Wurfgröße 4–10	Ernährung

Familie MURIDAE	Art *Hydromys chrysogaster*	Bestand stellenweise häufig

Australische Schwimmratte

Australien, Ozeanien

Australiens schwerstes einheimisches Nagetier besitzt breite Hinterfüße mit Schwimmhäuten, die ihm den permanenten Aufenthalt im Wasser ermöglichen. Die Rückenpartie ist grau bis braun, der Bauch zeigt eine goldgelbe bis cremeweiße Färbung. Typische Merkmale dieser Art sind der reiche Barthaarbewuchs an der langen, stumpfen Schnauze und der lange Schwanz mit der weißen Spitze. Im Morgengrauen und in der Abenddämmerung machen sich die Tiere auf die Suche nach Schalentieren, die sie mit ihren scharfen Schneidezähnen öffnen, sowie nach Wasserschnecken, Fischen, Fröschen, Schildkröten, Vögeln, Mäusen und sogar nach Fledermäusen.

Größe: Körperlänge 29–39 cm, Schwanzlänge 23–33 cm.

Verbreitung: Neuguinea, Australien und Tasmanien. In Seen, Flüssen und entlang der Küstenlinie; da die Tiere ständig Wasser benötigen, bevorzugen sie bewohnte Gebiete.

Anmerkung: In Australien ist diese Art geschützt.

graubraunes Fell •

weiße • Schwanzspitze

reichlich Barthaare • an der langen stumpfen Schnauze

Lebensweise solitär	Tragzeit 35 Tage	Wurfgröße 1–7	Ernährung

| Familie GLIRIDAE | Art *Glis glis* | Bestand weniger gefährdet |

Große Haselmaus

Mit ihrem buschigen Schwanz und der halb aufgerichteten Körperhaltung ähnelt diese Art einem Eichhörnchen. Die Tiere weisen eine braune bis silbergraue Körperoberseite, eine weiße Unterseite und schwarze Augenflecke auf. Sie bauen ihre Nester in Baumhöhlen und Dachspalten. Im Herbst fressen sie sich Fettreserven für den Winterschlaf an, den sie in einem großen tiefen Nest halten. Ebenso wie andere Haselmäuse lebt diese Art in offenen Sozialverbänden, in denen keine Hierarchie erkennbar ist, und kommuniziert durch Quieken und Zwitschern. Während der Tragzeit leben die Weibchen solitär.

Größe: Körperlänge 13–20 cm, Schwanzlänge 10–18 cm.

Verbreitung: Süd- bis Mitteleuropa, Kleinasien, Kaukasus und Nordwestiran. In Laub- und Mischwäldern sowie in Nebengebäuden.

Anmerkung: Im alten Rom wurden diese Tiere wegen ihres Fleisches gezüchtet.

Eurasien

eichhörnchenähnlicher buschiger Schwanz

dunkle Augenflecke

| Lebensweise gesellig | Tragzeit 30–32 Tage | Wurfgröße 2–11 | Ernährung |

| Familie GLIRIDAE | Art *Muscardinus avellanarius* | Bestand weniger gefährdet |

Haselschläfer

Die auch Kleine Schlafmaus genannte Art ist ebenso klein wie die Hausmaus (s. S. 167). Sie besitzt eine gelb- oder rotbraune Oberseite, eine weiße Unterseite und ein gelbliches Hinterteil. Die Haut des Schwanzes kann sich bei einem Angriff durch einen Fressfeind ablösen. Der Haselschläfer ist ein ausgezeichneter Kletterer und Springer und ernährt sich im Frühjahr von Blumen, Larven und Vogeleiern, im Sommer von Früchten und im Herbst von Nüssen.

Größe: Körperlänge 6,5–8,5 cm, Schwanzlänge 5,5–8 cm.

Verbreitung: Mittelmeerraum (außer Iberische Halbinsel) bis Südschweden und Russland. In jungen Mischwäldern.

Anmerkung: Ebenso wie alle anderen Haselmausarten halten diese Tiere einen tiefen Winterschlaf.

kurze Ohren
Europa

dicht behaarter Schwanz

hautfarbene Nase

| Lebensweise solitär | Tragzeit 22–24 Tage | Wurfgröße 2–7 | Ernährung |

Familie DIPODIDAE	Art *Allactaga tetradactyla*	Bestand gefährdet

Vierzehen-Springmaus

Eine rudimentäre vierte Zehe an jeder Hinterpfote gab dieser Art ihren Namen. An-sonsten entspricht das Tier mit den großen hasenähnlichen Ohren und den zum Hop-peln geeigneten langen Hinterfüßen im Aussehen einer typischen Springmaus. Der Körper ist an der Oberseite schwarz und orangefarben gefleckt und weist graue Seiten-partien sowie eine weiße Unterseite auf. Der nahe der federigen Spitze mit einem schwarzen Band versehene lange Schwanz wird zum Balancieren benutzt. Die nacht-aktive Maus gräbt eifrig und sucht während der Tageshitze Schutz in den Tunneln.
Größe: Körperlänge 10–12 cm, Schwanzlänge 15,5–18 cm.
Verbreitung: Nordafrika. An Küsten, in Salzmarschen, Lehmwüsten und Gerstenfeldern.

Afrika

hasen-ähnliche Ohren

schwarzes Band nahe der weißen Schwanzspitze

graue Flanken

Lebensweise solitär	Tragzeit 25–42 Tage	Wurfgröße 2–6	Ernährung 🌱 🍃 ⋮⋮

Familie DIPODIDAE	Art *Jaculus jaculus*	Bestand häufig

Wüstenspringmaus

Diese Art ist an schnelles Springen auf sandigem Boden gut angepasst. Sie besitzt lange Hinterfüße, die jeweils ein Haarpolster und drei Zehen aufweisen, sowie einen langen Schwanz. Das Fell ist auf dem Rücken bräunlich orange, an den Flanken gräulich orange und auf der Unterseite weiß. Die Springmaus gräbt Höhlen mit vielen Ausgängen; die Öffnungen werden verschlossen, um Hitze und Fressfeinde fernzuhalten. Nachts legt das Tier große Entfernungen zurück und nimmt Sandbäder zur Fellreinigung.
Größe: Körperlänge 10–12 cm, Schwanzlänge 16–20 cm.
Verbreitung: Nordafrika bis Westasien. In Hügeln aus losem Sand, Wüsten und Geröllebenen.

Afrika, Asien

lange dünne Hinterbeine

schwarzes Band nahe der weißen Schwanzspitze

Lebensweise solitär	Tragzeit unbekannt	Wurfgröße 4–10	Ernährung ⋮⋮ 🌱 🌾 🐛

Familie HYSTRICIDAE	Art *Hystrix africaeaustralis*	Bestand häufig

Südafrikanisches Stachelschwein

Diese Stachelschweinart stellt das größte Nagetier im südlichen Teil Afrikas dar. Es besitzt dunkelbraunes bis schwarzes Fell; zum Körperende hin wachsen zwischen den Fellhaaren dicke zylindrisch geformte Stacheln, die braun und weiß gebändert sind und weiße Spitzen aufweisen. Entgegen der landläufigen Meinung kann das Tier seine Stacheln nicht „herausschießen". Es richtet sie

Afrika

auf, wenn es sich gestört oder bedroht fühlt, und rennt rückwärts auf den Angreifer zu. Die Stacheln brechen leicht ab, durchbohren das Fleisch des Angreifers und verursachen so große Schmerzen. Die Nagetiere kommunizieren durch Grunzlaute, Pfeiftöne oder Stachelrasseln miteinander. Die Männchen beteiligen sich an der Aufzucht der Jungen.
Größe: Körperlänge 63–80 cm, Schwanzlänge 10,5–13 cm.
Verbreitung: Zentral- bis Südafrika. In verschiedenen Lebensräumen, vor allem in felsigen, bergigen, mit Buschwerk bewachsenen Regionen.
Anmerkung: Diese Art kann sich äußerst effektiv gegen größere Tiere wie Löwen, Leoparden und Hyänen verteidigen. Da sie gewaltige Schäden in Getreidefeldern anrichten kann und da ihr Fleisch essbar ist, wird sie in großer Anzahl vom Menschen gejagt.

Nach Futter graben
Die Art ist ein ausgezeichneter Graber, der sich nachts mithilfe seines sehr guten Geruchssinns auf Nahrungssuche begibt; dabei kann er bis zu 15 km zurücklegen. Die Tiere leben entweder solitär, paarweise oder in kleinen Verbänden. Während des Tages ruhen sie in Höhlen oder Felsspalten mit kleinen Öffnungen.

weiße Stachel-
spitzen

schwärzliches Fell

lange steife
Barthaare

weißer
Fleck am Hals

kurze mit
Stoppeln bedeckte
Beine

Lebensweise variabel	Tragzeit 6–8 Wochen	Wurfgröße 1–4	Ernährung 🌿 🐌 🍂

Familie ERETHIZONTIDAE	Art *Erethizon dorsatum*	Bestand häufig

Nordamerikanischer Baumstachler

Wesentlich geräuschvoller als andere Stachel-
schweinarten stöhnt, grunzt, schnieft, schnaubt,
quietscht, heult und schnattert der Nordamerikanische Baumstachler während der Paarungszeit in
den frühen Wintermonaten. Charakteristisch ist
die bis zu 8 cm lange Mähne aus gelblich weißen
Stacheln mit schwarzen oder braunen Spitzen. Der
Körper ist kurz und gedrungen, die schweren Füße weisen
nackte Sohlen und zum Greifen geeignete Krallen auf. Das
nachtaktive Tier klettert auf Bäume und ernährt sich im Winter
von deren weicher Rinde und von Koniferennadeln; im Sommer
besteht die Nahrung aus Wurzeln, Stängeln, Blättern, Samen,
Blumen und Wasserpflanzen. Die Sehkraft ist im Vergleich zum
ausgezeichneten Geruchs- und Gehörsinn eher dürftig. Die Art
lebt in der Regel solitär; während des Winters teilen sich mehrere Tiere eine Höhle oder rotten sich in Bäumen zusammen.

gelbliche Stacheln und braunes Fell am Körper

Mähne aus langen Stacheln

Größe: Körperlänge 65–80 cm,
Schwanzlänge 15–30 cm.
Verbreitung: Kanada, USA und Nordmexiko. In Wäldern der gemäßigten Zonen
und in der Tundra, vor allem in der Nähe
von Flussufern.

Nordamerika

Lebensweise solitär	Tragzeit 205 – 217 Tage	Wurfgröße 1	Ernährung

Familie ERETHIZONTIDAE	Art *Coendou prehensilis*	Bestand stellenweise häufig

Greifstachler

Dieses große muskulöse Stachelschwein ist nahezu vollständig baumbewohnend; mit seinem
fleischfarbenen, zum Greifen geeigneten Schwanz, den nackten Fußsohlen und den langen gebogenen Krallen klettert es langsam auf Bäume empor. Der größte Teil des
Körpers ist von gelben und weißen Stacheln mit schwarzen Spitzen bedeckt,
die Flanken sind nahezu nackt. Der Greif-
stachler versteckt sich tagsüber im dichten
Blattwerk, in Aushöhlungen der Baumstämme
oder am Boden. In der Abenddämmerung legt
er Strecken von einigen hundert Metern zurück, um auf anderen Bäumen nach Nahrung
zu suchen. Die Art kommuniziert durch eine
Vielzahl von Lauten; isolierte Tiere geben
stöhnende Laute von sich, um den Kontakt
zu den Artgenossen wieder herzustellen.

großer schwerer Körper

gelbe und weiße Stacheln

Größe: Körperlänge 52 cm,
Schwanzlänge 52 cm.
Verbreitung: Nördliches und östliches Süd-
amerika. In tropischen
Wäldern.
Anmerkung: Der Schwanz
ist ebenso lang wie der
Körper.

Südamerika

nackte Fußsohlen

Lebensweise solitär	Tragzeit 195 – 210 Tage	Wurfgröße 1	Ernährung

Familie CAVIIDAE	Art *Cavia aperea*	Bestand häufig

Meerschweinchen

Das kleinste aller meerschweinchenähnlichen Nagetiere ist der Vorfahre aller domestizierten Formen der Art. Alle fünf Meerschweinchenunterarten besitzen einen großen Kopf mit einer stumpfen Schnauze, einen schwanzlosen Körper und kurze Beine; die Vorderfüße weisen vier, die Hinterfüßen fünf Zehen auf. Die Tiere zeigen in der Regel eine dunkle graubraune Färbung, es gibt jedoch auch einige fast schwarze Exemplare. Meerschweinchen sind nachtaktiv und leben in Graslandschaften. Sie benutzen gemeinsame Laufwege zu den Futterplätzen, bewohnen aber separate Nester.
Größe: Körperlänge 20–30 cm, schwanzlos.
Verbreitung: Nordwestliches bis östliches Südamerika. In trockenen Savannen, Buschland und auf Bergen.
Anmerkung: Neugeborene Meerschweinchen ernähren sich von Muttermilch, aber auch von fester Nahrung. Sie können bereits unmittelbar nach der Geburt laufen.

Südamerika

langes raues Fell •   gedrungener Körper •

Lebensweise gesellig	Tragzeit 60 Tage	Wurfgröße 1–4	Ernährung

Familie CAVIIDAE	Art *Dolichotis patagonum*	Bestand weniger gefährdet

Patagonischer Hase

Auch unter dem Namen Patagonisches Meerschweinchen bekannt, ähnelt dieses ungewöhnlich große und langbeinige Nagetier in seinem Erscheinungsbild eher einem Rotwild. Während der juvenilen Phase und der Zeit der Jungenaufzucht gleichen die Verhaltensweisen dem eines Nagetiers, erwachsene Tiere zeigen huftierähnliche Verhaltensmuster. Die Art besitzt eine bräunlich orangefarbene Körperoberseite und einen kragenähnlichen weißen Halsfleck; der kurze Schwanz weist einen weißlichen Rand auf. Weitere typische Merkmale sind die langen Barthaare sowie die großen dunklen Augen und Ohren. Ausgewachsene Tiere können rennen, springen und ausgezeichnet graben. Paare fressen gemeinsam Gras und niedriges Buschwerk, während der Aufzucht der Jungtiere finden sie sich in Gruppen zusammen. Das weibliche Tier gräbt eine flache Mulde für den Nachwuchs.
Größe: Körperlänge 43–78 cm, Schwanzlänge 2,5 cm.
Verbreitung: Mittel- und Südargentinien. In Pampas.
Anmerkung: Im Gegensatz zu anderen Nagetieren bilden die Männchen und Weibchen dieser Art lebenslange Partnerschaften.

Südamerika

große • Ohren

• bräunlich orangefarbene Oberseite

kurzer • Schwanz

• hellerer Bauch

lange dünne Beine •

Lebensweise paarweise	Tragzeit 70–80 Tage	Wurfgröße 1–3	Ernährung

Familie HYDROCHAERIDAE	Art Hydrochaerus hydrochaeris	Bestand häufig

Wasserschwein

Südamerika

Die hervorragenden Schwimmer und Taucher besitzen hoch am Kopf liegende Augen und Ohren sowie z. T. mit Schwimmhäuten versehene Zehen. Die Jungen können schon wenige Stunden nach der Geburt rennen, schwimmen und tauchen. Gemischte Gruppen bestehen u. a. aus Paaren, größere Horden werden von einem dominanten Männchen angeführt. Die Tiere verteidigen ihr gemeinsames Territorium, wandern umher und suchen neue Futterplätze. Die Art frisst in der Abenddämmerung und im Morgengrauen, wobei sie gelegentlich auch Ernten zerstört.
Größe: Körperlänge 1,1–1,3 m, rudimentärer Schwanz.
Verbreitung: Nördliches und südliches Südamerika.
In tief gelegenen, wassernahen Regionen, an bewaldeten Flussufern, in Feuchtgebieten und Mangrovensümpfen.

kleine runde Ohren

dunkles bis hellbraunes Fell mit gelblichem Schimmer

hufähnliche Krallen

Lebensweise variabel	Tragzeit 150 Tage	Wurfgröße 1–8	Ernährung

Familie DASYPROCTIDAE	Art Dasyprocta azarae	Bestand bedroht

Azara-Aguti

Dieser große und robuste Nager ist hell- bis mittelbraun, der Bauch kann manchmal gelblich gefärbt sein. Die Beine sind kurz; ungewöhnlicherweise weisen die Vorderfüße fünf und die Hinterfüße nur drei Zehen auf. Die Tiere besitzen hervorstehende Augen, Nasenflügel und Lippen. Bei Gefahr bellen sie und richten ihre Rumpfhaare auf, um größer zu wirken.
Größe: Körperlänge 50 cm, Schwanzlänge 2,5 cm.
Verbreitung: Mittel- und Südbrasilien, Ostparaguay sowie Nordostargentinien. In tropischen Wäldern, Mangrovensümpfen und an Flussufern.
Anmerkung: Häufig wird die Art wegen ihres Fleisches gejagt.

große runde, glänzende Augen

hell- bis mittelbrauner Körper

große Lippen

Südamerika

Lebensweise variabel	Tragzeit 120 Tage	Wurfgröße 1–2	Ernährung

Familie AGOUTIDAE	Art *Agouti paca*	Bestand häufig

Agouti Paka

viereckiger Kopf •

Das größte lebende Nagetier ist ein ausgezeichneter Schwimmer. Es ruht tagsüber in seinem Versteck und kommt nachts zum Fressen nach draußen. Die Oberseite ist braun, rot, oder hellgrau, jede Flanke ist mit vier Reihen heller Punkte versehen; der Bauch und der kleine Schwanz zeigen eine weiße oder blassgelbe Färbung. Die Art wird manchmal zu sportlichen Zwecken und wegen ihres Fleisches gejagt.
Größe: Körperlänge 60–80 cm, Schwanzlänge 1,5–3,5 cm.
Verbreitung: Südmexiko bis östliches Südamerika. In tropischen Wäldern, vor allem in Wassernähe.

Nord- und Südamerika

Lebensweise solitär	Tragzeit 114–119 Tage	Wurfgröße 1	Ernährung 🌰 🍃

Familie CAPROMYIDAE	Art *Capromys pilorides*	Bestand gefährdet

Hutiaconga

stumpfe Schnauze •

kräftiges • *Hinterteil*

Diese nachtaktive Baumratte besitzt einen großen Kopf, eine stumpfe Nase und kurze Gliedmaßen. Mit dem kräftigen, spitz zulaufenden Schwanz und den scharfen, gebogenen Krallen können die Tiere während der Nahrungssuche Äste umgreifen.
Größe: Körperlänge 55–60 cm, Schwanzlänge 15–26 cm.
Verbreitung: Kubanischer Archipel. In tropischen Wäldern.
Anmerkung: Die meisten Baumrattenarten sind massiv vom Aussterben bedroht.

Karibik

Lebensweise solitär/paarweise	Tragzeit 120–126 Tage	Wurfgröße 1–4	Ernährung 🍃 🌰 🌿

Familie CHINCHILLIDAE	Art *Lagostomus maximus*	Bestand gefährdet*

Feld-Viscacha

schwarzweiß gestreiftes Gesicht •

graubraune • *Oberseite*

Das größte Mitglied der Chinchillafamilie besitzt einen großen dicken Kopf und kräftige Beine. Die nachts nach Futter suchenden Tiere bilden laut lärmende Kolonien von 20 bis 50 Mitgliedern. Sie zerstören Weiden, da sie dort Tunnelsysteme graben und rund um die dazugehörigen Eingänge Äste, Steine und Knochen aufhäufen.

Größe: Körperlänge 47–66 cm, Schwanzlänge 15–20 cm.
Verbreitung: Südliches Südamerika. In Pampas und im Buschland.

Südamerika

Lebensweise gesellig	Tragzeit 153 Tage	Wurfgröße 1–4	Ernährung 🌾 🌿 🌿

Familie CHINCHILLIDAE	Art *Chinchilla lanigera*	Bestand bedroht

Chinchilla

Geschätzt für sein weiches, seidiges Fell, das die Tiere in der eisigen Bergluft schützt, wurde das Chinchilla über viele Jahre hinweg gejagt und gezüchtet. Heute steht es unter Schutz, doch fällt es der illegalen Jagd zum Opfer. Die Körperoberseite ist silbrig graublau, die Unterseite gelblich oder cremeweiß gefärbt; am oberen Teil des Schwanzes sind lange graue oder schwarze Haare zu sehen. In der freien Natur bilden die Chinchillas Kolonien von 100 und mehr Mitgliedern. Sie leben in felsigen Gegenden und suchen Schutz in Höhlen und Felsspalten. Die nachtaktiven Tiere ernähren sich vorwiegend von pflanzlichem Material, vor allem von Gras und faserstoffreichen Blättern; die Nahrung wird während des Nagens zwischen den Vorderpfoten gehalten. Die Art sitzt häufig auf ihren Hinterpfoten und beobachtet die nähere Umgebung. Bei drohender Gefahr richtet sie sich auf den Hinterbeinen auf und bespuckt den Angreifer. Während der Paarungszeit im Winter reagieren die Weibchen aggressiv aufeinander.

Größe: Körperlänge 22–38 cm, Schwanzlänge 7,5–15 cm.
Verbreitung: Westchile. In den Anden.

Südamerika

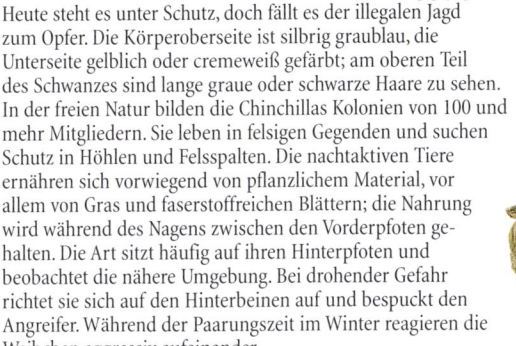

Miniaturhaustier

Zwei als Haustiere gehaltene Chinchillas nehmen ein Sandbad (s. o.), ein Ritual, das auch in der freien Natur zu beobachten ist. Das ansprechende Äußere und das friedfertige Wesen dieser kleinen Nagetiere machen sie zu beliebten Haustieren.

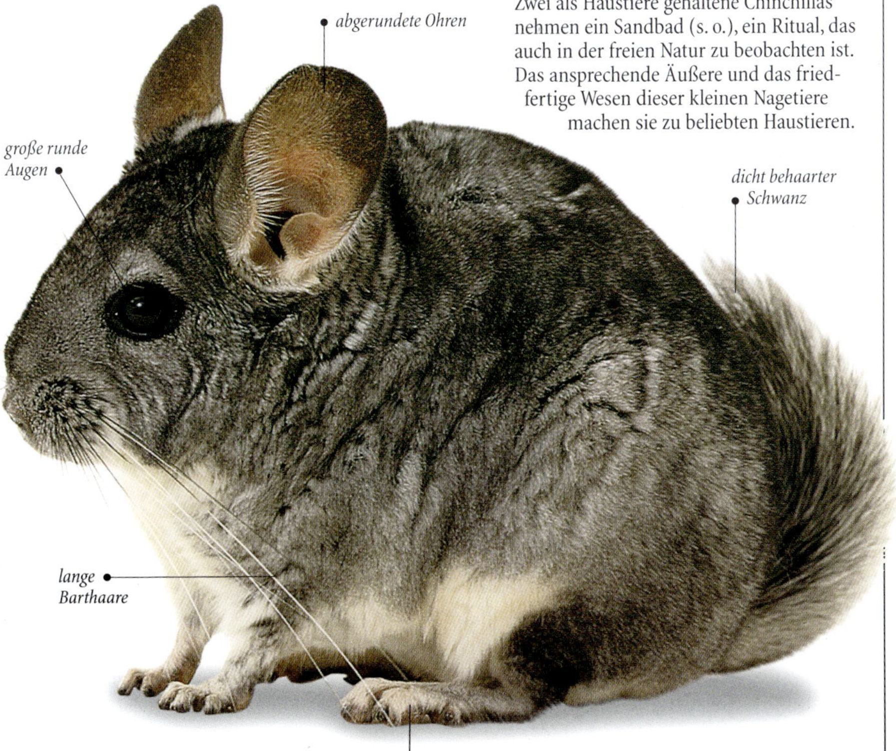

• abgerundete Ohren

große runde
Augen •

dicht behaarter
• Schwanz

lange •
Barthaare

lange zum Springen geeignete Hinterbeine •

Lebensweise gesellig	Tragzeit 111 Tage	Wurfgröße 2–4	Ernährung

Familie MYOCASTORIDAE	Art *Myocastor coypus*	Bestand häufig

Sumpfbiber

Dieses nachtaktive Nagetier besitzt dem aquatischen Lebensraum angepasste hoch liegende Augen, Nasenlöcher und Ohren. Die Lippen schließen hinter den Vorderzähnen, sodass das Tier auch unter Wasser nagen kann. Zudem hat der Sumpfbiber einen langen abgerundeten Schwanz und mit Schwimmhäuten versehene Hinterfüße. Der schnelle Schwimmer ernährt sich sowohl von Wasserpflanzen wie auch von Luzernen, Reis, Weidelgras und den Keimen der Virginischen Sumpfzypresse; das Futter wird während des Fressens zwischen den Vorderpfoten gehalten. Die in hohem Maße geselligen Tiere leben in Familien in Tunneln am Flussufer. Ihr weit reichendes Territorium markieren sie mit einem Sekret, das von oralen und analen Drüsen abgesondert wird. Die am Flussufer erhöht gebauten Nester werden vom Männchen verteidigt.

Größe: Körperlänge 47–58 cm, Schwanzlänge 34–41 cm.

Verbreitung: Chile, Argentinien, Uruguay, Südbrasilien, Paraguay und Bolivien. In der Nähe von Seen und Flüssen.

Anmerkung: Ursprünglich in Südamerika beheimatet, wurde der Sumpfbiber in Nordamerika und Europa eingeführt, wo er wegen seines dichten braunen Fells gezüchtet wurde. Heutzutage gibt es zahlreiche wilde Populationen, die sich aus geflüchteten Tieren entwickelt haben.

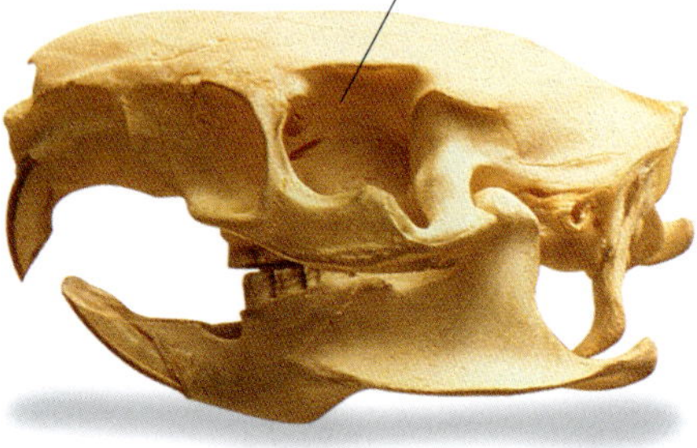

Südamerika

hoch liegende Augenhöhle

Biberähnliches Profil

Der Schädel des Sumpfbibers ähnelt dem des Bibers auf mannigfache Weise. Der Kopf ist flach und kräftig und weist einen hervorstehenden Oberkiefer und scharfe Schneidezähne auf, die über die Lippen hinausragen.

gewölbtes Hinterteil

großer Kopf

sich verjüngende Schnauze

starke Krallen

langer abgerundeter Schwanz

Lebensweise gesellig	Tragzeit 127–139 Tage	Wurfgröße 1–12	Ernährung

Familie OCTODONTIDAE	Art *Octodon degus*	Bestand stellenweise häufig

Strauchratte

Dieser bergbewohnende Nager gleicht einer großen kräftigen Maus. Das Fell ist auf der Körperoberseite gelblich braun, auf der Bauchseite cremeweiß. In der Regel weist die Strauchratte einen gelben Ring um den Hals und gelbe pelzige „Lider" rund um die Augen auf. Sie lebt in Kolonien in einem ausgedehntem Tunnelsystem, um dessen Eingänge Äste, Steine und Tierdung gehäuft werden. Die Tiere ernähren sich von einer großen Auswahl an Pflanzen, während der Trockenzeit fressen sie Viehkot.
Größe: Körperlänge 25–31 cm, Schwanzlänge 7,5–13 cm.
Verbreitung: Westchile. In den Anden.
Anmerkung: Der Schwanz bricht leicht ab, wenn er von einem Feind ergriffen wird.

Südamerika

gelbbraune Körperoberseite

gelbe „Augenlider" um die Augen

büschelartiger Schwanz mit schwarzer Spitze

hellgraue bis weiße Füße

Lebensweise variabel	Tragzeit 90 Tage	Wurfgröße 4–6	Ernährung

Familie BATHYERGIDAE	Art *Heterocephalus glaber*	Bestand stellenweise häufig

Nacktmull

Charakteristisch für diese nachtaktive Art sind die haarlose, locker sitzende, rosagraue Haut, die rudimentären Ohren und die winzigen Augen. Das soziale System der Tiere ist einzigartig: Sie leben in Kolonien mit 70 bis 80 Mitgliedern; an der Spitze steht ein dominantes Weibchen, die „Königin", die Nachkommen erzeugt. Die Nicht-Arbeiter der Kolonie versorgen die Jungtiere, die Arbeiter der Kolonie bilden mit ihren Körpern Ketten und schaffen so die Nahrung herbei. Die Vorratskammern können bis zu 40 m von der Hauptkammer entfernt liegen.
Größe: Körperlänge 8–9 cm, Schwanzlänge 3–4,5 cm.
Verbreitung: Ostafrika. In trockenen Gebieten mit konstanter Temperatur.

Afrika

sehr spärliche Behaarung auf einem rosagrauen Körper

langer abgerundeter Schwanz

lange Schneidezähne

dicke, bekrallte Zehen

Lebensweise gesellig	Tragzeit 66–74 Tage	Wurfgröße 1–12	Ernährung

Zahnwale und Delphine

Z ahnwale und Delphine stellen nahezu neun Zehntel aller Wale (Ordnung Cetacea). Sie umfassen 71 Arten von Tümmlern, Flussdelphinen, Delphinen, Weiß- und Pottwalen.

Die Tiere weisen einen stromlinienförmigen Körper mit Flossen und Ruderflossen auf. Im Gegensatz zu den Bartenwalen (s. S. 204–205) besitzen sie Zähne, doch brechen diese bei einigen schnabelartigen Walen (Ziphiidae) kaum durch das Zahnfleisch durch. Die Nasenlöcher bilden ein einziges Spritzloch, das sich normalerweise auf der Oberseite des Kopfes befindet. Viele Zahnwale zeigen einen verlängerten, an der Spitze des Mauls zu einem „Schnabel" geformten Kiefer und eine sich nach vorn wölbende Stirn, auch Ultrasonic-Reflektor genannt. Dort bündeln sich die ausgesandten und empfangenen Ultraschallsignale, die die Wale zur Ortung ihrer Beute und zum Navigieren benutzen. Die Schallwellen dienen den in Gruppen lebenden Walarten auch zur Kommunikation.

Familie PHOCOENIDAE	Art *Phocoena phocoena*	Bestand bedroht

Gemeiner Schweinswal

Dieser kleine gedrungene Tümmler besitzt einen abgerundeten Kopf ohne Schnabel und kleine spatenförmige Zähne. Die Ruderflossen sind schwarz gefärbt und zeigen dunkle bis zum Unterkiefer verlaufende Streifen. Die Vorderkante der Rückenflosse weist manchmal eine Reihe kleiner abgerundeter Knoten auf (s. rechts). Das weibliche Tier dieser Art ist größer als das männliche. Der Gemeine Schweinswal jagt in der Regel allein am Meeresboden nach Nahrung, dabei bevorzugt er Gegenden mit kräftigen Gezeitenströmungen und einer großen Anzahl möglicher Beutetiere. Die menschenscheuen Tiere sind selten in der Nähe von Schiffen zu sehen. Obwohl die Art in ihrem weiten Lebensraum in großen Gruppen anzutreffen ist, gilt sie als bedroht und daher als schützenswert. Die Gefahr geht weniger von den natürlichen Feinden, wie dem Schwertwal oder dem Weißen Hai, sondern vielmehr von den Menschen aus. Die meisten Todesfälle werden durch Grundnetze verursacht, in denen die Tiere sich verfangen.
Größe: Körperlänge 1,4–2 m, Gewicht 50–90 kg.
Verbreitung: Nordpazifik und Nordatlantik. Entlang den Küsten und im offenen Meer.
Anmerkung: Trotz ihrer geringen Größe taucht diese Art in Tiefen von bis zu 200 m.

Pazifik, Atlantik

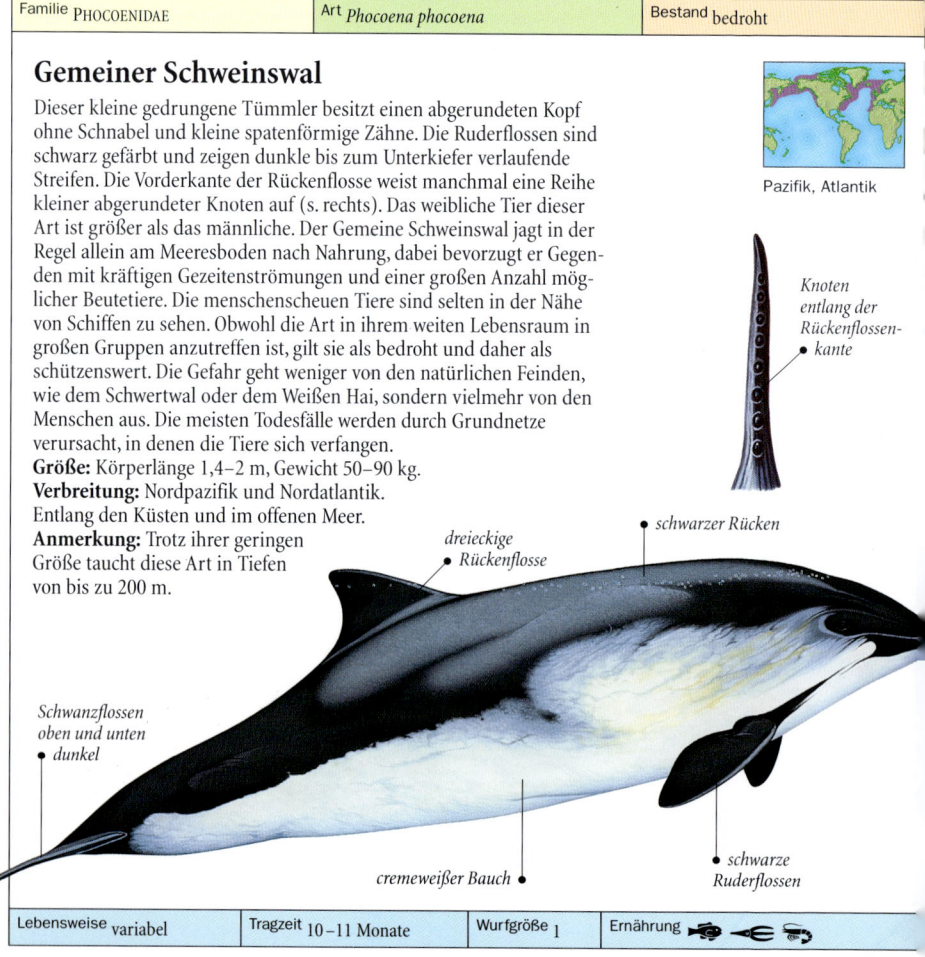

Knoten entlang der Rückenflossenkante

schwarzer Rücken

dreieckige Rückenflosse

Schwanzflossen oben und unten dunkel

cremeweißer Bauch

schwarze Ruderflossen

Lebensweise variabel	Tragzeit 10–11 Monate	Wurfgröße 1	Ernährung

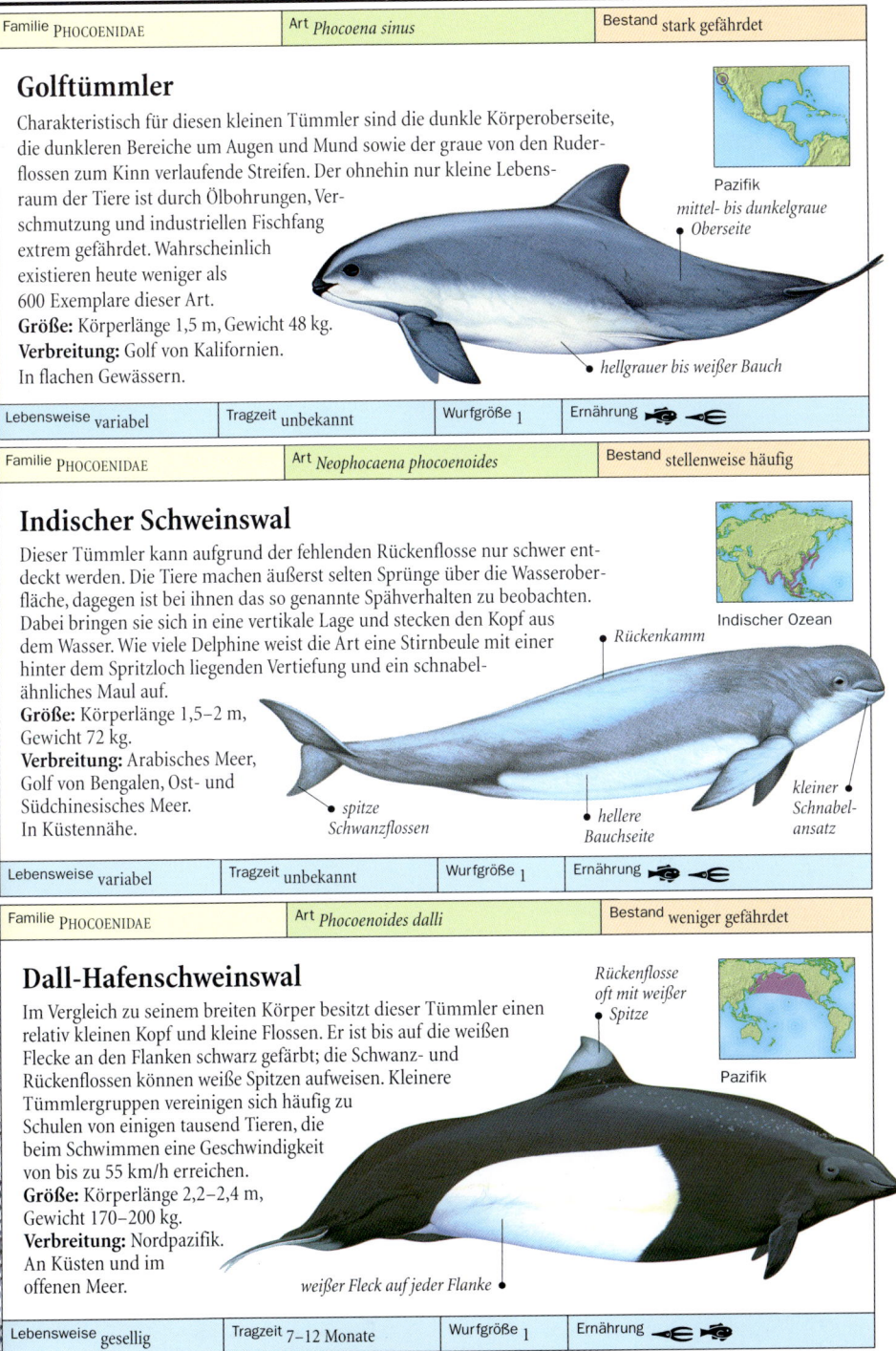

| Familie PHOCOENIDAE | Art *Phocoena sinus* | Bestand stark gefährdet |

Golftümmler

Charakteristisch für diesen kleinen Tümmler sind die dunkle Körperoberseite, die dunkleren Bereiche um Augen und Mund sowie der graue von den Ruder-flossen zum Kinn verlaufende Streifen. Der ohnehin nur kleine Lebens-raum der Tiere ist durch Ölbohrungen, Ver-schmutzung und industriellen Fischfang extrem gefährdet. Wahrscheinlich existieren heute weniger als 600 Exemplare dieser Art.
Größe: Körperlänge 1,5 m, Gewicht 48 kg.
Verbreitung: Golf von Kalifornien. In flachen Gewässern.

Pazifik
mittel- bis dunkelgraue Oberseite
hellgrauer bis weißer Bauch

| Lebensweise variabel | Tragzeit unbekannt | Wurfgröße 1 | Ernährung |

| Familie PHOCOENIDAE | Art *Neophocaena phocoenoides* | Bestand stellenweise häufig |

Indischer Schweinswal

Dieser Tümmler kann aufgrund der fehlenden Rückenflosse nur schwer ent-deckt werden. Die Tiere machen äußerst selten Sprünge über die Wasserober-fläche, dagegen ist bei ihnen das so genannte Spähverhalten zu beobachten. Dabei bringen sie sich in eine vertikale Lage und stecken den Kopf aus dem Wasser. Wie viele Delphine weist die Art eine Stirnbeule mit einer hinter dem Spritzloch liegenden Vertiefung und ein schnabel-ähnliches Maul auf.
Größe: Körperlänge 1,5–2 m, Gewicht 72 kg.
Verbreitung: Arabisches Meer, Golf von Bengalen, Ost- und Südchinesisches Meer. In Küstennähe.

Indischer Ozean
Rückenkamm
spitze Schwanzflossen
hellere Bauchseite
kleiner Schnabel-ansatz

| Lebensweise variabel | Tragzeit unbekannt | Wurfgröße 1 | Ernährung |

| Familie PHOCOENIDAE | Art *Phocoenoides dalli* | Bestand weniger gefährdet |

Dall-Hafenschweinswal

Im Vergleich zu seinem breiten Körper besitzt dieser Tümmler einen relativ kleinen Kopf und kleine Flossen. Er ist bis auf die weißen Flecke an den Flanken schwarz gefärbt; die Schwanz- und Rückenflossen können weiße Spitzen aufweisen. Kleinere Tümmlergruppen vereinigen sich häufig zu Schulen von einigen tausend Tieren, die beim Schwimmen eine Geschwindigkeit von bis zu 55 km/h erreichen.
Größe: Körperlänge 2,2–2,4 m, Gewicht 170–200 kg.
Verbreitung: Nordpazifik. An Küsten und im offenen Meer.

Rückenflosse oft mit weißer Spitze
Pazifik
weißer Fleck auf jeder Flanke

| Lebensweise gesellig | Tragzeit 7–12 Monate | Wurfgröße 1 | Ernährung |

Familie INIIDAE	Art *Inia geoffrensis*	Bestand bedroht

Amazonas-Flussdelphin

Dieses Tier bohrt mit seinem langen schmalen Maul im Schlamm nach Nahrung und benutzt dabei sein Echolot, um sich zu orientieren und die Beute aufzuspüren. Mit den stiftartigen Vorderzähnen wird die Beute ergriffen, die backenzahnähnlichen Zähne dienen dem Zermalmen von Krebsen, gepanzerten Welsen und Schildkröten. Die Art besitzt einen plumpen Körper, der leuchtend rosafarben, bläulich grau oder naturweiß sein kann, und kleine Augen. Statt einer Rückenflosse weist sie eine kammartige Erhebung auf dem Rücken auf.
Größe: Körperlänge 2–2,6 m, Gewicht 100–160 kg.
Verbreitung: Amazonas- und Orinokobecken. In Seen und Flüssen.

Südamerika

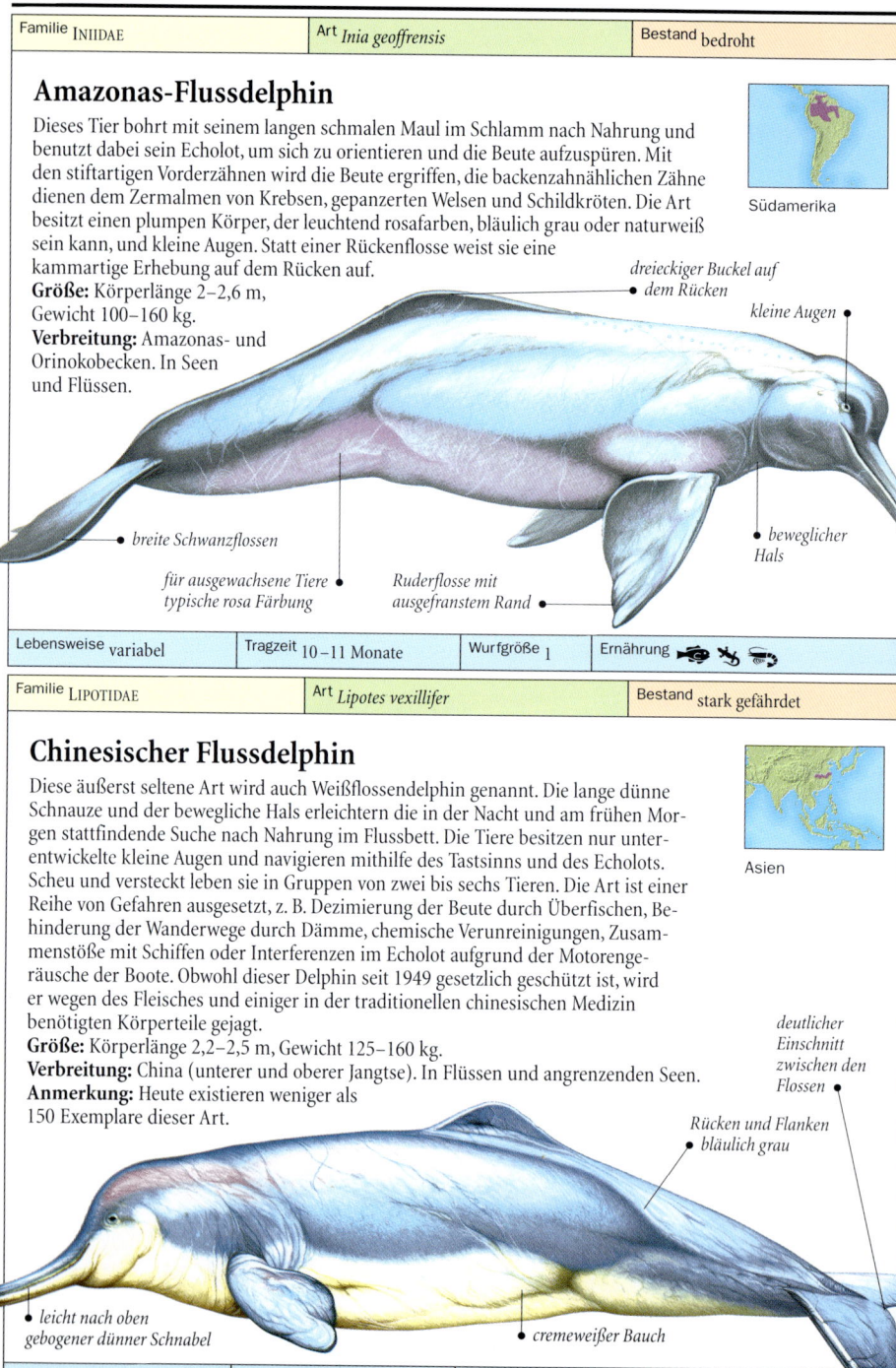

dreieckiger Buckel auf dem Rücken

kleine Augen

breite Schwanzflossen

für ausgewachsene Tiere typische rosa Färbung

Ruderflosse mit ausgefranstem Rand

beweglicher Hals

Lebensweise variabel	Tragzeit 10–11 Monate	Wurfgröße 1	Ernährung

Familie LIPOTIDAE	Art *Lipotes vexillifer*	Bestand stark gefährdet

Chinesischer Flussdelphin

Diese äußerst seltene Art wird auch Weißflossendelphin genannt. Die lange dünne Schnauze und der bewegliche Hals erleichtern die in der Nacht und am frühen Morgen stattfindende Suche nach Nahrung im Flussbett. Die Tiere besitzen nur unterentwickelte kleine Augen und navigieren mithilfe des Tastsinns und des Echolots. Scheu und versteckt leben sie in Gruppen von zwei bis sechs Tieren. Die Art ist einer Reihe von Gefahren ausgesetzt, z. B. Dezimierung der Beute durch Überfischen, Behinderung der Wanderwege durch Dämme, chemische Verunreinigungen, Zusammenstöße mit Schiffen oder Interferenzen im Echolot aufgrund der Motorengeräusche der Boote. Obwohl dieser Delphin seit 1949 gesetzlich geschützt ist, wird er wegen des Fleisches und einiger in der traditionellen chinesischen Medizin benötigten Körperteile gejagt.
Größe: Körperlänge 2,2–2,5 m, Gewicht 125–160 kg.
Verbreitung: China (unterer und oberer Jangtse). In Flüssen und angrenzenden Seen.
Anmerkung: Heute existieren weniger als 150 Exemplare dieser Art.

Asien

deutlicher Einschnitt zwischen den Flossen

Rücken und Flanken bläulich grau

leicht nach oben gebogener dünner Schnabel

cremeweißer Bauch

Lebensweise solitär	Tragzeit 10 Monate	Wurfgröße 1	Ernährung

Familie PLATANISTIDAE	Art *Platanista gangetica*	Bestand gefährdet

Ganges-Flussdelphin

Dieser seltene Süßwasserdelphin besitzt ausgeprägte breite Ruderflossen und eine lange dünne Schnauze mit hervorstehenden Vorderzähnen, die ineinander greifen und die Beute wie einen Käfig umschließen. Dank des flexiblen Halses kann das Tier seinen Kopf im rechten Winkel drehen und so nach Futter graben und die Gegend mit dem Echolot erkunden. Obwohl die Delphine auf den ersten Blick identisch erscheinen, gibt es zwei Unterarten: die im Indus lebenden und die im Ganges und Brahmaputra heimischen Delphine. Beide leben in kleinen Gruppen von meist vier bis sechs Tieren, gelegentlich können es auch 30 oder mehr Exemplare sein.
Größe: Körperlänge 2,1–2,5 m, Gewicht 85 kg.
Verbreitung: Pakistan und Indien (Indus, Ganges und Brahmaputra). In Süßwasserflüssen.
Anmerkung: Dieser Wal besitzt als Einziger keine kristalline Augenlinse; die Tiere sind blind.

Asien

große breite
Schwanzflossen

dreieckige
kammartige
Erhebung auf
dem Rücken

nach oben
gebogenes
Maul

paddelförmige,
gezackte Ruderflossen

rosafarbener Bauch

Lebensweise variabel	Tragzeit 8–12 Monate	Wurfgröße 1	Ernährung

Familie DELPHINIDAE	Art *Lagenorhynchus obscurus*	Bestand stellenweise häufig

Dunkeldelphin

Dieser kleine und kompakte Delphin weist ein komplexes und variables Farbmuster auf. Größtenteils besitzt er jedoch eine dunkelgraue bis blauschwarze Oberseite und eine hellgraue oder weiße Unterseite; zwischen Rücken und Bauch verläuft ein spitz zulaufender grauer Streifen. Die Flanken sind jeweils mit einem hellen gegabelten Fleck versehen. Es werden folgende Unterarten unterschieden: *L. obscurus fitzroyi* vor Südamerika, *L. obscurus obscurus* vor Südafrika und eine bisher unbenannte Art vor Neuseeland. L. obscurus ist sowohl tag- als auch nachtaktiv und ernährt sich von im offenen Meer umherschwimmenden kleinen Fischschwärmen sowie von Tintenfischen aus dem oberflächennahen Bereich und aus großer Tiefe.
Größe: Körperlänge 1,7–2,1 m, Gewicht 70–85 kg.
Verbreitung: Westliches und südliches Südamerika, Südafrika und Neuseeland. An Kontinental- und Küstensockeln.

Südamerika,
Afrika, Neuseeland

hellgraue Streifen
zwischen schwarzem
Rücken und
weißem Bauch

sich
verjüngender
Kopf

lange gebogene
Rückenflosse

gegabelter heller
Fleck an den
Flanken

schwarze
Lippen

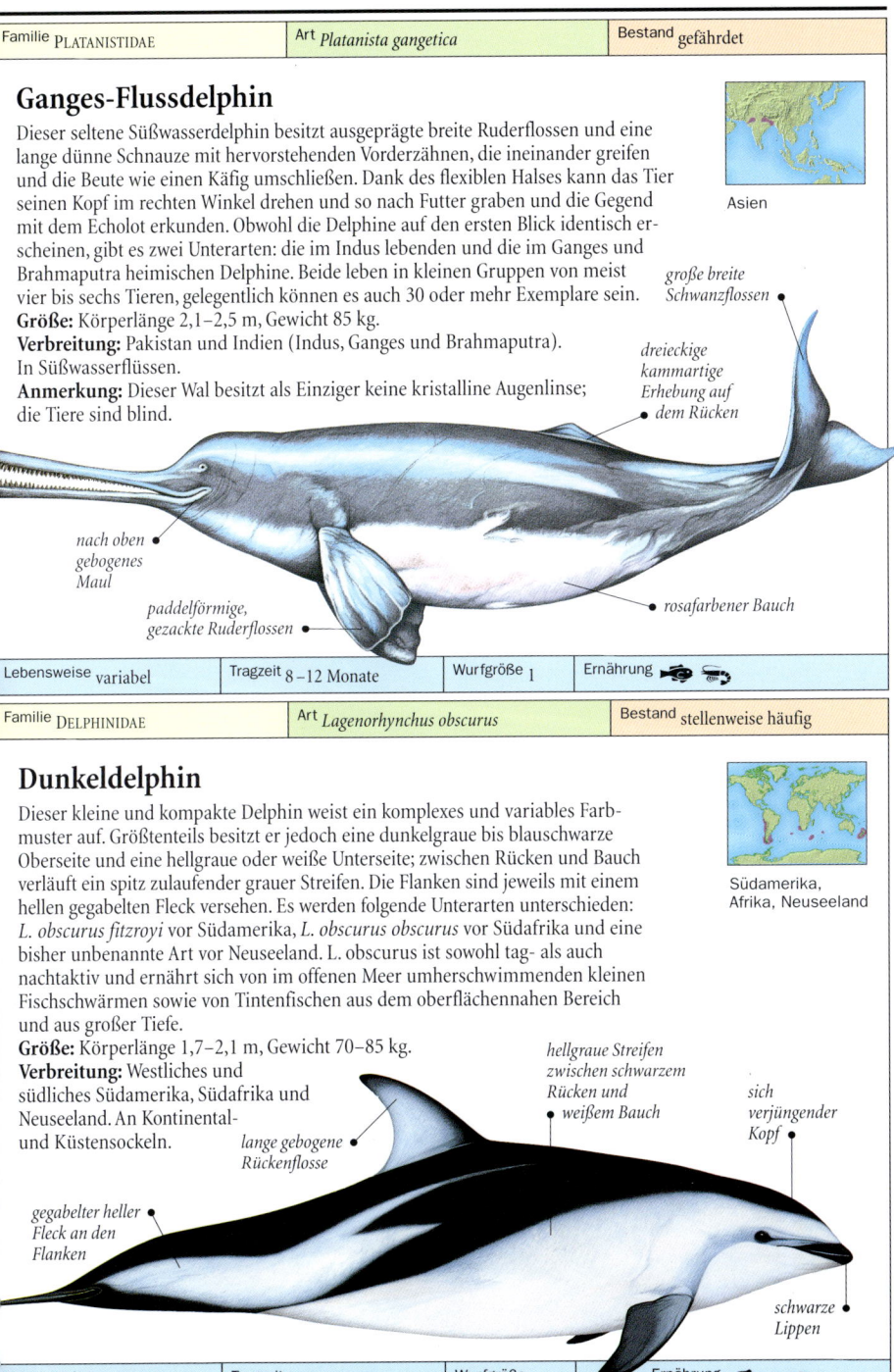

Lebensweise variabel	Tragzeit 13 Monate	Wurfgröße 1	Ernährung

Familie DELPHINIDAE	Art *Lagenorhynchus obliquidens*	Bestand häufig

Weißstreifendelphin

Diese Art unterscheidet sich durch den durchgehenden, nicht gegabelten hellen Streifen an den Flanken vom *Lagenorhynchus obscurus*
(s. S. 185). Die Stirn neigt sich sanft vom Spritzloch zur Schnauze.
Dieses für seine Luftsprünge bekannte, gesellige Tier wird
häufig zusammen mit anderen Walen ge-
sichtet. Es frisst in der Abenddämmerung, nachts und im Morgengrauen.
Größe: Körperlänge 2,1–2,5 m,
Gewicht 75–90 kg.
Verbreitung: Nordpazifik.
Am Kontinentalsockel und
in tiefen Meereszonen.

lange gebogene
Rückenflosse

Pazifik

dunkle Kanten
an den Ruderflossen

heller Bauch

vom Schwanz
bis zum Kopf
verlaufender Streifen

Lebensweise gesellig	Tragzeit 10–12 Monate	Wurfgröße 1	Ernährung

Familie DELPHINIDAE	Art *Lagenorhynchus albirostris*	Bestand häufig

Weißschnauzendelphin

Dieser große stämmige Delphin schwimmt gern vor Schiffen her.
Seine kleine Schnauze ist in der Form deutlich von der Stirn ab-
gegrenzt. Rückenflosse, Schwanzflossen und Ruderflossen sind
schwarz und bilden einen starken Kontrast zu Bauch, Schnauze
und Seitenstreifen, die hell gefärbt sind. Früher wurden die
Tiere wegen ihres Fleisches und Öls gejagt; sie
befinden sich jedoch auch heute noch in
Gefahr, da sie sich häufig in
Fischernetzen verfangen.
Größe: Körperlänge 2,8 m,
Gewicht 350 kg.
Verbreitung: Ostkanada, Nordosten der USA, Grönland
und Nordeuropa. Entlang den Küsten und im offenen Meer.

hohe gebogene
Rückenflosse

Atlantik

weiße
Unterseite

abgegrenzte
helle Schnauze

Lebensweise gesellig	Tragzeit unbekannt	Wurfgröße 1	Ernährung

Familie DELPHINIDAE	Art *Grampus griseus*	Bestand häufig

Rundkopfdelphin

Dank seiner Größe und der fehlenden Schnauze ist der Rundkopfdelphin
leicht zu identifizieren. Er ist grau gefärbt und besitzt eine lange sichelförmige Rückenflosse. Die
gelegentlich nachtaktiven Tiere schließen sich manchmal anderen Delphinen und Grindwalen an. Gefahr
droht dieser Art durch Ersticken in Fischernetzen und an Plastikmüll.
Größe: Körperlänge 3,8 m,
Gewicht 400 kg.
Verbreitung: Weltweit.
In tiefen tropischen
und gemäßigten
Meereszonen.

große sichelförmige
Rückenflosse

weltweit

vernarbte
Bereiche auf dem Körper

lange gebogene
Ruderflossen

stumpfer,
schnabelloser
Kopf

Lebensweise gesellig	Tragzeit 13–14 Monate	Wurfgröße 1	Ernährung

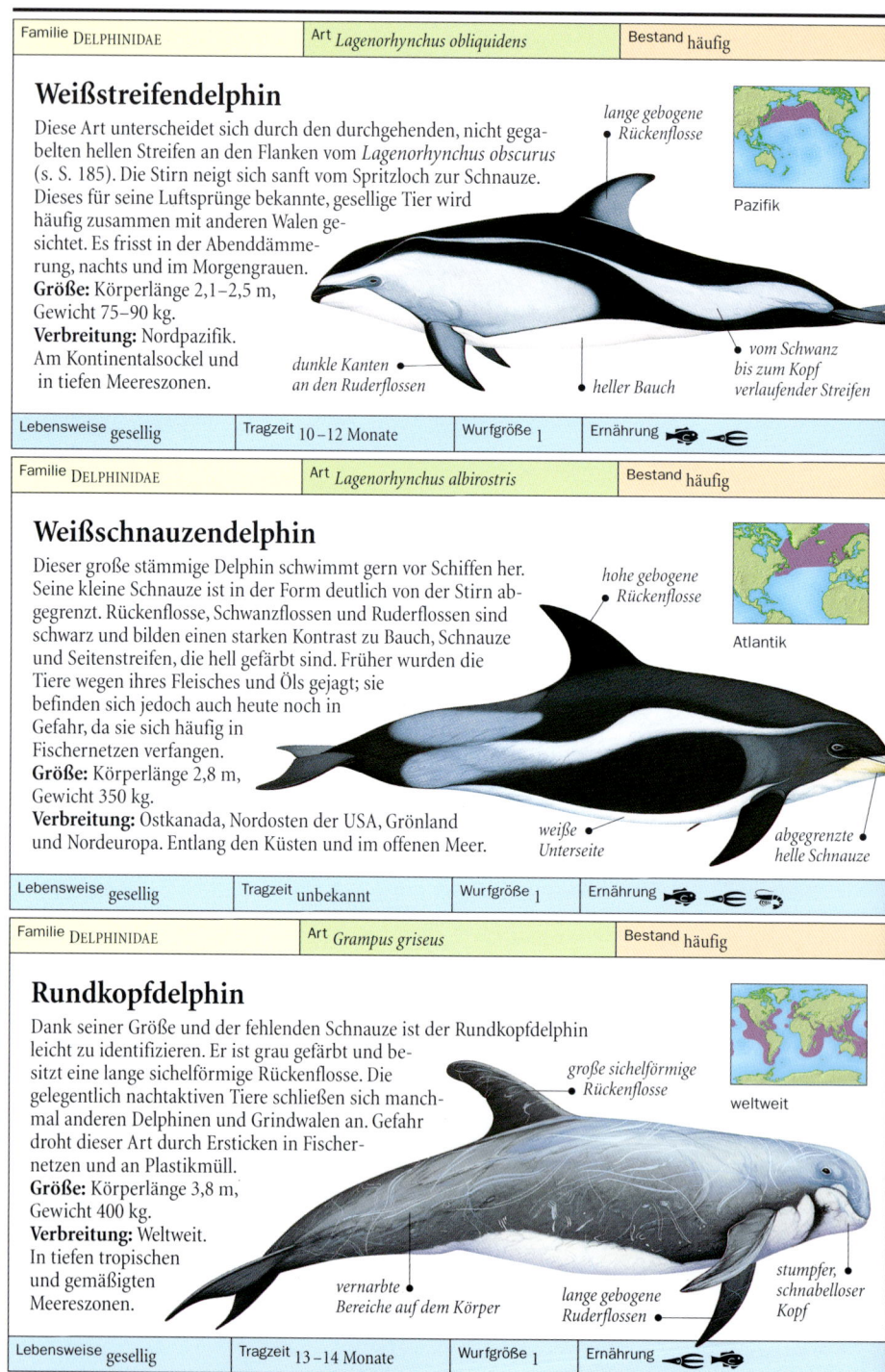

Familie DELPHINIDAE	Art Stenella longirostris	Bestand weniger gefährdet

Rotbauchiger Delphin

Es werden drei Unterarten sowie eine im Golf von Thailand vorkommende Zwergva-
riante unterschieden. Die Tiere besitzen einen schlanken Körper und eine dünne
lange Schnauze; die Männchen sind anhand der Beule im Analbereich zu erkennen.
Die äußerst geselligen Tiere jagen nachts und schwimmen häufig in Schulen von zehn
bis einigen tausend Tieren neben anderen Delphinarten, Walen oder Thunfischschwärmen her. Die charakteristischen Sprünge und das dabei erfolgende Drehen
um die eigene Achse, gekoppelt mit verschiedenen Klicklauten, Pfiffen und Schreien,
dienen vermutlich der Kommunikation.

Größe: Körperlänge 1,3–2 m, Gewicht 45–75 kg.
Verbreitung: Weltweit. In tropischen Meereszonen.
Anmerkung: Millionen der Tiere wurden bisher
beim kommerziellen Fischfang im Ostpazifik
getötet.

weltweit

leicht gebogene
Rückenflosse

schlanker Körper
mit dunkelgrauem
Rücken

von den Augen zu
den Ruderflossen verlaufende
dunkle Streifen

blasser Bauch unter
hellgrauen Flanken

Lebensweise gesellig	Tragzeit 10–11 Monate	Wurfgröße 1	Ernährung

Familie DELPHINIDAE	Art Stenella frontalis	Bestand stellenweise häufig

Atlantischer Fleckendelphin

Diese Art unterscheidet sich vom Fleckendelphin (s. S. 188) durch den gedrungeneren
Körper, den dickeren Schnabel und den von der Schulter bis zur Rückenflosse verlaufenden hellen Streifen. Genau wie sein Verwandter wird auch dieser Delphin ohne
Punkte geboren; diese erscheinen zuerst auf der Bauchseite und breiten sich mit zunehmenden Alter auch auf dem Rücken aus. Nachts ernährt sich das Tier von Fischen
und Tintenfischen, die aus dem tieferen Wasser nach oben kommen. Tagsüber frisst es
Fische aus der mittleren Wasserschicht oder gräbt im sandigen Boden nach Beute.

Größe: Körperlänge 1,7–2,3 m, Gewicht 140 kg.
Verbreitung: Atlantik. Entlang den Küsten und im offenen Meer.
Anmerkung: Dieser Delphin wird wegen seines
Fleisches – das im Fischfang oft als Köder benutzt
wird – im Karibischen Meer gejagt.

Atlantik

bis zur Rückenflosse grau
gefärbter Rücken

je nach Verbreitungsgebiet
variierende Tupfen

lange
stumpfe Schnauze

große spitze
Ruderflossen

hellgrauer oder
weißer Bauch

Lebensweise variabel	Tragzeit unbekannt	Wurfgröße 1	Ernährung

Familie DELPHINIDAE	Art *Stenella coeruleoalba*	Bestand weniger gefährdet

Streifendelphin

Die blaugraue Grundfarbe dieser Art wird von einem komplexen Muster aus schwarzen und weißen Streifen an Flanken und Rücken überlagert. Die besonders geselligen Delphine bilden in der Regel Schwärme von 10 bis 500 Tieren. Sie sind aufgrund ihrer akrobatischen Sprünge und Drehungen bekannt, die sie während des Schwimmens vollführen. Häufig sind die Tiere auch beim Reiten auf Bugwellen vor großen Walen oder Schiffen zu beobachten. Manchmal versammeln sie sich zu Tausenden, springen hoch in die Luft und pfeifen dabei, um miteinander in Kontakt zu bleiben.

Größe: Körperlänge 1,8–2,5 m, Gewicht 110–165 kg.
Verbreitung: Weltweit. In tropischen und gemäßigten Meereszonen.
Anmerkung: Obwohl die Tiere relativ häufig vorkommen, hat sich ihre Zahl in den letzten Jahren verringert.

weltweit

blaugrauer Rücken

schwarzer Streifen von der Schnauze bis zum Analbereich

breiter hellgrauer Streifen

cremeweiße oder rosafarbene Unterseite

Lebensweise gesellig	Tragzeit 12–13 Monate	Wurfgröße 1	Ernährung

Familie DELPHINIDAE	Art *Stenella attenuata*	Bestand weniger gefährdet

Fleckendelphin

Diese mit am häufigsten vorkommende Art ähnelt stark der Stenella frontalis (s. S. 187), ist jedoch schlanker. Auf dem Rücken ist ein dunkelgrauer, in der Form einem Umhang ähnelnder Fleck zu sehen, der Stirn und Rückenflosse mit einschließt. Der Bauch und die unteren Flankenbereiche sind hellgrau und bei ausgewachsenen Tiere mit Punkten übersät, die je nach Lebensraum variieren und sich im Laufe des Alters zunehmend verbreiten. Die Lippen der ausgewachsenen Tiere können weiß gefärbt sein. Große Schulen, die sich in Gruppen unterteilen – z. B. Mütter und Jungtiere, ältere Jungtiere –, schließen sich anderen Walen, etwa *Stenella longirostris*, oder Thunfischschwärmen an.

Größe: Körperlänge 1,6–2,6 m, Gewicht bis zu 120 kg.
Verbreitung: Weltweit. In tropischen und gemäßigten Meereszonen.
Anmerkung: Wie der Rotbauchige Delphin (s. S.187) wird auch diese Art bei der kommerziellen Thunfischjagd mitgefangen, was viele getötete und verletzte Tiere zur Folge hat.

weltweit

ovaler dunkelgrauer „Umhang"

weiße Lippen bei ausgewachsenen Tieren

schlanker, stromlinienförmiger Körper

Körperflecke verbreiten sich mit zunehmendem Alter

helle Unterseite

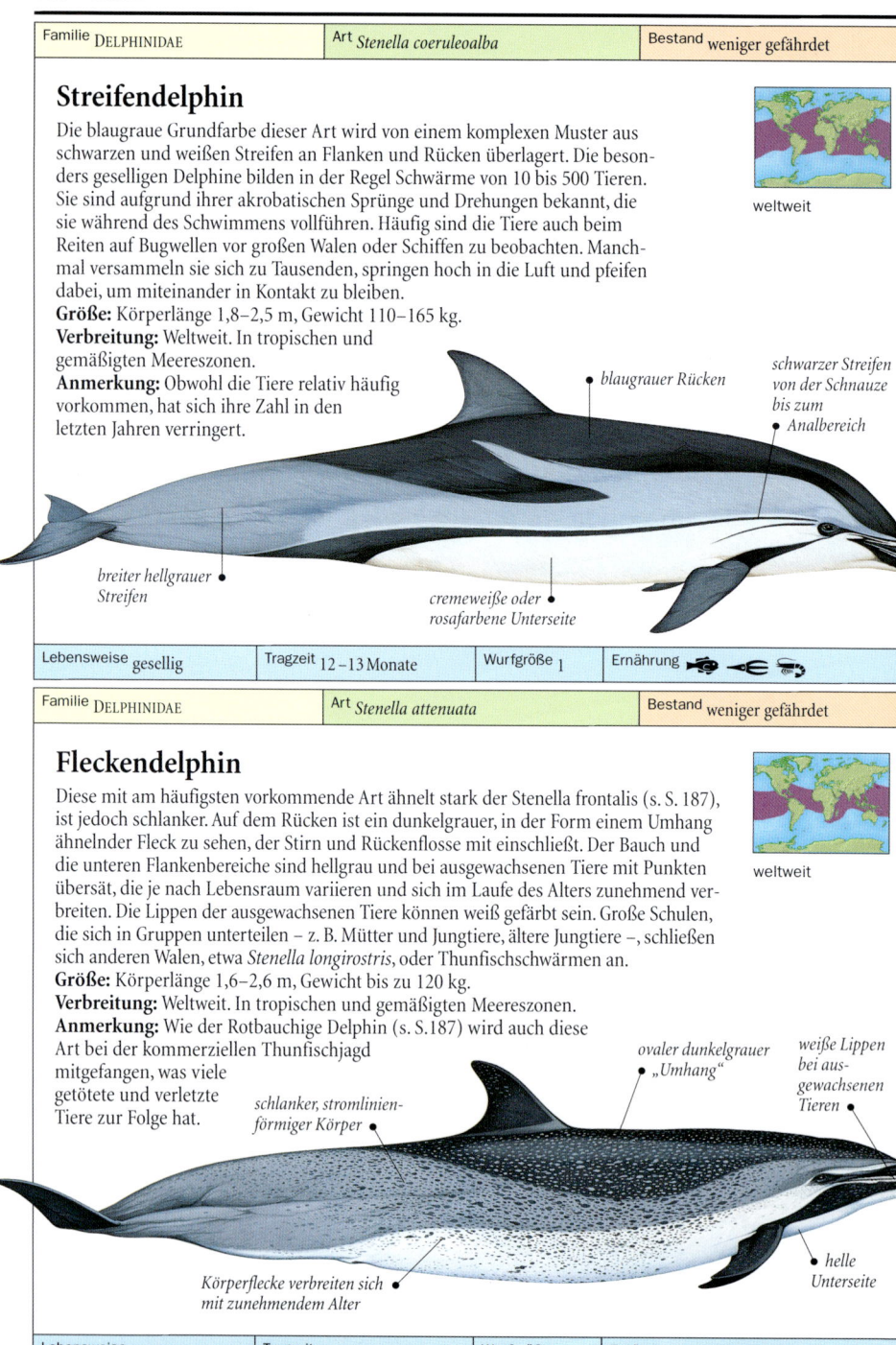

Lebensweise gesellig	Tragzeit 11–12 Monate	Wurfgröße 1	Ernährung

| Familie DELPHINIDAE | Art *Tursiops truncatus* | Bestand häufig |

Großtümmler

Dieser größte schnauzentragende Delphin wird häufig als Darsteller in Aquarien-vorführungen eingesetzt. Körpergröße und Farbe sind je nach Lebensraum extrem variabel. In warmen Gewässern werden die Tiere 2 m lang und besitzen relativ große Extremitäten. Dagegen erreichen die in kälteren, offenen Meeren lebenden Großtümmler z. T. die doppelte Größe, weisen aber proportional kleinere Ruder-, Rücken- und Schwanzflossen auf. Der Rücken ist in der Regel dunkelgrau gefärbt, der Bauch cremeweiß. Eine andere mögliche Großtümmlerart wurde im Indischen Ozean und im Westpazifik entdeckt.

Größe: Körperlänge 1,9–4 m, Gewicht 500 kg.
Verbreitung: Weltweit. In tropischen und gemäßigten Meereszonen.
Anmerkung: Dieses Tier kann gefahrlos be-rührt werden und wird daher bei Thera-pien mit behinderten Menschen eingesetzt.

weltweit

robuster
kurzer
Schnabel

große gebogene
Rückenflosse

große
Schwanzflossen

lange spitze
Ruderflossen

| Lebensweise variabel | Tragzeit 12 Monate | Wurfgröße 1 | Ernährung |

| Familie DELPHINIDAE | Art *Delphinus delphis* | Bestand häufig |

Gemeiner Delphin

Charakteristisch für diese Art ist die wie ein Uhrenglas geformte gelbe und hell-graue Markierung auf der Unterseite. Vom Kinn bis zu den Ruderflossen und von der Schnauze bis zu den Augen verlaufen dunkle Streifen. Der schnelle Schwimmer kann eine Vielzahl von Lauten produzieren, z. B. Klicklaute, quietschende und krächzenden Geräusche, die von den Schiffen aus zu hören sind, wenn die Tiere auf der Bugwelle schwimmen. In Küstennähe wurde eine zweite Art des Gemeinen Delphins (Delphinus capensis) entdeckt. Beide Arten jagen Fischschwärme und Tintenfische bis zu einer Tiefe von 300 m.

Größe: Körperlänge 2,3–2,6 m, Gewicht 80 kg.
Verbreitung: Weltweit. In tiefen tropischen und gemäßigten Meereszonen.
Anmerkung: Der Gemeine Delphin wird in vielen Teilen der Welt gejagt.

weltweit

dunkelbrauner
Rücken

vom Maul bis zur
Rückenflosse gelber
oder blassgelber
Schimmer

hellgrauer
Schimmer

weiße Unterseite

lange schmale Schnauze
mit einer Falte

| Lebensweise gesellig | Tragzeit 10–11 Monate | Wurfgröße 1 | Ernährung |

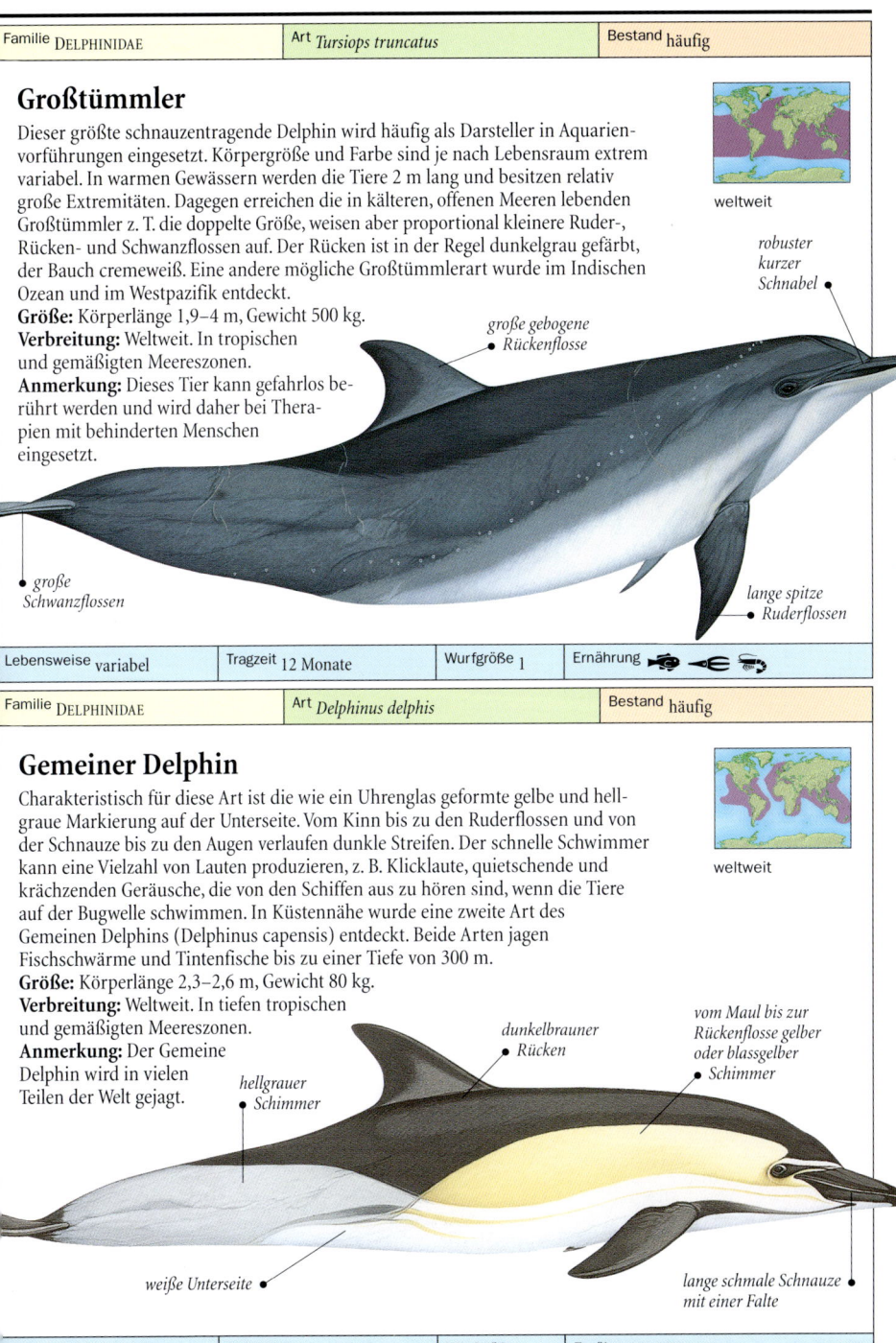

Familie DELPHINIDAE	Art *Orcaella brevirostris*	Bestand stellenweise häufig

Irrawady-Delphin

Ein abgerundeter Kopf, kammartige Lippen, eine hervorstehende Stirn sowie ein faltiger Hals charakterisieren diese Art, die mithilfe ihrer Gesichtsmuskeln eine Vielzahl von Gesichtsausdrücken zeigen kann. Sie ist in kleinen Schulen mit bis zu 15 Tieren in verschlammten Flussmündungen zu finden. Einige Delphine schwimmen entlang den Flussläufen des Irrawady und Mekong bis zu 1500 km flussaufwärts.

Größe: Körperlänge 2,1–2,8 m, Gewicht 90–150 kg.
Verbreitung: Südostasien und Nordaustralien.
Sowohl im Brackwasser wie auch im
Süßwasser.

Asien, Australien

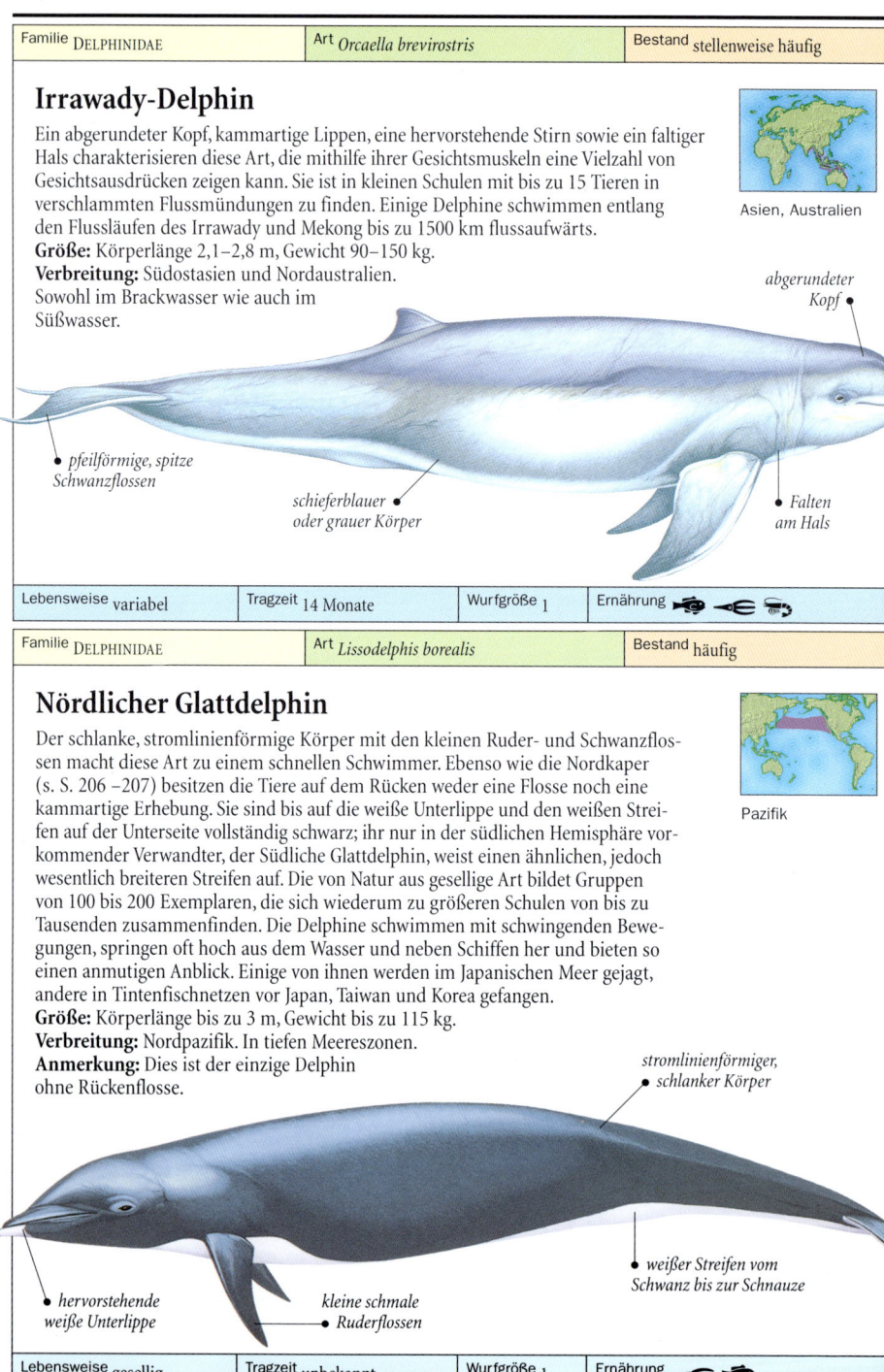

abgerundeter Kopf

pfeilförmige, spitze Schwanzflossen

schieferblauer oder grauer Körper

Falten am Hals

Lebensweise variabel	Tragzeit 14 Monate	Wurfgröße 1	Ernährung

Familie DELPHINIDAE	Art *Lissodelphis borealis*	Bestand häufig

Nördlicher Glattdelphin

Der schlanke, stromlinienförmige Körper mit den kleinen Ruder- und Schwanzflossen macht diese Art zu einem schnellen Schwimmer. Ebenso wie die Nordkaper (s. S. 206 –207) besitzen die Tiere auf dem Rücken weder eine Flosse noch eine kammartige Erhebung. Sie sind bis auf die weiße Unterlippe und den weißen Streifen auf der Unterseite vollständig schwarz; ihr nur in der südlichen Hemisphäre vorkommender Verwandter, der Südliche Glattdelphin, weist einen ähnlichen, jedoch wesentlich breiteren Streifen auf. Die von Natur aus gesellige Art bildet Gruppen von 100 bis 200 Exemplaren, die sich wiederum zu größeren Schulen von bis zu Tausenden zusammenfinden. Die Delphine schwimmen mit schwingenden Bewegungen, springen oft hoch aus dem Wasser und neben Schiffen her und bieten so einen anmutigen Anblick. Einige von ihnen werden im Japanischen Meer gejagt, andere in Tintenfischnetzen vor Japan, Taiwan und Korea gefangen.

Größe: Körperlänge bis zu 3 m, Gewicht bis zu 115 kg.
Verbreitung: Nordpazifik. In tiefen Meereszonen.
Anmerkung: Dies ist der einzige Delphin
ohne Rückenflosse.

Pazifik

stromlinienförmiger, schlanker Körper

weißer Streifen vom Schwanz bis zur Schnauze

hervorstehende weiße Unterlippe

kleine schmale Ruderflossen

Lebensweise gesellig	Tragzeit unbekannt	Wurfgröße 1	Ernährung

| Familie DELPHINIDAE | Art *Cephalorhynchus commersonii* | Bestand stellenweise häufig |

Schwarzweißdelphin

Die Färbung dieser Art ähnelt der des Schwertwals (s. S. 194–195). Die Tiere besitzen eine sanft ansteigende Stirn und abgerundete Ruder- und Schwanzflossen. Bis auf einige schwarze Flecke auf Stirn, Ruderflossen und Bauch sowie zwischen Rückenflosse und Schwanzflossen ist der Körper weiß gefärbt. Das neugeborene Kalb ist grau und zeigt erst mit zunehmendem Alter die schwarze und weiße Färbung. Der ausgezeichnete Schwimmer und Springer bildet Schulen von bis zu zehn, gelegentlich auch bis zu 100 Tieren. Die vor Südafrika lebenden Delphine sind 25 bis 30 cm kürzer als jene, die im Indischen Ozean beheimatet sind.

Südamerika, Indischer Ozean

Größe: Körperlänge 1,4–1,7 m, Gewicht bis zu 86 kg.
Verbreitung: Südliches Südamerika, Falklandinseln und Südindischer Ozean. In trüben, flachen küstennahen Gewässern.

gedrungener weißer Körper

sanft geneigte Stirn

breite, stumpfe Flossen

kleiner schwarzer Fleck auf der Unterseite

Ruderflossen mit abgerundeten Spitzen

| Lebensweise gesellig | Tragzeit 11–12 Monate | Wurfgröße 1 | Ernährung |

| Familie DELPHINIDAE | Art *Cephalorhynchus hectori* | Bestand gefährdet |

Hectors Delphin

Dieses im Umriss einem Tümmler ähnelnde kleine Tier besitzt eine auffällige abgerundete Rückenflosse und ein Farbmuster in Schwarz, Weiß und Grau; es weist eine breite Schnauze auf. Der aktive und gesellige Delphin schwimmt in kleinen Gruppen von fünf oder weniger Tieren und zeigt ein hohes Maß an interaktivem Verhalten; die Tiere jagen z. B. miteinander, schlagen mit den Flossen und berühren einander. Als eine in Küstennähe lebende Art sind die Tiere durch Umweltverschmutzung gefährdet und sterben zudem häufig in Fischernetzen.

Neuseeland

Größe: Körperlänge 1,2–1,5 m, Gewicht bis zu 57 kg.
Verbreitung: Neuseeland. In flachen küstennahen Gewässern.
Anmerkung: Dies ist eine der seltensten Delphinarten.

vorherrschend graue Körperfärbung

große Schwanzflossen

typische gerundete Rückenflosse

weißer Bauch mit dunklerem Rand

fingerförmige, in Richtung Schwanz weisende weiße Bereiche

| Lebensweise gesellig | Tragzeit unbekannt | Wurfgröße 1 | Ernährung |

Familie DELPHINIDAE	Art *Globicephala macrorhynchus*	Bestand weniger gefährdet

Grindwal

Charakteristisch für diesen Wal sind seine einheitlich schiefergraue bis schwarze Färbung, der ankerähnlich geformte Fleck an Kehle und Brust sowie die weißen Streifen hinter Rückenflosse und Augen. Im Meer ist das Tier jedoch nur durch die kürzeren Ruderflossen von seinem nahen Verwandten *Globicephala melas* zu unterscheiden. Der Grindwal scheint wärmere Gewässer zu bevorzugen, daher besteht nur eine geringe Überschneidung in den Lebensräumen der beiden Arten. Männchen werden etwa doppelt so schwer wie die Weibchen und leben 15 Jahre länger; die Narben auf dem Körper lassen Kämpfe um die Weibchen vermuten.

schlanker Körper, der mit zunehmendem • Alter robuster wird

spitz zulaufender • Schwanz

Die geselligen Wale bilden Schulen von 10 bis 100 Tieren. Sie ernähren sich vorwiegend von Tiefseetintenfischen und Kraken, die sie nachts erbeuten; dabei tauchen sie oft bis zu 500 m tief. Sie können mehr als 15 Minuten unter Wasser bleiben.
Größe: Körperlänge 5–7 m, Gewicht 1–1,8 t.
Verbreitung: Weltweit. In tropischen und warmen gemäßigten Meereszonen.
Anmerkung: Dieser Wal wird bei der Jagd in flache Gewässer getrieben.

cremeweißer • Bauchfleck

Lebensweise gesellig	Tragzeit 14,5–15 Monate	Wurfgröße 1	Ernährung

Familie DELPHINIDAE	Art *Pseudorca crassidens*	Bestand stellenweise häufig

Kleiner Schwertwal

Dieses Tier gehört zu den größten Delphinarten. Es besitzt einen einheitlich schwarzen oder schiefergrauen Körper mit einem von den Ruderflossen bis zum Bauch verlaufenden helleren Schimmer, eine mittig platzierte, große gebogene Rückenflosse sowie ellenbogenähnlich geformte Brustflossen. Der schlanke Wal schwimmt im Verhältnis zu seiner Körpergröße extrem schnell und ist ein ausgezeichneter Jäger.

schlanker, um die Schnauze herum spitz • zulaufender Kopf

Er ist mit acht bis elf Paar konisch geformten Zähnen ausgestattet und fängt große Fische, z. B. Lachse, Thunfische und Barrakudas, aber auch Tintenfische und kleinere Delphine im Ozean. In der Regel werden Schulen von 10 bis 20, manchmal auch 300 Tieren gebildet. Der Kleine Schwertwal kann verschiedene Echolot- und Kommunikationssignale, wie Klicklaute oder Pfiffe, ausstoßen. Das für seine spektakulären Sprünge bekannte Tier reitet auch gekonnt auf Wellen und Bugwellen.
Größe: Körperlänge 5–6 m, Gewicht 1,3–1,4 t.
Verbreitung: Weltweit. In tiefen, ablandigen gemäßigten oder tropischen Meereszonen, gelegentlich an Küsten der ozeanischen Inseln, vor allem Japan und Hawaii.
Anmerkung: Dieser Wal strandet sehr häufig an Küsten, z. T. in Gruppen von 800 bis 1000 Tieren.

angewinkelte • Ruderflossen

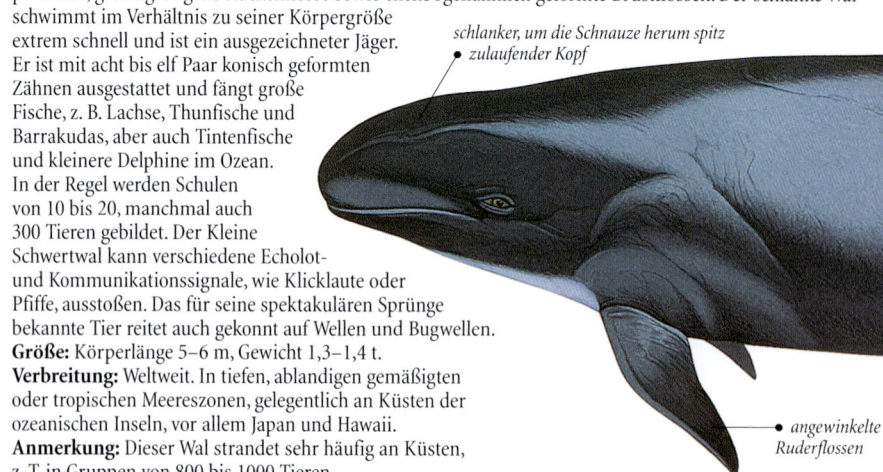

Lebensweise gesellig	Tragzeit 11–16 Monate	Wurfgröße 1	Ernährung

Schwanzflossen

Die Schwanzflossen des Grindwals zeigen konkav verlaufende Ränder und eine charakteristische Einkerbung in der Mitte. Oft werden sie vor einem längeren Tauchgang über die Wasseroberfläche gehoben.

niedrige, abgerundete Rückenflosse

zwiebelförmiger Kopf

schiefergrauer oder schwarzer Körper

schlanke, gebogene, nah am Kopf sitzende Ruderflossen

weltweit

Schwanzflossen

Die Flossen des kleinen Schwertwals sind im Verhältnis zur Körpergröße recht klein und weisen eine scharfe Spitze sowie eine charakteristische Einkerbung auf.

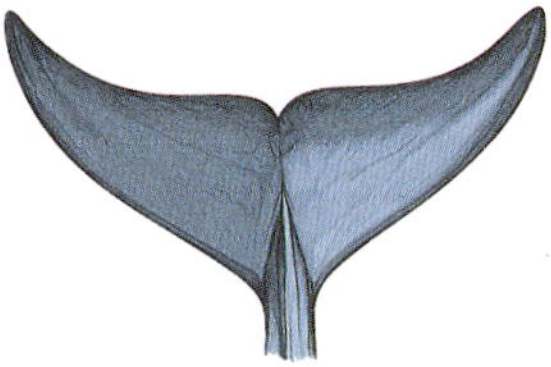

markant gebogene Rückenflosse

Körper kann vernarbt sein

relativ kleine Flossen

lange schlanke Körperform

hellgrauer Schimmer im oberen Bereich der Flanke

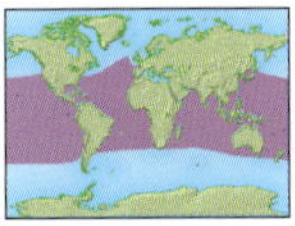

weltweit

Familie DELPHINIDAE	Art *Orcinus orca*	Bestand weniger gefährdet

Schwertwal

Die Art mit dem höchsten Wiedererkennungswert unter den Zahnwalen und Delphinen wird umgangssprachlich auch „Killerwal" genannt; diesen Namen verdankt das Tier seinen außergewöhnlichen und mannigfaltigen Jagdtechniken. Seine Beute reicht von Heringen über Große Weiße Haie, im Meer lebende Säugetiere, wie Wale oder Robben, bis hin zu Schildkröten und Seevögeln. Der kräftige, gedrungene Körper eignet sich optimal für die Jagd, die breiten Schwanzflossen treiben ihn zu hohen Geschwindigkeiten an und die große Rückenflosse sowie die paddelförmigen Ruderflossen sorgen für Stabilität; die auffällige schwarzweiße Markierung bietet eine effektive Tarnung unter Wasser, sowohl von oben wie von unten betrachtet. Der von Natur aus sehr gesellige Schwertwal lebt in lang bestehenden, matriarchalisch orientierten Schulen oder Familien. Männliche und weibliche Nachkommen bleiben ihr Leben lang beim Muttertier; wenn die Jungtiere geschlechtsreif sind und ihrerseits Nachwuchs bekommen, entsteht eine aus mehreren Generationen zusammengesetzte Familie um die Matriarchin. Mehrere jeweils aus ca. 30 Tieren bestehende Schwärme können sich zu so genannten Superschulen von bis zu 150 Tieren verbinden. Die Schulen ziehen in einer engen Formierung durch das Wasser, wobei die Weibchen und Kälber in der Mitte schwimmen; die Männchen befinden sich in den Randbereichen oder verteilen sich über eine Distanz von 1 km. Unterschiedliche Rufe und Schreie dienen der Kommunikation und auch der Stärkung der Gruppenidentität. Der Schwertwal zeigt eine Vielzahl von Bewegungen an der Wasseroberfläche, u. a. das „Spähen" (das langsame vertikale Aufsteigen, bis der Kopf über

weltweit

Rückenflosse bildet ein gleichschenkliges Dreieck

auffällige weiße Augenflecken

weißes Kinn

Wasser ist), das Schwanz- und Flossenschlagen sowie das Wellenbrechen.

Größe: Körperlänge bis zu 9 m, Gewicht bis zu 10 t.

Verbreitung: Weltweit. Von Mündungen bis hin zu offenen Meeren und Eisfeldern, häufig entlang den Küsten und in fischreichen Gewässern.

Anmerkung: Trotz seines umgangssprachlichen Namens verletzt der Schwertwal nur selten Menschen.

ruderförmige Flossen

Ruderflossen können bis zu einem Fünftel der Körperlänge betragen

Lebensweise gesellig	Tragzeit 12–17 Monate	Wurfgröße 1	Ernährung

Gute Jäger

Schwertwale sind raffinierte Jäger. Sie arbeiten in koordinierten Gruppen zusammen, um eine Vielzahl von Beutetieren zu erlegen. Vor dem Angriff treiben sie die Fische von verschiedenen Seiten aus zusammen. Auch werfen sie sich an Land, um über ahnungslose Robben herzufallen.

robuster, schwerer Körper

vorherrschend schwarze Körperfärbung

„Spähen"

Der Schwertwal erhebt sich langsam aus dem Wasser, bis sein Kopf und der vordere Teil der Ruderflossen zu sehen sind; anschließend versinkt er wieder im Wasser.

Schwanzflossen auf der Oberseite schwarz

fingerförmige Flecken auf dem Bauch

scharf umgrenzte schwarzweiße Bereiche

dreieckige Rückenflossen können über Wasser gesehen werden

Koordination

Schulen können dicht beisammen oder weit verteilt in koordinierten Bewegungen auf- und abtauchen.

Schwanzflossen

Wenn der Schwertwal mit großer Geschwindigkeit schwimmt, arbeiten die breiten Schwanzflossen wie ein Propeller. Sie zeigen eine auffallende Einkerbung in der Mitte und sind auf der Unterseite weiß gefärbt.

Familie MONODONTIDAE	Art *Delphinapterus leucas*	Bestand bedroht

Belugawal

Der einzige vollständig weiße Wal besitzt einen langen muskulösen Körper, einen schnauzenlosen Kopf, einen extrem beweglichen Hals und eine faserige kammartige Erhebung auf dem Rücken. Das Fehlen der Rückenflosse und die weiße Färbung sind eine Anpassung an das Leben um und unter Eisschollen. Nach der Geburt ist die Haut dunkelgrau schattiert und wird im Laufe der Zeit immer heller; im Sommer kann der Körper eine gelbliche Färbung annehmen. Der Belugawal ist in der Lage, eine große Anzahl verschiedener Laute, z. B. Quietschen, Pfeifen, Muhen, Klicken und Bellen, auszustoßen, und wird daher von Walfängern auch „Meerkanarienvogel" genannt. Er hält sich hauptsächlich an den oberen Rändern des Arktischen Eisfeldes auf und taucht auf der Jagd nach Beute mehr als 300 m tief.
Größe: Körperlänge 4–5,5 m, Gewicht 1–1,5 t.
Verbreitung: Rund um den nördlichen Polarkreis. In Gewässern der gemäßigten arktischen Zonen.
Anmerkung: Diese durch extensiven Walfang stark reduzierte Art ist nun auch noch durch chemische Verschmutzung des Wassers in Gefahr.

Arktis

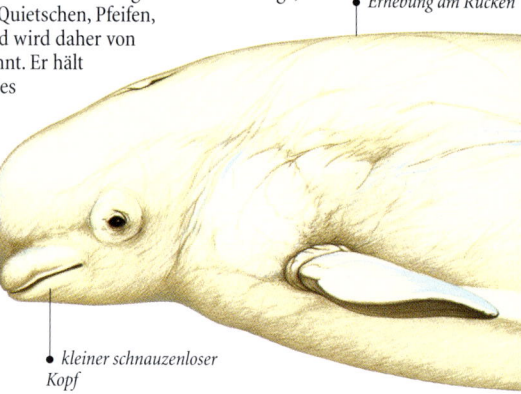

*faserige kammartige
• Erhebung am Rücken*

*kleiner schnauzenloser
Kopf*

Lebensweise gesellig	Tragzeit 14 Monate	Wurfgröße 1	Ernährung

Familie MONODONTIDAE	Art *Monodon monoceros*	Bestand stellenweise häufig

Narwal

Der Wal mit dem am nördlichsten gelegenen Lebensraum ist nur äußerst selten südlich des 60. Breitengrades zu finden. Das auffallendste Merkmal des Männchens ist sein Stoßzahn – ein modifizierter oberer linker Schneidezahn –, der im Uhrzeigersinn spiralförmig durch das weiche Oberkiefergewebe nach außen wächst. Er wird als Waffe eingesetzt, aber auch um Atemlöcher in Eisschollen zu brechen oder den Meeresboden zu durchwühlen. Das Maul selbst ist zahnlos, die Schnauze fehlt. Der gedrungene Körper des Narwals weist keine Rückenflosse auf; die kleinen Brustflossen zeigen beim ausgewachsenen Tier nach oben. Die C-förmigen Schwanzflossen der ausgewachsenen Tiere sind fächerförmig und bestehen aus zwei miteinander verbundenen Halbkreisen (s. rechts). Die Kälber werden einheitlich grau gefärbt geboren, später zeigt die Haut eine hellgraue Färbung mit schwarzen Flecken. Ebenso wie die Belugawale, in deren Gesellschaft

Arktis

sie oft zu finden sind, bilden die Narwale große Schulen, die nach Geschlecht und Alter untergliedert sind. Sie geben eine Vielzahl von Lauten von sich, die der Kommunikation untereinander, als Warnsignal vor Feinden oder der Lokalisierung von Beutetieren dienen.
Größe: Körperlänge 4–4,5 m, Gewicht 0,8–1,6 t.
Verbreitung: Rund um den nördlichen Polarkreis. Entlang den Küsten und im offenen Meer.
Anmerkung: Der Narval wird wegen seines Fleisches, des Öls, der Haut und des Stoßzahns gejagt.

kleine Ruderflossen

Lebensweise gesellig	Tragzeit 14–15 Monate	Wurfgröße 1	Ernährung

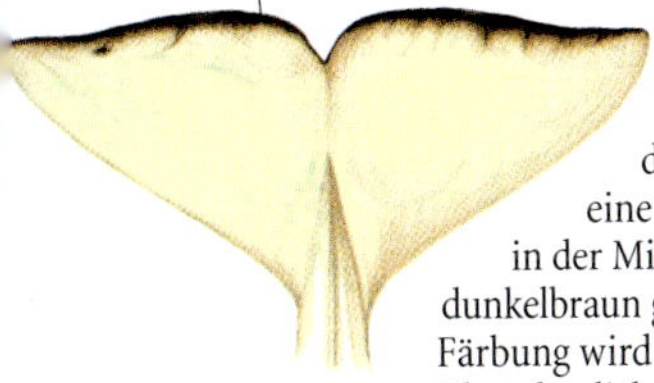

Schwanzflossen

nach außen ge-
wölbte Ränder

Die Schwanzflossen
des Belugawals haben
eine auffällige Einkerbung
in der Mitte und schweifförmige,
dunkelbraun gefärbte Ränder. Die
Färbung wird mit zunehmendem
Alter deutlicher.

langer muskulöser Körper

Der „Meerkanarienvogel"

Der Belugawal stößt eine Vielzahl in der
hervorstehenden Stirn gebündelter
Echolotsignale aus.

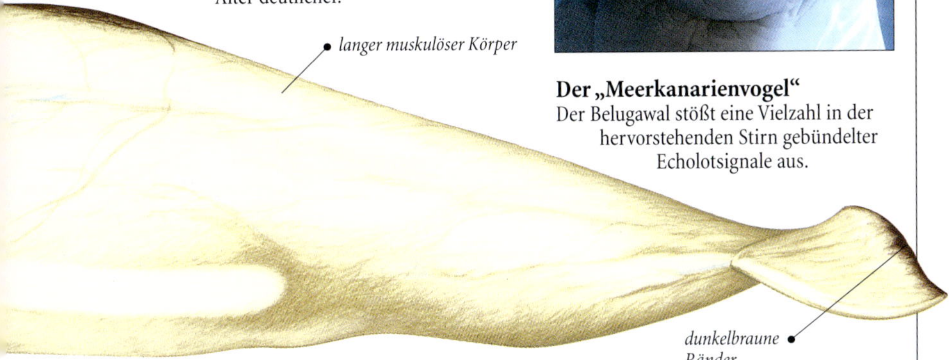

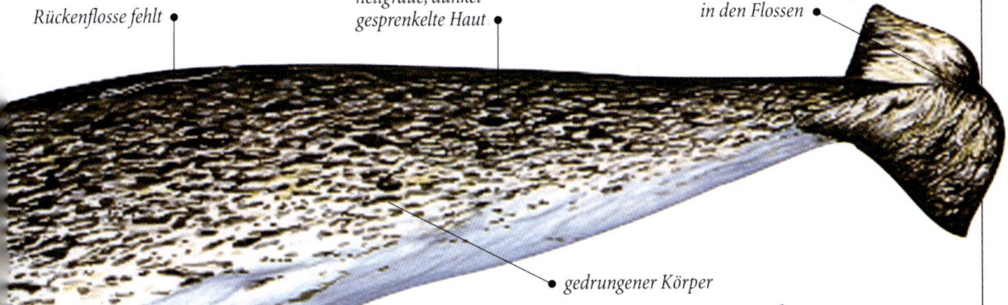

dunkelbraune
Ränder

Rückenflosse fehlt

hellgraue, dunkel
gesprenkelte Haut

auffällige Einkerbung
in den Flossen

gedrungener Körper

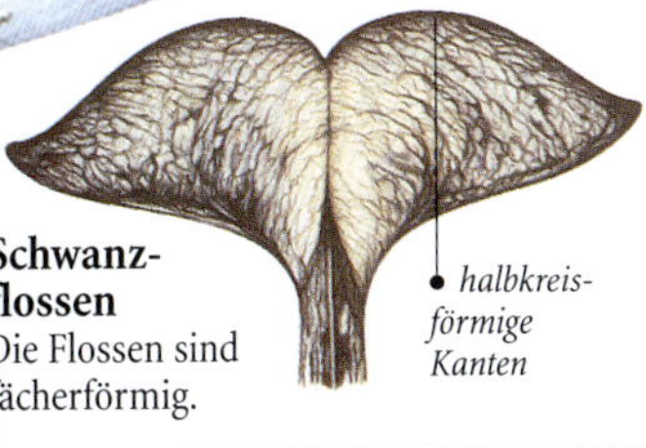

Schwanz-
flossen
Die Flossen sind
fächerförmig.

halbkreis-
förmige
Kanten

Zweikämpfe

Der schwertähnliche Stoßzahn der männlichen Tiere entspricht
dem oberen, meist linken Schneidezahn und wird von rivalisierenden Männchen zum „Fechten" eingesetzt; er kann bis zu 3 m
lang werden. In seltenen Fällen kann auch ein weibliches Tier
einen Stoßzahn und ein Männchen zwei Stoßzähne besitzen.

Familie ZIPHIIDAE	Art *Hyperoodon ampullatus*	Bestand weniger gefährdet

Dögling

Dieses Tier gehört zu den ca. 19 Wahlarten, die ein schnabelförmiges Maul besitzen. Es zeigt eine steile, kastenförmige Stirn und einen darunter hervorstehenden auffälligen Schnabel. Der Unterkiefer weist ein Paar Kehlgruben auf, an seiner Spitze sitzen zwei Stoß- zähne; im hinteren Drittel des zwischen braun, orange oder grau variierenden Körpers ist eine aufrechte Rückenflosse zu sehen. Ungeachtet ihrer Körpergröße sind die Tiere in der Lage, spektakuläre Sprünge durchzuführen. Häufiger werden sie jedoch dabei beobachtet, wie sie zwischen ihren langen Tauchgängen zum Meeresboden – wo sie ihre Nahrung einsaugen – zum Luftholen an die Oberfläche kommen.

Größe: Körperlänge 6–10 m, Gewicht unbekannt.

Verbreitung: Vom Nordatlantik bis zur spanischen
Küste. Im offenen Meer.

Anmerkung: Dieser Wal
steht heute unter Schutz,
doch sterben viele Tiere
durch Ersticken an
Plastikabfällen, die sie
beim Einsaugen von
Meeresboden-
sediment mit
aufnehmen.

spitze
Rückenflosse

langer schlanker
Körper

Lebensweise gesellig	Tragzeit 12 Monate	Wurfgröße 1	Ernährung

Familie ZIPHIIDAE	Art *Ziphius cavirostris*	Bestand stellenweise häufig

Cuvier-Schnabelwal

Die Maullinie dieser Wale verläuft zur Schnabelspitze hin ansteigend, an den Maulwinkeln weist sie nach unten. Aufgrund dieses Merkmals und der sanften Wölbung der relativ glatten Stirn wird die Art auch „Gänseschnabel" genannt. Der graublaue bis cremeweiße Körper ist mit hellen, durch Haiangriffe und Bisse anderer Cuvier-Schnabelwale entstandenen Narben übersät. Die kleinen Brustflossen fügen sich in passende Vertiefungen des Körpers ein; die so entstehende Stromlinienform erleichtert schnelles Schwimmen und tiefe Tauchgänge, wobei nur die Schwanzflossen benutzt werden. Der Unterkiefer weist an der Unterseite zwei Kehlgruben auf. Die Männchen besitzen außerdem zwei konisch geformte Zähne, die sich auch bei geschlos- senem Maul erkennen lassen. Ältere Cuvier-Schnabelwale leben meist allein oder in kleinen Schulen.

cremeweiße
Körperober-
fläche

breite
Schwanzflossen

Größe: Körperlänge 7–7,5 m, Gewicht 3–4 t.
Verbreitung: Weltweit. In tiefen gemäßigten
und tropischen Meereszonen.

Lebensweise variabel	Tragzeit unbekannt	Wurfgröße 1	Ernährung

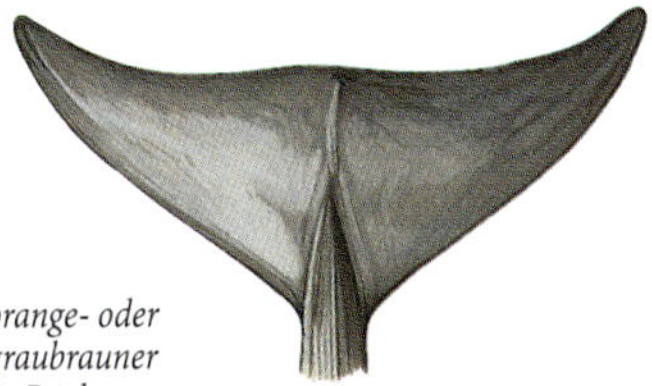

Schwanzflossen

Die breiten, konkav geformten Schwanzflossen weisen keine Einkerbung in der
Mitte auf; sie werden vor dem Ein-
tauchen häufig über die Wasseroberfläche gehoben.

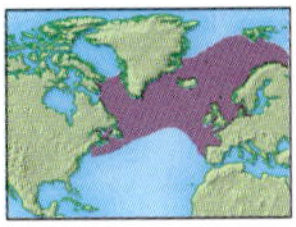

Nordatlantik

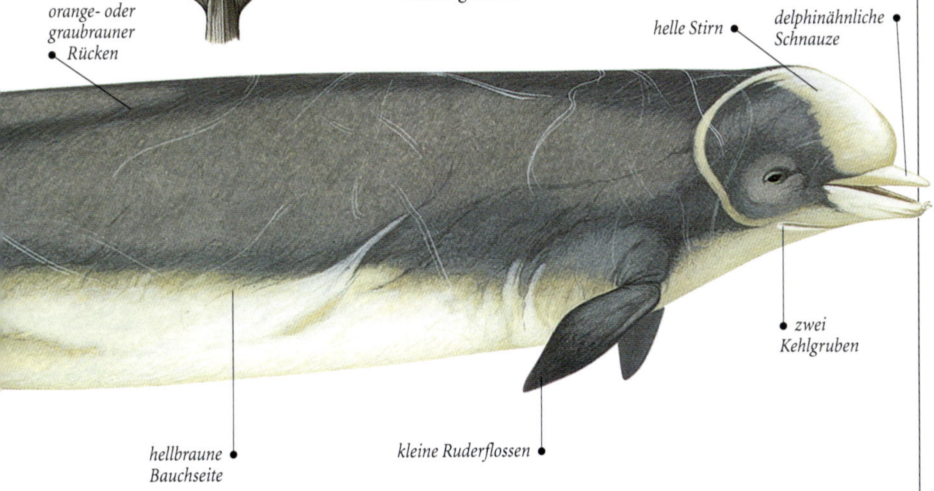

orange- oder
graubrauner
Rücken

helle Stirn

delphinähnliche
Schnauze

zwei
Kehlgruben

hellbraune
Bauchseite

kleine Ruderflossen

Schwanzflossen

Die extrem breiten Schwanzflossen
entsprechen etwa einem Viertel der
Körperlänge. Sie weisen eine kleine
Einkerbung in der Mitte auf.

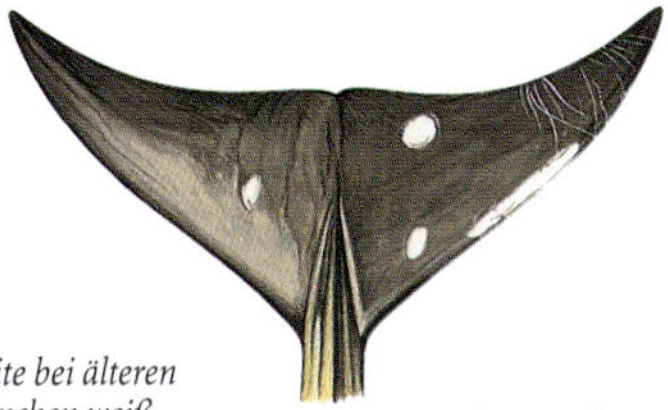

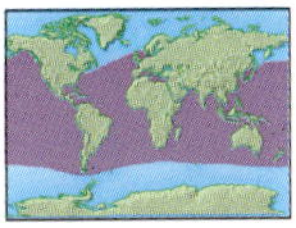

weltweit

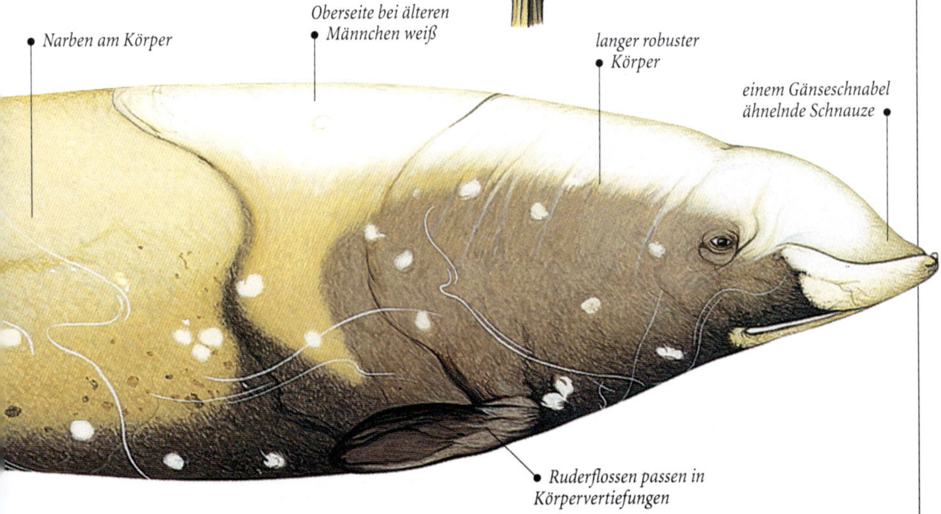

Narben am Körper

Oberseite bei älteren
Männchen weiß

langer robuster
Körper

einem Gänseschnabel
ähnelnde Schnauze

Ruderflossen passen in
Körpervertiefungen

| Familie ZIPHIIDAE | Art *Mesoplodon layardii* | Bestand unbestätigt |

Layard-Schnabelwal

Diese Art gehört zu den größten Schnabelwalen. Das männliche Tier kann leicht an seinen zwei außergewöhnlich geformten Zähnen erkannt werden, die vom Unterkiefer aus nach oben und über dem Oberkiefer jeweils in Richtung des gegenüberliegenden Zahnes wachsen; im Jugendalter sind sie kleiner und dreieckiger geformt, bei ausgewachsenen Tieren können sie eine Länge von 30 cm erreichen. Der Wal weist kennzeichnende schwarzweiße Markierungen und eine schwarze „Gesichtsmaske" auf. Er besitzt einen langen schmalen Schnabel, eine leicht vorgewölbte Stirn und eine – im Verhältnis zur Körpergröße – relativ kleine Rückenflosse sowie kurze, schmale Ruderflossen. Es ist sehr schwierig, sich den Tieren unauffällig zu nähern. Manchmal können sie von ferne beim Sonnenbaden an der Wasseroberfläche beobachtet werden.
Größe: Körperlänge 5–6,2 m, Gewicht 1–3 t.
Verbreitung: Chile, Argentinien, Uruguay, Falklandinseln, Namibia, Südafrika, Australien, Tasmanien und Neuseeland. In küstennahen kalten Gewässern der tropischen Zonen.
Anmerkung: Dies ist die am häufigsten gesichtete Zahnwalart der südlichen Hemisphäre.

südliche Ozeane

• *vernarbter Körper*

kleine schmale •
Ruderflossen

| Lebensweise variabel | Tragzeit unbekannt | Wurfgröße 1 | Ernährung |

| Familie ZIPHIIDAE | Art *Mesoplodon bidens* | Bestand unbestätigt |

Sowerby-Zweizahnwal

Abgesehen von den gestrandeten Tieren wird diese Art nur sehr selten gesichtet. Ihr Lebensraum gehört zu den nördlichsten der Schnabelwale. Charakteristisch für die Männchen ist das Zahnpaar, das auch bei geschlossener Schnauze sichtbar ist. Der obere Teil des Körpers ist schieferblau oder bläulich grau, während die Unterseite heller gefärbt ist. Der Schnabel ist lang und schlank, das Spritzloch befindet sich hinter der Stirnwölbung.
Größe: Körperlänge 4–5 m, Gewicht 1–1,3 t.
Verbreitung: Östlicher und westlicher Nordatlantik. In gemäßigten und subarktischen Meereszonen.
Anmerkung: Diese Art – und damit der erste Wal mit einem schnabelförmigen Maul – wurde im Jahr 1800 entdeckt. Er wurde von dem englischen Künstler James Sowerby gemalt – daher sein Name.

Nordatlantik

konkav verlaufende
• *Kanten*

Schwanzflossen
Zwischen den beidseitig dunkel gefärbten Schwanzflossen ist keine Einkerbung sichtbar.

Zähne auch bei geschlossener
• *Schnauze sichtbar*

kleine gebogene Rückenflosse •

relativ lange •
Ruderflossen

Bauch kann helle •
Flecke aufweisen

| Lebensweise solitär | Tragzeit unbekannt | Wurfgröße 1 | Ernährung |

Vorderansicht

Die besondere Form der Zähne der männlichen Tiere verhindert, dass die Schnauze vollständig geöffnet werden kann. Daher wird die Nahrung eingesaugt, wobei die beiden hervorstehenden Zähne den Wasserfluss direkt in die Kehle leiten.

niedrige sichelförmige oder dreieckige Rückenflosse

Schwanzflossen

Die dreieckig geformten Schwanzflossen zeigen graue Kanten.

spindelähnliche Körperform

heller Fleck auf der Bauchseite

graue Kanten an der Schwanzflosse

Familie KOGIIDAE	Art *Kogia simus*	Bestand stellenweise häufig

Pazifik-Pottwal

Dies ist die kleinste der drei existierenden Pottwalarten. Rücken sowie Brust- und Schwanzflossen sind blaugrau, während der Bauch eine cremeweiße Färbung zeigt. Ein auffälliger halbmondförmiger heller Fleck hinter Auge und Maul vermittelt fälschlicherweise den Eindruck, als sei eine Kiemenspalte vorhanden. Der Unterkiefer mit den 7 bis 13 Paar scharfen Zähnen befindet sich, ähnlich wie bei den Haien, unter dem gewölbten Kopf, der Oberkiefer weist nur drei Paar Zähne auf. Der Wal taucht auf der Suche nach Beute bis zu 300 m tief. Das scheue Tier lebt solitär oder in kleinen Schulen von weniger als zehn Tieren; zum Abschütteln von Verfolgern hinterlässt es eine Wolke von Exkrementen.

Größe: Körperlänge bis zu 2,7 m, Gewicht 135–270 kg.

Verbreitung: Weltweit. An Kontinentalsockeln der gemäßigten und tropischen Zonen und angrenzenden Küsten.

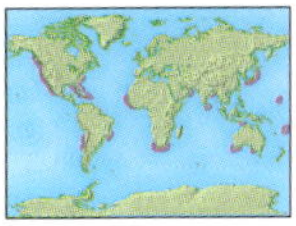

weltweit

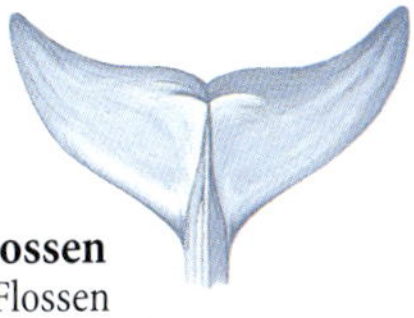

Schwanzflossen

Die breiten Flossen weisen konkave Ränder auf und laufen spitz zu.

spitze Rückenflosse

„falsche Kiemen" hinter jedem Auge

blasse Bauchseite

Lebensweise variabel	Tragzeit 9 Monate	Wurfgröße 1	Ernährung

Familie PHYSETERIDAE	Art *Physeter macrocephalus*	Bestand bedroht

Pottwal

Charakteristisch für diesen Wal ist sein riesiger, kastenförmiger Kopf, der ein Drittel seiner Körpergröße ausmacht. In ihm befindet sich das einzigartige Spermazetorgan, mit dessen Hilfe das Tier beeindruckend tiefe Tauchgänge durchführen kann. Zwischen den Tauchgängen schwimmt es an der Wasseroberfläche und entlässt beim Ausatmen einen Wassernebel aus dem Spritzloch. Der Pottwal zeigt eine dunkelgraue oder braune Körperoberseite, eine blassere Unterseite und einen cremeweißen Bereich unter seinem schmalen Unterkiefer. Dieser beinhaltet 50 Paar kegelförmiger Zähne; im Oberkiefer sind keine sichtbaren Zähne vorhanden. Die männlichen Tiere sind doppelt so schwer wie die Weibchen und wandern im Sommer zum Fressen dichter zu den Polen. Sie bilden im Jugendalter lose Junggesellengemeinschaften, mit zunehmenden Alter leben sie jedoch solitär. Die Weibchen bleiben, in aus Kälbern und jugendlichen Tieren bestehenden Gruppen, in den tropischen Regionen. Die Kälber werden im Sommer oder Herbst geboren; die nächste Geburt erfolgt erst 3 bis 15 Jahre später. Pottwale schwimmen dicht beieinander, berühren und liebkosen einander. Sie geben laute Klick- und Schlaggeräusche von sich, die ihnen bei der Individualerkennung helfen.

Größe: Körperlänge 11–20 m, Gewicht 20–57 t.
Verbreitung: Weltweit. In tiefen Meereszonen, am Kontinentalsockel und im offenen Meer.

Vorderansicht

Im Kopf des Pottwals befindet sich das aus einer Masse aus wachshaltigem Öl bestehende Spermazetorgan, das während tiefer Tauchgänge wie ein Sonar arbeitet und sich je nach Wasserdruck und -temperatur in seiner Dichtigkeit verändert.

Körperfarbe variiert von dunkelgrau bis hellbraun

Kopf der Männchen größer als der der Weibchen

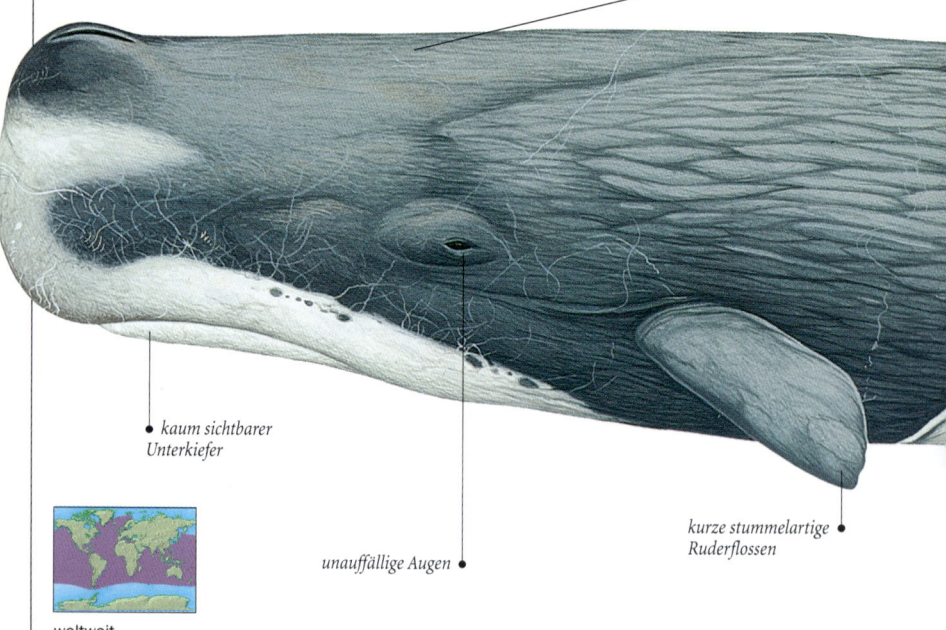

kaum sichtbarer Unterkiefer

unauffällige Augen

kurze stummelartige Ruderflossen

weltweit

Lebensweise variabel	Tragzeit 14–15 Monate	Wurfgröße 1	Ernährung

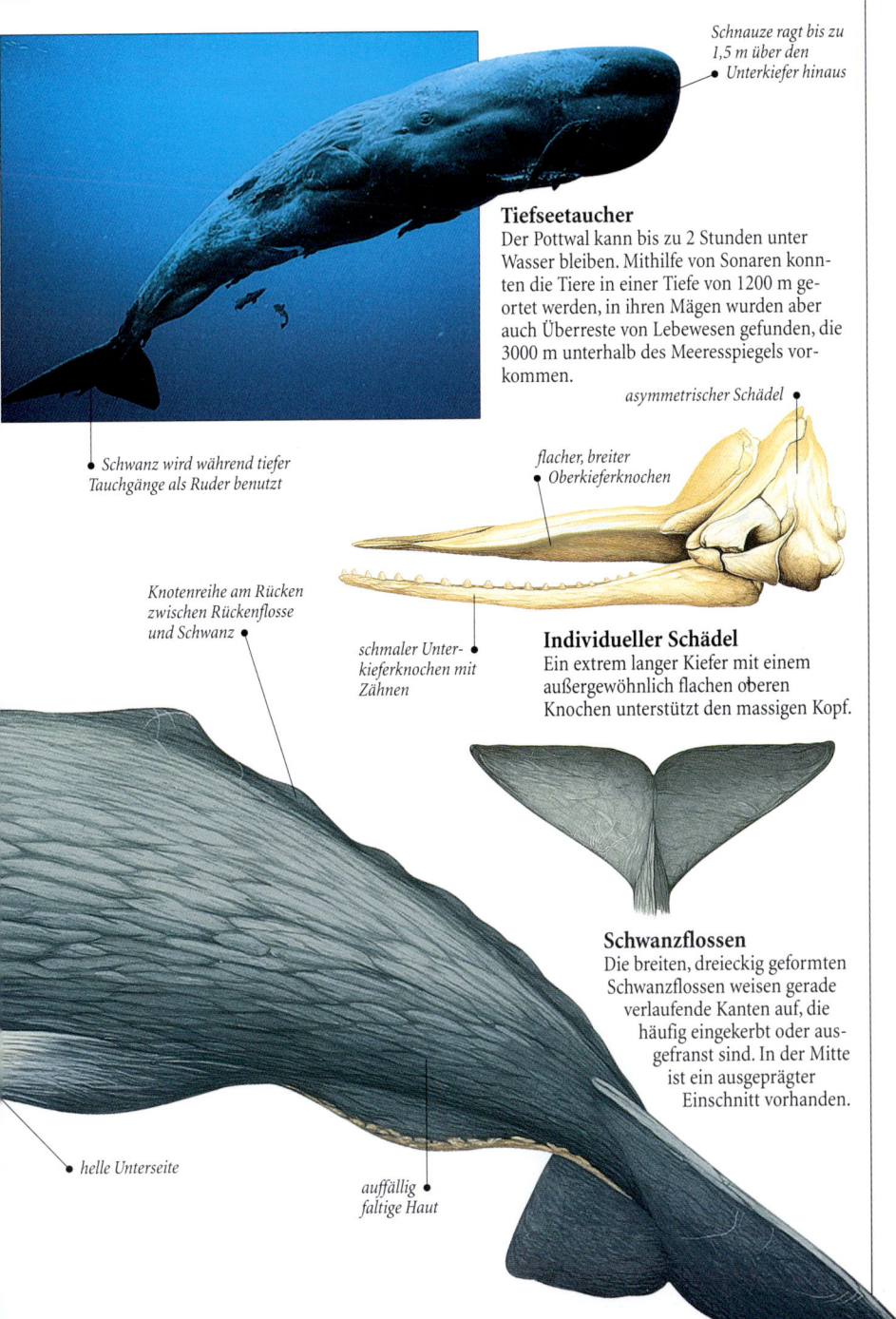

Schnauze ragt bis zu 1,5 m über den Unterkiefer hinaus

Tiefseetaucher

Der Pottwal kann bis zu 2 Stunden unter Wasser bleiben. Mithilfe von Sonaren konnten die Tiere in einer Tiefe von 1200 m geortet werden, in ihren Mägen wurden aber auch Überreste von Lebewesen gefunden, die 3000 m unterhalb des Meeresspiegels vorkommen.

asymmetrischer Schädel

Schwanz wird während tiefer Tauchgänge als Ruder benutzt

flacher, breiter Oberkieferknochen

Knotenreihe am Rücken zwischen Rückenflosse und Schwanz

schmaler Unterkieferknochen mit Zähnen

Individueller Schädel

Ein extrem langer Kiefer mit einem außergewöhnlich flachen oberen Knochen unterstützt den massigen Kopf.

Schwanzflossen

Die breiten, dreieckig geformten Schwanzflossen weisen gerade verlaufende Kanten auf, die häufig eingekerbt oder ausgefranst sind. In der Mitte ist ein ausgeprägter Einschnitt vorhanden.

helle Unterseite

auffällig faltige Haut

Bartenwale

D er Körperbau der großen Wale unterscheidet sich erheblich von dem der anderen Säugetiere. Die Wale sind riesengroß, nahezu haarlos, besitzen zu Brustflossen modifizierte Vorderextremitäten und keine hinteren Gliedmaßen. Anstelle von Zähnen weisen sie vorhangartig herabhängende Hornplatten oder den so genannten Walknochen – der nicht aus Knochen, sondern aus einem knorpelartigen Material besteht – auf beiden Seiten des Oberkiefers auf. Mit diesen „Vorhängen" werden kleine Nahrungsteile aus dem Meerwasser gefiltert.

Zu den zwölf Bartenwalarten gehören der Grauwal, die Glattwale und der Grönlandwal sowie der Finnwal. Mitglieder der Familie der Finnwale variieren in ihrer Körperlänge, der Schnabelwal z. B. ist 10 m, der Blauwal, das größte lebende Tier, bis zu 30 m lang.

Familie BALAENA	Art *Balaena mysticetus*	Bestand gefährdet

Grönlandwal

Der massive Kopf des Grönlandwals macht etwa ein Drittel seines Körpergewichts und bis zu 40 Prozent seiner Länge aus. Die Haut – in der Regel nicht mit Seepocken und Walläusen behaftet – ist bei ausgewachsenen Tieren schwarz, mit weißen Bereichen um Kinn und Unterkiefer sowie an der Schwanzwurzel. Die bräunlich oder blauschwarzen Barten können bis zu 4,6 m lang werden und sind somit die längsten aller Walarten. Jede der beiden stark gebogenen Oberkieferhälften kann zwischen 240 und 340 Hornplatten aufweisen. Der Grönlandwal besitzt zwei Spritzlöcher und kann das neblige Wasser-Luft-Gemisch 6 m hoch hinausblasen. Er stößt unter Wasser starke niederfrequente Signale aus, z. B. tonales Stöhnen, elefantenähnliches Trompeten und Kreischen, die bis zu sieben Sekunden oder sogar länger andauern können.

Größe: Körperlänge 14–18 m, Gewicht 50–60 t.

Verbreitung: Nördliche Hemisphäre (vor allem Nordkanada, Alaska und Nordrussland). In arktischen und subarktischen Meereszonen.

Anmerkung: Zehntausende von Grönlandwalen wurden von Walfängern erlegt, sodass ihre Population im Nordatlantik heutzutage gefährlich gering ist. Zu den aktuellen Gefahren gehören u. a. Ölbohrungen.

Arktis

keine Rückenflosse, Beule oder kammartige Erhebung

weiße Färbung an Unterkiefer und Kinn

Lebensweise gesellig	Tragzeit 12–14 Monate	Wurfgröße 1	Ernährung 🐟 ★

Unterwassernavigatoren

Da diese Tiere die polaren Gewässer bewohnen, verbringen sie einen Großteil des Jahres in vollständiger Dunkelheit. Sie können bei totaler Finsternis unter dem Eis navigieren und mühelos Eisschollen mit einer Dicke bis zu 20 cm durchbrechen. Um die Bedingungen des Eises zu erkunden, benutzen die Wale ihr Echolotsystem.

großer untersetzter
• Körper

heller Fleck im
• Schwanzbereich

sehr breite
Schwanzflossen •

paddelförmige
• Brustflossen

zwei •
Spritzlöcher

Schädelansicht von oben

Direkt von oben betrachtet weist der Grönlandwal eine schmale Schnauze und ein weißes Kinn auf. Die gebogene Maulform teilt den Kopf in einem auffälligen Bogen, die zwei Spritzlöcher befinden sich in der Kopfmitte.

Schwanzflossen

Die Breite der Schwanzflossen kann beinahe der halben Körperlänge entsprechen. Die Flossen sind an ihren Enden spitz und können an den oberen Kanten weiß gefärbt sein.

leicht konkav
verlaufende Kanten

| Familie BALAENIDAE | Art *Eubalaena glacialis* | Bestand gefährdet |

Nordkaper

Dieses Tier gehört wahrscheinlich zu den bedrohtesten großen Walarten. Es lebt und frisst in der Nähe der Küsten, sodass es gut zu beobachten ist, und stellt eine wertvolle Quelle für Fleisch, Tran und Knochen dar. Im 19. Jahrhundert wurde der Nordkaper fast bis zu seiner vollständigen Ausrottung gejagt; seit 1937 gehört er zu den geschützten Arten, trotzdem steigt die Anzahl der lebenden Exemplare nur äußerst langsam. Der Wal schwimmt stets sehr langsam an der Wasseroberfläche und taucht jeweils nur für einige Minuten unter, daher ist die Gefahr, dass er durch Zusammenstöße mit Schiffen verletzt wird oder sich in Fischernetzen verfängt, sehr groß. Der Körper des Tieres ist schwarz und weist weiße Flecke auf; in der Form ähnelt er dem Grönlandwal (s. S. 204–205). Die Länge des Kopfes entspricht etwa einem Viertel der Gesamtkörperlänge, die schmalen Hornplatten am Oberkiefer sind bis zu 3 m lang. Am Kopf befinden sich faserige Verwachsungen oder Schwielen; diese sind mit Walfischläusen bedeckt, die ihnen häufig einen rosafarbenen, gelben oder orangefarbenen Schimmer verleihen. Die nebeneinander liegenden Spritzlöcher erzeugen eine V-förmige Fontäne. Die Tiere sind allein oder in kleinen Verbänden zu finden. Im Sommer wandern sie in den Norden oder Süden und im Winter zur Kälberaufzucht in die wärmeren Gewässer der mittleren Breitengrade. Obwohl sie eher behäbige Schwimmer sind, können sie nahezu akrobatische Leistungen vollbringen – so werden sie oft dabei beobachtet, wie sie mit ihren Brust- und Schwanzflossen schlagen, Wellen brechen oder sogar einen Kopfstand machen, indem sie ihre

weltweit

Kiefer

Die Hornplatten am Oberkiefer dieses Wales sind außergewöhnlich lang und schmal und dicht mit feinen Stoppeln besetzt; ihre Anzahl liegt zwischen 200 und 270 pro Kieferseite. Mit dem gebogenen Unterkiefer wird das Maul geschlossen.

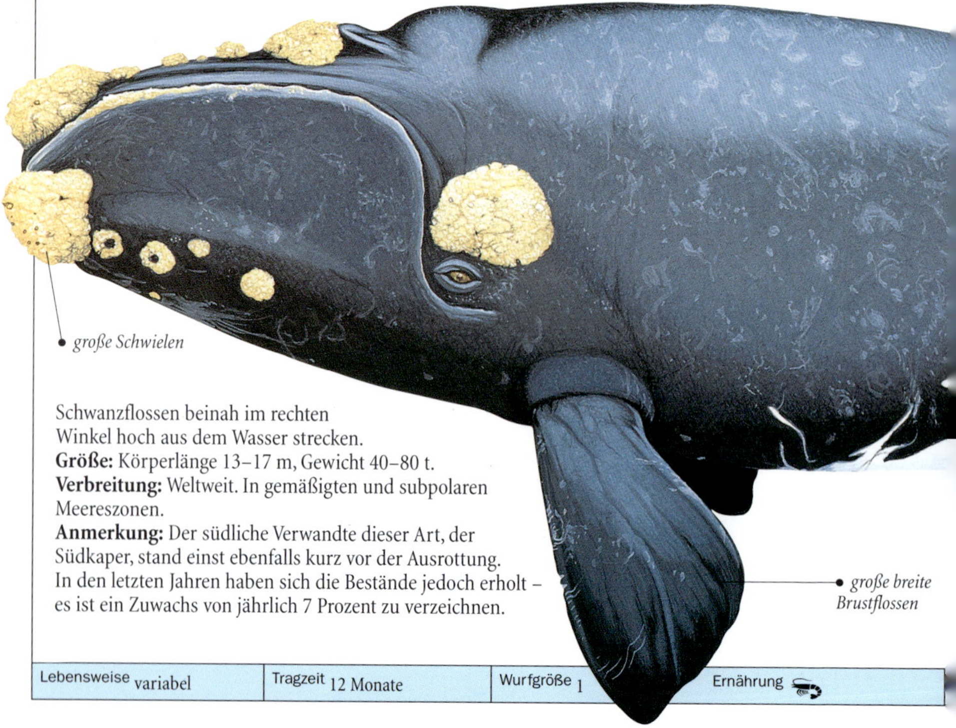

• *große Schwielen*

Schwanzflossen beinah im rechten Winkel hoch aus dem Wasser strecken.

Größe: Körperlänge 13–17 m, Gewicht 40–80 t.

Verbreitung: Weltweit. In gemäßigten und subpolaren Meereszonen.

Anmerkung: Der südliche Verwandte dieser Art, der Südkaper, stand einst ebenfalls kurz vor der Ausrottung. In den letzten Jahren haben sich die Bestände jedoch erholt – es ist ein Zuwachs von jährlich 7 Prozent zu verzeichnen.

• *große breite Brustflossen*

| Lebensweise variabel | Tragzeit 12 Monate | Wurfgröße 1 | Ernährung |

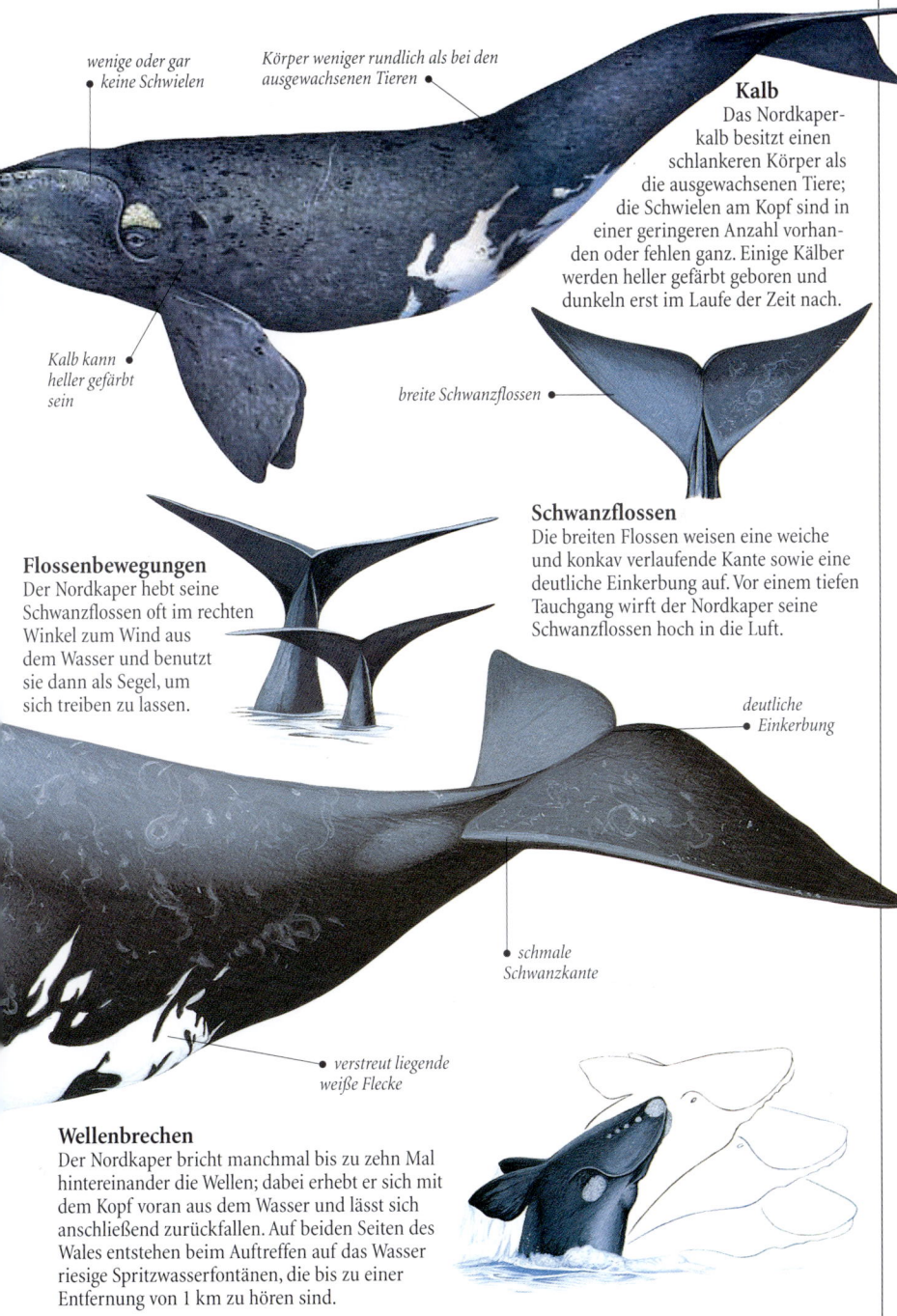

wenige oder gar keine Schwielen

Körper weniger rundlich als bei den ausgewachsenen Tieren

Kalb kann heller gefärbt sein

breite Schwanzflossen

Kalb

Das Nordkaperkalb besitzt einen schlankeren Körper als die ausgewachsenen Tiere; die Schwielen am Kopf sind in einer geringeren Anzahl vorhanden oder fehlen ganz. Einige Kälber werden heller gefärbt geboren und dunkeln erst im Laufe der Zeit nach.

Flossenbewegungen

Der Nordkaper hebt seine Schwanzflossen oft im rechten Winkel zum Wind aus dem Wasser und benutzt sie dann als Segel, um sich treiben zu lassen.

Schwanzflossen

Die breiten Flossen weisen eine weiche und konkav verlaufende Kante sowie eine deutliche Einkerbung auf. Vor einem tiefen Tauchgang wirft der Nordkaper seine Schwanzflossen hoch in die Luft.

deutliche Einkerbung

schmale Schwanzkante

verstreut liegende weiße Flecke

Wellenbrechen

Der Nordkaper bricht manchmal bis zu zehn Mal hintereinander die Wellen; dabei erhebt er sich mit dem Kopf voran aus dem Wasser und lässt sich anschließend zurückfallen. Auf beiden Seiten des Wales entstehen beim Auftreffen auf das Wasser riesige Spritzwasserfontänen, die bis zu einer Entfernung von 1 km zu hören sind.

Familie ESCHRICHTIIDAE	Art *Eschrichtius robustus*	Bestand gefährdet

Grauwal

Nordpazifik

Als eine der aktivsten Walarten macht der Grauwal eine der längsten Wanderungen aller Säugetiere. In Gruppen von bis zu zehn Tieren zieht er im Sommer zum Fressen in Richtung Arktis; im Winter wandert er nach Süden zu den Warmwasserlagunen, um sich zu erholen oder um zu kalben und die Jungtiere aufzuziehen. Während der Wanderung bläst der Wal drei- bis sechsmal in die Luft, bevor er 3 bis 5 Minuten lang abtaucht. Er scheint das Wellenreiten zu genießen, da er in flachen Gewässern, wie der Baya California, häufig bei dieser Tätigkeit zu sehen ist. Dabei kann er auch auf der Seite liegen und seine Brustflosse aus dem Wasser strecken. Die Tiere nehmen die Nahrung durch Filtration mithilfe der Barten auf oder tauchen in flacheren Gewässern bis zum Meeresboden, schaufeln sich eine große Menge der Sedimente ins Maul und filtern dann Würmer, Seesterne, Garnelen und andere kleine Lebewesen heraus. Da der Grauwal in der Nähe der Küsten frisst, lässt er sich, vor allem im Ostpazifik, vom Land aus gut beobachten. Er schwimmt mit anderen Walen in koordinierten Bewegungen, d. h., die Tiere schwimmen hintereinander her oder tauchen gleichzeitig aus dem Wasser auf. Wie auch andere Bartwale „späht" diese Art, indem sie den Kopf vertikal aus dem Wasser hinausragen lässt. Ihre gefleckte Haut ist mit Seepocken und Meeresläusen übersät. Sie besitzt keine Rückenflosse, jedoch eine Reihe von acht oder neun Beulen entlang dem hinteren Drittel des Rückens.

Größe: Körperlänge 13–15 m, Gewicht 14–35 t.

Verbreitung: Nordpazifik. Entlang den Küsten, am Kontinentalsockel bis hin zur Brandungszone; Aufzucht in den geschützten Lagunen der Tropen.

Anmerkung: Die im Atlantik beheimateten Tiere wurden ausgerottet, bevor der Grauwal 1946 auf die Artenschutzliste gesetzt wurde. Die Eskimos Sibiriens und Alaskas dürfen nach wie vor jedes Jahr eine bestimmte Anzahl an Grauwalen erlegen.

keine
• Rückenflosse

schlanker Kopf •

• große Maulöffnung

gefleckter, mit •
Seepocken über-
zogener Körper

„Spähen"

Der Grauwal taucht für ca. 30 Sekunden auf, wobei sein Kopf 2 bis 3 m hoch aus dem Wasser ragt. In flachen Gewässern stützt er sich mit seinen Schwanz- flossen am Meeresboden ab.

paddelförmige •
kleine Ruderflossen

Lebensweise gesellig	Tragzeit 13,5 Monate	Wurfgröße 1	Ernährung 🐟 🐟

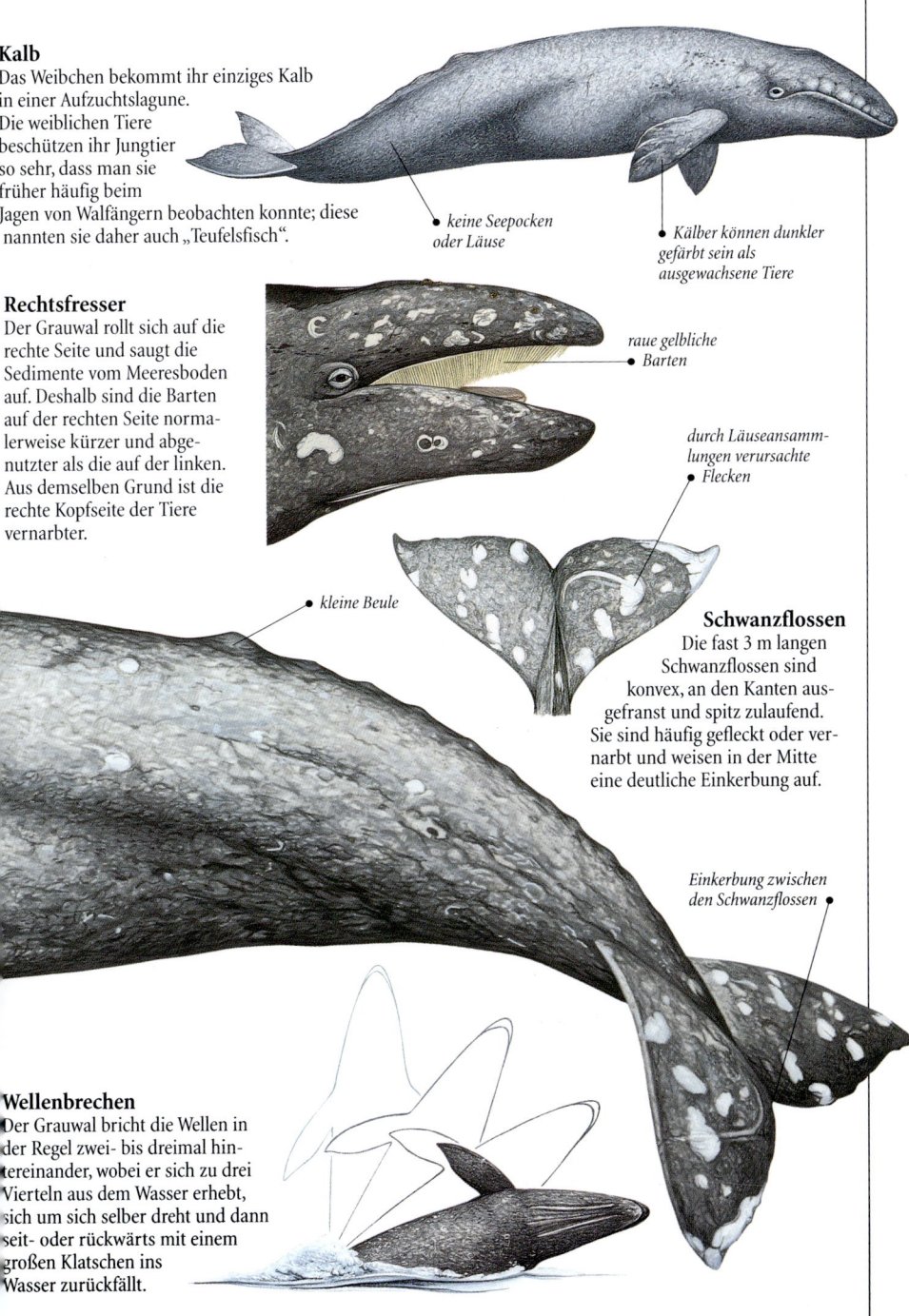

Kalb

Das Weibchen bekommt ihr einziges Kalb in einer Aufzuchtslagune. Die weiblichen Tiere beschützen ihr Jungtier so sehr, dass man sie früher häufig beim Jagen von Walfängern beobachten konnte; diese nannten sie daher auch „Teufelsfisch".

keine Seepocken oder Läuse

Kälber können dunkler gefärbt sein als ausgewachsene Tiere

Rechtsfresser

Der Grauwal rollt sich auf die rechte Seite und saugt die Sedimente vom Meeresboden auf. Deshalb sind die Barten auf der rechten Seite normalerweise kürzer und abgenutzter als die auf der linken. Aus demselben Grund ist die rechte Kopfseite der Tiere vernarbter.

raue gelbliche Barten

durch Läuseansammlungen verursachte Flecken

kleine Beule

Schwanzflossen

Die fast 3 m langen Schwanzflossen sind konvex, an den Kanten ausgefranst und spitz zulaufend. Sie sind häufig gefleckt oder vernarbt und weisen in der Mitte eine deutliche Einkerbung auf.

Einkerbung zwischen den Schwanzflossen

Wellenbrechen

Der Grauwal bricht die Wellen in der Regel zwei- bis dreimal hintereinander, wobei er sich zu drei Vierteln aus dem Wasser erhebt, sich um sich selber dreht und dann seit- oder rückwärts mit einem großen Klatschen ins Wasser zurückfällt.

Familie BALAENOPTERIDAE	Art *Balaenoptera physalus*	Bestand gefährdet

Finnwal

Die zweitgrößte Walart ist mit einer Schwimmgeschwindigkeit von bis zu 30 km/h eine der schnellsten. Rücken und Brustflossen sind grau gefärbt; die Rückenflosse befindet sich im hinteren Teil des Rückens und weist eine konkave Hinterkante auf. Eine deutliche kammartige Erhebung verläuft von der Rückenflosse bis zu den Schwanzflossen. Die asymmetrische Färbung des Kopfes – die linke Seite des Mauls ist schwarz, die rechte weiß – ist für Säugetiere äußerst ungewöhnlich. Der Finnwal schwimmt immer auf der rechten Seite. Ebenso wie die anderen großen Wale unternimmt er lange Wanderungen; im Sommer zieht er nach Norden, im Winter zur Aufzucht der Kälber in die tropischen Regionen. Neben Summ- und Quietschgeräuschen produziert das Tier ein unglaublich tiefes, lautes Stöhnen, dass auch noch Hunderte von Kilometern entfernt wahrgenommen werden kann.

Größe: Körperlänge 19–22 m, Gewicht 45–75 t.

Verbreitung: Weltweit (außer Mittel-, Baltisches und Rotes Meer sowie Arabischer Golf). Im offenen Meer, vor allem in Gebieten mit saisonalem Plankton.

Anmerkung: Aufgrund des Populationsrückgangs durch kommerziellen Walfang – vor allem in der südlichen Hemisphäre, wo etwa drei Viertel der Gesamtpopulation ausgerottet wurden – ist der Finnwal heute geschützt. Jedoch besteht nun die Sorge, dass niederfrequente Signale, die bei Militärübungen ausgesendet werden, die normalen Kommunikationsmuster der Wale beeinträchtigen und die Navigationsfähigkeit bei der Paarfindung negativ beeinflussen.

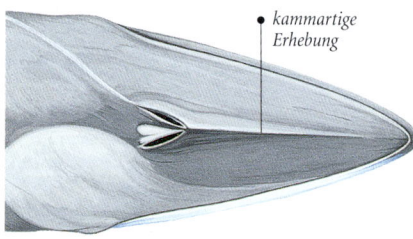

Wellenbrechen

Beim Wellenbrechen taucht der Wal zunächst in einem bestimmten Winkel aus dem Wasser auf, wobei das Schwanzende in der Regel untergetaucht bleibt. Manchmal dreht sich der Körper in der Luft, bevor er mit dem Bauch voran mit einem lauten Klatschen ins Wasser zurückfällt. Seltener lassen sich die Tiere mit dem Rücken voran ins Wasser fallen.

kammartige Erhebung

Kammartige Erhebung am Kopf

Die Länge des Kopfes variiert zwischen einem Viertel und einem Fünftel der Gesamtkörperlänge. In der Regel gibt es eine einzelne Erhebung entlang der Schädeldecke, einige wenige Wale besitzen zwei.

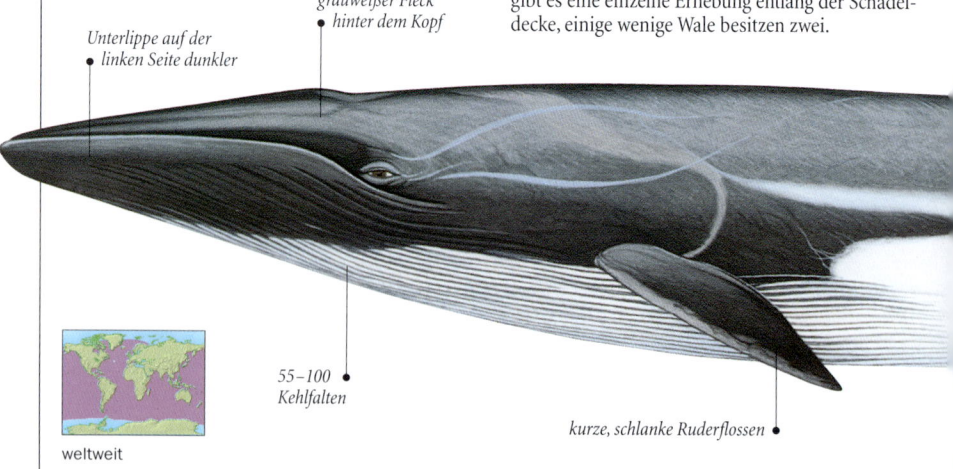

Unterlippe auf der linken Seite dunkler

grauweißer Fleck hinter dem Kopf

55–100 Kehlfalten

kurze, schlanke Ruderflossen

weltweit

Lebensweise variabel	Tragzeit 11 Monate	Wurfgröße 1	Ernährung

Rechtsseitiges Fressen

Der Finnwal schwimmt ausschließlich auf der rechten Seite und stürzt sich mit hoher Geschwindigkeit auf Krill und Fisch, z. B. Kapelan oder Hering. Die Angriffe auf Beute werden mit denen anderer Finnwale synchronisiert. Der Wal nimmt mit dem geöffneten Maul große Mengen Wasser auf; dann schließt er das Maul und presst das Wasser hinaus, sodass die darin befindlichen Fische zwischen den Bartenplatten hängenbleiben.

breites, flaches Maul, flacher als das des Blauwals •

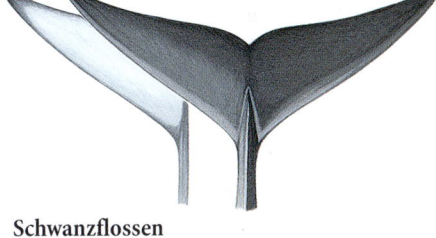

Asymmetrischer Kopf

Die ungleiche Färbung des Kopfes kann bei einigen Exemplaren deutlich ausgeprägt sein. Der weiße Fleck verläuft auf der rechten Seite vom Lippenbereich bis zum Hals.

Schwanzflossen

Der Finnwal zeigt seine breiten dreieckigen Schwanzflossen nur selten. Diese weisen eine deutliche Einkerbung in der Mitte auf, die leicht konkav verlaufenden Kanten können eingekerbt oder ausgefranst sein; die Unterseite der Schwanzflossen ist weiß.

• *deutliche kammartige Erhebung von der Rückenflosse bis zu den Schwanzflossen*

nach hinten gebogene • *Rückenflosse*

dickes Schwanzende •

weiße Bauchseite

Familie BALAENOPTERIDAE	Art *Balaenoptera musculus*	Bestand gefährdet

Blauwal

Der Blauwal ist das größte Tier der Erde. Mit seinem spitzen Kopf, dem langen Körper, den schlanken Brustflossen und den langen, schmalen Schwanzflossen zeigt er einen stromlinienförmigen Körperumriss. Die Färbung ist im Wesentlichen graublau, der Bauch des Tieres kann durch Algen gelblich braun verfärbt sein. Der Unterkiefer weist 55 bis 68 Falten auf, die bis zum Nabel reichen und die Haut dadurch extrem dehnbar machen. Beim Verschlingen von Krillschwärmen – von denen sich die Tiere ausschließlich ernähren – kann die Kehle bis auf das Vierfache ihrer Normalgröße anschwellen. Der Wal frisst hauptsächlich im Sommer in den krillreichen polaren Gewässern und kann an einem Tag ca. 6 t Nahrung zu sich nehmen. Er wandert im Sommer in wärmere Breitengrade, wo auch die Weibchen ihre Jungen gebären. Normalerweise solitär oder in aus Mutter und Kalb bestehenden Paaren lebend, bildet diese Art manchmal lose Gruppen, die gemeinsam fressen. Die Tiere grunzen, brummen und stöhnen z. T. in einer Lautstärke von über 180 Dezibel und produzieren somit die lautesten Töne aller Tierarten; sie können von anderen Walen noch in 1000 km Entfernung gehört werden. Die Blauwale stoßen die Luft alle 2 bis 6 Minuten 10 bis 20 Sekunden lang aus und tauchen anschließend 5 bis 20 Minuten lang, können jedoch auch länger unter Wasser bleiben. Ausgewachsene Wale brechen nur selten durch die Wasseroberfläche, während jüngere Tiere die Wellen in einem Winkel von 45° durchbrechen, um dann auf dem Bauch oder der Seite wieder einzutauchen.

Größe: Körperlänge 20–30 m, Gewicht 100–160 t.

Verbreitung: Weltweit (außer Mittel-, Baltisches und Rotes Meer sowie Arabischer Golf). In tiefen, offenen und vorwiegend kalten Meereszonen.

Anmerkung: Der Blauwal wurde von Walfängern nahezu ausgerottet – einige Populationen werden sich wahrscheinlich nie davon erholen.

weltweit

hellgraue oder weiße Flecken, vor allem hinter dem Kopf

breiter, flacher Kopf

Charakteristischer Kopf

Im Gegensatz zu dem anderer Finnwale ist der Kopf des Blauwals breit und flach; er macht etwa ein Viertel der Gesamtkörperlänge aus. Der Kopfumriss ist U-förmig und wird häufig mit einem gotischen Bogen verglichen. Die Schädeldecke weist eine kammartige Erhebung und einen fleischigen Spritzschutz auf.

lange, schlanke Brustflossen

heller Fleck auf der Bauchseite

zwei deutliche Spritzlöcher

Spritzschutz

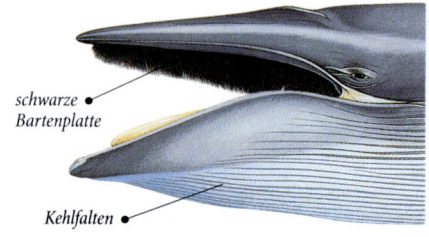

schwarze Bartenplatte

Kehlfalten

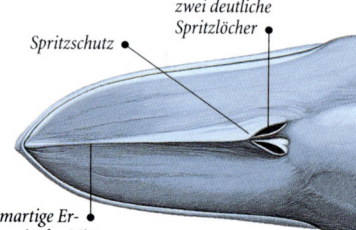

kammartige Erhebung in der Mitte

Lebensweise solitär	Tragzeit 11 Monate	Wurfgröße 1	Ernährung

winzige Rückenflosse im letzten Drittel des Körpers

Ein riesiger Wal
Der Blauwal stellt die größte aller Walarten dar und zählt zu den größten Tieren, die jemals auf der Erde vorkamen – er ist beinahe so groß wie eine Boeing 737. Es konnten eine Länge von mehr als 33 m und ein Gewicht um 190 t registriert werden.

schlanke Schwanzflossen

hellgrauer Körper

stromlinienförmiger Körperumriss

dickes Schwanzende

leicht konkav verlaufende Kanten

große schmale Schwanzflossen

Schwanzflossen
Die Länge der Schwanzflossen entspricht etwa einem Viertel der Gesamtkörperlänge. Die herabhängenden Kanten sind gerade oder leicht konkav und zeigen eine kleine Einkerbung in der Mitte.

| Familie BALAENOPTERIDAE | Art *Balaenoptera acutorostrata* | Bestand weniger gefährdet |

Schnabelwal

Dieser Wal ähnelt in der Form einem Delphin und gehört zu den kleinsten Bartenwalen. Der Rücken ist schwarz, Bauch, Unterkiefer und Kehle sind weiß gefärbt und zeigen ein rauchgraues Muster, das an den Rändern sanft in die weiße Färbung übergeht. Die sichelförmige Rückenflosse ist im Vergleich zu der anderer Bartenwale recht groß. Die Hornplatten sind bis zu 30 cm lang, cremeweiß im vorderen und grau im hinteren Bereich. Der Wal ist ein schneller und agiler Schwimmer und macht manchmal spektakuläre Sprünge aus dem Wasser. In der Regel ist das Tier ein Einzelgänger, wird aber auch manchmal dabei beobachtet, wie es zusammen mit anderen Walen frisst. Es jagt in Gegenden, in denen andere räuberische Tiere, wie Vögel und Fische, an einer besonders reichen Futterquelle aktiv sind. Der Schnabelwal ist nicht scheu und nähert sich oft langsam fahrenden Schiffen. Er kommuniziert u. a. durch Grunzen, Klick- und knarrende Laute.
Größe: Körperlänge 8–10 m, Gewicht 8–13 t.
Verbreitung: Weltweit (außer östliches Mittelmeer). Im offenen Meer und entlang den Küsten.
Anmerkung: Eine kleinere Form des Schnabelwals wurde kürzlich als eine eigene Art registriert: der Antarktische Schnabelwal (*Balaenoptera bonaerensis*).

relativ große Rückenflosse

weißer Bauch

| Lebensweise solitär | Tragzeit 10 Monate | Wurfgröße 1 | Ernährung |

| Familie BALAENOPTERIDAE | Art *Megaptera novaeangliae* | Bestand bedroht |

Knurrwal

Charakteristisch für diesen Wal sind seine Gesänge, seine plumpe Körperform und die riesigen Brustflossen. Diese werden in der Regel benutzt, um die Beutetiere zum Maul zu führen, aggressive Wale können damit jedoch auch Gegner zu Tode prügeln. Ober- und Unterkiefer sind mit Beulen versehen und oft mit Seepocken verkrustet. Eine kleine kammartige Erhebung verläuft vom Spritzloch bis zur Schnauzenspitze. Der Rücken weist eine schwarze oder blauschwarze Färbung mit helleren Bereichen auf. Die Farbmuster variieren bei jedem Wal und können so ein Identifikationsmerkmal der einzelnen Individuen darstellen. Die Rückenflosse, die auf einem Fettpolster sitzt, kann dreieckig oder stark gebogen sein. Die Knurrwale wandern im Winter in wärmere Gebiete, im Sommer in nördliche Richtung zu den futterreichen Plätzen. Sie kreisen ihre Beute mit „Vorhängen" aus Luftblasen ein; manchmal beteiligen sich ein Dutzend und mehr Tiere an der Jagd.
Größe: Körperlänge 13–14 m, Gewicht 25–30 t.

dreieckige Rückenflosse

kammartige Erhebung von der Rückenflosse bis zum Schwanz

Verbreitung: Weltweit. Entlang den Küsten und in tiefen Meereszonen.
Anmerkung: Diese Art ist dafür bekannt, dass sie über 22 Stunden lang fortlaufend singt. Jedes Männchen hat seine eigene Melodie, die sich im Laufe der Jahre verändert. Der Gesang dient der Paarfindung oder dem Verscheuchen von Rivalen.

weltweit

| Lebensweise solitär | Tragzeit 11 Monate | Wurfgröße 1 | Ernährung |

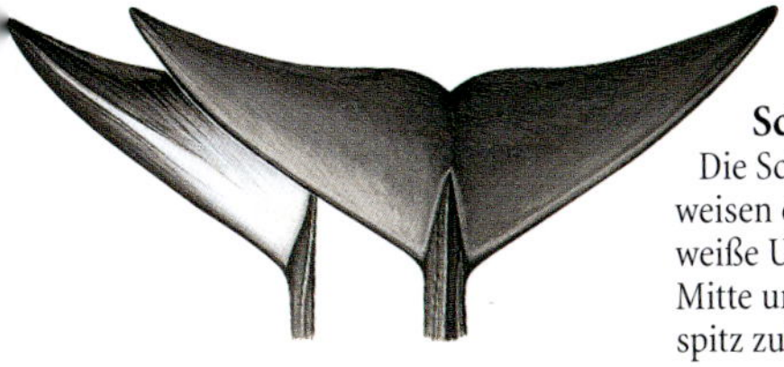

Schwanzflossen
Die Schwanzflossen des Schnabelwals weisen eine hellgraue, bläulich graue oder weiße Unterseite, eine Einkerbung in der Mitte und leicht konkave, herabhängende, spitz zulaufende Kanten auf.

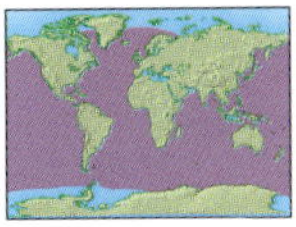

weltweit

schwarze kammartige Erhebung vom Spritzloch bis zur Schnauzenspitze

rauchgraues Muster

schwarzer Rücken

spitze, schmale Schnauze

kräftiger Körper

weißes Band um die Ruderflossen

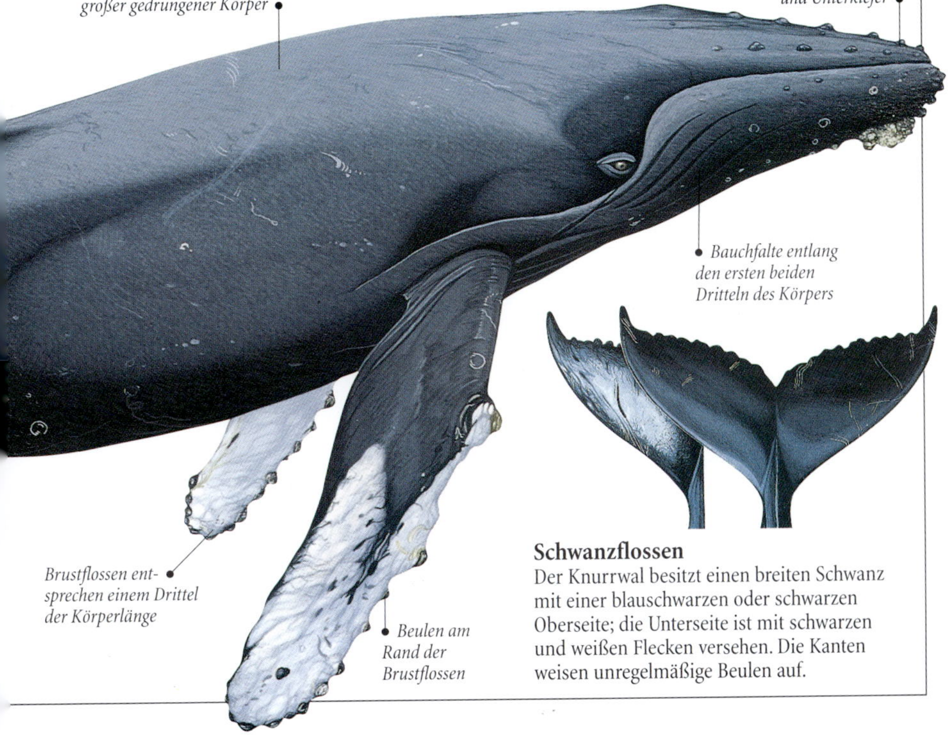

großer gedrungener Körper

Beulen an Kopf und Unterkiefer

Bauchfalte entlang den ersten beiden Dritteln des Körpers

Brustflossen entsprechen einem Drittel der Körperlänge

Beulen am Rand der Brustflossen

Schwanzflossen
Der Knurrwal besitzt einen breiten Schwanz mit einer blauschwarzen oder schwarzen Oberseite; die Unterseite ist mit schwarzen und weißen Flecken versehen. Die Kanten weisen unregelmäßige Beulen auf.

Hunde und Füchse

Z wei der bekanntesten Raubtiere (Ordnung Carnivora) sind der Wolf – der Vorfahre der Haushunde – und der Rotfuchs. Sie zählen ebenso wie weitere 34 Arten, die u. a. die Dingos, Kojoten und Schakale umfassen, zu den Hundeartigen (Familie der Canidae).

Charakteristisch für Hundeartige sind ihr muskulöser, aber schlanker Körper, die kräftigen Beine, der lange buschige Schwanz, die lange Schnauze und die mit großen Zähnen versehenen starken Kiefer. Auch besitzen sie eine empfindliche Nase und ein ausgezeichnetes Gehör. Die Tiere kommen auf der ganzen Welt vor, vor allem jedoch in offenen Lebensräumen. Sie sind Gelegenheitsfresser; kleinere Arten, z. B. Füchse, ernähren sich von Insekten und Nagetieren und leben solitär oder paarweise. Die größeren Arten dagegen, wie Wölfe oder Afrikanische Wildhunde, leben und jagen in Rudeln. Einige Hundeartige wurden lange Zeit gejagt, sodass manche Arten, etwa der Äthiopische Wolf und der Rotwolf, heute als stark gefährdet gelten.

Familie CANIDAE	Art *Vulpes zerda*	Bestand unbestätigt

Wüstenfuchs

Die kleinste Fuchsart ist leicht an den sehr großen Ohren zu erkennen. Sie besitzt eine cremeweiße bis gelbliche Oberseite und einen weißen Bauch. Dank der behaarten Fußsohlen können die Tiere problemlos über den heißen weichen Sand laufen. Der in der Regel nachtaktive Fuchs ernährt sich von Früchten, Samen, kleinen Nagetieren, Vögeln, Eiern, Reptilien und Insekten. Die Tiere leben in Verbänden von bis zu zehn Individuen; die Beziehungen der Tiere untereinander sind unbekannt. Jedes Mitglied gräbt eine mehrere Meter tiefe Höhle; die Männchen markieren ihr Territorium mit Urin und zeigen während der Paarungszeit verstärkt aggressive Verhaltensweisen. Die Paarung findet in der Mitte und am Ende des Winters statt. Stirbt der Nachwuchs, paaren sich die Tiere erneut. Die Jungen bleiben ca. 2 Monate lang im Nest, das vom Weibchen allein verteidigt wird; während dieser Zeit betritt das Männchen die Höhle nicht.
Größe: Körperlänge 24–41 cm, Schwanzlänge 18–31 cm.
Verbreitung: Sahara. In sandigen Wüsten.
Anmerkung: Der Wüstenfuchs wird häufig gefangen und dann als Haustier verkauft; zudem wird er wegen seines Pelzes gejagt.

Afrika

auffallend große Ohren

weiße Unterseite

Lebensweise gesellig	Tragzeit 50 – 52 Tage	Wurfgröße 2 – 5	Ernährung

| Familie CANIDAE | Art *Vulpes cana* | Bestand stellenweise häufig |

Afghanfuchs

Dieser kleine Fuchs ähnelt in Aussehen und Bewegungsmuster einer Katze. Das Fell zeigt schwarze, graue und weiße Flecke, die Hinterbeine sind dunkel und die Unterseite ist nahezu weiß. Charakteristisch sind auch die großen Ohren und der buschige Schwanz, der oft eine dunkle Spitze aufweist. Das ausschließlich nachtaktive Tier frisst mehr Früchte als andere Füchse und wird daher häufig in Obstplantagen angetroffen.
Größe: Körperlänge 42 cm, Schwanzlänge 30 cm.
Verbreitung: West- und Südasien. In Graslandschaften und in den Bergen.
Anmerkung: Dieser Fuchs wird wegen seines Fells ausgiebig gejagt.

Asien

schwarze, graue und weiße Flecke auf dem Körper

langer buschiger Schwanz

| Lebensweise solitär | Tragzeit 50–60 Tage | Wurfgröße 1–3 | Ernährung |

| Familie CANIDAE | Art *Vulpes velox* | Bestand unbestätigt |

Swift-Fuchs

Dieser Fuchs ist eng mit dem Kit-Fuchs (*Vulpes macrotis*) verwandt, von dem er sich jedoch durch die weit auseinander stehenden Ohren, den abgerundeten, hundeähnlichen Kopf und die schlankere Körperform unterscheidet. Das Fell ist an Kopf, Rücken und Flanken gräulich gefärbt; der lange buschige Schwanz weist eine schwarze Spitze auf, die im Sommer rötlich schimmert. Die in der Regel nachtaktiven Tiere liegen manchmal tagsüber in der Sonne.
Größe: Körperlänge 38–53 cm, Schwanzlänge 18–26 cm.
Verbreitung: Mittleres Nordamerika. In Prärien und Graslandschaften.

weit auseinander stehende Ohren

gräulich rotes Fell

schwarze Schwanzspitze

Nordamerika

| Lebensweise paarweise | Tragzeit 50–60 Tage | Wurfgröße 3–6 | Ernährung |

Familie CANIDAE	Art *Vulpes vulpes*	Bestand häufig

Rotfuchs

Die Körperfarbe dieses Fuchses variiert von grau über rostrot bis hin zu feuerrot. Das Tier besitzt einen großen buschigen Schwanz mit einer weißen Spitze. Die Rückseite der Ohren und der untere Teil der Gliedmaßen sind schwarz gefärbt. Wegen seines Fells wurde der Fuchs intensiv gezüchtet, sodass auch gänzlich weiße oder schwarze Fellfarben entstanden. Der Jäger ist sowohl tagsüber wie auch nachts aktiv und ernährt sich in Graslandschaften oder landwirtschaftlich genutzten Gebieten vorwiegend von Kaninchen und jungen Hasen; er schleicht sich an seine Beutetiere heran und springt plötzlich auf sie nieder, bevor sie wegrennen und ihre schützenden Höhlen erreichen können. Anschließend trägt er seine Beute am Nacken zu einem ruhigen, abgeschiedenen Ort und frisst sie auf. Seine Nahrung kann jedoch auch aus Aas, Abfällen u. a. bestehen. Überschüssiges Futter wird vergraben – dank seines ausgezeichneten Gedächtnisses kann der Rotfuchs diese Orte später wiederfinden. Das Tier sucht in verlassenen Kaninchenbauten, Erdspalten oder nicht benutzten Gebäuden Schutz. Die soziale Einheit besteht aus einer Füchsin und einem Rüden, die sich jedoch manchmal ein Territorium mit anderen, nicht trächtigen Verwandten teilen. Die Paarung findet im späten Winter oder frühen Frühling statt; das Weibchen stößt schrille Schreie aus, um seine Paarungsbereitschaft anzuzeigen.

Größe: Körperlänge 58–90 cm, Schwanzlänge 32–49 cm.

Verbreitung: Arktis, Nordamerika, Europa, Westasien, Nordafrika und Australien. In Wüsten, Wäldern, in den Bergen, der Tundra und in städtischen Gebieten.

Anmerkung: Der Rotfuchs wurde wegen seines Pelzes ausgiebig gejagt. Auch wurden viele Tiere durch Tollwutbekämpfungsaktionen in Europa und Nordamerika getötet.

weltweit

Fellfarbe variiert von gräulich über rostrot bis hin zu feuerrot

großer buschiger Schwanz, häufig mit weißer Spitze

weiße Unterseite

Gliedmaßen im unteren Bereich normalerweise schwarz

Lebensweise paarweise	Tragzeit 49–55 Tage	Wurfgröße 3–12	Ernährung

Anspringen der Beute

Der Rotfuchs sucht oft in dichter Vegetation nach Nagetieren und Regenwürmern. Mithilfe seines sehr guten
Gehörsinns lokalisiert er die Beute. Dann setzt er zu
einem hohen senkrechten Sprung an, landet auf den
Vorderpfoten und fängt sein Opfer.

*spitze Ohren mit
schwarzer Oberseite*

*spitze
Schnauze*

Frühe Tage

Die Rotfuchswelpen werden von beiden Elternteilen
versorgt. Unterstützung erhalten diese von anderen
weiblichen Tieren ohne eigenen Nachwuchs. In den
ersten 3 Monaten stellen die Jungtiere noch ein
leichtes Opfer für Fressfeinde dar und bleiben daher
im Bau oder in dessen Nähe.

Familie CANIDAE	Art *Vulpes rueppelli*	Bestand unbestätigt

Rüppell-Fuchs

Diese manchmal auch Sandfuchs genannte Art weist im Vergleich zum Rotfuchs (s. S. 218–219) einen zierlicheren Körperbau auf. Das dichte weiche Fell ist sandfarben oder silbergrau; das Gesicht des Tieres ist mit schwarzen Flecken versehen. Charakteristisch sind außerdem die breiten Ohren, die kurzen Beine und die auffällige weiße Schwanzspitze. In einigen Regionen (z. B. im Oman) scheinen die Tiere paarweise in Territorien zu leben. In der Regel ist der gesellige Fuchs in erweiterten Familienverbänden mit bis zu 15 Individuen zu finden. Tagsüber sucht er Schutz in Nischen und Höhlen.

Größe: Körperlänge 40–52 cm, Schwanzlänge 25–39 cm.

Verbreitung: Nordafrika und Westasien. In steinigen und sandigen Wüsten.

Anmerkung: Das Vordringen der Menschen in seinen Lebensraum stellt eine Bedrohung für diesen Fuchs dar; zudem wird er von den Beduinen wegen seines Fleisches gejagt.

Afrika, Asien

sandfarbenes oder silbergraues Fell

breite Ohren

kurze Beine

Lebensweise gesellig/paarweise	Tragzeit unbekannt	Wurfgröße 2–3	Ernährung

Familie CANIDAE	Art *Alopex lagopus*	Bestand häufig

Polarfuchs

Bei dieser Art treten zwei Farbvarianten auf; die Tiere des weißen Typs weisen im Winter ein nahezu weißes Fell auf und sind so im Schnee optimal getarnt. Im Sommer passt sich das Fell der Landschaft mit den Ebenen und grasreichen Hügeln an und ist grau oder braun gefärbt. Die Tiere des blauen Typs dagegen sind eher in küstennahen Regionen oder buschreichen Gegenden zu finden. Sie zeigen im Winter eine graubraune Färbung mit blauem Schimmer, im Sommer sind sie dunkelbraun. Anpassungen an das Leben in der eisigen Kälte sind die kleinen Ohren, die stumpfe Schnauze, die kurzen Beine und der kurze Schwanz – diese Körperteile geben die Wärme am ehesten ab.

Größe: Körperlänge 53–55 cm, Schwanzlänge 30 cm.

Verbreitung: Alaska, Nordkanada, Grönland, Nordeuropa und Nordasien. In der arktischen Tundra und küstennahen Gebieten.

Anmerkung: Die Jagd nach dem Fell und die Zerstörung des Lebensraumes stellen eine Gefahr für das Tier dar.

abgerundete kleine Ohren

Winterfell nahezu schneeweiß

dichtes Fell

Nordamerika, Grönland, Eurasien

Lebensweise gesellig	Tragzeit 51–54 Tage	Wurfgröße 6–16	Ernährung

Familie CANIDAE	Art *Urocyon cinereoargenteus*	Bestand häufig

Festland-Graufuchs

Diese Art ist häufig in bewaldeten Gebieten zu finden, wo sie auf Bäume klettert und katzengleich auf Äste springt. Das nachtaktive Tier ernährt sich von einer Vielzahl von Insekten und kleinen Säugetieren, frisst in manchen Jahreszeiten aber auch Früchte und Samen. Nur sehr selten graben die Füchse ihren eigenen Unterschlupf; in der Regel suchen sie Baumlöcher, Felsspalten und umgestürzte Bäume auf oder verkriechen sich unter Vorsprüngen von Gebäuden oder Dächern. Die meisten Graufüchse bilden Paare zur Aufzucht der Jungen. Die neugeborenen Jungtiere, normalerweise vier an der Zahl, sind hilflos und blind und öffnen erst nach 9 bis 12 Tagen ihre Augen; nach 1 Monat verlassen sie den Unterschlupf und beginnen in Begleitung eines Elternteils zu klettern. Innerhalb des ersten Jahres verstreuen sie sich über ein bis zu 85 km großes Gebiet.
Größe: Körperlänge 53–81 cm, Schwanzlänge 27–44 cm.
Verbreitung: Südkanada bis nördliches Südamerika. In Wäldern der gemäßigten Zonen, Laubwäldern, städtischen Gebieten und auf verlassenen Ölfeldern.

Meliertes Grau

Das gesprenkelte Aussehen des Fells entsteht durch die weiße, graue und schwarze Bänderung der einzelnen Haare. Das Tier besitzt eine kleine dunkelgraue Mähne; Hals, Flanken und Beine zeigen rötliche Bereiche, Kinn und Bauch sind weiß oder blassgelb.

dunkler Streifen am Rücken

grau meliertes Fell

rot schimmernder Hals

weißer oder blassgelber Bauch

Nord-, Mittel- und Südamerika

Lebensweise paarweise	Tragzeit 51–63 Tage	Wurfgröße 1–10	Ernährung

Familie CANIDAE	Art *Chrysocyon brachyurus*	Bestand weniger gefährdet

Tasmanischer Beutelwolf

Dieses Tier besitzt ein rötlich gelbes Fell mit einem vom Nacken bis zum Rücken verlaufenden dunklen Streifen und im unteren Bereich schwarz gefärbten Gliedmaßen.
Charakteristisch sind auch die aufrecht stehende Mähne und die dunkle Schnauze. Der
lange buschige Schwanz ist normalerweise dunkel, kann aber auch heller und manchmal sogar weiß sein. Der Bewohner offener Gras- oder Buschlandschaften kann dabei
beobachtet werden, wie er über die Vegetation hinweg nach Beute oder möglichen
Gefahren Ausschau hält. Er ist sowohl in der Dämmerung wie auch nachts aktiv und
ernährt sich von Kaninchen, Vögeln, Mäusen, Raupen und Ameisen, frisst aber auch
pflanzliches Material, wie Früchte und Beeren. Da der Tasmanische Beutelwolf auch
kleines Vieh, besonders Geflügel, erbeutet, wird er in einigen Gegenden als Schädling
betrachtet und gejagt; in anderen Regionen wird er als Haustier gehalten. Weibliche und
männliche Wölfe bilden monogame Paare, die sich ein Territorium teilen und sich jedes
Jahr – im Mai oder Juni – paaren. Während des restlichen Jahres sind sie nur sehr
selten zusammen zu sehen.

Südamerika

rötlich
gelbes
Fell

Größe: Körperlänge 1,2–1,3 m,
Schwanzlänge 28–45 cm.
Verbreitung: Mittleres und
östliches Südamerika. In
verschiedenen Lebensräumen,
z. B. in gras- und strauchbewachsenen Regionen sowie in
landwirtschaftlich genutzten
Gebieten.
Anmerkung: Die Art scheint
von den Anfängen der Wald-
und Flurbereinigung zu pro-
fitieren, doch kann eine inten-
sive Kultivierung zum Verlust
des Lebensraumes führen und
somit eine Bedrohung dar-
stellen; zudem sind die Tiere
durch Krankheiten gefährdet.

Laufen durch hohes Gras
Dieser Wolf ist kein besonders schneller Läufer. Seine langen Beine
sind eher eine Anpassung an den z. T. mit hohem Gras bewachsenen Lebensraum.

Wolfslaute
Streit um Territorien wird mit hundeähnlichem Knurren ausgetragen.
Kehliges Bellen warnt Eindringlinge und dient wahrscheinlich dem
territorial lebenden Paar dazu, in Kontakt miteinander zu bleiben.

schwarze
„Strümpfe" an
den Gliedmaßen

Lebensweise solitär	Tragzeit 62 – 66 Tage	Wurfgröße 1 – 5	Ernährung

aufrecht stehende Mähne

große Ohren

dunkle Schnauze

stelzenähnliche Beine

| Familie CANIDAE | Art *Pseudalopex culpaeus* | Bestand stellenweise häufig |

Pseudalopex culpaeus

Diese große und kräftige Art besitzt eine grau melierte Oberseite, Kopf, Hals und Ohren sind rötlich gefärbt. Sie ernährt sich meist von Nagetieren, Kaninchen, Vögeln und Eiern sowie je nach Jahreszeit von Früchten und Beeren. Steht reichlich Nahrung zur Verfügung, vergräbt der Fuchs überschüssige Vorräte oder versteckt sie unter umgestürzten Bäumen und Steinen. Der Bestand dieser Tiere hat durch die groß angelegten Wald- und Flurbereinigungen stark gelitten. Zudem werden sie als Schädlinge – sie erbeuten auch Lämmer und Geflügel – und wegen ihres Pelzes gejagt.
Größe: Körperlänge 60–120 cm, Schwanzlänge 30–45 cm.
Verbreitung: Westliches Südamerika (Anden und Patagonien). In den Bergen und Pampas.

goldfarbener Kopf

Rücken und Schultern grau meliert

buschiger Schwanz mit schwarzer Spitze

Südamerika

| Lebensweise paarweise | Tragzeit 55 – 60 Tage | Wurfgröße 3 – 8 | Ernährung |

| Familie CANIDAE | Art *Cerdocyon thous* | Bestand häufig |

Waldfuchs

Diese Art ist in den verschiedensten Lebensräumen weit verbreitet. Das Fell ist auf der Oberseite meist gräulich braun, auf der Unterseite weiß. Gesicht, Ohren und Beine sind rötlich, Schwanzspitze, Ohrenspitzen und Beinrückseiten zeigen eine schwarze Färbung. In der Regel leben die Tiere als monogame Paare. Sie sind nachtaktiv und ernähren sich u. a. von Salz- und Süßwasserkrebsen. Gelegentlich werden die Füchse von Bauern erschossen und auch wegen ihres Pelzes gejagt.
Größe: Körperlänge 64 cm, Schwanzlänge 29 cm.
Verbreitung: Nördliches und östliches Südamerika. In Graslandschaften, Wäldern der gemäßigten Zonen und tropischen Tieflandwäldern.

graubraunes Fell

Südamerika

schwarze Ohrenspitzen

rötlich braunes Gesicht

schwarze Beinrückseite

| Lebensweise gesellig | Tragzeit 52 – 59 Tage | Wurfgröße 3 – 6 | Ernährung |

Familie CANIDAE	Art Otocyon megalotis	Bestand häufig

Löffelhund

Typisch für diese Fuchsart sind die großen fledermausähnlichen Ohren, die bis zu 12 cm lang sein können und schwarze Spitzen zeigen. Die Tiere weisen ein auffallend kleines Gesicht mit einer schwarzen maskenähnlichen Zeichnung und einer spitzen Schnauze auf. Sie besitzen acht zusätzliche Backenzähne, sodass das Gebiss aus insgesamt 48 Zähnen besteht, die jedoch wesentlich kleiner sind als die der meisten Raubtiere. In Sozialverhalten und Jungenaufzucht entspricht der Löffelhund einem typischen Fuchs.

Größe: Körperlänge 46–66 cm, Schwanzlänge 23–34 cm.

Verbreitung: Ost- und Südafrika. In offenem grasbewachsenem Gelände, Halbwüsten und an Waldrändern.

Anmerkung: Diese Art frisst hauptsächlich Termiten und Mistkäfer.

fledermausartige große Ohren

graugelbes Fell

Afrika

kleiner Kopf mit spitzer Schnauze

cremeweiße Bauchseite

Lebensweise variabel	Tragzeit 60–75 Tage	Wurfgröße 1–6	Ernährung

Familie CANIDAE	Art Atelocynus microtis	Bestand stellenweise häufig

Kurzohrfuchs

Mit ihren kurzen abgerundeten Ohren gleicht diese Art eher einem Waschbär, besitzt jedoch ein viel kürzeres und samtigeres Fell, das auf der Oberseite dunkelgrau bis schwarz gefärbt ist und auf der Unterseite verschiedene Grautöne zeigt. Das nachtaktive Raubtier lebt solitär und bewegt sich katzenähnlich auf dem Waldboden fort. Wahrscheinlich frisst es überwiegend Nagetiere und Pflanzenmaterial.

Größe: Körperlänge 72–100 cm, Schwanzlänge 25–35 cm.

Verbreitung: Südamerika (Amazonasbecken). In tropischen Wäldern bis 1000 m Höhe.

fuchsähnlicher buschiger Schwanz

dunkelgraues bis schwarzes Fell

Südamerika

kurze abgerundete Ohren

Lebensweise solitär	Tragzeit unbekannt	Wurfgröße unbekannt	Ernährung

Familie CANIDAE	Art *Nyctereutes procyonoides*	Bestand stellenweise häufig

Waschbärhund

Dieses ungewöhnliche Mitglied der Familie der Hunde ähnelt sowohl einem Waschbären wie einem Hund. Das Tier besitzt eine schwarze maskenähnliche Zeichnung im Gesicht, eine weiße Schnauze, schlanke schwarze Beine und einen buschigen, an der Oberseite meist schwarzen Schwanz; das braunschwarze Fell schimmert gelblich. Der nachtaktive Waschbärhund streift auf der Suche nach Nahrung – bestehend aus Vögeln, kleinen Säugetieren und Früchten – an Fluss- und Seeufern sowie an Küsten entlang. Die Tiere sind paarweise oder in zeitlich begrenzten Familienverbänden zu finden. In Japan kommt die Art sehr häufig vor, während sie in China z. T. ausgerottet ist. Nach ihrer Einführung in Teilen Europas haben sich die Waschbärhunde schnell verbreitet. Im Gegensatz zu den meisten anderen Hundeartigen können sie gut klettern und halten einen Winterschlaf, nachdem sie im Herbst ihr Körpergewicht um die Hälfte vermehrt haben.
Größe: Körperlänge 50–60 cm, Schwanzlänge 18 cm.
Verbreitung: Europa sowie Mittel-, Nord- und Ostasien. In Wäldern der gemäßigten Zonen und bewaldeten Flusstälern.

Eurasien

In Gefangenschaft gezüchtet
Das weiße Fell dieses Waschbärhundes zeigt, dass er in Gefangenschaft gezüchtet worden ist. Die für ihr Fell hoch geschätzte Art wird in vielen Ländern gezüchtet. In der ehemaligen Sowjetunion wurden die Tiere in die Freiheit entlassen und leben dort nun in wilden Populationen.

• *braunschwarzes Körperfell*

• *schwarze maskenähnliche Zeichnung*

• *weiße Schnauze mit schwarzer Nase*

kurzes schwarzes Fell an den Beinen •

Lebensweise variabel	Tragzeit 60–65 Tage	Wurfgröße 4–12	Ernährung

| Familie CANIDAE | Art *Canis dingo* | Bestand stellenweise häufig |

Dingo

weißer Fleck an der Schnauze

Manche Wissenschaftler betrachten den Dingo als eine Unterart des Wolfes oder des Haushundes, für andere stellt er eine eigene Art dar. Vermutlich fand während der letzten 10 000 Jahre eine Abspaltung vom Haushund statt, sodass das Tier nun in der Lage ist, in der Wildnis zu überleben. Sein Fell variiert von sandfarben bis kupferrot, auf Brust, Füßen und Schwanzspitze sind unregelmäßige weiße Flecke zu sehen. Ausgewachsene Tiere, die Nachwuchs aufziehen, bilden oft Rudel; ältere Mitglieder verdeutlichen den Jungen durch Bisse und andere schroffe Zurechtweisungen ihren Platz in der Hierarchie. Das dominante Weibchen tötet manchmal die Jungen rangniedriger Tiere.
Größe: Körperlänge 72–110 cm, Schwanzlänge 21–36 cm.
Verbreitung: Australien. In Wüsten, Graslandschaften, Wäldern der tropischen und gemäßigten Zonen sowie an Waldrändern.
Anmerkung: Dingos können sich problemlos mit domestizierten Hunden paaren. Daher sind in einigen Teilen Australiens bis zu einem Drittel der Individuen Mischlinge. Die Tiere werden als Schädlinge betrachtet, da sie Vieh jagen und Tollwut verbreiten.

Australien

sandfarbenes bis kupferrotes Fell

dicht behaarte weiße Schwanzspitze

| Lebensweise gesellig | Tragzeit 9 Wochen | Wurfgröße 1–10 | Ernährung |

| Familie CANIDAE | Art *Canis latrans* | Bestand häufig |

Kojote

schwarze Schulterpartie

Dieses Tier besitzt eine melierte blassgelbe Körperoberseite und eine graue oder weiße Unterseite; Ohren, Beine und Füße sind gelblich, Schultern, Rücken und Schwanz können schwarz schimmern. Bezüglich Lebensraum und Nahrung ist der Kojote sehr anpassungsfähig; er ernährt sich von Gabelhornantilopen, Hirschen, Wildschafen, Vieh, Aas und Abfällen. Bei passender Gelegenheit schleicht er sich an sein Beutetier heran und springt es dann an; oft verfolgt er auch in hoher Geschwindigkeit Hasen. Einst wurde angenommen, dass der Kojote solitär lebt; heute ist bekannt, dass er zur Jungenaufzucht Paare bildet und sich für die Jagd auf größere Beutetiere zu Rudeln zusammenfindet. Das charakteristische Heulen des Kojoten, das nachts zu hören ist, zeigt die Position des jeweiligen Tieres an oder grenzt das Territorium gegenüber den Nachbarn ab.
Größe: Körperlänge 70–97 cm, Schwanzlänge 30–38 cm.
Verbreitung: Nordamerika bis nördliches Mittelamerika. In Graslandschaften, Wäldern , städtischen Gebieten, in der Tundra und den Bergen.

lange Schnauze

graue oder weiße Unterseite

schwarzer Schwanz

Nord- und Mittelamerika

| Lebensweise variabel | Tragzeit 9 Wochen | Wurfgröße 6–18 | Ernährung |

| Familie CANIDAE | Art *Canis simensis* | Bestand stark gefährdet |

Abessinischer Fuchs

Die auffällige rötliche Fellfärbung dieser Art ist bei den Weibchen und den Jungtieren heller ausgeprägt. An Kehle, Hals und Brust sind weiße Flecke zu sehen. Tagsüber machen sich die Tiere allein auf Futtersuche, morgens, mittags und abends finden sie sich zu laut lärmenden Gruppen von zwei bis zwölf Tieren zusammen.
Größe: Körperlänge 1 m, Schwanzlänge 33 cm.
Verbreitung: Äthiopien (Hochland). In Moor- und Graslandschaften.
Anmerkung: Die drei verbliebenen Populationen dieser Art sind durch Krankheiten und die Konkurrenz mit domestizierten Hunden und Vieh bedroht. Aufgrund von Überweidung wurde die Anzahl der Beutetiere stark reduziert, was ebenfalls zum raschen Abfall der Populationsgröße beiträgt.

große Ohren

lange dünne Schnauze

rötliches Fell

untere Schwanzhälfte schwarz

Afrika

| Lebensweise gesellig | Tragzeit 60 Tage | Wurfgröße 2–7 | Ernährung |

| Familie CANIDAE | Art *Canis aureus* | Bestand häufig |

Goldschakal

Die Körperfärbung dieses Schakals variiert je nach Jahreszeit und Region; normalerweise zeigen die Tiere ein helles goldbraunes oder ein gelbes Fell mit schwarzen Spitzen, fuchsfarbene Flanken und eine kupferfarbene oder weiße Unterseite. Die nachtaktiven Allesfresser leben in der Regel territorial in Paaren; in der Nähe menschlicher Siedlungen, wo das Nahrungsangebot reichlich ist, sind auch Rudel von bis zu 20 Tieren zu finden. Die Welpen werden in einem sicheren Unterschlupf von beiden Elternteilen, älteren Geschwistern und jungen ausgewachsenen Tieren versorgt.
Größe: Körperlänge 60–110 cm, Schwanzlänge 20–30 cm.
Verbreitung: Südosteuropa, Nord- und Ostafrika sowie West- bis Südostasien. In Graslandschaften und Wüsten.

rötlich brauner Kopf

kupferfarbene Ohren

grauer bis schwarzer Rücken

Eurasien, Afrika

| Lebensweise paarweise | Tragzeit 9 Wochen | Wurfgröße 1–9 | Ernährung |

Familie CANIDAE	Art *Canis mesomelas*	Bestand häufig

Schabrackenschakal

Dieses kupferfarbene Raubtier besitzt eine schwarze sattelartige Zeichnung am Rücken und einen buschigen schwarzen Schwanz. Es kommt in zahlreichen Lebensräumen vor, von den Rändern großer Städte bis zur Namibischen Wüste. Die Paare nehmen tagsüber, in der Dämmerung oder nachts in der Nähe menschlicher Siedlungen gemeinsam die unterschiedlichste Nahrung zu sich. Da die Tiere gelegentlich Schafe und Kälber erbeuten, werden sie in Teilen Afrikas als Schädlinge betrachtet. Eltern und andere Verwandte ziehen die Jungtiere in Höhlen auf, die manchmal in alten Termitenhügeln oder verlassenen Erdferkelbauen gegraben werden.
Größe: Körperlänge 45–90 cm, Schwanzlänge 26–40 cm.

auffällige Ohren

schwarze Rückenpartie

rötlich brauner Körper

Verbreitung: Ost- und Südafrika. In Graslandschaften, Wüsten und städtischen Gebieten.
Anmerkung: Weibliche und männliche Schakale bleiben als Paar ihr ganzes Leben lang zusammen.

Afrika

Lebensweise paarweise	Tragzeit 60 Tage	Wurfgröße 1–8	Ernährung

Familie CANIDAE	Art *Canis adustus*	Bestand unbestätigt

Streifenschakal

Dieses Tier besitzt eine gräulich gelbe Oberseite, eine hellere Unterseite und eine weiße Schwanzspitze. An den Flanken weist es undeutliche weiße und schwarze Streifen auf. Der Allesfresser ernährt sich von Nagetieren, Vögeln, Eiern, Eidechsen, Insekten, Abfällen, Aas und Pflanzenmaterial. Ebenso wie der Rotfuchs (s. S. 218–219) scheut sich dieses Tier nicht, in urbanen Gegenden nach Nahrung zu suchen; oft ist es auch an Waldrändern und in landwirtschaftlich genutzten Gebieten zu sehen.
Größe: Körperlänge 65–81 cm, Schwanzlänge 30–41 cm.
Verbreitung: Zentral-, Ost- und Südafrika. In feuchten Savannen, tropischen Wäldern und auf Bauernhöfen.
Anmerkung: Eine große Anzahl dieser Tiere starb in den 20er-Jahren an Staupe.

gräulich gelbes Fell

undeutliche weiße und schwarze Flankenstreifen

weiße Schwanzspitze

Afrika

Lebensweise paarweise	Tragzeit 57–70 Tage	Wurfgröße 3–6	Ernährung

Familie CANIDAE	Art *Canis lupus*	Bestand bedroht

Wolf

Der Vorfahre des Haushundes ist das größte Mitglied der Familie der Hundeartigen. Das dicke Fell ist normalerweise grau, kann aber auch zwischen weiß, rot, braun und schwarz variieren. Der große Erfolg des Wolfes als Jäger ist auf die komplexe soziale Struktur im Rudel oder Familienverband – bestehend aus acht bis zwölf Tieren – zurückzuführen. An der Spitze der klar definierten Hierarchie innerhalb der Gruppe steht ein sich fortpflanzendes dominantes Paar, das ein Leben lang zusammenbleibt. Die Rudel kontrollieren große Territorien, die mit Duftmarken markiert werden. Das Heulen der Tiere ist bis zu 10 km weit zu hören; es warnt rivalisierende Rudel und dient so der Vermeidung einer Konfrontation. Der kräftige und gedrungene Körper und das gute Hör- und Riechvermögen unterstützen den Wolf bei der Jagd. Er ernährt sich hauptsächlich von großen Paarhufern, wie Hirschen, Elchen und Rentieren, doch frisst er auch Aas und Müll. Welpen werden nach 4 Wochen entwöhnt und bekommen von erwachsenen Tieren ausgewürgte Nahrung zu fressen. Ein gut ernährter Welpe kann 3 bis 5 Monate lang mit seinem Rudel umherziehen. Jugendliche Tiere ziehen es oft vor, die Gruppe innerhalb 1 Jahres zu verlassen.
Größe: Körperlänge 1–1,5 m, Schwanzlänge 30–51 cm.
Verbreitung: Nordamerika, Grönland, Europa und Asien, nördlich des 15. Breitengrades. In der Wildnis und abgelegenen Gebieten, in Zeiten von Nahrungsmangel auch in der Nähe menschlicher Siedlungen.
Anmerkung: Der Wolf gehörte einst zu den am weitesten verbreiteten wilden Säugetieren, dann wurde er jedoch aus übertriebener Angst vor seiner möglichen Gefährlichkeit überall von den Menschen gejagt.

Nordamerika, Grönland, Eurasien

lange scharfe Zähne

dichtes Fell zur Erhaltung der Körperwärme

die Rudelmitglieder warten, bis sie mit dem Fressen an der Reihe sind

Die Stärke liegt in der Anzahl

Gemeinsames Jagen ermöglicht es dem Wolf, Beutetiere anzugreifen, die das Zehnfache seines Gewichts haben können. Erst wenn das Leittierpaar gefressen hat, haben die übrigen Rudelmitglieder Zugang zum Kadaver.

Lebensweise gesellig	Tragzeit 61–63 Tage	Wurfgröße 1–11	Ernährung

Haushunde

Der Haushund (Canis familiaris) und der Wolf besitzen einen ähnlichen
Satz Gene. Die Zähne des Haushundes sind jedoch kleiner und
stehen enger beisammen, zudem ist sein Gehirn um ein
Drittel kleiner als das des Wolfes. Die Gehirnareale, in
denen der Wolf die Kenntnisse über sein Territorium
speichert, haben ihre Bedeutung bei Haustieren
weitestgehend verloren. Andererseits haben sich die
für die Anpassungsfähigkeit an andere Arten (in
diesem Fall an den Menschen) zuständigen Gehirnareale der domestizierten Tiere
vergrößert und sind leistungs-
fähiger geworden.

*lange kräftige
Beine*

*graues bis weißes,
rotes, braunes oder
schwarzes Fell*

*große Füße
und Krallen*

Familie CANIDAE	Art *Speothos venaticus*	Bestand bedroht

Waldhund

Die im Aussehen eher einem Wiesel ähnelnde Art ist in Familienverbänden mit bis zu zehn Tieren zu finden. Die tagaktiven Raubtiere jagen allein bodenbewohnende Vögel und Nagetiere, wie den Aguti, finden sich aber auch zu Rudeln zusammen, um große Tiere, z. B. Wasserschweine, zu erbeuten. Nachts sucht der Waldhund Schutz in Höhlen; der Rüde bringt dem säugenden Muttertier Nahrung in den Unterschlupf.

Größe: Körperlänge 57–75 cm, Schwanzlänge 12,5–15 cm.

Verbreitung: Mittelamerika bis nördliches und mittleres Südamerika. In tropischen Wäldern und feuchten Savannen.

Anmerkung: Der Waldhund ist der geselligste unter den kleinen Hundeartigen.

Mittel- und Südamerika

wieselähnliches Gesicht

langer schlanker Körper

kurzer dicker Schwanz

kurze gedrungene Beine

Lebensweise gesellig	Tragzeit 67 Tage	Wurfgröße 1–6	Ernährung

Familie CANIDAE	Art *Cuon alpinus*	Bestand bedroht

Alpenwolf

Dieses große Raubtier ist lohfarben oder dunkelrot und besitzt einen dunkleren buschigen Schwanz. Es lebt in Familienverbänden mit bis zu 25 Individuen. Der Alpenwolf sucht mit seinen Welpen Schutz in Höhlen; die Jungtiere werden, auch nachdem sie die Höhle bereits verlassen haben, mit ausgewürgtem Futter ernährt.

Größe: Körperlänge 90 cm, Schwanzlänge 40–45 cm.

Verbreitung: Süd-, Ost- und Südostasien. In dichten Wäldern der tropischen und gemäßigten Zonen und Gebirgswäldern.

Anmerkung: Der Bestand dieser verbreiteten Art verringert sich durch den Verlust des Lebensraumes stetig.

abgerundete Ohren

Asien

lohfarbenes bis dunkelrotes Fell

kurze Beine

Lebensweise gesellig	Tragzeit 60–62 Tage	Wurfgröße 3–9	Ernährung

Familie CANIDAE	Art *Lycaon pictus*	Bestand gefährdet

Afrikanischer Wildhund

Einst war dieses Tier überall in Afrika in den verschiedensten Lebensräumen verbreitet, heute gibt es nur noch einige verstreut lebende Populationen. Die Wildhunde werden von größeren Tieren, z. B. von Löwen und Hyänen, gejagt; die größte Gefahr droht ihnen jedoch vom Menschen – die Tiere sterben in Fallen, werden erschossen oder bei Autounfällen getötet. Zudem leiden sie unter dem Verlust ihres Lebensraumes und fallen von Haushunden übertragenen Krankheiten, wie Tollwut und Staupe, zum Opfer. Das Fell dieses Hundes zeigt variable Flecken und Wirbel in Schwarz, Weiß, Grau und Gelb – daher der lateinische Name, der übersetzt „gemalter Hund" bedeutet. Von allen Hundeartigen ist diese Art die geselligste. Sie ist in Gruppen von 30 und mehr ausgewachsenen und jungen Tieren zu finden. Der Wildhund gibt „Wuu"-Rufe von sich, um verloren gegangene Rudelmitglieder zu lokalisieren; mit sanften schnatternden Geräuschen gibt er seiner Unterwürfigkeit Ausdruck.

Größe: Körperlänge 76–110 cm, Schwanzlänge 30–41 cm.

Verbreitung: Afrika (südlich der Sahara, vor allem Tansania und Südafrika). In strauchbewachsenen Gebieten, den Bergen und entlang den Küsten.

Anmerkung: Das Überleben dieser Art hängt in besonderem Maße von aktiven Schutzmaßnahmen ab.

Afrika

Vor dem Aussterben bewahren

Wissenschaftler entnehmen Blutproben für eine genetische Analyse und sammeln Informationen über den Afrikanischen Wildhund bezüglich Größe und Gewicht. Die Tiere werden betäubt und mit einem Funksender ausgestattet, so können ihre Bewegungen verfolgt werden.

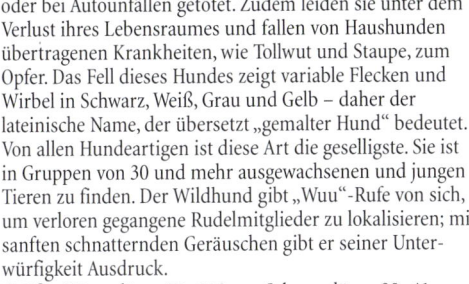

spitze Ohren

Fell mit kurzem Haar

schlanker Körper

schwarze, weiße, graue und gelbe Flecke

Lebensweise gesellig	Tragzeit 69–73 Tage	Wurfgröße 10–12	Ernährung

Bären

D ie acht Bärenarten, die zur Familie Ursidae (Bären) gehören, weisen eine große Ähnlichkeit in Körperform und -proportionen auf. Sie sind stark, schwer und besitzen kräftige Gliedmaßen mit langen Krallen, einen großen Kopf, kleine Ohren, sehschwache kleine Augen und eine lange Schnauze für einen guten Geruchssinn. Zwar wurden sie als Fleischfresser (Karnivoren) klassifiziert, doch sind die meisten Bären Allesfresser (Omnivoren). Eine Ausnahme bilden die Eisbären, die fast ausschließlich Fleisch fressen. Der Brillenbär und der Kragenbär sind vorwiegend Pflanzenfresser (Herbivoren), der Große Panda frisst ausschließlich Pflanzen.

Die meisten Arten leben solitär, die Bewohner der nördlichen Regionen halten einen Winterschlaf. Seine Größe und Kraft, seine gelegentlichen Angriffe auf Vieh sowie sein aggressives Verhalten – das er vor allem während der Jungenaufzucht zeigt – machen den Bären schon seit langem zum häufigen Jagdziel. Bis auf zwei gelten alle Arten als mehr oder weniger gefährdet.

Familie URSIDAE	Art *Ursus americanus*	Bestand weniger gefährdet*

Schwarzbär

Die Fellfarbe dieser Art variiert von schwarz über braun oder zimtfarben bis hin zum einzigartigen Graublau der Population der Pazifikküste. Der Bär passt sich relativ leicht an die verschiedenen Lebensräume an, wird aber normalerweise eher in dicht bewaldeten Gegenden angetroffen. Der hervorragende Kletterer erklimmt Bäume, um mit seinen hervorstehenden Lefzen Früchte, Knospen, Beeren und Nüsse abzupflücken. Mit seinen kräftigen Gliedmaßen und bekrallten Füßen spaltet er auf der Jagd nach Insekten abgestorbene Bäume und wendet Steine. Es kommt vor, dass die Tiere in ungenutzte Gebäude oder abgestellte Fahrzeuge einbrechen und nach von Menschen zurückgelassenen Lebensmitteln suchen. Eine Reihe verschiedener Körperhaltungen wird zur Kommunikation benutzt; Gähnen, Vermeiden des Augenkontakts oder Senken des Kopfes können der Feststellung der sozialen Position dienen.

Größe: Körperlänge 1,3–1,9 m, Gewicht 55–300 kg.

Verbreitung: Alaska, Kanada, USA und Mexiko. In Nadelbaumwäldern, Wäldern der gemäßigten Zonen und in den Bergen.

Anmerkung: Der Schwarzbär hat sich an die Anwesenheit der Menschen gewöhnt.

Nordamerika

hervorstehende Lefzen

lange, aufrecht stehende Ohren

mehr oder weniger massive Körpergestalt

kräftige Gliedmaßen

Lebensweise solitär	Tragzeit 7–7,5 Monate	Wurfgröße 1–5	Ernährung

Familie URSIDAE	Art *Ursus maritimus*	Bestand weniger gefährdet

Eisbär

Dieses Tier – einer der größten Fleischfresser – ist ein exzellenter Schwimmer und Taucher und hat sich auf verschiedene Art und Weise an sein aquatisches Leben angepasst. Hohle, luftgefüllte Fellhaare sichern das Gleichgewicht unter Wasser; die Nasenlöcher schließen sich beim Tauchen, sodass ahnungslose Beutetiere vom Wasser aus angegriffen werden können. Die

Waljagd
Der Eisbär ernährt sich vorwiegend von Seehunden, erbeutet aber auch wasserlebende Säugetiere, wie Walrosse oder Narwale. Die Abbildung zeigt die Jagt auf einen Belugawaal

Nahrung besteht vorwiegend aus Ringel-, Bart- und Sattelrobben, die der Bär nach leisem Anschleichen oder stundenlangem, bewegungslosem Warten vor den Luftlöchern erlegt. Die Tiere können bei Nahrungsknappheit extrem lange Zeit fasten; sind sie z. B. durch das schmelzende Eis gezwungen, an Land zu gehen, können sie bis zu 5 Monate mit nur wenig Futter, wie Seetang, Moos und Beeren, überleben.
Größe: Körperlänge 2,1–3,4 m, Gewicht 400–680 kg.
Verbreitung: Nordamerika, Grönland, Norwegen und Russland. Auf Polareis, in der Nähe des Meeres.
Anmerkung: Der Eisbär besitzt wahrscheinlich den am besten entwickelten Geruchssinn aller Bärenarten. Er kann die Luftlöcher der Robben, die oft mit einer 90 cm dicken Eisschicht bedeckt sind, aus einer Entfernung von 1 km riechen.

gerades Kopfprofil

schwarze Zunge

relativ langer Hals

z. T. behaarte Pfoten konservieren die Körperwärme und verleihen zusätzlichen Halt auf dem Eis

Arktis

Lebensweise solitär	Tragzeit 9 Monate	Wurfgröße 1–4	Ernährung

Familie URSIDAE	Art *Ursus arctos*	Bestand weniger gefährdet*

Braunbär

Das große und kräftige Tier gehört zu den am weitesten verbreiteten Bärenarten. Die Körpergröße ist variabel und hängt von Nahrungsangebot und Lebensraum ab. Folgende Rassen können unterschieden werden: Grizzlybär, Eurasischer Braunbär, Syrischer Bär, Sibirischer Bär, Mandschurischer Bär und Hokkaido-Bär. Alle besitzen die typische aus Muskeln bestehende Schulterbeule, lange, dem Graben nach Wurzeln und Zwiebeln dienende Krallen an den Vorderzehen, ein konkaves Gesichtsprofil und kleine Ohren. In der Regel ist das Fell dunkelbraun gefärbt, es kann jedoch auch zwischen blond und schwarz variieren; die langen Deckhaare weisen weiße Spitzen auf. Zwar besteht zwischen den beiden Geschlechtern kein Unterschied in der Körpergröße, doch kann das männliche Tier etwa doppelt so schwer werden wie das Weibchen. Der Braunbär frisst vorwiegend Pflanzen; ca. 95 Prozent seiner Nahrung bestehen aus Gräsern, Wurzeln, Zwiebeln, Knollen, Beeren und Nüssen, daneben ernährt er sich auch von Fischen und Insekten. In den warmen Monaten des Jahres frisst sich der Bär als Vorbereitung für den langen Winterschlaf eine dicke Fettschicht an.

Größe: Körperlänge 2–3 m, Gewicht 100–1000 kg.
Verbreitung: Nordamerika, Nordeuropa und Asien. In Graslandschaften, Wüsten, dichten Nadelwäldern der gemäßigten Zonen und in den Bergen.
Anmerkung: Dieser Bär benötigt große Gebiete wilder Natur zum Überleben; die Zerstörung der Lebensräume führte zu einem drastischen Rückgang der Populationen. Wilddiebe jagen das Tier wegen bestimmter Körperteile, vor allem der Gallenblase, die in der traditionellen Medizin ihre Verwendung findet.

Nordamerika, Europa, Asien

dichtes Fell, das von blond über dunkelbraun bis schwarz variieren kann •

Fischdiät

Zwar frisst der Braunbär vorwiegend Pflanzen, doch ernähren sich einige flussnahe Populationen von großen Mengen Lachs, den sie beim Flussaufwärtsschwimmen mit einem Biss töten.

Ausschau halten

Manchmal steht der Braunbär aufrecht auf seinen Hinterpfoten, um mögliche Nahrungsquellen oder Gefahren zu entdecken. Entgegen der landläufigen Meinung ist dies kein aggressives Verhalten; wenn Bären Menschen angreifen – was sie nur selten tun –, dann bei einer zufälligen Begegnung.

kräftige, kurze •
Gliedmaßen

Lebensweise solitär	Tragzeit 9 Monate	Wurfgröße 1–4	Ernährung

kleine Ohren

großer breiter Kopf

Vorderkrallen können nicht eingezogen werden

Familie URSIDAE	Art *Ursus thibetanus*	Bestand bedroht

Kragenbär

Bezüglich Erscheinungsbild und Lebensraum erinnert diese Art an den Schwarzbären (s. S. 234). Das Fell ist schwarz und weist einen gelblich weißen Brustfleck auf. Die Ohren sind mit Fellbüscheln versehen, der Schwanz ist kurz. Der Bär klettert auf der Suche nach Nüssen und Früchten häufig auf Bäume. Da ein Großteil seines Lebensraumes durch landwirtschaftlich genutzte Felder ersetzt worden ist, plündert er Getreidefelder und tötet manchmal Menschen.
Größe: Körperlänge 1,3–1,9 m, Gewicht 100–200 kg.
Verbreitung: Süd- und Südostchina, Ostrussland und Japan. Auf bewaldeten Bergen.

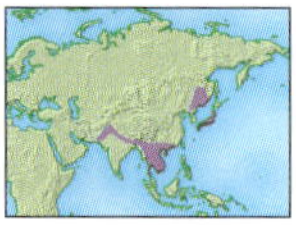

heller gefärbte Schnauze

gelblich weißer Brustfleck

kräftige Hinterbeine, die dem Tier einen aufrechten Gang ermöglichen

Asien

Lebensweise solitär	Tragzeit 8 Monate	Wurfgröße 1–3	Ernährung

Familie URSIDAE	Art *Helarctos malayanus*	Bestand gefährdet

Malayenbär

Diese gedrungene, hundeähnliche Art besitzt ein glänzendes kurzes Fell, das schwarz, grau oder rostfarben ist und einen U-förmigen oder runden cremeweißen Brustfleck aufweist. Der nachtaktive Bär lebt meist auf Bäumen, die er erklimmt, indem er den Baumstamm mit beiden Armen umfasst und sich dann mithilfe seiner Zähne und scharfen Krallen nach oben zieht. Zum Schlafen baut er sich aus gebogenen Ästen ein Nest. Auf der Suche nach Larven und Honig bricht das Tier mit seinen Krallen umgestürzte Bäume auf oder steckt seine 25 cm lange Zunge in Baumspalten. Gelegentlich holt es mit seinen Pfoten Termiten aus ihren Bauen und leckt sie auf. Wird der Malayenbär von hinten von einem Angreifer gepackt, kann er sich dank seiner losen Haut umdrehen und kämpfen.
Größe: Körperlänge 1,1–1,4 m, Gewicht 50–65 kg.
Verbreitung: Südostasien. In Tieflandregenwäldern.
Anmerkung: Dies ist die kleinste und am besten an die Tropen angepasste Bärenart.

kurze helle Schnauze

U-förmiger cremeweißer Brustfleck

glattes, weiches Fell

sehr lange gebogene Krallen

Asien

Lebensweise solitär	Tragzeit 96 Tage	Wurfgröße unbekannt	Ernährung

Familie URSIDAE	Art *Melursus ursinus*	Bestand gefährdet

Lippenbär

lange Haare an den Ohren •

• weißliche Schnauze

Y-, O- oder U-förmige weiße Brustmarkierung

Dieser auffällige Bär besitzt an Ohren, Hals und Schultern ein zerzaustes und langhaariges Fell. Er bevorzugt Lebensräume, in denen ausreichend Früchte, Ameisen und Termiten vorhanden sind. Mit seinen 8 cm langen Vorderkrallen bricht das Tier die Insektennester auf, verschließt dann seine Nasenlöcher, spitzt die Lippen und schlürft die Beute auf; erleichtert wird diese Art der Nahrungsaufnahme durch eine Lücke im Gebiss aufgrund fehlender Schneidezähne.
Größe: Körperlänge 1,4–1,8 m, Gewicht 55–190 kg.
Verbreitung: Indien. In Graslandschaften, mit dornigem Buschwerk bewachsenen Gebieten und tropischen Wäldern.

Anmerkung: Diese Art wird wegen einiger Körperteile gejagt und ist zusätzlich durch den Verlust des Lebensraumes bedroht; Jungtiere werden häufig gefangen und für Vorführungen abgerichtet.

Asien

Lebensweise variabel	Tragzeit 6–7 Monate	Wurfgröße 2–3	Ernährung 🐜 🍎 ❋ ◖ ⬭

Familie URSIDAE	Art *Tremarctos ornatus*	Bestand bedroht

Brillenbär

Südamerikas einzige Bärenart spielt eine bedeutende Rolle in der einheimischen Mythologie. Einst war sie in den verschiedensten Lebensräumen verbreitet, heute lebt der ausgezeichnete Kletterer hauptsächlich in Nebelwäldern, in denen reichlich Nahrung vorhanden ist. Dank der kräftigen Kiefer kann der vorwiegend pflanzenfressende Brillenbär auch die härtesten Pflanzen kauen. Seinen Namen verdankt er den hellen runden Flecken rund um die Augen.
Größe: Körperlänge 1,5–2 m, Gewicht 140–175 kg.
Verbreitung: Südamerika (Anden). In Küstengebieten, Steppen und Wäldern.
Anmerkung: Nach dem Tapir ist der Brillenbär das größte landbewohnende Säugetier Südamerikas. Er sorgt für die Verbreitung von Samen und wird dafür sehr geschätzt.

Südamerika

helle runde • Augenflecke

rotbraunes bis • schwarzes Fell

• kürzeste Schnauze aller Bären

• Vorderbeine länger als Hinterbeine

Lebensweise solitär	Tragzeit 7–8 Monate	Wurfgröße 1–4	Ernährung ⬭ 🍎 🐌 🐜 🐁 🐦 ⌇

| Familie URSIDAE | Art *Ailuropoda melanoleuca* | Bestand stark gefährdet |

Großer Panda

Dieser Bär ist anhand seiner auffälligen Färbung leicht zu erkennen. Ohren, Augenflecke, Nase, Schulterbereich und Gliedmaßen sind schwarz, der übrige Körper ist weiß gefärbt. Das Tier weist einen fassförmigen, gedrungenen Körper, einen großen Kopf, aufrecht stehende Ohren und knopfförmige kleine Augen auf. In China wird es „Daxiongmao" (Große Bärenkatze) oder „Baixiong" (Weißer Bär) genannt. Der Panda ernährt sich fast ausschließlich von Bambus (gelegentlich auch von Aas) und frisst die verschiedensten Teile von mehr als 30 Arten dieser Pflanze – neue Triebe im Frühjahr, Blätter im Sommer und Stängel im Winter. In der Regel leben die Tiere solitär und fressen in der Morgen- und Abenddämmerung. Sie schlafen im Bambusdickicht, ihrer Futterstelle, besitzen kein festes Territorium und versuchen, Konflikte zu vermeiden. Ihre Futter- und Schlafplätze werden mit Duftmarken, Urin und Kratzspuren markiert. Während der Jungenaufzucht stöhnt, blökt und bellt das Weibchen (es konnten elf verschiedene Pandarufe identifiziert werden). Die Männchen verfolgen einander und kämpfen um ein empfängnisbereites Weibchen; manchmal tötet das Männchen das Neugeborene.
Größe: Körperlänge 1,6–1,9 m, Gewicht 70–125 kg.
Verbreitung: Westchina (es existieren 25 verschiedene Populationen in drei Provinzen). In bergigen Bambuswäldern der tropischen und gemäßigten Zonen.
Anmerkung: Im Gegensatz zu den meisten anderen Bären halten die Pandas keinen Winterschlaf.

„falscher" Daumen

„Hand" mit sechs Fingern

Der polsterähnliche „falsche" Daumen lässt sich knicken und liegt dem „wahren" Daumen (erster Finger) gegenüber – das ermöglicht das Greifen von Bambusstängeln und Blättern.

raues, öliges Deckhaar, dass bis zu 10 cm lang sein kann

Pandas in Gefahr

Mehr als 100 Tiere werden in Gefangenschaft gehalten, doch liegt die Überlebensrate der von ihnen geborenen Jungen bei nur 30 Prozent. Die meisten wild lebenden Populationen sind klein, verstreut und genetisch für ein Überleben wenig tauglich. Pandas werden trotz massiver Strafandrohung (Todesstrafe) verfolgt. Die Einrichtung sehr großer Reservate scheint die einzige Möglichkeit zu sein, ihr Überleben zu sichern.

| Lebensweise solitär | Tragzeit 97–181 Tage | Wurfgröße 1–2 | Ernährung 🌿 |

China

schwarze Ohren

weißes Gesicht

muskulöse vordere Gliedmaßen

hintere Gliedmaßen schwächer als vordere

Waschbären

D er Nordamerikanische Waschbär ist mit seiner maskenartigen Gesichtszeichnung, dem geringelten Schwanz sowie seiner variablen Ernährung ein typischer Vertreter der Familie der Kleinbären (Procyonidae).

Die 20 Arten schließen Nasenbären, Katzenfrette, Wickelbären und Makibären ein, die alle in den Wäldern Amerikas leben. Eine Ausnahme bildet der Kleine Panda aus Asien, der manchmal mit dem Großen Panda zur Familie der Katzenbären (Ailuridae) gerechnet wird.

Die Mitglieder der Familie der Procyonidae sind in der Regel nachtaktiv und leben außerhalb der Paarungszeit solitär. Sie besitzen einen länglichen Körper, einen langen Schwanz, eine spitze Schnauze, ein breites Gesicht und kleine abgerundete oder spitze Ohren. Ihre Beine sind relativ kurz und sie sind, ebenso wie die Bären und die Menschen, Sohlengänger – d. h. sie berühren beim Laufen mit ihren Sohlen den Boden. Alle Kleinbären weisen scharfe Krallen auf und können sehr gut klettern.

Familie PROCYONIDAE	Art *Ailurus fulgens*	Bestand gefährdet

Kleiner Panda

Dieses auch Roter Panda genannte kleine Raubtier weist ein rötlich braunes bis kastanienbraunes Fell auf; Wangen, Schnauze und Flecke oberhalb der Augen sind weißlich. Der Bär besitzt einen schweren runden Kopf und große spitze Ohren mit weißen Rändern. Er lebt vorwiegend am Boden, klettert jedoch im Winter mithilfe seiner einziehbaren Krallen an Ästen empor, um sich hoch oben in den Bäumen zu sonnen. Das Tier ist in der Regel solitär, die Jungen können bis zum Alter von 1 Jahr bei der Mutter bleiben. Der nachtaktive Bär markiert sein Territorium mit Kot, Urin und moschusähnlichen Ausscheidungen aus den Analdrüsen.

Größe: Körperlänge 50–64 cm, Schwanzlänge 28–50 cm.

Verbreitung: Süd- und Südostasien. In abgelegenen hoch gelegenen Bambuswäldern.

Anmerkung: Der Verlust des Lebensraumes und die Jagd stellen ernsthafte Gefahren für diese Art dar.

Asien

rotbrauner
• bis kastanienbrauner Körper

weiße Flecke
oberhalb der
• Augen

behaarte Sohlen •

• weiße
Schnauze

abwechselnd hell und •
dunkel gebänderter Schwanz

Lebensweise solitär	Tragzeit 114 –145 Tage	Wurfgröße 1– 5	Ernährung

| Familie PROCYONIDAE | Art *Bassariscus astutus* | Bestand unbestätigt |

Katzenfrett

Dieses schlanke, lebhafte Raubtier ist blassgelb oder gräulich braun gefärbt und besitzt einen auffälligen schwarzweiß geringelten Schwanz. Rund um die Augen sind schwarze Ringe zu sehen, Schnauze und Augenbrauen sind weiß. Der erfolgreiche nächtliche Jäger kommuniziert durch bellende Laute und schrille Schreie.
Größe: Körperlänge 30–42 cm, Schwanzlänge 31–44 cm.
Verbreitung: USA bis Mexiko. In Wüsten, Wäldern und den Bergen.
Anmerkung: Dieses Tier kann seine Hinterfüße um 180° drehen und ist somit außergewöhnlich beweglich.

Nordamerika

blassgelbe bis gräulich braune Oberseite

schlanker Körper

breite schwarze und weiße Ringe am Schwanz

| Lebensweise solitär | Tragzeit 51–60 Tage | Wurfgröße 1–4 | Ernährung |

| Familie PROCYONIDAE | Art *Procyon lotor* | Bestand häufig |

Nordamerikanischer Waschbär

Die erstaunlich anpassungsfähige Art ist in den verschiedensten Lebensräumen, die von Wüsten über Wälder bis hin zu städtischen Gegenden reichen, häufig zu sehen. Charakteristisch für die Tiere ist die schwarze maskenartige Zeichnung im Gesicht. Der äußerst anpassungsfähige Waschbär kann klettern und graben; er öffnet sogar Türen mit seinen Vorderpfoten und kann so in Viehverschläge gelangen.
Größe: Körperlänge 40–65 cm, Schwanzlänge 25–35 cm.
Verbreitung: Südkanada bis Mittelamerika. In Wüsten und Nadelwäldern der gemäßigten und tropischen Zonen, in der Nähe von Seen und Flüssen sowie in städtischen Gebieten.

graues bis schwärzliches langes Fell

Nord- und Mittelamerika

abgerundete kurze Ohren

schwarze Augenflecke

| Lebensweise solitär | Tragzeit 60–73 Tage | Wurfgröße 1–7 | Ernährung |

Familie PROCYONIDAE	Art *Procyon cancrivorus*	Bestand häufig

Krabbenwaschbär

Dieser Waschbär ist etwa so groß wie eine Katze. Sein Hals weist kurzes, raues, nach vorne gerichtetes Fell auf. Der nachtaktive Allesfresser benutzt bei der Nahrungssuche in der Nähe von Flüssen, Marschen, Seen und Küsten seine Vorderzehen. Er ist an das Leben am Wasser gut angepasst; die Ruhephasen verbringt er in Baumhöhlen.
Größe: Körperlänge 45–90 cm, Schwanzlänge 20–56 cm.
Verbreitung: Östliches Costa Rica, Panama bis Nordargentinien und Uruguay. In wassernahen Gebieten.

Mittel- und Südamerika

schwarze maskenartige Zeichnung

graubraun meliertes oder graues Fell

Lebensweise solitär	Tragzeit 60–73 Tage	Wurfgröße 2–4	Ernährung

Familie PROCYONIDAE	Art *Nasua nasua*	Bestand stellenweise häufig

Südamerikanischer Ringelschwanznasenbär

Die Färbung dieser Art kann von rötlich braun über gelblich bis gräulich braun variieren. Tagsüber geht der Ringelschwanznasenbär in laut lärmenden Gruppen von 10 bis 20 Mitgliedern auf Beutefang. Mit der langen weißen Schnauzenspitze suchen die Tiere nach Nahrung, während Wachposten am Rand der Gruppe Ausschau nach Feinden halten. Die Tiere kommunizieren durch leise Rufe, Bellen, Pfiffe und Quietschgeräusche sowie durch Schwanzbewegungen.
Größe: Körperlänge 40–70cm, Schwanzlänge 32–70 cm.
Verbreitung: Südwesten der USA, Mexiko, Mittel- und Südamerika. In Wüsten, Wäldern, in Wassernähe und Mangrovensümpfen.

kurze abgerundete Ohren

langer spitz zulaufender, geringelter Schwanz

verlängerte Schnauze

Nord-, Mittel- und Südamerika

Lebensweise variabel	Tragzeit 10–11 Wochen	Wurfgröße 2–7	Ernährung

Familie PROCYONIDAE	Art *Potos flavus*	Bestand gefährdet*

Wickelbär

Das Fell dieses Tieres kann goldbraun oder blassgelb bis hin zu gräulich braun gefärbt sein. Der agile Kletterer benutzt seinen gut zum Greifen geeigneten Schwanz sowie die bekrallten Füße mit den nackten, aber gepolsterten Sohlen, um auf Bäume zu klettern. Das nachtaktive Raubtier bewegt sich vorsichtig durch die Baumkronen und sucht in Nestern in Baumhöhlen oder Dickichten nach Nahrung. Es kann unterschiedliche Rufe von sich geben, die zur Reviermarkierung, als Lockruf während der Paarungszeit oder als Warnsignal für Fressfeinde dienen.
Größe: Körperlänge 39–76 cm, Schwanzlänge 39–57 cm.
Verbreitung: Südmexiko bis Südamerika. In tropischen Wäldern, Feuchtgebieten und Mangrovensümpfen.

breiter abgerundeter Kopf

wolliges Fell

goldbraunes oder blassgelbes bis graubraunes Fell

zum Greifen geeigneter Schwanz

bekrallte Füße mit gepolsterten Sohlen

Nord-, Mittel- und Südamerika

Lebensweise solitär	Tragzeit 112–120 Tage	Wurfgröße 1	Ernährung

Familie PROCYONIDAE	Art *Bassaricyon gabbii*	Bestand weniger gefährdet*

Schlankbär

gräulich braunes bis hellbraunes Fell

große braune Augen

Dieser katzenähnliche schlanke, gräulich braune bis hellbraune Kleinbär bewohnt eine Vielzahl von Waldgebieten, vor allem aber den Nebelwald. Die nackten Sohlen und bekrallten Pfoten des agilen Baumbewohners eignen sich gut zum Umgreifen der Äste; der schwach gebänderte lange Schwanz sorgt für das nötige Gleichgewicht. Das vorwiegend nachtaktive Tier betritt nur selten den Boden; es sucht im Blätterdach der Bäume nach Nahrung und verbringt seine Ruhephasen eingerollt auf einem Ast oder in einem Baumloch. Außer in der Paarungszeit – in der Männchen und Weibchen einander durch Rufe anlocken – sind die Schlankbären Einzelgänger.
Größe: Körperlänge 36–42 cm, Schwanzlänge 37–49 cm.
Verbreitung: Mittel- bis nördliches Südamerika. In tropischen Regenwäldern und in den Bergen.
Anmerkung: Dieses Tier reagiert besonders sensibel auf Abholzung und andere Veränderungen der Wälder; es hat sich nicht ausreichend an entstandene Freiflächen oder sekundäre Wälder angepasst.

Mittel- und Südamerika

langer buschiger Schwanz

Lebensweise solitär	Tragzeit 73–74 Tage	Wurfgröße 1	Ernährung

Marder

E in langer schlanker und wendiger Körper, kurze Beine, kleine Ohren, Knopfaugen, scharfe Zähne sowie gute Sinne charakterisieren die Familie der Marder (Mustelidae).

Die 67 Arten variieren in ihrer Körpergröße, angefangen beim kleinsten Raubtier, dem Mauswiesel, das zusammengerollt in die Handflächen eines Menschen passen würde, über Hermeline und Stinktiere bis hin zum Riesenotter und zum Vielfraß, die die Größe eines großen Hundes erreichen können. Die Arten unterscheiden sich in ihrer Lebensweise; so gibt es vorwiegend landbewohnende Iltisse, baumbewohnende Marder, grabende Dachse, halb im Wasser lebende Nerze und nahezu vollständig im Wasser heimische Otter.

Marder besitzen fünf bekrallte Zehen an allen Füßen – was für Raubtiere ungewöhnlich ist. Schwanznahe Drüsen produzieren moschusähnliche Duftstoffe, die hauptsächlich zur Reviermarkierung abgesondert werden. Marder kommen weltweit vor, außer in Australien, der Antarktis und Teilen Südostasiens.

Familie MUSTELIDAE	Art *Mustela putorious*	Bestand stellenweise häufig

Europäischer Iltis

Diese Art – die als der Vorfahre unserer einheimischen Iltisse gilt – wurde früher sehr wegen ihres Pelzes geschätzt. Die Fellhaare sind blassgelb bis schwarz gefärbt, das gelbliche darunter liegende Wollhaar ist sichtbar; die Augen sind mit einer maskenartigen schwarzen Zeichnung umrahmt. Der Kopf ist klein und flach, die Schnauze stumpf, die Ohren sind abgerundet. Dank seinem langen und wendigen Körper schlüpft das Tier mit Leichtigkeit durch schmale Öffnungen und rennt, klettert und schwimmt behende hinter seiner Beute her. Der nachtaktive Iltis jagt aufgrund seiner geringen Sehkraft mithilfe seines Geruchs- und Gehörsinns. Er ernährt sich hauptsächlich von Kaninchen, die er oft in ihren Höhlen erbeutet; andere Beutetiere sind kleine Nager, Vögel und Amphibien. Der Europäische Iltis wird seinerseits von Füchsen und anderen Raubtieren gejagt; häufig wird er von Wildhütern gefangen, da diese ihn als eine Gefahr für ihr Wild und für Geflügel betrachten. Die männlichen Iltisse sind wesentlich größer als die Weibchen; sie verteidigen ihr Revier, das sich jedoch auch mit den Territorien der Weibchen überschneiden kann. Bei Gefahr sondert das Tier einen unangenehmen Geruch aus seinen Analdrüsen ab.

Größe: Körperlänge 35–51 cm, Schwanzlänge 12–19 cm.
Verbreitung: Europa. In bewaldeten Regionen, landwirtschaftlich genutzten Gebieten, Marschlandschaften, auf Plantagen und an Flussufern.

Europa

Freundlicher Iltis
Dieser einheimische Iltis – hier in seinem hellen Winterkleid – wird als Haustier gehalten; er stammt vom Stinkmarder ab.

langer schlangenartiger Körper

gelbliches Wollhaar

kleiner flacher Kopf

langes blassgelbes bis schwarzes Fell

dunkle maskenartige Zeichnung rund um die Augen

Lebensweise solitär	Tragzeit 40–43 Tage	Wurfgröße 5–8	Ernährung

Familie MUSTELIDAE	Art Mustela nigripes	Bestand stark gefährdet

Schwarzfußiltis

Dieser Iltis gehört zu den seltensten Säugetieren. Das Fell ist gelblich, mit einer kennzeichnenden schwarzen Zeichnung rund um die Augen, Füße und Schwanzspitze sind ebenfalls schwarz. In den 90er-Jahren war die Art aufgrund der Ausrottung ihrer Hauptnahrung, des Präriehundes, nahezu vollständig ausgestorben. Der Schwarzfußiltis frisst diese Tiere nicht nur, sondern bewohnt auch deren Höhlen.

Größe: Körperlänge 38–41 cm, Schwanzlänge 11–13 cm.

Verbreitung: Mittleres Nordamerika. In offenem grasbewachsenem Gelände, Steppen und mit Buschwerk bewachsenen Gebieten; in den Lebensräumen des Präriehundes.

Anmerkung: Eine kleine Population von ca. 190 Iltissen wurde in Gefangenschaft gezüchtet und in Wyoming, USA, freigelassen.

Nordamerika

schwarze maskenartige Zeichnung rund um die Augen

gelbliches Fell

schwarze Schwanzspitze

schwarze Füße

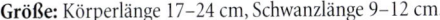

Lebensweise solitär/paarweise	Tragzeit 42–45 Tage	Wurfgröße 3–6	Ernährung

Familie MUSTELIDAE	Art Mustela erminea	Bestand stellenweise häufig

Hermelin

Dieser extrem weit verbreitete Marder weist einen schlanken Körper, eine spitze Schnauze, kleine Augen und Ohren und kurze Beine auf. In wärmeren Klimazonen besitzt der Hermelin eine rost- bis ingwerfarbene Oberseite und einen deutlich davon abgegrenzten weißen Bauch. Im Norden vorkommende Exemplare nehmen in den Wintermonaten zur Tarnung eine weiße Färbung an. Die Tiere sind nachts und tagsüber aktiv.

Größe: Körperlänge 17–24 cm, Schwanzlänge 9–12 cm.

Verbreitung: Nordamerika und Eurasien. In Nadelwäldern der gemäßigten Zone, bergigen Regionen und der Tundra.

Nordamerika, Eurasien

schwarze Schwanzspitze

kleine Ohren

schlanker Körper

Lebensweise solitär	Tragzeit 4 Wochen	Wurfgröße 4–9	Ernährung

Familie MUSTELIDAE	Art *Mustela nivalis*	Bestand stellenweise häufig

Mauswiesel

Diese Art – einer der kleinsten und am weitesten
verbreiteten Marder – hat sich an eine Vielzahl
von Lebensräumen angepasst. Die Tiere sind
an Rücken, Gliedmaßen und Schwanz schokoladenbraun oder rostfarben, an der Unterseite
weiß gefärbt. Der Körper ist lang und schlank, der
Kopf klein. Die Ohren sind abgerundet und relativ
groß, der Hals ist recht lang. Die Gesamtkörperlänge
variiert stark; in nördlicheren Gegenden sind die Tiere
häufig größer und das Fell wird in den Wintermonaten weiß. Das Wiesel ist tag- und nachtaktiv, 10- bis
45-minütige Aktivitätsphasen wechseln sich mit
Ruhezeiten ab. Täglich muss das Tier ein Drittel
seines Körpergewichts an Nahrung zu sich
nehmen, um zu überleben. Es ernährt sich
hauptsächlich von Mäusen und Wühlmäusen,
gelegentlich auch von Vögeln; bei der Jagd
werden hauptsächlich der Seh- und Geruchssinn eingesetzt. Die Tötung des
Beutetiers erfolgt durch einen gezielten
und tödlichen Biss in den Nacken des
Opfers. Bei Gefahr zischt oder schreit
das Wiesel und sondert einen kräftigen,
unangenehmen, in den Analdrüsen pro-
duzierten Geruch ab; dieser wird wahrscheinlich auch zur Kommunikation mit
anderen Wieseln benutzt.
Größe: Körperlänge 16,5–24 cm,
Schwanzlänge 3–9 cm.
Verbreitung: Nordamerika, Europa bis Nord-,
Mittel- und Ostasien. In verschiedenen Lebensräumen, z. B. in Steppen, Halbwüsten, lichten
Wäldern, Wiesen, landwirtschaftlich genutzten
Gebieten und der Tundra.
Anmerkung: Da es unter der dicken Schneedecke nach Beute jagt, überlebt das Mauswiesel die strengen Winter; der Schnee
dient bei extrem niedrigen Temperaturen
als Isolierung.

kleiner flacher Kopf

schlanker langer Hals

Rücken, Gliedmaßen und Schwanz sind rostfarben bis schokoladenbraun

weiße Unterseite

alle vier Gliedmaßen kurz und klein, mit fünf Zehen an jeder Pfote

Lebensweise solitär	Tragzeit 34–37 Tage	Wurfgröße 1–7	Ernährung

dank der schlanken Form von Kopf und Körper können die Tiere in Tunnelsysteme von Nagetieren eindringen

Ohren im Vergleich zum restlichen Körper relativ groß

Nordamerika, Eurasien

Einzelgänger

Das Wiesel lebt allein. Es baut sich in Fels-spalten, Baumwurzeln oder von anderen Tieren verlassenen Bauten Nester, die es mit Fell oder Federn seiner Beutetiere auskleidet.

kleine flache Augenhöhle

kleiner Schädel

große Raubtierzähne, spitz wie Fangzähne

Flacher Schädel

Das Wiesel besitzt einen langen flachen Kopf. Seine Schneidezähne sind klein, die scharfkantigen Backenzähne dienen dem Zerteilen von Knorpel und Sehnen seiner Beutetiere.

abgerundete Schwanzspitze

Schwanz weist dieselbe Farbe wie der Körper auf

Jungtiere

Junge Wiesel werden von ihrer Mutter noch neun bis zwölf Wochen nach der Ge-burt versorgt. Im Durchschnitt kommen ein bis sieben Junge pro Wurf in einer Wurfhöhle zur Welt, die mit weichem Material gepolstert ist. Männliche Wiesel werden bis zu einem Viertel länger als die Weibchen und doppelt so schwer.

| Familie MUSTELIDAE | Art *Mustela vison* | Bestand stellenweise häufig |

Nordamerikanischer Nerz

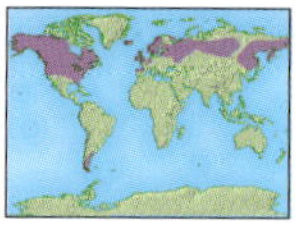

Dieser Nerz besitzt einen dunkelbraunen bis schwarzen Körper, eines von zehn Exemplaren wird jedoch mit einer silbergrauen Färbung geboren. Durch gezielte Züchtungen auf Pelzfarmen wurde eine Vielzahl von Farbvariationen erreicht. Der Gelegenheitsjäger erbeutet nachts, im Morgengrauen oder in der Abenddämmerung unterschiedliche kleine Lebewesen, wie Ratten, Kaninchen, Frösche, Fische, Flusskrebse oder Strandkrabben. Zwar wird er in der Nähe von Wasser angetroffen, ist jedoch kein besonders guter Schwimmer; da seine Augen nicht gut an das Sehen unter Wasser angepasst sind, lokalisiert er seine Beute an der Wasseroberfläche, bevor er sie ergreift. Die Tiere können unterschiedliche Laute von sich geben, u. a. Schreie, Zischen und einem Kichern ähnliche Rufe; letztere werden als Kommunikation zwischen Männchen und Weibchen während der Paarungszeit eingesetzt. Der Paarung gehen meist sehr aggressive Begegnungen zwischen den beiden Geschlechtern voraus. Das Männchen wählt zuerst die Weibchen aus, deren Territorien sich mit seinem eigenen überschneiden, dann hält es nach anderen Ausschau. Territorien der Weibchen haben einen Durchmesser von 1 bis 3 km, die der Männchen 2 bis 5 km. Das Weibchen säugt die Jungen in den ersten 5 bis 6 Wochen im Unterschlupf zwischen Wurzeln und Steinen.

Größe: Körperlänge 30–54 cm, Schwanzlänge 14–21 cm.

Verbreitung: Nordamerika, südliches Südamerika, Europa und Asien. In Seen, Flüssen und entlang den Küsten.

Anmerkung: Über Hunderte von Jahren wurde der Nordamerikanische Nerz wegen seines kostbaren Fells gejagt. Zu Beginn des 20. Jahrhunderts wurde er zur Züchtung nach Europa eingeführt; geflüchtete Tiere bildeten eine wilde Population und werden als Schädlinge betrachtet, die die einheimischen Arten bedrohen, vor allem die Wasserratte (s. S. 164).

Nord- und Südamerika, Eurasien

kleine Ohren

weißer Fleck am Kinn

dickes Wollfell

dunkelbraunes Fell

dunkleres raues Deckhaar

Wassernähe

Das Fell des Nordamerikanischen Nerzes ist wasserabweisend, und die Schwimmhäute an den Füßen ermöglichen ihm eine Jagd an Land wie auch im Wasser.

| Lebensweise solitär | Tragzeit 40–75 Tage | Wurfgröße 3–6 | Ernährung |

Familie MUSTELIDAE	Art *Mustela lutreola*	Bestand gefährdet

Europäischer Nerz

Lefzen von dünner weißen Linien umfasst

Obwohl nicht eng mit dem Nordamerikanischen Nerz verwandt, ähnelt der etwas kleinere Europäische Nerz diesem in Aussehen und Lebensweise. Sein Fell ist in der Regel dunkelbraun bis schwarz gefärbt, die Lefzen sind mit einem dünnen weißen Band umrahmt. Die Männchen sind um bis zu 85 Prozent größer als die Weibchen. Der hauptsächlich nachtaktive Jäger erbeutet unter Wasser und an Land Wühlmäuse, Fische, Frösche, Flusskrebse und Wasservögel. Er besitzt wenig natürliche Feinde, ist jedoch durch eingeführte Arten, z. B. durch den Nordamerikanischen Nerz, bedroht. Bei Gefahr sondert er einen unangenehmen Geruch aus seinen Analdrüsen ab.
Größe: Körperlänge 30–40 cm, Schwanzlänge 12–19 cm.
Verbreitung: Nordspanien, Westfrankreich, Belarus und Russland. In Seen und langsam fließenden Gewässern, vor allem in oder in der Nähe von Wäldern.

dunkelbraunes oder schwarzes Fell

Anmerkung: Diese Art ist das gefährdetste Säugetier Europas; es wird nun in Gefangenschaft gezüchtet.

Europa

leicht buschiger Schwanz

Lebensweise solitär	Tragzeit 40 - 43 Tage	Wurfgröße 4 – 5	Ernährung

Familie MUSTELIDAE	Art *Poecilogale albinucha*	Bestand weniger gefährdet*

Weißnackenwiesel

Afrika

Die Grundfarbe des wendigen langen Körpers ist schwarz. Auf der Kopfoberseite befindet sich ein weißer Fleck, der sich im Nacken in zwei Streifen aufgabelt. Diese teilen sich wiederum in je zwei entlang dem Rücken und den Flanken verlaufende Linien; alle vier Streifen vereinigen sich an der Wurzel des buschigen weißen Schwanzes. Die Vorderkrallen sind länger als die Hinterkrallen und werden zum Graben verwendet. Das Weißnackenwiesel frisst nachts hauptsächlich kleine Nagetiere. Beutetiere, die die gleiche Körpergröße aufweisen wie das Wiesel selbst, werden

weiße Stirn

durch einen gezielten Biss in den Nacken getötet. Wird das Tier von Fressfeinden, wie Füchsen, Katzen oder Eulen, bedroht, wölbt es seinen Rücken und spritzt eine übelriechende Flüssigkeit aus den Analdrüsen.
Größe: Körperlänge 25–35 cm, Schwanzlänge 15–23 cm.
Verbreitung: Zentral- bis Südafrika. In Graslandschaften mit Niederschlägen.

Lebensweise solitär	Tragzeit 32 Tage	Wurfgröße 1– 3	Ernährung

Familie MUSTELIDAE	Art *Vormela peregusna*	Bestand bedroht

Tigermarder

Diese Art weist ein schwarzes Fell mit weißen oder gelben Flecken und Streifen auf. Eine auffällige schwarze maskenartige Zeichnung rund um die Augen charakterisiert das Gesicht, die Bauchseite ist schwarz gefärbt. Das Tier besitzt einen langen wendigen Körper mit kurzen Beinen, einen kleinen flachen Kopf mit einer abgeflachten Schnauze und abgerundete Ohren. Bei Gefahr dreht es seinen Schwanz, um seine Warnfärbung zu zeigen, und verspritzt ein unangenehm riechendes Sekret. Der Tigermarder bezieht Nagetierhöhlen, nachdem er sie passend vergrößert hat. Er jagt nachts, im Morgengrauen und in der Abenddämmerung.
Größe: Körperlänge 33–35 cm, Schwanzlänge 12–22 cm.
Verbreitung: Südosteuropa bis Westchina. In trockener Steppe und halbtrockenen Gebieten.
Anmerkung: Diese Art wird durch Lebensraumverlust und Dezimierung ihrer Hauptbeutetiere, der Steppennagetiere, bedroht.

Eurasien

buschiger Schwanz, der bei Gefahr über dem Rücken zusammengerollt wird

schwarze maskenartige Zeichnung rund um die Augen

schwarze Unterseite

Lebensweise solitär	Tragzeit 7–8 Wochen	Wurfgröße 4–8	Ernährung

Familie MUSTELIDAE	Art *Martes foina*	Bestand häufig

Marder

Diese gut an die Anwesenheit des Menschen angepasste Art ernährt sich von Abfällen, jagt in der Umgebung von Bauernhöfen und frisst Nagetiere, Vögel und Früchte. Sie besitzen einen kurzen Körper und lange Beine. Das dichte Fell ist braun gefärbt, die Kehle weist eine schleifenähnliche weiße Zeichnung auf. Der auch unter dem Namen Steinmarder bekannte Einzelgänger baut seinen Unterschlupf in felsigen Spalten, Baumhöhlen, verlassenen Nagetierhöhlen oder ungenutzten Gebäuden in der Nähe menschlicher Siedlungen. Die Tiere sind nachtaktiv.
Größe: Körperlänge 42–48 cm, Schwanzlänge 26 cm.
Verbreitung: Süd- und Mitteleuropa sowie Mittelasien. In Laubwäldern, an felsigen Berghängen und in der Nähe menschlicher Siedlungen.

Eurasien

langes dichtes Fell

buschiger Schwanz

keilförmiger Kopf

Lebensweise solitär	Tragzeit 30 Tage	Wurfgröße 12	Ernährung

Familie MUSTELIDAE	Art *Martes flavigula*	Bestand gefährdet

Buntmarder

Dieser flinke Kletterer benutzt seine Krallen zum Umgreifen von Zweigen und seinen Schwanz zum Halten des Gleichgewichts. Am Boden überwindet er mit weiten Sprüngen größere Distanzen. Der Buntmarder ist ein mittelgroßes Raubtier; er besitzt eine orangegelbe bis dunkelbraune Grundfärbung, einen cremeweißen Kehlfleck und einen buschigen schwarzen Schwanz. Der Kopf ist keilförmig, die Ohren sind groß und rund. Das Tier jagt nachts sowohl auf Bäumen wie auch am Boden. Bei drohender Gefahr erklettert es einen Baum und sondert einen unangenehmen Geruch ab. Die Art wird von Adlern, anderen Raubtieren und gelegentlich von Menschen wegen ihres Fells gejagt.
Größe: Körperlänge 48–70 cm, Schwanzlänge 35–45 cm.
Verbreitung: Indien bis Südostasien. In Nadelwäldern der gemäßigten Zonen.

Asien

orangefarbenes bis dunkelbraunes Fell

große runde Ohren

cremeweißer bis gelber Halsfleck

lange Beine

Lebensweise solitär	Tragzeit 5–6 Monate	Wurfgröße 2–5	Ernährung

Familie MUSTELIDAE	Art *Martes zibellina*	Bestand gefährdet*

Zobelwiesel

Seit Hunderten von Jahren wegen ihres Pelzes gejagt, steht diese Art, kurz Zobel genannt, nun unter Schutz. Der Zobelwiesel weist ein dichtes, braunschwarzes Fell und einen unauffälligen hellbraunen Fleck an der Kehle auf. Er besitzt lange Beine mit scharfen, z. T. einziehbaren Krallen und einen buschigen Schwanz. Ebenso wie andere Mitglieder seiner Familie bewegt er sich am Boden schnell und behende. Die Tiere erklimmen nur bei drohender Gefahr Bäume, obwohl sie zum Klettern gut ausgerüstet sind. Die Territorien dieser Art sind in Lärchenwäldern wesentlich größer als in Kiefernwäldern. Das Tier besetzt verlassene Höhlen für sein Hauptnest; es ist tag- und nachtaktiv.
Größe: Körperlänge 32–46 cm, Schwanzlänge 14–18 cm.
Verbreitung: Nordostasien und nordjapanische Inseln. In Nadelwäldern der gemäßigten Zonen, vor allem in Lärchen- und Kiefernwäldern.
Anmerkung: Die Art ist in Europa nahezu ausgestorben, wurde jedoch in Russland wieder zur Pelzzucht eingeführt.

keilförmiger Kopf

Asien

unauffälliger heller Fleck an der Kehle

braunschwarzes dichtes Fell

Lebensweise solitär	Tragzeit 25–45 Tage	Wurfgröße 3–4	Ernährung

Familie MUSTELIDAE	Art *Martes pennanti*	Bestand weniger gefährdet*

Fischmarder

Im Widerspruch zu ihrem Namen jagt die Art nachts und tagsüber terrestrische Beute, z. B. Nagetiere, Stachelschweine, Eichhörnchen und Hasen. Das mittelgroße Raubtier besitzt eine keilförmige Nase und runde Ohren. Das dunkelbraune Fell schimmert auf Kopf und Schultern, der buschige Schwanz und die Beine sind schwarz gefärbt. Der wendige Fischmarder ist ein guter Kletterer; er zieht seine Jungen auf hoch gelegenen Ästen groß, baut sich jedoch auch einen Unterschlupf zwischen Steinen, Wurzeln, Baumstümpfen oder Büschen.
Größe: Körperlänge 47–75 cm, Schwanzlänge 30–42 cm.
Verbreitung: Kanada und Norden der USA. In Nadel- und Hartholzwäldern.
Anmerkung: Jedes Jahr werden 50 000 bis 130 000 Tiere wegen ihres Pelzes gefangen. Der Verlust des Lebensraums aufgrund von Rodungen stellt eine weitere große Gefahr für die Art dar.

dichtes dunkelbraunes Fell

Nordamerika

Schwanz und Füße sind schwarz

Lebensweise solitär	Tragzeit 11–12 Monate	Wurfgröße 1–5	Ernährung

Familie MUSTELIDAE	Art *Galictis vittata*	Bestand weniger gefährdet*

Großgrison

Dieser lange und wendige Marder besitzt einen schmalen, spitzen Kopf, einen beweglichen Hals, relativ kurze Beine und einen kurzen Schwanz. Das Fell auf dem Rücken ist hellgrau meliert, Schnauze, Kehle, Brust und Vorderfüße sind schwarz gefärbt. Ein weißes Band verläuft von der Stirn über die Ohren bis zum Hals. Das Großgrison lebt in der Regel allein oder paarweise. Der flinke Renner, Kletterer und Schwimmer produziert bei Gefahr einen unangenehmen Geruch.
Größe: Körperlänge 47–55 cm, Schwanzlänge 14–20 cm.
Verbreitung: Südmexiko und Mittel- bis Südamerika. In tropischen Wäldern und Graslandschaften.
Anmerkung: Eine verwandte Art, das Kleingrison, kommt in südlicheren, gemäßigteren Zonen und in größeren Höhen vor. Die Tiere werden manchmal gezähmt und zur Schädlingsbekämpfung eingesetzt.

Nord-, Mittel- und Südamerika

hellgrau meliertes Fell

Stummelschwanz

kurze Beine

weißes Band von der Stirn über die Ohren bis zum Hals

Lebensweise solitär/paarweise	Tragzeit unbekannt	Wurfgröße 2–4	Ernährung 

| Familie MUSTELIDAE | Art *Ictonyx striatus* | Bestand stellenweise häufig |

Afrikanischer Bandiltis

Das Tier erinnert mit seiner tiefschwarzen Färbung und den vier weißen Streifen auf dem Rücken an einen Streifenskunk (s. S. 256–257). Auch im Verhalten ist es Letzterem ähnlich; bei Gefahr sondert es stinkende Dämpfe aus seinen Analdrüsen ab, hebt den Schwanz oder steht zischend und schreiend auf seinen Hinterbeinen. Die Art wühlt mit ihrer abgerundeten Schnauze in Blätterhaufen und gräbt anschließend mit den langen Vorderkrallen Insekten aus. Die nachtaktiven Tiere suchen in Baumspalten oder verlassenen Tierhöhlen Schutz oder graben sich ihre eigene Höhle in weicher Erde. Sie leben in der Regel auf dem Boden, können aber auch Bäume erklettern.

Größe: Körperlänge 28–38 cm, Schwanzlänge 20–30 cm.
Verbreitung: Afrika (südlich der Sahara). In Graslandschaften, Wüsten und tropischen Wäldern.

vier weiße Streifen vom Kopf bis zum Schwanz

Afrika

Unterseite und Gliedmaßen tiefschwarz

| Lebensweise solitär | Tragzeit 36 Tage | Wurfgröße 2 – 3 | Ernährung |

| Familie MUSTELIDAE | Art *Gulo gulo* | Bestand bedroht |

Vielfraß

Dieser untersetzte und bärenähnliche Marder springt auf der Suche nach Beute in großen Sätzen über den Schnee. Er jagd u. a. Rotwild, Elche, Hasen, Vögel und Mäuse und frisst Rentierkadaver – das gefrorene Fleisch und die Knochen zermalmt er mit seinen kräftigen Kiefern. Er lebt allein in einem Unterschlupf zwischen Wurzeln und Felsen und ist sowohl tag- wie auch nachtaktiv.

Größe: Körperlänge 65–105 cm, Schwanzlänge 17–26 cm.
Verbreitung: Kanada, Nordwesten der USA, Nordeuropa und Nordostasien. In Nadelwäldern und der Tundra.
Anmerkung: Der Vielfraß ist nach dem Riesenotter (s. S. 265) der größte Marder.

Nordamerika, Eurasien

kleine Augen

breite Füße erleichtern das Laufen auf Schnee

| Lebensweise solitär | Tragzeit 30 – 50 Tage | Wurfgröße 1 – 6 | Ernährung |

Familie MUSTELIDAE	Art *Mephitis mephitis*	Bestand häufig

Streifenskunk

Mit ihrer kleinen spitzen Schnauze, den kurzen Beinen und dem buschigen Schwanz ist diese Art ein typischer Vertreter der Gattung der Stinktiere. Die Grundfärbung des Fells ist schwarz; zwischen den Augen ist eine dünne Linie zu sehen, vom Kopf bis zum Schwanz verlaufen zwei weiße breite Streifen. Wie alle Stinktiere ist der Streifenskunk träge in seinen Bewegungen; vor Fressfeinden, z. B. vor Virginia-Uhus, Habichten, Kojoten, Rotluchsen, Füchsen und Hunden, ist er durch seine Warnfarben und die übelriechende Flüssigkeit, die er bei Gefahr versprüht (s. rechts), geschützt. Von Natur aus sehr anpassungsfähig, ist er in Gegenden heimisch, die für die landwirtschaftliche Nutzung gerodet und aus der größere Fressfeinde vom Menschen vertrieben wurden. Die Ernährung der nachtaktiven Tiere hängt vom Lebensraum und von der zur Verfügung stehenden Nahrungsmenge ab. Normalerweise sind Streifenskunke Einzelgänger, doch den Winter verbringen Familien und Einzeltiere in einer gemeinsamen Winterhöhle, etwa in einem verlassenen Bau, in Gebäuden oder Steinhaufen. Zur Kommunikation dienen unterschiedliche Laute, wie Zischen, Knurren, Quietsch- und sanfte Gurrlaute. Männliche Tiere locken während der Paarungszeit mit ihrem Duftstoff die Weibchen an. Nach der Paarung bauen die Weibchen ein Nest aus trockenem Gras und Unkraut; die Jungen bleiben ein Jahr bei der Mutter.

Größe: Körperlänge 55–75 cm, Schwanzlänge 17,5–25 cm.
Verbreitung: Kanada bis Nordmexiko. In unterholzreichen Wäldern der gemäßigten Zonen sowie in landwirtschaftlich genutzten und städtischen Gebieten.
Anmerkung: Diese Art ist der Hauptüberträger der Tollwut in den USA.

Nordamerika

schwarze
Grundfärbung •

spitz zulaufender
• kleiner Kopf

Lebensweise solitär	Tragzeit 60–77 Tage	Wurfgröße 5–6	Ernährung

Streifzüge

Der Allesfresser kann manchmal beim Umherstreifen auf der Suche nach Nahrung beobachtet werden; er ernährt sich u. a. von Insekten, kleinen Säugetieren, Fisch, Krustentieren, Früchten, Getreide, Aas und Abfällen. Er gräbt auch Bienen- und Wespennester aus und durchwühlt Mülltonnen.

weiß gestreifter
• Rücken

buschiger
• Schwanz

Hoch in die Luft

Der wissenschaftliche Name dieser Art wurde von einem lateinischen Begriff abgeleitet, der übersetzt „giftiger Dampf" bedeutet. Wenn das Tier sich bedroht fühlt, stellt es sich auf seine Vorderfüße und versprüht über seinen Kopf hinweg eine in den Analdrüsen produzierte übelriechende Flüssigkeit, die seine Feinde bis zu einer Entfernung von 3 m treffen kann.

Familie MUSTELIDAE	Art *Conepatus humboldti*	Bestand bedroht*

Patagonischer Skunk

Der Körper dieses Tieres ist schwarz oder rötlich braun gefärbt, auf den Flanken verläuft jeweils ein weißer Streifen vom Kopf bis zum Schwanz. Der Kopf ist klein, der Schwanz buschig. Die breite Nase erleichtert das nächtliche Aufstöbern der Nahrung, die hauptsächlich aus Insekten besteht. Ebenso wie andere Stinktiere besetzt der Patagonische Skunk einen sicheren Unterschlupf unter Steinen, in einer Höhle oder zwischen Büschen und versprüht bei Gefahr eine übelriechende Flüssigkeit aus den Analdrüsen. Er kommuniziert durch eine Vielzahl von Lauten, vom leisen Gemurmel über Quietschgeräusche bis zum Grollen.
Größe: Körperlänge 25–37 cm, Schwanzlänge 30–57 cm.
Verbreitung: Südchile und Argentinien. In bewaldeten, strauchbewachsenen Gebieten und landwirtschaftlich genutzten Regionen.
Anmerkung: Ebenso wie andere Mitglieder dieser Familie bespritzt der Patagonische Skunk nie die eigenen Artgenossen.

Südamerika

hervorstehende Nase

weißer Streifen

buschiger Schwanz

Lebensweise solitär	Tragzeit 6 Wochen	Wurfgröße 2 – 4	Ernährung

Familie MUSTELIDAE	Art *Spilogale putorius*	Bestand weniger gefährdet*

Fleckenskunk

Die auffallende schwarzweiße Färbung dieses Tieres warnt seine Feinde – Eulen, Kojoten und Füchse – vor der faulig riechenden Flüssigkeit, die es bei Gefahr versprizt. Die weißen Markierungen sind variabel, jedoch besitzen nahezu alle Tiere einen weißen Stirnfleck und eine weiße Schwanzspitze. Der sich nur langsam bewegende, nachtaktive Allesfresser ernährt sich von kleinen Tieren, Insekten, Pflanzen und durchwühlt sogar Abfallhaufen auf der Suche nach Nahrung. Im Vergleich zum Streifenskunk (s. S. 256–257) ist der Fleckenskunk aktiver und aufmerksamer. Obwohl er ein Einzelgänger ist, verbringen manchmal bis zu acht Tiere den Winter gemeinsam in einer unterirdischen Höhle. Es ist auch bekannt, dass sie Bäume erklettern und dort Schutz suchen.
Größe: Körperlänge 30–34 cm, Schwanzlänge 17–21 cm.
Verbreitung: Osten der USA bis Nordostmexiko. In Graslandschaften und Wäldern der gemäßigten Zonen.
Anmerkung: Bei Gefahr macht dieses Tier manchmal einen Handstand oder bringt seinen Körper in eine hufeisenähnliche Form und bespritzt dann den Angreifer mit überriechender Flüssigkeit.

Nordamerika

Schwanzhaare sind die längsten des Körpers

auffälliges schwarzweißes Muster aus Streifen und Flecken

weißer Fleck auf der Stirn

Lebensweise solitär	Tragzeit 6 Wochen	Wurfgröße 3 – 6	Ernährung

Familie MUSTELIDAE	Art *Taxidea taxus*	Bestand häufig

Amerikanischer Dachs

Diese Art ähnelt dem Eurasischen Dachs (s. S. 261), ist jedoch etwas kleiner und besitzt ein langes graumeliertes Fell, eine gelbliche Unterseite sowie eine auffällige halbmondförmige weiße Zeichnung auf jeder Seite des schwarzen Gesichts. Der solitär lebende, nachtaktive Jäger kann ausgezeichnet graben und benutzt seine kräftigen Krallen, um unterirdisch grabende Nagetiere, wie Präriehunde oder andere Hörnchen, zu erbeuten. Zwar hält er keinen Winterschlaf, doch bleibt er während eines strengen Winters manchmal für mehrere Tage in seiner Höhle. Die Tiere besitzen nur wenige natürliche Feinde; bei Angriffen wehren sie sich heftig.
Größe: Körperlänge 42–72 cm, Schwanzlänge 10–16 cm.
Verbreitung: Südwestkanada, USA und Nordmexiko. In Gebieten mit lockerer Erde, z. B. in Graslandschaften, strauchbewachsenen Regionen und Wäldern der gemäßigten Zonen.
Anmerkung: Das Tier besitzt ein transparentes, drittes inneres Augenlid, das das Auge während des Grabens schützt.

Nordamerika

weißer Gesichtsstreifen von der Nase bis zu den Schultern

zottiger grauer Oberkörper

Lebensweise solitär	Tragzeit 6 Wochen	Wurfgröße 2 – 3	Ernährung

Familie MUSTELIDAE	Art *Melogale personata*	Bestand weniger gefährdet

Melogale personata

Dieser Dachs besitzt einen beweglichen, marderähnlichen langen Körper und ist viel kleiner als andere Arten. Er zeigt eine dunkelbraune oder graue Färbung, das Gesicht weist auf beiden Seiten jeweils einen weißen oder gelben Fleck und ein helles Band zwischen den Augen auf; von der Kopfoberseite verläuft ein heller Streifen bis zum Nacken. Im Gegensatz zu anderen Dachsen ist diese Art manchmal auch in Bäumen zu finden, wo sie dank ihrer kantigen Fußballen guten Halt findet. Nachts, im Morgengrauen und in der Abenddämmerung fressen die Tiere Insekten, Schnecken, Vögel, kleine Säugetiere und Gemüse; die kräftigen Zähne dienen dem Zermalmen von Schneckengehäusen oder Insektenpanzern. Bei Gefahr gräbt sich der Dachs mit seinen langen Krallen in den Boden ein oder besprizt seinen Angreifer mit übelriechender Flüssigkeit.
Größe: Körperlänge 33–43 cm, Schwanzlänge 15–23 cm.
Verbreitung: Nordostindien, Nepal, Burma, Thailand und Südostasien. An bewaldeten Berghängen und in offenem grasbewachsenem Gelände.

Asien

dunkelgraues oder braunes Fell

langer buschiger Schwanz

Lebensweise solitär	Tragzeit 57 – 80 Tage	Wurfgröße 1 – 5	Ernährung 

Familie MUSTELIDAE	Art *Mellivora capensis*	Bestand weniger gefährdet*

Honigdachs

Charakteristisch für diesen kräftig gebauten Dachs ist seine silber-graue Oberseite; der übrige Körper ist schwarz oder dunkelbraun gefärbt. Die Art ernährt sich von Honig und Bienenlarven sowie von Würmern, Termiten, Skorpionen, Hasen und Stachelschweinen. Sie gräbt große Höhlen, lebt jedoch auch in Felsspalten, Baumlöchern oder Wurzelnischen. Furchtlos bekämpft das Tier Angreifer und sondert zur Verteidigung manchmal einen unangenehmen Geruch ab.

Afrika, Asien

breiter Kopf

silbergraue
Körperoberseite

Größe: Körperlänge 60–77 cm, Schwanzlänge 20–30 cm.
Verbreitung: Afrika (Westküste und südlich der Sahara), Mittlerer Osten und Indien. In Graslandschaften, Wüsten, Wäldern und den Bergen.
Anmerkung: Der Honigdachs bildet mit dem Honiganzeiger (Indicator indicator) eine einzigartige Symbiose. Der Vogel führt den Dachs zu den Bienenstöcken und wartet, bis der Dachs diese aufbricht; anschließend können beide den Honig und die Larven fressen.

Lebensweise variabel	Tragzeit 5 – 6 Monate	Wurfgröße 1 – 4	Ernährung

Familie MUSTELIDAE	Art *Arctonyx collaris*	Bestand weniger gefährdet*

Schweinsdachs

Ihren Namen verdankt diese Art der schweinsähnlichen Nase; weitere Merkmale sind die hervorstehenden Schneidezähne und die Eckzähne im Unterkiefer, mit denen das Tier im Boden nach Raupen oder pflanzlichem Material wühlt. Der Körper ist grau bis gelblich gefärbt, Gesicht und Ohren sind weiß; auf beiden Seiten des Kopfes verläuft jeweils ein auffälliger schwarzer Streifen von der Nase über

Asien

die Augen bis zu den Ohren. Der Schweinsdachs gräbt ein weit verzweigtes Höhlensystem, findet aber manchmal auch in Felsspalten und unter Geröll Unterschlupf.

keilförmiger,
gedrungener Körper

weiße Ohren

Seine Nahrung hängt von der Jahreszeit ab; mithilfe seines Geruchssinns lokalisiert er Früchte, Knollen und kleine Tiere. Die Art wird von Tigern und Leoparden gejagt und ist dafür bekannt, dass sie heftig kämpft, wenn sie in die Enge getrieben wird, und oft unter-irdisch flüchtet. Die schwarzweiße Gesichts-färbung dient als Warnsignal.
Größe: Körperlänge 55–70 cm, Schwanzlänge 12–17 cm.
Verbreitung: Nordostindien bis China und Südostasien. Im Tieflanddschungel und auf niedrigen, bewaldeten Bergen.

graue bis gelbliche
Oberseite

Lebensweise gesellig	Tragzeit 6 Wochen	Wurfgröße 2 – 4	Ernährung

Familie MUSTELIDAE	Art *Meles meles*	Bestand stellenweise häufig

Eurasischer Dachs

Im Gegensatz zu anderen Mardern lebt der Eurasische Dachs in Gruppen – wahrscheinlich die effektivste Art, nach dem ungleichmäßig verteilten Futter zu jagen. Die gedrungene Art besitzt einen kleinen spitzen Kopf, einen kurzen Hals, kräftige kurze Gliedmaßen und einen kurzen Schwanz. Die Nahrung des nachtaktiven Allesfressers variiert je nach Jahreszeit und Verfügbarkeit. Sie besteht hauptsächlich aus Regenwürmern, die der Dachs aufsaugt, wenn sie in feuchten Nächten aus dem Boden kriechen; außerdem fressen die Tiere Insekten, Eidechsen, Frösche, kleine Säugetiere, Vögel, Vogeleier, Früchte und Aas. Gelegentlich brechen sie mit ihren kräftigen Vorderkrallen Wespennester auf oder erbeuten Kaninchen in deren unterirdischen Höhlen. Da seine Sehkraft eher schlecht ist, lokalisiert der Eurasische Dachs die Beute mithilfe seines guten Geruchs- und Gehörsinns. Sein Territorium kann 50 bis 150 Hektar groß sein und wird vehement gegen andere Gruppen verteidigt. Dachsjunge sind oft Beute von Adlern, Eulen, Wölfen und Vielfraßen, erwachsene Tiere werden von Menschen gejagt.
Größe: Körperlänge 56–90 cm, Schwanzlänge 12–20 cm.
Verbreitung: Europa bis Ostasien. In Wäldern und Steppen.
Anmerkung: Die Gesichtszeichnung variiert leicht zwischen den einzelnen Individuen; ein Grund hierfür könnte der bessere Wiedererkennungswert der geselligen Tiere sein.

Eine Dachskolonie
Eine Gruppe von Dachsen umfasst meist sechs Tiere; dazu gehören ein dominantes Männchen, ein oder mehrere Weibchen und Jungtiere. Das ausgedehnte System von unterirdischen Kammern und Verbindungsgängen wird peinlich sauber gehalten und über Generationen hinweg erweitert.

gräulich braune
• Oberseite

schwarze •
Unterseite

kräftige
Vorderkrallen •

• verlängerte
Schnauze

Eurasien

Lebensweise gesellig	Tragzeit 7 Wochen	Wurfgröße 2–6	Ernährung

Familie MUSTELIDAE	Art *Lutra lutra*	Bestand bedroht

Fischotter

Eurasien

Dieser Marder, auch Flussotter genannt, ist einheitlich braun gefärbt und weist eine etwas hellere Kehle auf. Er besitzt einen flachen Kopf mit einer breiten Schnauze und kleinen Augen und Ohren. Mit seinem langen Körper, dem wasserabweisenden Fell, den Schwimmhäuten an den Zehen und dem kräftigen, abgeflachten Schwanz – der als Antrieb und Ruder benutzt wird – ist das Tier gut an die aquatische Lebensweise angepasst. Es ist von Natur aus nachts, im Morgengrauen und in der Abenddämmerung aktiv, doch manchmal sind entlang den Küsten auch tagaktive Fischotter zu finden. Ihre Höhlen befinden sich innerhalb eines 4 bis 20 km großen, durch Geruchsstoffe oder Exkremente markierten Territoriums am Flussufer; sie sind durch die Ufervegetation gut versteckt oder befinden sich unter herabhängenden Baumwurzeln. Die Tiere sind Einzelgänger, Männchen und Weibchen leben jedoch in der Paarungszeit zwei oder drei Monate lang als Paar zusammen. Die Jungen werden drei Monate lang gesäugt und bleiben ein Jahr beim Muttertier. Der Otter kommuniziert durch unterschiedliche Laute und durch Duftstoffe; auf diese Weise werden auch Informationen bezüglich Identität und Status weitergegeben.

Größe: Körperlänge 57–70 cm, Schwanzlänge 35–40 cm.

Verbreitung: Eurasien (südlich der Tundra). An Flussufern, Seen und Küsten.

Anmerkung: Der Otter stellt eine bedrohte Art dar. Er wurde früher wegen seines Fells, zum Schutz des Fischfangs und zu sportlichen Zwecken gejagt. Heute drohen ihm Gefahren durch Wasserverschmutzung, Flussuferbefestigungen, Bewässerungssysteme und Wassersportler.

kleine Augen

kennzeichnende runde kleine Ohren

langer schlanker Körper

recht breite Schnauze

helles Fell an der Kehle

Lebensweise solitär	Tragzeit 60–70 Tage	Wurfgröße 2–3	Ernährung

empfindliche Barthaare

wasserabweisendes Fell

abgeflachter Schwanz dient als Ruder

Aquatische Nahrung

Der Fischotter ist ein „amphibischer" Jäger und ernährt sich vorwiegend von Fisch; diesen ertastet er unter Wasser mithilfe seiner steifen, empfindsamen Barthaare, die bereits auf Veränderungen in der Wasserströmung reagieren. Otter fressen auch Aale, andere aquatische Tiere und Vögel.

stromlinienförmiger Körper mit kurzen Gliedmaßen

lange dicke Deckhaare

Geschickter Taucher

Der exzellente Schwimmer und Taucher unternimmt Tauchgänge von 5 bis 30 Sekunden. Manchmal wird der Fischotter in Fischernetzen getötet, hauptsächlich ist er jedoch durch den Verlust seines Lebensraums gefährdet.

Familie MUSTELIDAE	Art *Lontra canadensis*	Bestand weniger gefährdet*

Nordamerikanischer Fischotter

Mit dem langen wendigen Körper, den Schwimmhäuten an den Füßen, dem abgeflachten, als Ruder dienenden Schwanz und Augen, die ein Sehen unter Wasser ermöglichen, ist dieser Otter gut an das Schwimmen und Tauchen angepasst. Das Tier besitzt auf der Körperoberseite ein graubraunes oder rotes bis schwarzes samtiges Fell, die Unterseite ist silbrig oder gräulich braun; Kehle und Wangen sind heller gefärbt.

Größe: Körperlänge 66–110 cm, Schwanzlänge 32–46 cm.

kleiner Kopf

Kehle und Wangen heller gefärbt

samtiges Fell

Nordamerika

Verbreitung: Kanada und USA. In Flüssen, Strömen, Seen und küstennahen Marschlandschaften.

Lebensweise solitär	Tragzeit 60–70 Tage	Wurfgröße unbekannt	Ernährung

Familie MUSTELIDAE	Art *Aonyx capensis*	Bestand weniger gefährdet*

Kapotter

Dieser ausgezeichnete Schwimmer besitzt einen langen leichten, hell- bis dunkelbraunen Körper; der Brustbereich ist cremeweiß gefärbt. Die Hinterfüße sind mit Schwimmhäuten versehen und weisen an der dritten und vierten Zehe kleine Krallen auf; die Vorderfüße sind krallenlos, dafür fingerähnlich geformt und daher gut zum Festhalten der Beute geeignet.

abgeflachter Schwanz

dunkelbraunes Fell

Afrika

Größe: Körperlänge 73–95 cm, Schwanzlänge 41–67 cm.
Verbreitung: Afrika (südlich der Sahara, außer Wüsten). In Süß- oder Salzwasserlebensräumen.

krallenlos und fingerähnlich

Lebensweise gesellig	Tragzeit unbekannt	Wurfgröße 2	Ernährung

Familie MUSTELIDAE	Art *Aonyx cinerea*	Bestand weniger gefährdet*

Zwergotter

Im Gegensatz zu anderen Ottern besitzt diese Art nur kurze Krallen, die nicht über die fleischigen Bereiche der Fußballen hinausragen, und ernährt sich nur in geringem Maße von Fisch; die breiten Zähne der Tiere sind eine Anpassung an das Zerbeißen von Weichtieren. Die verspielten und geselligen Otter bilden Gemeinschaften von ca. zwölf Tieren, die durch Laute und Duftstoffe miteinander kommunizieren.

kurze Gliedmaßen

leichter Körper

Größe: Körperlänge 45–61 cm, Schwanzlänge 25–35 cm.
Verbreitung: Indien bis Malaysia und Südostchina. In Flüssen, Bächen, Flussmündungen und entlang den Küsten.

Asien

Anmerkung: Dies ist der kleinste Otter.

mit Schwimmhäuten versehene flache Füße

Lebensweise variabel	Tragzeit 60–64 Tage	Wurfgröße 1–6	Ernährung

| Familie MUSTELIDAE | Art *Pteroneura brasiliensis* | Bestand gefährdet |

Riesenotter

Dieser einst im Amazonasbecken weit verbreitete Otter ist heute zahlenmäßig stark dezimiert. Die kurzen Beine, die Schwimmhäute zwischen den Zehen und der flache, breite Schwanz machen ihn zu einem sehr guten Schwimmer und Taucher. Die Barthaare an der Schnauze und die empfindlichen Augen erleichtern das Aufspüren von Beute unter Wasser. Ebenso wie andere Otter weist diese Art einen glatten, aus kurzen dichten Haaren bestehenden Pelz auf. Die Körperoberseite ist kräftig braun gefärbt, das Kinn ist mit cremeweißen Flecken versehen; Kehle und Brust können latzartig gezeichnet sein. Die lautstarken Otter bilden Gruppen von fünf bis neun Individuen, die gemeinsam jagen, um Nahrung für die Jungtiere bereitzustellen. Bei Gefahr werden sie extrem laut und greifen zur Verteidigung ihrer Jungen gemeinsam Feinde an.
Größe: Körperlänge 1–1,4 m, Schwanzlänge 45–65 cm.
Verbreitung: Nördliches und mittleres Südamerika. In tief gelegenen tropischen Wäldern, Flüssen und Seen.
Anmerkung: Der größte Marderartige wird massiv durch den Verlust seines Lebensraumes und durch Umweltverschmutzung bedroht.

Südamerika

zahlreiche dicke Barthaare

kräftig braun gefärbte Oberseite

große hervorstehende Augen

sehr dicke Schwanzwurzel

kurze Gliedmaßen mit Schwimmhäuten

| Lebensweise gesellig | Tragzeit 65–72 Tage | Wurfgröße 2 | Ernährung |

| Familie MUSTELIDAE | Art *Enhydra lutris* | Bestand gefährdet |

Seeotter

Das kleinste lebende marine Säugetier ist im Ozean heimisch und ernährt sich von Meerohren, Seeigeln und Muscheln. Seine Sehfähigkeit unter Wasser ist ausgezeichnet. Weitere Anpassungen an die aquatische Lebensweise sind der ruderähnliche Schwanz und das dichte, gut isolierende Fell (das dichteste aller Tiere). Dank seiner Lungen, die etwa doppelt so groß sind wie bei gleich großen Landtieren, kann der Seeotter bis zu einer Tiefe von 30 m tauchen.
Größe: Körperlänge 55–130 cm, Schwanzlänge 13–33 cm.
Verbreitung: Nordpazifik (Kamtschatka bis Kalifornien). Entlang den Küsten.
Anmerkung: Der Seeotter wurde einst wegen seines Pelzes gejagt. Heute zählt er zu den geschützten Arten.

Nordpazifik

strohfarbenes Fell auf dem Kopf

paddelförmige Hinterfüße

langes dichtes Fell

| Lebensweise gesellig | Tragzeit 4 Monate | Wurfgröße 1 | Ernährung |

Schleichkatzen

D ie 76 Arten der Schleichkatzen (Viverridae) – Zibetkatzen, Linsangs, Ginsterkatzen, Mungos, Meerkatzen u. a. – erscheinen wie eine Kombination aus Katzen und Mardern. Sie sind jedoch primitiver entwickelt und weisen eine lange Schnauze sowie zusätzliche Zähne auf.

Typisch für Schleichkatzen sind der lange schlanke Körper, die spitz zulaufende Schnauze und der lange Schwanz. Sie besitzen ausgezeichnete Sinne, bewegen sich flink und verstohlen und ernähren sich von gemischter Nahrung. Einige Arten bevorzugen Fleisch und schleichen sich katzenartig an ihre Beutetiere an. Die Tiere sind von Südeuropa über Afrika bis Südasien in Wäldern, Wüsten und Savannen zu finden. In der Regel sind sie nachtaktiv und Bodenbewohner, können aber auch gut Bäume erklimmen. Ausnahmen sind der Binturong, der fast vollständig baumbewohnend ist, und die halbaquatische Otter-Ginsterkatze.

Familie VIVERRIDAE	Art *Genetta genetta*	Bestand häufig

Kleinfleck-Ginsterkatze

Dieses katzenähnliche schlanke Tier, auch Europäische Ginsterkatze genannt, ist durch seinen auffallend gemusterten Kopf, den gepunkteten Körper und den geringelten Schwanz gekennzeichnet. Der ausgezeichnete Kletterer besitzt halb einziehbare Krallen und eine Mähne entlang dem Rücken, die aufgestellt werden kann. Der schnelle Allesfresser jagt nachts, im Morgengrauen sowie in der Abenddämmerung und wird aufgrund seiner Überfälle auf Geflügelfarmen als Schädling betrachtet. Das Männchen besetzt ein größeres Revier als das Weibchen und markiert dieses mit Geruchsstoffen, Urin, und Exkrementen. Die Kleinfleck-Ginsterkatze baut ihren Unterschlupf in einem Erdloch oder zwischen Wurzelgeflecht im Dickicht.

Größe: Körperlänge 40–55 cm, Schwanzlänge 40–51 cm.
Verbreitung: Westeuropa sowie West-, Ost- und Südafrika. In Wäldern, Savannen und Graslandschaften.

Europa, Afrika

gebänderter Schwanz

auffällig gemusterter spitzer Kopf

Lebensweise solitär	Tragzeit 10 Wochen	Wurfgröße 2–3	Ernährung

Familie VIVERRIDAE	Art *Prionodon pardicolor*	Bestand selten

Fleckenlinsang

Dieser schlanke Fleischfresser gleitet mit erstaunlicher Anmut und Beweglichkeit durch die Äste. Er hält sich mit seinen einziehbaren Krallen fest, der Schwanz dient dem Balancieren und Abbremsen während des Kletterns. Die großen Augen des nachtaktiven Einzelgängers sind an das Leben in der Nacht angepasst. Das Tier besitzt ein bräunlich orangefarbenes Fell und einen gebänderten Schwanz; während des Schlafens wird der Schwanz um den Körper gewickelt. Der Fleckenlinsang pirscht sich an sein Opfer heran und tötet es durch einen Biss in den Nacken.

Größe: Körperlänge 37–43 cm, Schwanzlänge 30–36 cm.

Verbreitung: Süd-, Ost- und Südostasien. In bergigen Wäldern, strauchbewachsenen Gebieten und Tieflandwäldern.

Anmerkung: Männliche Linsangs sind etwa doppelt so groß wie die Weibchen.

Asien

gepunkteter Körper

große Ohren

bräunlich orangefarbenes Fell

Lebensweise solitär	Tragzeit unbekannt	Wurfgröße 2–3	Ernährung

Familie VIVERRIDAE	Art *Viverra tangalunga*	Bestand häufig

Tangalunga

Ebenso wie andere Zibetkatzen weist diese Art Längsreihen von dunklen Punkten am Körper auf. Weitere charakteristische Merkmale sind die schwarzweiße Zeichnung am Hals, die weiße Unterseite, die schwarzen Beine und Füße sowie ca. 16 Bänder am Schwanz. Entlang der Wirbelsäule ist eine schwarze Mähne zu sehen. Zwar erklettert der nachtaktive Tangalunga gelegentlich Bäume – was den Tieren durch ihre halb einziehbaren Krallen ermöglicht wird –, doch findet die wesentliche Beutesuche auf dem Waldboden statt. Die Nahrung besteht aus Tausendfüßern, Riesenhundertfüßern, Skorpionen und kleinen Säugetieren.

Größe: Körperlänge 62–66 cm, Schwanzlänge 28–35 cm.

Verbreitung: Indonesien, Philippinen, Malaysia und Borneo. In tief gelegenen tropischen Wäldern und benachbarten kultivierten Gebieten.

schwarze Streifen und Punkte auf dem Körper

Asien

gestreifter Schwanz

schwarze Beine

Lebensweise solitär	Tragzeit unbekannt	Wurfgröße unbekannt	Ernährung

Familie VIVERRIDAE	Art *Paradoxurus hermaphroditus*	Bestand häufig

Palmroller

Diese Art, auch Rollmarder genannt, besitzt ein gräulich braunes Fell mit dunklen Flecken und schwarzen Streifen auf dem Rücken. Weitere Merkmale sind der große buschige Schwanz und die aus hellen und dunklen Flecken bestehende Gesichtszeichnung, die der des Europäischen Iltis ähnelt (s. S. 246). Das nachtaktive, anpassungsfähige Tier ist ein ausgezeichneter Kletterer; es hält sich hauptsächlich in Bäumen auf, wählt jedoch manchmal auch Dächer als Ruheplätze aus. Bevorzugtes Futter sind Früchte, vor allem Feigen, aber auch Knospen, Gräser, Insekten, kleine Tiere und sogar Geflügel.
Größe: Körperlänge 43–71 cm, Schwanzlänge 40–66 cm.
Verbreitung: Süd- und Südostasien sowie Südchina. In bewaldeten Gebieten und in der Nähe menschlicher Siedlungen.

Gesichtszeichnung aus dunklen und hellen Flecken

schwarze Streifen auf dem Rücken

Asien

langer buschiger Schwanz

Lebensweise solitär	Tragzeit unbekannt	Wurfgröße 2–4	Ernährung 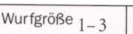

Familie VIVERRIDAE	Art *Arctictis binturong*	Bestand häufig

Marderbär

Neben dem Wickelbär (s. S. 245) ist der Marderbär das einzige mit einem zum Greifen geeignete Schwanz ausgerüstete Raubtier. Er sucht auf Ästen nach Nahrung, die u. a. aus Früchten, kleinen Tieren, Vögeln und Insekten besteht. Das Tier besitzt lange Ohren mit Haarbüscheln an der Spitze und ein zottiges schwarzes Fell mit helleren Haarspitzen. Es bewegt sich vorsichtig auf seinen bis zu den Hacken nackten Fußsohlen auf den Baumkronen und hält sich mit den halb einziehbaren, kurzen und leicht gebogenen Krallen fest. Die Ruhephasen verbringt der hauptsächlich nachtaktive Marderbär häufig zusammengerollt auf einem einzelnen Ast; in dieser Position frisst er z. T. auch. Er markiert sein Territorium mit Geruchsstoffen.
Größe: Körperlänge 61–96 cm, Schwanzlänge 56–89 cm.
Verbreitung: Nordostindien, Bhutan, Nepal und Südostasien. In dichten tropischen, immergrünen und Laubwäldern.

Asien

zottiges schwarzes Fell

lange Fellbüschel auf den Ohrenspitzen

kleine spitze Schnauze

Lebensweise solitär	Tragzeit 92 Tage	Wurfgröße 1–3	Ernährung 

Familie HERPESTIDAE	Art *Cynictis penicillata*	Bestand häufig

Fuchsmanguste

Die Farbe dieser mittelgroßen Art ist variabel; sie reicht von gelblich im Süden bis hin zu gräulich im Norden ihres Verbreitungsgebietes. Das Fell erscheint meliert, die Schwanzspitze ist weiß gefärbt. Das mit langen Krallen ausgestattete Tier gräbt seine eigene Höhle oder bezieht das Höhlensystem von Meerkatzen oder Erdhörnchen, mit denen es z. T. zusammenlebt. Fuchsmangusten bilden in der Regel einen kleinen Familienverband, bestehend aus dem sich fortpflanzenden Paar, seinen Nachkommen und sich nicht fortpflanzenden jungen erwachsenen Tieren. Sie fressen hauptsächlich Insekten, wie Termiten, Ameisen und Käfer, aber auch Vögel, Eier, Frösche und Nagetiere.

Größe: Körperlänge 23–33 cm, Schwanzlänge 18–25 cm.

Verbreitung: Südwest- und Südafrika. In offenem grasbewachsenem Gelände und im Gestrüpp der Halbwüsten.

keilförmiger Kopf

gelbe bis graue Färbung

meliertes Fell

Afrika

Lebensweise gesellig	Tragzeit 45 – 47 Tage	Wurfgröße 2 – 4	Ernährung

Familie HERPESTIDAE	Art *Helogale parvula*	Bestand häufig

Zwergmanguste

Dies ist die kleinste Mangustenart. Sie besitzt ein dickes braunes, rot oder schwarz meliertes Fell und lange Krallen an den Vorderfüßen. Rudel von 2 bis 20 Tieren bewegen sich kreisförmig auf einen zu besetzenden Termitenhügel zu – Nahrungsquelle und Unterschlupf der Tiere –, während die Männchen an geeigneter Stelle nach Fressfeinden Ausschau halten. Der Hügel wird erst verlassen, wenn die Nahrungsvorräte erschöpft sind. Vor dem Fressen wirft die Zwergmanguste Eier oder hart gepanzerte Käfer gegen Steine, um sie aufzubrechen.

Größe: Körperlänge 18–28 cm, Schwanzlänge 14–19 cm.

Verbreitung: Ost- und Zentralafrika. In Graslandschaften, Svannendickichten und Wäldern.

Anmerkung: Nashornvögel warnen diese Art vor Fressfeinden und ernähren sich von Insekten, die die Zwergmangusten übersehen.

Afrika

gedrungener Körper

kleine runde Ohren

braunes Fell, rot und schwarz meliert

Lebensweise gesellig	Tragzeit 53 Tage	Wurfgröße bis 6	Ernährung

Familie VIVERRIDAE	Art *Mungos mungo*	Bestand häufig

Zebramanguste

Diese lebhafte Art besitzt einen gedrungenen graubraunen Körper mit einem auffälligen Muster aus dunklen Bändern auf dem Rücken. Die in Feuchtgebieten vorkommenden Populationen sind dunkler gefärbt als die in trockenen Gegenden heimischen Tiere. Sie sind in Rudeln von 15 bis 40 Individuen zu finden, die häufig in vergrößerten Hohlräumen von Termitenhügeln leben. Die Zebramanguste gibt zwitschernde Laute von sich, um bei der Nahrungssuche während des Tages mit anderen Rudelmitgliedern zu kommunizieren. Sie ernährt sich hauptsächlich von Insekten, frisst aber auch Eier, die sie zerbricht, indem sie sie gegen Steine wirft.
Größe: Körperlänge 30–45 cm, Schwanzlänge 15–30 cm.

Verbreitung: Ost- und Zentralafrika (südlich der Sahara). In Wäldern und Savannen.

Afrika

ca. 12 Bänder am Rücken

graubraunes Fell

spitz zulaufender, mit rauem Haar bedeckter Schwanz

Lebensweise gesellig	Tragzeit 2 Monate	Wurfgröße 1–4	Ernährung 🦗 ● 🐁

Familie VIVERRIDAE	Art *Cryptoprocta ferox*	Bestand gefährdet

Fossa

Das größte auf Madagaskar lebende Raubtier ist rötlich bis dunkelbraun gefärbt und besitzt einen katzenähnlichen Kopf mit hervorstehenden, nach vorn gerichteten Augen und abgerundeten Ohren; Kiefer und Zähne sind kräftig. Seine kurzen scharfen Krallen können eingezogen werden, die Analdrüsen produzieren einen strengen, unangenehmen Geruch. Der bewegliche Springer ist sowohl tag- wie auch nachtaktiv und war einst auf die Lemurenjagd spezialisiert. Heute erbeutet er auch Schweine, Geflügel und andere Haustiere. Das solitär lebende Tier besetzt ein Territorium von mehr als 4 Quadratkilometern, sodass die Populationsdichte eher gering ist. Es konnte in Zoos erfolgreich gezüchtet werden.
Größe: Körperlänge 60–76 cm, Schwanzlänge 55–70 cm.
Verbreitung: Madagaskar. In tropischen Wäldern.
Anmerkung: Die ausschließlich auf Madagaskar vorkommende Art wird durch schnell fortschreitende Waldrodungen bedroht. Zudem wird sie von den Menschen gejagt, da sie häufig Vieh angreift.

Madagaskar

kurzes rötliches bis dunkelbraunes Fell

abgerundete Ohren

kurze scharfe, einziehbare Krallen

Lebensweise solitär	Tragzeit 3 Monate	Wurfgröße 2–3	Ernährung 🦌 🐦

Familie VIVERRIDAE	Art *Suricata suricatta*	Bestand häufig

Erdmännchen

Charakteristisch für diese Art ist das melierte silbrig braune Fell mit den acht auffälligen dunklen Bändern auf der unteren Körperhälfte. Das Raubtier weist kleine spitze Ohren, dunkle Ringe um die Augen und eine spitze Nase auf. Sein schmaler Schwanz ist an der Spitze dunkel gefärbt. Es besitzt lange Vorderkrallen, die es zum Graben von Höhlen und zum Ausgraben von Nahrung benutzt, und kann unter der Erde die Ohren schließen. Das tag- und nachtaktive Tier lebt in Kolonien von bis zu 30 Individuen in erweiterten Höhlensystemen des Ziesels. Das Männchen markiert das Territorium und verjagt rivalisierende Rudelmitglieder. In der Morgendämmerung verlässt das Erdmännchen das Höhlensystem und wärmt sich auf, indem es sich auf die Hinterbeine stellt und sich der Sonne zuwendet. Während sich die meisten Rudelmitglieder auf die Suche nach Nahrung – hauptsächlich Insekten – begeben, bleiben einige Tiere als Wachposten zurück und halten Ausschau nach Habichten und anderen Raubvögeln. Sie stehen auf Anhöhen oder in Büschen und warnen durch Rufe; bei ernsthafter Gefahr ertönt schärferes Bellen oder Knurren und das Rudel sucht schnell Schutz. Der Paarung gehen Scheinkämpfe voraus; die Jungtiere werden während der Regenzeit geboren, wenn ausreichend Nahrung zur Verfügung steht.

Größe: Körperlänge 25–35 cm, Schwanzlänge 17–25 cm.

Verbreitung: Südwestafrika. In Halbwüsten, Buschland und bewaldeten Gebieten, vor allem jedoch in steinigem offenem Gelände.

Afrika

spitze Nase

silbrig braunes Fell

hellerer Bauch

dunkle Ringe um die Augen

Hinterbeine ermöglichen aufrechtes Stehen

Lebensweise gesellig	Tragzeit 11 Wochen	Wurfgröße 2–5	Ernährung ✳ ✦

Hyänen und Erdwölfe

A uf den ersten Blick erinnern die drei Hyänenarten und die einzelne Erdwolfart an Hunde, tatsächlich sind sie jedoch viel näher mit den Zibetkatzen, Ginsterkatzen und Katzen verwandt.

Alle vier Arten der Hyaenidae besitzen einen zum Körperende hin abfallenden Rücken, was auf die langen Vorder- und die kurzen Hinterbeine zurückzuführen ist. Charakteristisch sind weiterhin der große Kopf, die großen Ohren und die Mähne, die – außer bei der Tüpfelhyäne – entlang dem Rücken verläuft. Körper und Beine sind muskulös.

Hyänen weisen außerordentlich kräftige Kiefer und Zähne auf. Sie leben in der Regel in Familienverbänden und sind Jäger und Aasfresser. Der kleinere Erdwolf lebt solitär und ernährt sich von Termiten und Ameisen. Alle Arten sind nachtaktiv und in Savannen und halbtrockenen Lebensräumen in Afrika heimisch; das Verbreitungsgebiet der Streifenhyäne zieht sich bis ins südliche Asien hin.

Familie HYAENIDAE	Art *Hyaena hyaena*	Bestand weniger gefährdet

Streifenhyäne

Dieses hundeähnliche mittelgroße Raubtier ist grau bis hellbraun gefärbt und weist einen dunkelbraunen oder schwarzen Fleck an der Kehle und fünf oder sechs senkrecht verlaufende dunkle Streifen an den Flanken auf. Typisch sind auch der buschige schwarzweiße Schwanz, die gut entwickelten Vorderbeine und der zum Körperende hin abfallende Rücken. Die Mähne an Nacken und Rücken wird bei Gefahr aufgerichtet. Die Streifenhyäne ernährt sich hauptsächlich von toten Tieren, die von anderen Raubtieren getötet wurden; sie jagt aber auch Hunde, Schafe, Ziegen sowie Geflügel und frisst Wirbellose, Gemüse und Früchte. Die sehr großen Backenzähne und kräftigen Kiefer ermöglichen das Zermalmen von Knochen.

Größe: Körperlänge 1,1 m, Schwanzlänge 20 cm.

Verbreitung: West-, Nord- und Ostafrika sowie West- bis Südasien. In offenem Gelände und spärlich bewaldeten Savannen.

Afrika, Asien

Nackenmähne kann aufgerichtet werden

dunkelbrauner oder schwarzer Kehlfleck

waagrechte schwarze Streifen an den Vorderbeinen

kräftige Hinterbeine

Lebensweise solitär	Tragzeit 12 Wochen	Wurfgröße 1–5	Ernährung

Familie HYAENIDAE	Art *Parahyaena brunnea*	Bestand weniger gefährdet*

Schabrackenhyäne

Diese zottige dunkelbraune bis schwarze Art ist tiefer in Wüstengebieten
zu finden als andere Hyänen. Sie besitzt kräftige Kiefer sowie scharfe
Zähne und ernährt sich nahezu ausschließlich von Aas, angefangen bei
den Kadavern der Seehundjungen an der Küste der Namibischen Wüste
bis hin zu denen der Springhasen der Kalahariwüste; sie
kann tote Tiere aus einer Entfernung
von 14 km riechen. Die Scha-
brackenhyänen bilden offene
territoriale Kolonien; die
Größe des Reviers hängt
vom Nahrungsangebot ab.
Größe: Körperlänge
1,3 m,
Schwanzlänge 21 cm.
Verbreitung: Südafrika
(vor allem südlich des
Kunene-Sambesi-Fluss-
systems). In abgelegenen
Lebensräumen, z. B. in
trockenen Graslandschaften,
Wüsten und den Bergen.

*dunkelbraunes
bis schwarzes
• Fell*

Afrika

*• helllohfarbenes
Halsfell*

*gebänderte •
Beine*

Lebensweise variabel	Tragzeit 97 Tage	Wurfgröße 1–5	Ernährung

Familie HYAENIDAE	Art *Proteles cristatus*	Bestand weniger gefährdet*

Erdwolf

Dieses Tier ist kleiner als die drei Hyänenarten; im
Gegensatz zu den anderen Mitgliedern seiner Familie ernährt es sich nahezu ausschließlich von
Termiten. Der nach hinten abfallende Körper
ist gelblich gefärbt und weist eine Schultermähne auf, die der Erdwolf bei Gefahr aufrichten
kann, um größer zu erscheinen. Jede Körperseite ist
mit drei senkrecht verlaufenden dunklen Streifen
versehen, an den Vorder- und Hinterbeinen verlaufen
diagonale Streifen. Die Vorderzähne ähneln denen
der Hyänen, anstelle der Backenzähne besitzt das
Tier jedoch nur kleine Stiftzähne; das Futter wird
im Magen zermalmt.
Größe: Körperlänge 67 cm, Schwanzlänge 24 cm.

*• aufrecht
stehende Ohren*

*drei senkrecht verlaufen-
• de Streifen am Körper*

*gelbliches
• Fell*

Verbreitung: Ost- und Südafrika. In
bewaldeten Savannen und Wüsten.
Anmerkung: Das Fleisch des Erd-
wolfes gilt in einigen Gegenden als
Delikatesse.

Afrika

Lebensweise solitär	Tragzeit 90 Tage	Wurfgröße 2–4	Ernährung

Familie HYAENIDAE	Art *Crocuta crocuta*	Bestand weniger gefährdet

Tüpfelhyäne

Die größte Hyänenart ähnelt im Aussehen einem großen Hund. Sie besitzt ein getüpfeltes sandfarbenes bis graues, raues und borstiges Fell. Die schwarzen Flecken der jüngeren Tiere werden im Laufe der Zeit braun, bevor sie ganz verblassen. Weitere Merkmale sind der große Kopf mit den kräftigen Kiefern, der abfallende Rücken, die langen Vorderbeine und die kürzeren Hinterbeine und der kurze Schwanz mit der buschigen schwarzen Spitze. Das Haar der Mähne wächst in Kopfrichtung und richtet sich bei Erregung auf. Die Tüpfelhyäne lebt in einer weibchenorientierten Gemeinschaft, die in der Wüste aus bis zu fünf, in den fruchtbaren Savannen aus bis zu 50 Tieren bestehen kann. Die weibliche Hyäne ist um ca. 10 Prozent größer als das Männchen; ihre äußeren Geschlechtsorgane sind derartig vergrößert, dass sie denen der Männchen ähneln. Das Rudel bewohnt gemeinschaftlich eine Höhle und benutzt einen gemeinsamen Exkretionsplatz. Das zwischen 40 und 1000 km² große Territorium wird durch Rufe, Duftmarken und Wachen an den Grenzen verteidigt. Die Tiere sind gerissene Jäger, die auch Jagdgemeinschaften bilden, um größere Beutetiere, wie z. B. Huftiere, zu erlegen. Sind sie allein unterwegs, jagen sie Hasen, bodenbewohnende Vögel und Fische aus Sümpfen. Das Futter wird heruntergeschlungen und kann bei einer einzigen Mahlzeit bis zu einem Drittel des Körpergewichts entsprechen.
Größe: Körperlänge 1,3 m, Schwanzlänge 25 cm.
Verbreitung: West- bis Ost- und Südafrika. In Halbwüsten, Savannen und bewaldeten Gebieten.
Anmerkung: Das berüchtigte „Lachen" der Hyänen bedeutet Unterwerfung gegenüber einem dominanteren Mitglied der Gruppe.

kurze runde Ohren

Afrika

kraftvolle Kiefer

hundeähnliche schwarze Schnauze

sandfarben bis graubraun gepunkteter Körper

großer Kopf

lange Vorderbeine

Mutter und Jungtier

Die Jungen sind bei der Geburt schwarz und verändern ihre Farbe nach einigen Monaten. Das dominante Junge kontrolliert den Zugang zur Milch der Mutter. Nach 2 bis 3 Monaten werden die Jungen von allen Milch erzeugenden Weibchen des Rudels versorgt.

stumpfe, nicht einziehbare Krallen

Lebensweise gesellig	Tragzeit 110 Tage	Wurfgröße 1 – 3	Ernährung 

in Richtung Kopf weisende,
aufstellbare Mähne

raues, struppiges
Fell

Aasfresser
Die Tüpfelhyäne ist auch ein Aasfresser. Sie
lokalisiert das Aas durch den Geruch, durch den
Lärm der Nahrungskonkurrenten beim Fressen
oder durch die Beobachtung von Raubvögeln,
wie Geiern, die zum Kadaver fliegen.

abfallender
Rücken

kurzer Schwanz
mit buschiger
schwarzer Spitze

Hinterbeine
kürzer als
Vorderbeine

schwarze Flecken,
die mit zunehmendem
Alter braun werden und
dann verblassen

Katzen

N ur wenige Säugetierfamilien zeigen eine derartige Ähnlichkeit zwischen ihren Mitgliedern wie die 38 Katzenarten (Felidae). Alle leben hauptsächlich solitär, schleichen sich an ihre Beutetiere an, sind nachtaktiv und hervorragende Jäger mit blitzschnellen Reflexen.

Katzen besitzen ein rundes Gesicht, eine kurze Schnauze, große Augen, spitze Ohren, scharfe Zähne, einen leichten Körper mit kräftigen Glied-

maßen und ausgezeichnete Sinne. Sie sind in ganz Eurasien, Afrika und Amerika von den Bergen über Wüsten bis hin zu Sümpfen zu finden. Zu den sieben Großkatzen zählen Tiger, Löwe (eine seltene gesellige Art), Gepard, Jaguar, Leopard, Schneeleopard und Nebelparder. Traditionell werden alle „kleinen" Katzen der Gattung Felis zugeordnet, einige Wissenschaftler teilen diese jedoch nochmals in verschiedene Untergattungen auf.

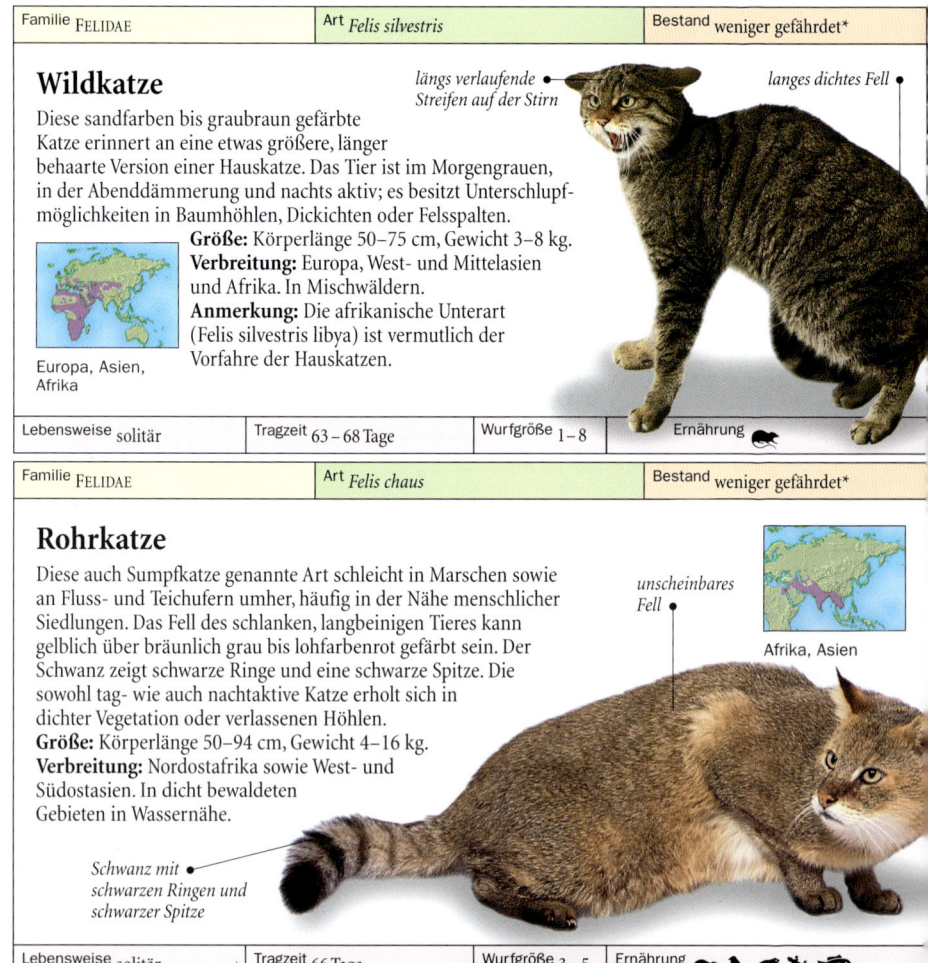

Familie FELIDAE	Art *Felis silvestris*	Bestand weniger gefährdet*

Wildkatze

längs verlaufende Streifen auf der Stirn

langes dichtes Fell

Diese sandfarben bis graubraun gefärbte Katze erinnert an eine etwas größere, länger behaarte Version einer Hauskatze. Das Tier ist im Morgengrauen, in der Abenddämmerung und nachts aktiv; es besitzt Unterschlupfmöglichkeiten in Baumhöhlen, Dickichten oder Felsspalten.

Größe: Körperlänge 50–75 cm, Gewicht 3–8 kg.
Verbreitung: Europa, West- und Mittelasien und Afrika. In Mischwäldern.
Anmerkung: Die afrikanische Unterart (Felis silvestris libya) ist vermutlich der Vorfahre der Hauskatzen.

Europa, Asien, Afrika

Lebensweise solitär	Tragzeit 63 – 68 Tage	Wurfgröße 1 – 8	Ernährung

Familie FELIDAE	Art *Felis chaus*	Bestand weniger gefährdet*

Rohrkatze

Diese auch Sumpfkatze genannte Art schleicht in Marschen sowie an Fluss- und Teichufern umher, häufig in der Nähe menschlicher Siedlungen. Das Fell des schlanken, langbeinigen Tieres kann gelblich über bräunlich grau bis lohfarbenrot gefärbt sein. Der Schwanz zeigt schwarze Ringe und eine schwarze Spitze. Die sowohl tag- wie auch nachtaktive Katze erholt sich in dichter Vegetation oder verlassenen Höhlen.
Größe: Körperlänge 50–94 cm, Gewicht 4–16 kg.
Verbreitung: Nordostafrika sowie West- und Südostasien. In dicht bewaldeten Gebieten in Wassernähe.

unscheinbares Fell

Afrika, Asien

Schwanz mit schwarzen Ringen und schwarzer Spitze

Lebensweise solitär	Tragzeit 66 Tage	Wurfgröße 3 – 5	Ernährung

Familie FELIDAE	Art *Felis margarita*	Bestand gefährdet*

Sandkatze

Diese Art ist sehr gut an das Leben in trockenen Gegenden angepasst und überlebt mit nur wenig Wasser; die meiste Flüssigkeit nimmt sie mit der Nahrung zu sich. Die mit kurzen Krallen versehenen behaarten Pfoten erleichtern das Laufen über heiße Sanddünen. Das Fell ist sandfarben bis grau, an jeder Kopfseite verläuft vom Augenwinkel bis über die Wange ein rötlicher Streifen. Die Sandkatze gräbt tagsüber als Unterschlupf Höhlen in den Sand und jagt nachts, im Morgengrauen und in der Abenddämmerung nach Rennmäusen, anderen Nagetieren und Schlangen.
Größe: Körperlänge 45–57 cm, Gewicht 1,5–3,5 kg.
Verbreitung: Nordafrika sowie West-, Mittel- und Südasien. In trockenen und sandigen Gebieten.

Ohren setzen tief am Kopf an

Afrika, Asien

sandfarbenes Fell

Querstreifen auf den Beinen

schwarze Schwanzspitze

breite Pfoten

Lebensweise solitär	Tragzeit 59 – 67 Tage	Wurfgröße 2 – 4	Ernährung

Familie FELIDAE	Art *Felis jacobita*	Bestand gefährdet*

Andenkatze

Diese kleine gedrungene Katze besitzt einen langen buschigen Schwanz und ein dickes, silbrig graues Fell, das am Rücken mit braunen oder orangegelben Längsstreifen versehen ist. Die Flanken sind gepunktet, Beine und Schwanz weisen dunkle Bänder auf. Über die oberhalb der Waldgrenze in den Bergen lebende Art ist nur wenig bekannt.
Größe: Körperlänge 58–64 cm, Gewicht 4 kg.
Verbreitung: Westliches Südamerika (Anden). In felsigen, trockenen Regionen zwischen 3000 und 4000 m Höhe.
Anmerkung: Diese Art ist nicht wie viele andere Katzen durch den Verlust des Lebensraums oder durch die Jagd gefährdet, sondern durch den massiven Rückgang ihrer Hauptnahrung, dem Chinchilla und der Haselmaus.

Südamerika

langer buschiger Schwanz

schwarze Bänderung am Schwanz

weiches, dichtes Fell

Lebensweise solitär	Tragzeit unbekannt	Wurfgröße unbekannt	Ernährung

Familie FELIDAE	Art *Felis serval*	Bestand weniger gefährdet*

Serval

Mit ihrem schlanken Körper und den langen Gliedmaßen erinnert diese Katze an einen Geparden. Sie besitzt ein gelbes Fell mit dunklen Punkten, die entlang dem Rücken und dem Kopf in Längsreihen angeordnet sein können. Die großen Ohren sind abgerundet, der Schwanz weist dunkle Bänder und eine schwarze Spitze auf. Die Männchen sind in der Regel größer als die Weibchen. Die Tiere leben vorzugsweise in den mit Schilfrohren bewachsenen Uferzonen der Feuchtgebiete. Sie jagen Ratten, Vögel, Fische, Frösche und große Insekten, etwa Heuschrecken. Normalerweise geht der Serval in der Abenddämmerung auf Nahrungssuche; dabei reckt er seinen langen Hals über das hohe Gras, um die Beute zu erspähen. Ist diese lokalisiert, macht er einen bis zu 4 m langen und 1 m hohen Sprung und ergreift sie mit den Vorderpfoten. Schrille Schreie, Knurren und Schnurren dienen der Kommunikation.
Größe: Körperlänge 60–100 cm, Gewicht 9–18 kg.
Verbreitung: West-, Zentral- und Ostafrika. An bewachsenen Fluss- und Stromufern.
Anmerkung: Mit ihrer Jagd nach Heuschrecken und Ratten helfen die Buschkatzen den Bauern; nur selten erlegen sie Vieh. Da sie an Flussufern sehr häufig vorkommen, sind sie durch Jäger sowie durch den Verlust ihres Lebensraumes gefährdet.

Gejagt

Erbarmungslos werden diese Tiere in landwirtschaftlich genutzten Gegenden Südafrikas gejagt. Heute gilt die Buschkatze in diesen Regionen als selten.

Längsstreifen auf dem Kopf

helles Fell im Schnauzenbereich

dunkle Flecken auf gelbem Grund

gebänderter Schwanz mit schwarzer Spitze

lange dünne Beine

dunkle Bänder an den Beinen

Afrika

Lebensweise solitär	Tragzeit 73 Tage	Wurfgröße 2	Ernährung

Familie FELIDAE	Art *Felis viverrinus*	Bestand weniger gefährdet

Fischkatze

Diese Art ist lang und gedrungen und besitzt kurze Beine. Der halbaquatische Jäger ernährt sich von Fischen, Fröschen, Schlangen, Wasserinsekten, Krebsen, Flusskrebsen und gepanzerten Weichtieren. Er ist jedoch eher in seiner Verhaltensweise an das Wasser angepasst als in seinen äußeren Merkmalen, da seine Zehen nur mit kleinen Schwimmhäuten versehen und seine Zähne für das Ergreifen glitschiger Nahrung nicht geeignet sind. Das Tier taucht unter und schaufelt seine Beute mit den Vorderpfoten aus dem Wasser. Das Fell der Fischkatze ist grünlich grau meliert und weist dunkelbraune Punkte auf.

Größe: Körperlänge 75–86 cm, Gewicht 8–14 kg.

Verbreitung: Indien bis Südostasien. An Seen, Flüssen und Bächen, in Mangrovensümpfen und Marschlandschaften.

Anmerkung: Diese Art ist besonders von der Trockenlegung der Feuchtgebiete zur landwirtschaftlichen Nutzung betroffen, da sie von ihrem wassernahen Lebensraum abhängig ist.

Asien

dunkle Streifen von der Stirn bis zum Nacken

kurze Beine

dunkelbraune Punkte

Lebensweise solitär	Tragzeit 9 Wochen	Wurfgröße 1–4	Ernährung

Familie FELIDAE	Art *Felis planiceps*	Bestand bedroht

Flachkopfkatze

Diese Art ist etwas kleiner als unsere Hauskatze. Die halb an das Leben im Wasser angepasste Fischjäger frisst auch Garnelen, Frösche, Nagetiere und kleine Vögel. Seine Zehen sind z. T. mit Schwimmhäuten versehen, die Krallen können nicht vollständig eingezogen werden. Die oberen Eckzähne sind groß und scharf, was das Ergreifen schlüpfriger Beute erleichtert. Das auffälligste Merkmal dieser Katze ist ihr langer und schmaler Schädel mit der abgeflachten Stirn und den tief liegenden Ohren. Das Fell zeigt eine dunkelbraune Färbung mit silbrigem Schimmer.

Größe: Körperlänge 41–50 cm, Gewicht 1,5–2 kg.

Verbreitung: Südostasien. In Wäldern mit Flüssen oder Sümpfen und in der Nähe von Bewässerungskanälen.

Augen stehen dicht beieinander

kleine Ohren

Asien

braunes Fell mit silbrigem Schimmer

Lebensweise solitär	Tragzeit 8 Wochen	Wurfgröße unbekannt	Ernährung

Familie FELIDAE	Art *Felis marmorata*	Bestand bedroht*

Marmorkatze

Diese Art erinnert im Erscheinungsbild an den Nebelparder (s. S. 288). Das Fell variiert von bräunlich grau bis leuchtend gelb oder rötlich braun. Die Flanken sind mit schwarz umrandeten dunklen Flecken versehen, Gliedmaßen und Bauch weisen vollständig ausgefüllte schwarze Punkte auf; der Schwanz zeigt schwarze Flecke und eine schwarze Spitze. Bisher ist wenig über die Lebensweise dieser Katze bekannt, doch wird vermutet, dass sie nachtaktiv ist und z. T. auf Bäumen lebt. Sie jagt hauptsächlich Vögel, Eichhörnchen und Ratten, wahrscheinlich auch Eidechsen und Frösche.
Größe: Körperlänge 45–53 cm, Gewicht 2–5 kg.
Verbreitung: Nordostindien bis Südostasien. In tropischen Wäldern.

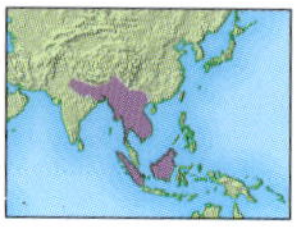

Asien

dunkle Flecken an den Flanken

kurze Ohren

schwarze Punkte an den Gliedmaßen

langer buschiger Schwanz

Lebensweise solitär	Tragzeit 81 Tage	Wurfgröße 1–4	Ernährung

Familie FELIDAE	Art *Felis wiedi*	Bestand bedroht*

Margay

Die auf Bäumen lebende Art ist die einzige Katze, die ihre Hinterfüße um 180° drehen kann – so kann sie wie ein Eichhörnchen mit dem Kopf voran den Baum hinabsteigen. Das Fell ist an der Körperoberseite gelblich braun und an der Unterseite weiß; es weist in langen Reihen angeordnete dunkle Punkte auf, die in der Mitte heller gefärbt sind. In der Zeichnung erinnert das Tier an den Ozelot (s. gegenüberliegende S.), es ist jedoch schlanker und besitzt einen längeren Schwanz. Zu seinen baumbewohnenden Beutetieren gehören Ratten, Eichhörnchen, junge Faultiere, Vögel, Maden und Spinnen.
Größe: Körperlänge 46–79 cm, Gewicht 2,5–4 kg.
Verbreitung: Südliches Nordamerika bis Mittel- und Südamerika.
Anmerkung: In tropischen Regenwäldern.

Nord-, Mittel- und Südamerika

Flecke mit hellerer Mitte

große Ohren

schlanker Körper

langer Schwanz

Lebensweise solitär	Tragzeit 76–85 Tage	Wurfgröße 1	Ernährung

Familie FELIDAE	Art Felis pardalis	Bestand weniger gefährdet*

Ozelot

Die anpassungsfähige Katze bewohnt die verschiedensten Lebensräume – von feuchten Wäldern bis hin zu trockenem Buschland –, in denen ein dichter Pflanzenbewuchs vorhanden ist, der ihr genügend Deckung bietet. Das hauptsächlich am Boden lebende Tier klettert, springt und taucht sehr gut und erholt sich tagsüber in einer Baumhöhle oder auf einem Ast. Der Ozelot ist ein nachtaktiver Jäger; zu seinen Beutetieren zählen Nagetiere, Vögel, Eidechsen, Fische, Fledermäuse, Hirschkälber, Affen, Gürteltiere, Ameisenbären und Schildkröten.
Größe: Körperlänge 50–100 cm, Gewicht 11,5–16 kg.
Verbreitung: Süden der USA bis Mittel- und Südamerika. In tropischen Regenwäldern, Graslandschaften und Sümpfen.
Anmerkung: In den 60er- und 70er-Jahren fielen jedes Jahr rund 200 000 Ozelots dem Fellhandel zum Opfer. In den meisten Verbreitungsgebieten ist die Art heute geschützt, sodass ihre Zahl steigen konnte; Gefahr droht ihr nun durch Rodungen.

Nord-, Mittel- und Südamerika

kettenähnliches Muster •

Wunderschönes Fell

Der Ozelot besitzt ein kettenähnlich angeordnetes dunkles „Rosettenmuster" auf seinem gelben oder rötlich grauen Fell. Zwei schwarze Streifen markieren das Gesicht, der Schwanz ist geringelt.

schwarze
Streifen auf
den Wangen •

weißliche
Unterseite •

Bänder auf den
Beininnenseiten •

kurzes dichtes,
samtartiges Fell •

Lebensweise solitär	Tragzeit 79–85 Tage	Wurfgröße 1–3	Ernährung 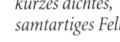

Familie FELIDAE	Art *Felis rufus*	Bestand weniger gefährdet*

Rotluchs

Das Fell dieser Art kann unterschiedliche blassgelbe und braune Schattierungen annehmen und weist dunkelbraune und schwarze Punkte und Linien auf; die Bereiche zwischen Wangen und Ohren sind mit längeren Haaren versehen. Das Tier erinnert an den Gemeinen Luchs (s. gegenüberliegende S.), ist jedoch etwas kleiner und besitzt schlankere Beine. Auch können die Haarbüschel auf den auf der Rückseite deutlich schwarz gefärbten Ohren weniger auffällig sein oder ganz fehlen. Die Katze – in unterschiedlichen Lebensräumen zu finden als der Gemeine Luchs – ist hauptsächlich nachtaktiv und bodenbewohnend, obwohl sie Bäume mit Leichtigkeit erklettern kann. Tagsüber versteckt sich das Tier im Dickicht, in einem hohlen Baum oder einer Felsspalte. Es schleicht sich in der Regel mit größter Vorsicht an seine Beute heran und springt sie dann mit einem gewaltigen Satz an. Die Nahrung besteht vorwiegend aus Kaninchen und Vögeln, im Winter jagt der Rotluchs auch größere Säugetiere, z. B. Hirsche.
Größe: Körperlänge 65–110 cm, Gewicht 4–15,5 kg.
Verbreitung: Südkanada, USA und Mexiko. In Wüsten, mit Buschwerk bewachsenen Gebieten, Mischwäldern und Nadelwäldern.
Anmerkung: Da die Tiere gelegentlich von Menschen gejagt werden, sind sie im Ohiotal, im oberen Mississippital sowie im Gebiet der großen Seen nahezu ausgerottet.

Nordamerika

Punktzeichnung
Die Punkte auf dem Fell sind entweder überall oder nur auf der Unterseite deutlich erkennbar.

Ohren mit kleinen Haarbüscheln

haarige Wangen

unterschiedlich dicht angeordnete Punkte

kurze schlanke Beine

kurzer schwarzer Schwanz

blassgelbes bis braunes Fell

Lebensweise solitär	Tragzeit 60–70 Tage	Wurfgröße 2–3	Ernährung

Familie FELIDAE	Art *Felis lynx*	Bestand weniger gefährdet*

Gemeiner Luchs

Die ursprünglich nur in Mischwäldern lebende Art wurde vom Menschen in die lichten Wälder und steinigen Berge verdrängt. Ihr außergewöhnlich dichtes Fell ist variabler gefärbt als das anderer Katzen. Es werden drei verschiedene Muster unterschieden: gestreift, gepunktet (s. Abbildung u.) oder einfarbig. Die Grundfärbung reicht von rötlich braun oder gelblich grau bis nahezu weiß. Die Körperunterseite ist normalerweise weiß gefärbt, an den Ohren sind auffällige schwarze Haarbüschel zu sehen und der Schwanz weist eine schwarze Spitze auf. Mit den großen, im Winter dicht behaarten Füßen kann sich das Tier gut auf Schnee fortbewegen. Im Sommer ist das Fell kürzer als im Winter und zeigt deutlichere Zeichnungen. Der Gemeine Luchs ist in der Lage, Beutetiere zu erlegen, die drei- bis viermal so groß sind wie er selbst. Er jagt hauptsächlich Paarhufer, wie Hirsche, Ziegen und Schafe. Sind diese selten, erbeutet er Pfeifhasen, Hasen, Nagetiere und Vögel.

Größe: Körperlänge 80–130 cm, Gewicht 8–38 kg.
Verbreitung: Nordeuropa bis Ostasien.
In Mischwäldern und Steppen.
Anmerkung: Der Gemeine Luchs kommt trotz aller erhaltenden Maßnahmen nach wie vor selten in Westeuropa vor, da er von Bauern gejagt und oft von Autos überfahren wird. Auch konnte festgestellt werden, dass männliche Jungtiere – vermutlich aufgrund genetischer Ursachen – nur eine geringe Überlebensrate aufweisen.

Eurasien

dichtes Fell

Hals und
Brustbereich
weiß

Iberischer Luchs

Diese Art ist etwa halb so groß wie der Gemeine Luchs; sie kommt in Südwesteuropa vor.

gelbgraues Fell

variables Punktmuster
auf dem Fell

schwarze Haarbüschel
auf den Ohren

große Augen

große Pfoten

weiße
Unterseite

relativ lange
Beine

Lebensweise solitär	Tragzeit 67–74 Tage	Wurfgröße 1–4	Ernährung

Familie FELIDAE	Art *Felis caracal*	Bestand weniger gefährdet*

Karakal

Diese Art wird auch Wüstenluchs genannt, da sie trockene, mit Gestrüpp bewachsene
Gegenden bewohnt. Das Fell weist in der Regel eine rötlich braune Färbung auf; Kinn,
Kehle und Bauch sind weiß, von den Augen bis zur Nase verläuft jeweils ein schwarzer
dünner Streifen. Die auffälligen spitzen Ohren sind an der Außenseite schwarz gefärbt
und mit langen schwarzen Haarbüscheln versehen. Die Art ist für ihre
Fähigkeit bekannt, bis zu 3 m hoch zu springen und fliegende Vögel
mit den Pfoten zu erschlagen. Das meist nachtaktive Tier klettert und
springt sehr gut und ist vermutlich die schnellste Katze dieser Größe.
Es pirscht sich an seine Beutetiere an und tötet sie nach einem kurzen
Sprint oder Sprung. Der Karakal lebt territorial und markiert seinen
Lebensraum mit Urin; Unterschlupf findet er in Stachelschwein-
höhlen, Felsspalten oder Dickichten. Obwohl er ein Einzelgänger
ist, bilden sich manchmal kleine Gruppen, bestehend aus
ausgewachsenen und jugendlichen Tieren.

Größe: Körperlänge 60–91 cm, Gewicht 6–19 kg.

Verbreitung: Afrika sowie West-, Mittel- und
Südasien. In bewaldeten Regionen,
Savannen und mit Buschwerk
bewachsenen Gebieten.

Afrika, Asien

lange Ohren mit
schwarzen
Haarbüscheln

Jagdfreund

Trotz seines wilden Aussehens kann der
Karakal leicht gezähmt werden und wird
daher in Indien und im Iran als Jagdgehilfe
eingesetzt.

langer schlanker
Körper

weißes Kinn

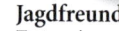

Lebensweise solitär	Tragzeit 69 – 81 Tage	Wurfgröße 1 – 6	Ernährung

Familie FELIDAE	Art *Felis aurata*	Bestand weniger gefährdet*

Afrikanische Goldkatze

Dieser eher unerforschte mittelgroße Bewohner des tropischen Regenwaldes variiert in seiner Fellfarbe von grau bis rötlich braun und kann schwach gepunktet oder einfarbig sein. Wangen, Kinn und Körperunterseite sind weiß gefärbt. Die Afrikanische Goldkatze besitzt lange Beine, einen kleinen Kopf und große Pfoten; das Männchen ist größer als das Weibchen. Das tag- und nachtaktive Tier lebt meist territorial und bevorzugt wassernahe Lebensräume. Es ernährt sich von Nagetieren, Wüstenschliefern, kleinen Antilopen und Vögeln.
Größe: Körperlänge 61–100 cm, Gewicht 5,5–16 kg.
Verbreitung: West- bis Zentralafrika. In Wäldern und in den Bergen.

aufrecht stehende Ohren

kleiner Kopf

rötlich braunes Fell

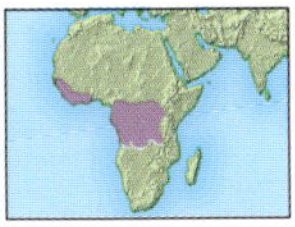

Afrika

Lebensweise solitär	Tragzeit unbekannt	Wurfgröße unbekannt	Ernährung

Familie FELIDAE	Art *Felis yagouaroundi*	Bestand weniger gefährdet

Wieselkatze

kleiner flacher Kopf

Diese Art besitzt eine spitze Schnauze, einen langen Körper und kurze Beine. Die Fellfarbe variiert von schwarz in Wäldern bis graubraun oder rot im trockenen Buschland. Im Gegensatz zu anderen Katzen jagt dieses Tier auch morgens und abends; es sucht meist auf dem Boden nach Beute.
Größe: Körperlänge 55–77 cm, Gewicht 4,5–9 kg.
Verbreitung: Süden der USA bis Südamerika. In Tieflandwäldern und Dickichten.
Anmerkung: Dieses Tier wird vom Menschen gejagt und ist zudem durch den Verlust seines Lebensraumes bedroht.

sehr langer dicker Schwanz

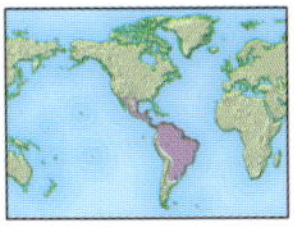

Nord-, Mittel- und Südamerika

Lebensweise solitär	Tragzeit 70–75 Tage	Wurfgröße 1–4	Ernährung

Familie FELIDAE	Art *Puma concolor*	Bestand weniger gefährdet

Puma

Diese sandfarbene Art ist auch unter den Namen Panther, Kuguar oder Silberlöwe bekannt. Sie weist etwa dieselbe Größe auf wie der Leopard (s. S. 290–291), wird jedoch von den Wissenschaftlern verwandtschaftlich eher den kleineren Katzen zugeordnet. Das Tier besitzt einen langen Körper, einen kleinen Kopf, ein kurzes Gesicht sowie kräftige und muskulöse Gliedmaßen; die Hinterbeine sind länger als die Vorderbeine. Die bevorzugten Beutetiere sind Hirsche, vor allem Maultierhirsche und Elche. Der Puma pirscht sich an die Beute an, springt ihr auf den Rücken oder packt sie nach einem kurzen Sprint. Anschließend wird der Kadaver an einen geschützten Ort gezogen und z. T. gefressen; die Überreste werden mit Blättern und Geröll zugedeckt und für einen späteren Zeitpunkt aufgehoben. Die sehr behänden Katzen können aus dem Stand 5,5 m hoch springen. Sie sind gute Schwimmer, meiden Wasser jedoch in der Regel. Außer in der kurzen Paarungszeit gehen die Einzelgänger einander aus dem Weg. Während der Aufzucht der Jungen bewohnen die Weibchen mit ihren Nachkommen einen festen Unterschlupf; vorübergehenden Schutz bieten die dichte Vegetation, Felsspalten oder Höhlen. Der Puma ist nicht wie andere Großkatzen in der Lage zu brüllen. Stattdessen kommunizieren die Tiere durch Knurren, Fauchen und vogelähnliche Rufe. Während der Paarungszeit werden auch menschenähnliche Schreie ausgestoßen.

Größe: Körperlänge 1,1–2 m, Gewicht 67–105 kg.

Verbreitung: Westliches und südliches Nordamerika sowie Mittel- und Südamerika. In verschiedenen Lebensräumen, die ausreichend Schutz und Nahrung bieten, z. B. in bergigen Nadelwäldern, tief gelegenen tropischen Wäldern, Sümpfen, Graslandschaften und mit trockenem Buschwerk bewachsenen Gebieten.

Anmerkung: Der erstaunlich anpassungsfähige Puma weist das größte Verbreitungsgebiet aller Säugetiere der westlichen Hemisphäre auf.

Nord-, Mittel- und Südamerika

einheitlich sandfarbenes Fell

aufrecht stehende große Ohren

Körper der Jungtiere gefleckt

muskulöse Hinterbeine zum Springen

Gepunktete Jungtiere

Pumajunge weisen, bis sie 6 Monate alt sind, Punkte auf dem Körper auf. Im Alter von 6 Wochen beginnen sie Fleisch zu fressen; wurden sie im Frühjahr geboren, gehen sie bereits im Herbst gemeinsam mit der Mutter und im Winter sogar selbstständig auf die Jagd. Danach bleiben sie trotzdem noch einige Monate beim Muttertier.

Lebensweise solitär	Tragzeit 90–96 Tage	Wurfgröße 1–6	Ernährung 

Kiefer und Zähne
sehr kräftig

Bedrohung
Seit der Kolonisation Amerikas wird der Puma
exzessiv gejagt. Außerdem wurde die Art durch
die Abholzung der Wälder zu landwirtschaftlichen Zwecken dezimiert.

blassgelbe Unterseite

abgerundete kleine
Ohren

auffallend
kleiner Kopf

großer Bauch

Vorderbeine kürzer
als Hinterbeine

sehr große Pfoten im
Vergleich zur
Körpergröße

Familie FELIDAE	Art *Neofelis nebulosa*	Bestand bedroht

Nebelparder

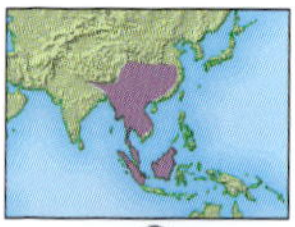

Der Name der kleinsten aller Großkatzen bezieht sich auf die verschwommenen, schwarz umrandeten dunklen Flecke auf dem lohfarbenen, grauen oder silberfarbenen Fell. Stirn und Beine sind gepunktet, der Schwanz weist Bänder auf.

Über diese Art ist bisher nur wenig bekannt, es wird jedoch vermutet, das sie vorwiegend auf Bäumen lebt, Gefahren vermeidet und sich Beutetieren von hohen Ästen aus nähert. Das Tier steigt mit dem Kopf voran die Bäume hinab oder bewegt sich an waagerechten Ästen hängend vorwärts.

Größe: Körperlänge 60–110 cm, Gewicht 16–23 kg.

Verbreitung: Süd-, Südost- und Ostasien. In den Bergen, Wäldern der tropischen und gemäßigten Zonen und Graslandschaften.

Anmerkung: Dieses Tier ist durch den Verlust seines Lebensraumes und durch die Jagd bedroht.

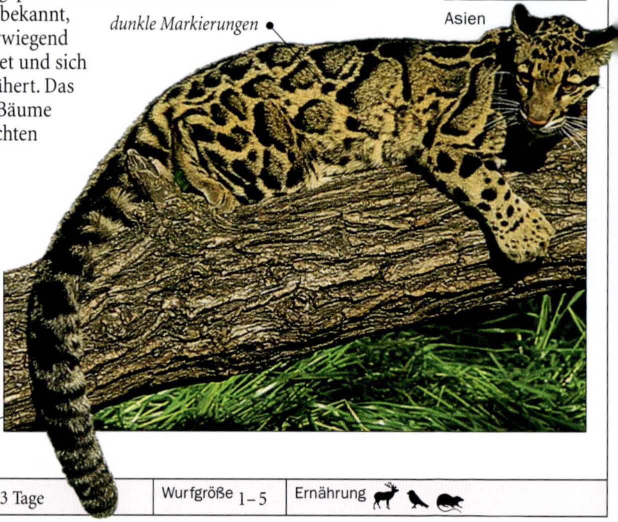

dunkle Markierungen

Asien

gebänderter Schwanz mit Flecken an der Wurzel

Lebensweise solitär	Tragzeit 93 Tage	Wurfgröße 1–5	Ernährung

Familie FELIDAE	Art *Uncia uncia*	Bestand gefährdet

Schneeleopard

Das große dunkle rosettenartige Muster auf hellgrauem oder cremeweißem und rauchgrauem Untergrund charakterisiert diese wollige Katze. Ebenso wie der Leopard (s. S. 290–291) ernährt sich das Tier von einer Vielzahl von Beutetieren. Häufig ist es tagsüber, vor allem früh am Morgen und am späten Nachmittag, aktiv. Der Schneeleopard hat sein Versteck in Höhlen oder Felsspalten.

Größe: Körperlänge 1–1,3 m, Gewicht 25–75 kg.

Verbreitung: Süd-, Mittel- und Ostasien. In den Bergen und auf alpinen Wiesen.

Anmerkung: Dieses Tier wird wegen seines Fells gejagt und ist durch den Mangel an Beutetieren und die Viehwirtschaft bedroht.

ausgefüllte Flecken am Hals

kleiner Kopf

großes rosettenartiges Muster am Körper

gebänderter Schwanz

weißer Bauch

Asien

Lebensweise solitär	Tragzeit 90–103 Tage	Wurfgröße 1–5	Ernährung

Familie FELIDAE	Art *Panthera onca*	Bestand weniger gefährdet

Jaguar

Die einzige in Amerika vorkommende Großkatze ähnelt im Aussehen dem Leoparden (s. S. 290–291), besitzt jedoch einen untersetzteren und kräftigeren Körper mit einem großen breiten Kopf und muskulösen Beinen. Ihr Fell ist mit rosettenartigen Zeichnungen versehen, deren Mitte dunkler gefärbt ist als das übrige Fell. Entlang der Wirbelsäule verläuft eine Reihe verlängerter Flecken, die zu einer durchgehenden Linie verschmelzen können. Häufig kommen auch sehr dunkel gefärbte Exemplare vor, bei denen die Flecken nur bei hellem Sonnenlicht schwach zu erkennen sind. Der Jaguar lebt in wasserreichen Lebensräumen, z. B. in Dauersümpfen und regelmäßig überfluteten Waldgebieten. Er ist ein ausgezeichneter Schwimmer und ernährt sich auch von im Wasser lebenden Beutetieren, wie Krokodilen. Hauptsächlich jagt er jedoch an Land; er pirscht sich an das Beutetier heran oder lauert ihm auf, um es anschließend an einen geschützten Ort zu ziehen und es in Ruhe zu fressen. Das solitär und territorial lebende Tier markiert sein Revier mit Urin und Kratzspuren an den Bäumen. Mit seinen Artgenossen kommuniziert es u. a. durch Brüllen, Grunzen und Miauen.

Größe: Körperlänge 1,1–1,9 m, Gewicht 36–160 kg.

Verbreitung: Nördliches bis mittleres Südamerika. In tropischen Wäldern, Savannen sowie in mit Buschwerk bewachsenen und feuchten Gebieten.

Anmerkung: Obwohl die Art heute unter Schutz steht, ist der Jaguar zunehmend gefährdet. Ursachen hierfür sind u. a. der Verlust seines Lebensraumes und die Jagd durch Rinderfarmer.

Mittel- und Südamerika

verlängerte Flecken entlang der Wirbelsäule

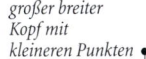

großer breiter Kopf mit kleineren Punkten

Rosettenartige Zeichnung

Das Fell des Jaguars variiert von hellgelb über rötlich gelb bis rotbraun. Schultern, Rücken und Flanken weisen schwarze Ringe oder rosettenartige Zeichnungen auf; Kopf, Nacken, Gliedmaßen und Unterseite sind schwarz gefleckt.

kompakter, kräftiger Körper

weiße oder blassgelbe Unterseite

kürzerer Schwanz als beim Leoparden

Lebensweise solitär	Tragzeit 93–105 Tage	Wurfgröße 1–4	Ernährung

Familie FELIDAE	Art *Panthera pardus*	Bestand weniger gefährdet

Leopard

Der über die verschiedensten Lebensräume hinweg verbreitete Leopard variiert sowohl in seinem Erscheinungsbild wie auch in der Wahl seiner Beutetiere. Die großen Katzen können in Wüstengegenden hellgelb, in Graslandschaften dagegen dunkelgelb gefärbt sein. Die Nahrung reicht von winzigen Lebewesen, z. B. Mistkäfern, bis hin zu Tieren, die wesentlich größer sind als sie selbst, etwa Antilopen. Ein großes Beutetier kann genügend Futter für 2 Wochen bieten, es wird jedoch in der Regel alle 3 Tage erlegt, meist von Weibchen, die gerade Junge aufziehen. Der Kopf des Leoparden weist kräftige Kiefer auf, mit deren Hilfe er seine Beute tötet und zerteilt. Mit seinen ungeheuer kräftigen Schultern und Vorderbeinen ist das Tier ein geschickter Kletterer. Häufig zieht es seine Beute die Bäume hinauf, um sie entweder sofort zu fressen oder zum späteren Verzehr zu verstecken. Oben auf den Ästen kann es nicht nur ungestört fressen, sondern schützt sein Futter auch vor Aasfressern, wie Hyänen oder Schakalen. Einzelne Leoparden verbleiben meist in einem bestimmten Territorium, das sie gegen andere verteidigen; das Revier eines Männchens kann jedoch das eines oder mehrerer Weibchen einschließen. Die Tiere sind Einzelgänger, doch soll es vorgekommen sein, dass Männchen nach der Paarung bei den Weibchen blieben und bei der Aufzucht der Jungen halfen. Der Leopard ist wesentlich angepasster an die Gegenwart des Menschen als der Tiger (s. S. 292–293) und jagt häufig nur wenige Kilometer von großen Städten entfernt. Bisher hat die Art trotz zahlreicher Bedrohungen gut überlebt.

Größe: Körperlänge 90–190 cm, Gewicht 37–90 kg.

Verbreitung: West-, Mittel-, Süd-, Ost- und Südostasien sowie Afrika. In Tieflandwäldern, Graslandschaften, strauchbewachsenen Gebieten, halbtrockenen Wüsten und den Bergen.

Anmerkung: Der als Raubtier verfolgte und wegen seines schönen Fells gejagte Leopard wird zudem durch den Verlust seines Lebensraumes und den Rückgang seiner Beutetiere bedroht.

Afrika, Asien

strohfarbenes oder gräulich blassgelbes bis ockerfarbenes und kastanienbraunes Fell

rosettenartige einheitlich dunkle Flecken auf den Flanken

geringelter Schwanz

Lebensweise solitär	Tragzeit 90–105 Tage	Wurfgröße 1–6	Ernährung

Flecken schwach sichtbar •

Baumleben
Der in der Regel nachtaktive Leopard erholt sich tagsüber auf den Ästen eines Baumes oder versteckt sich in dichter Vegetation. Große Bäume dienen weiblichen Tieren während der Aufzucht ihrer Nachkommen als Fluchtort bei Gefahr und als Versteck für die Nahrung.

Schwarzer Panther
Manche Exemplare weisen einen Überschuss an schwarzen Pigmenten in Haut und Fell auf (Melanismus); die Zeichnung ist noch undeutlich zu erkennen.

kleine schwarze Punkte auf dem Kopf

rosettenartige Flecken mit hellerer Mitte

kräftige Kiefermuskeln

kräftige Vorderbeine

weiße Unterseite

Familie FELIDAE	Art *Panthera tigris*	Bestand gefährdet

Tiger

Das größte Mitglied der Familie der Katzen ist mit seinem orangefarbenen Fell, den schwarzen Streifen und den weißen Markierungen sofort zu identifizieren. Seit den 50er-Jahren wurden drei der insgesamt acht Unterarten ausgerottet; die verbleibenden fünf gelten alle als gefährdet oder sogar als stark gefährdet. Größe, Fell, Farbe und Zeichnung variieren je nach Unterart. Einst waren die Tiere sehr weit im Westen – bis zur Osttürkei – verbreitet, heute existieren nur noch kleine, verstreute Populationen von Indien bis Vietnam sowie in Sibirien, China und auf Sumatra. Das Tier lebt in unterschiedlichen Lebensräumen – angefangen bei tropischen Wäldern bis hin zu kalten Steppen –, die jedoch alle durch schützende Dickichte, Zugang zum Wasser und genügend Beutetiere charakterisiert sind. Tiger benötigen ca. 40 kg Fleisch pro Mahlzeit und kehren zu einer großen Beute 3 bis 6 Tage lang immer wieder zurück. Sie ernähren sich vorwiegend von Hirschen und Schweinen, in einigen Regionen aber auch von Vieh, Affen, Vögeln, Reptilien und Fischen. Zwar sind die Tiere Einzelgänger, doch schließen sie sich auch in Gruppen zusammen, die aus einem Männchen – das sich abwechselnd erholt und Nahrung herbeischafft – und einem Weibchen mit seinen Jungen bestehen.

Asien

Der Bengal- oder Königstiger (Panthera tigris tigris; siehe Abbildung) ist die am häufigsten vorkommende Unterart; sie weist die klassische tieforange Färbung auf. Bauch, Wangen und Augenbereich sind weiß gefärbt, die schwarzen Streifen dienen der Tarnung im hohen Dschungelgras. Die übrigen noch existierenden Unterarten sind der Indochina-Tiger (P. t. corbetti), der China-Tiger (P. t. amoyensis), der Sumatra-Tiger (P. t. sumatrae) und der Sibirische Tiger (P. t. altaica).

Größe: Körperlänge 1,4–2,8 m, Gewicht 100–300 kg.

Verbreitung: Süd- bis Ostasien. In tropischen, immergrünen Wäldern, Mangrovensümpfen, Graslandschaften, Savannen und bergigen Regionen.

Anmerkung: Obwohl er in den meisten Gegenden gesetzlich geschützt ist, wird der Tiger nach wie vor wegen seines Fells und einiger Körperteile gejagt. Heute existieren mehrere Schutzprojekte, die die Tigerpopulationen überwachen und beschützen.

deutlich sichtbare schwarze Streifen

langer geringelter Schwanz

Lebensweise solitär	Tragzeit 93–111 Tage	Wurfgröße 1–6	Ernährung

Sibirischer Tiger

Die größte lebende Katze, der Sibirische Tiger (Panthera tigris altaica), kommt in Sibirien und der Mandschurei vor. Ihr Fell – das hellste aller Tiger – ist lang und dicht und schützt das Tier so gegen die Kälte. Heute existieren nur noch 150 bis 200 Exemplare der stark gefährdeten Art.

große abgerundete Ohren

relativ großer Kopf

weißer Bereich rund um die Augen

lange empfindliche Barthaare

cremeweißer oder weißer Hals

Sumatra-Tiger

Diese Art (Panthera tigris sumatrae) gilt als stark gefährdet. Ihre Zahl sank seit den 70er-Jahren von 1000 auf ca. 400 Exemplare in der freien Natur und 194 in Gefangenschaft.

scharfe, einziehbare Krallen

Familie FELIDAE	Art *Panthera leo*	Bestand bedroht

Löwe

Im Gegensatz zu allen anderen Großkatzen lebt diese Art im Familien-verband. Zwischen verwandten Weibchen und ihren Jungen werden soziale Bindungen aufrecht erhalten; diese Gruppen werden Rudel ge-nannt und bleiben über mehrere Generationen bestehen. Zwei bis drei nicht verwandte oder vier bis fünf verwandte männliche Tiere bilden einen lockeren Zusammenschluss und verteidigen ein großes Gebiet gegenüber anderen Männchengruppen. Sie paaren sich über einen Zeitraum von 2 bis 3 Jahren mit den Weibchen des Rudels, das dieses Gebiet besetzt, bis sie von anderen Männchen vertrieben werden. Bei der Jagd schleicht sich der Löwe langsam an, kriecht abwechselnd vor-wärts und verharrt und nutzt dabei die vorhandene Deckung best-möglich aus. Rudelmitglieder jagen gelegentlich gemeinsam; dabei wird das Beutetier, z. B. ein Zebra, Gnu, Impala oder Büffel, einge-kreist. Mit einem Rudel zusammenlebende Männchen lassen die Weibchen jagen, fressen aber zuerst. Die Fellfarbe variiert von sandfarben und silbriggrau bis gelblich rot und dunkelockerfarben. Anhand der signifikanten Mähne ist das Löwenmännchen sofort zu erkennen.
Größe: Körperlänge 1,7–2,5 m, Gewicht 150–250 kg.
Verbreitung: Afrika und Südasien. In grasbewachsenen Ebenen, Savannen, lichten Wäldern und Buschwerk.
Anmerkung: Der Löwe ist durch die Expansion des Menschen und dessen Jagdaktivitäten ernsthaft gefährdet. In Asien kommt das Tier nur noch im Gir-Nationalpark in Nordwestindien vor.

relativ
großer
Kopf

Afrika, Asien

Löwenjunge

Die Löwenjungen werden manchmal schon mit geöffneten Augen geboren. Sie folgen ihrer Mutter im Alter von 3 Monaten und beteiligen sich mit ca. 11 Monaten an den Jagdausflügen. Die weiblichen Tiere scheinen alle zeit-gleich zu gebären; sie säugen ihre Jungen gegenseitig.

Weibchen ohne
Mähne

gelbe, braune oder rötlich
braune Mähne, die mit
zunehmendem Alter
dunkler wird

einheitlich
ockerfarbenes
Fell

Lebensweise gesellig	Tragzeit 110–119 Tage	Wurfgröße 1–6	Ernährung

Familie FELIDAE	Art *Acinonyx jubatus*	Bestand bedroht

Gepard

Das schnellste landlebende Tier kann für eine Dauer von 10 bis 12 Sekunden eine Geschwindigkeit von über 100 km/h erreichen – dann beginnt es sich zu überhitzen. Kann es die Beute – die hauptsächlich aus kleinen und mittelgroßen Huftieren besteht – in diesem Zeitraum nicht einholen, entkommt sie der Verfolgung. Überholt der Gepard jedoch sein Opfer, rennt er es aufgrund seiner hohen Geschwindigkeit um, packt es an der Kehle und erwürgt es. Ein Weibchen, das Junge aufzieht, kann jeden Tag ein Tier erbeuten, während alleinstehende, ausgewachsene Geparde nur alle zwei bis fünf Tage jagen. Diese Art ist geselliger als die meisten anderen Großkatzen. Die Jungtiere verlassen ihre Mütter im Alter von 13 bis 20 Monaten, können jedoch noch lange Zeit danach mit ihren Geschwistern zusammenbleiben; Brüder leben manchmal über Jahre hinweg zusammen. Die Tiere besitzen einen schlanken Körper, lange Beine und einen abgerundeten Kopf mit deutlich erkennbaren schwarzen Längsstreifen im Gesicht. Das Fell ist meist gelblich gefärbt und zeigt kleine schwarze Punkte. Die in Wüsten lebenden Geparde sind heller und weisen kleinere Punkte auf; der in Südostafrika vorkommende Königsgepard besitzt die größten Punkte.
Größe: Körperlänge 1,1–1,5 m, Gewicht 21–72 kg.
Verbreitung: Afrika und Westasien. In Graslandschaften und strauchbewachsenen Gebieten.
Anmerkung: Der Gepard scheint auf von Menschen verursachte Veränderungen seiner Umwelt empfindlicher zu reagieren als andere Großkatzen.

Afrika, Asien

deutliche schwarze Gesichtsstreifen

kleine Flecke auf dem Fell

Jagen
Im Gegensatz zu anderen Katzen – die sich anschleichen und dann auf ihr Opfer stürzen – hetzt der Gepard das Beutetier aus einer Entfernung von 70 bis 100 m.

schwarz geringelter Schwanz

loh- bis ockerfarbenes oder gräulich weißes Fell

sehr lange Beine

blassgelbe bis weiße Unterseite

Lebensweise solitär/paarweise	Tragzeit 90–95 Tage	Wurfgröße 1–8	Ernährung

Robben und Seelöwen

D ie Ordnung Pinnipedia (übersetzt Flossen-
füßer) wird z. T. als eine Unterordnung der
Raubtiere betrachtet. Sie beinhaltet drei Familien –
Seehunde (Phocidae), Seelöwen und Ohrenrobben
(Otariidae) sowie Walrosse (Odobenidae) – mit
insgesamt 34 Arten.

Fast alle Tiere zeigen eine spitz zulaufende
Schnauze, einen kurzen Hals, der in einen weichen
Körper übergeht, und vier flossenähnliche Gliedmaßen. Seehunde besitzen keine externen Ohrmuscheln und ihre Hinterflossen weisen nach
hinten. An Land bewegen sie sich windend und
krümmend vorwärts. Die Familie der Seelöwen
weist sichtbare Ohrmuscheln auf und die Hinterflossen sind drehbar, um das Watscheln an Land zu
unterstützen. Das Walross ist nahezu haarlos und
hat lange Stoßzähne.

Die Pinnepeden sind flinke und bewegliche
Unterwasserjäger, die sich während der jährlichen
Paarungszeit an Land oder auf treibende Eisschollen zurückziehen. Seehund- und Seelöwenarten
kommen in allen Meeren der Welt vor, während
das Walross nur in arktischen Regionen heimisch
ist.

Familie OTARIIDAE	Art *Zalophus californianus*	Bestand bedroht*

Kalifornischer Seelöwe

Nur selten entfernt sich dieses Tier von der Küste; auf der Suche nach Schutz und
Nahrung schwimmt es häufig in Hafenbecken oder Flussmündungen. Die Männchen besitzen einen spitzen Kopf und sind dunkelbraun gefärbt, Weibchen und
Jungtiere sind einheitlich cremeweiß. Die Seelöwen ernähren sich hauptsächlich
von Schwarmfischen, die sie während ihrer zweiminütigen Tauchgänge in einer
Tiefe von bis zu 75 m fangen. Während der Fortpflanzungszeit (Mai bis Juli)
kämpfen die Männchen um kleine Territorien am Strand und in wassergefüllten
Felsenbecken. Nach 2 Wochen begeben sie sich jedoch auf Nahrungssuche und
müssen nach ihrer Rückkehr erneut um ein Revier kämpfen.
Größe: Körperlänge bis zu 2,4 m, Gewicht 275–390 kg.
Verbreitung: USA (Kalifornien) und Galapagosinseln. Entlang den Küsten.

Nordamerika,
Galapagosinseln

*hundeähnliche
Schnauze mit
Barthaaren* •

paddelähnliche Brustflossen •   • *behaarter schlanker Körper*

Lebensweise variabel	Tragzeit 11 Monate	Wurfgröße 1	Ernährung 🐟

| Familie OTARIIDAE | Art *Arctocephalus pusillus* | Bestand stellenweise häufig |

Südlicher Cap-Seebär

Es werden zwei Unterarten unterschieden; die vor Südafrika zu findende Unterart zeigt eine dunklere graubraune Färbung und taucht zweimal so tief wie die an der australischen Küste lebenden Tiere. Die Männchen kämpfen um ein Territorium, bevor die Weibchen zur Paarung an Land gehen, und diese müssen ebenfalls ein Gebiet zur Aufzucht der Jungen besetzen. Die Jungtiere spielen in so genannten Kindergärten miteinander, während die Mütter für mehrere Tage zum Fressen ins Meer schwimmen.
Größe: Körperlänge 1,8–2,3 m, Gewicht 200–360 kg.
Verbreitung: Südafrika, Südostaustralien, Tasmanien und Inseln der Bass-Straße. Im offenen Meer und entlang den Küsten.
Anmerkung: In Namibia ist es erlaubt, eine bestimmte Anzahl dieser Tiere für kommerzielle Zwecke zu erlegen, während die Jagd in Australien seit 1975 verboten ist.

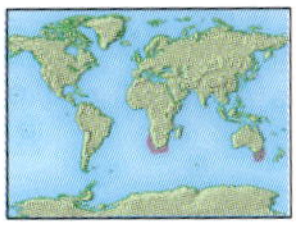

Afrika, Australien

hervorstehende Ohrmuscheln

leicht nach oben gebogene spitze Schnauze

Flossen zum Watscheln

weiches, glänzendes Fell

| Lebensweise variabel | Tragzeit 11,75 Monate | Wurfgröße 1 | Ernährung |

| Familie OTARIIDAE | Art *Phocarctos hookeri* | Bestand bedroht |

Aucklandseelöwe

Die Männchen weisen eine dunkelbraune Körperfärbung, ein silbrig graues Hinterteil und eine Schultermähne auf. Die Weibchen und die jugendlichen Tiere sind auf der Oberseite silbrig oder bräunlich grau, auf der Unterseite gelblich cremeweiß. Die Jagdgebiete können bis zu 150 km von der Küste entfernt im offenen Meer liegen. Um sich zwischen Klippen und Bäumen zu erholen, watscheln die Tiere ca. 1 km landeinwärts. Die Gelegenheitsfresser und ausgezeichneten Taucher ernähren sich von Fischen, Tintenfischen, Krebstieren, Pinguinen und Seehundjungen. An Land bilden sie dichte Brutkolonien, im Wasser sind sie jedoch Einzelgänger.
Größe: Körperlänge 2–3,3 m, Gewicht 300–450 kg.
Verbreitung: Inseln südlich von Neuseeland. Im offenen Meer und entlang den Küsten.
Anmerkung: Die heute in allen Verbreitungsgebieten geschützte Art wurde lange Zeit wegen ihres Fleisches, der Haut und des Öls gejagt.

Ohrläppchen

Neuseeland

breite Schnauze

| Lebensweise variabel | Tragzeit 11,75 Monate | Wurfgröße 1 | Ernährung |

Familie OTARIIDAE	Art *Otaria byronia*	Bestand bedroht*

Südamerikanischer Seebär

Typisch für diesen Seelöwen sind der große schwere Kopf, die dicken Schultern und die Brustmähne der Männchen. Er besitzt braunes Fell, das zur Bauchseite hin heller oder gelblicher wird. Hals und Brust sind verdickt, die Schnauze ist verbreitert und nach oben gerichtet. Da diese Tiere keine Wanderungen vornehmen, nutzen sie ihre Brutplätze das ganze Jahr über zum Ausruhen. Das Muttertier lockt ihr Junges schon im Alter von ein bis 2 Monaten ins Wasser.

Größe: Körperlänge 2,3–2,8 m, Gewicht 300–350 kg.
Verbreitung: West-, Süd- und Ostamerika sowie Falklandinseln. Entlang den Küsten, am Kontinentalsockel, in tiefen Gewässern, Flüssen und um Gletscher.

breite nach oben gerichtete Schnauze

dunkelbrauner, pelziger Kopf

schwere Mähne beim Männchen

paddelähnliche Gliedmaßen

dunkelbraune Oberseite

Südamerika

Lebensweise variabel	Tragzeit 11,75 Monate	Wurfgröße 1	Ernährung

Familie OTARIIDAE	Art *Callorhinus ursinus*	Bestand bedroht

Bärenrobbe

Die Männchen dieser Art sind graubraun, die Weibchen und Jungtiere weisen eine silbergraue Oberseite, einen rotbraunen Bauch und einen gräulich weißen Brustfleck auf. Die Vorderflossen sind lang, das Fell wirkt am Gelenk wie gestutzt. Die Hinterflossen sind gelenkig, sodass die Tiere sich an Land laufend fortbewegen können. Außer den Seehunden der San-Miguel-Insel wandern die meisten Populationen umher; die ausgewachsenen Männchen schwimmen im August in Richtung Süden und bleiben 9 bis 10 Monate im Jahr im offenen Meer. Die Weibchen folgen mit den Jungtieren im November.

Größe: Körperlänge bis zu 2,1 m, Gewicht 180–270 kg.

Verbreitung: Nordpazifik (Bering-Meer bis Kalifornien). In subarktischen Meereszonen und Küstengewässern.

lange Barthaare an kurzer spitzer Schnauze

grauer, behaarter Körper

Nordpazifik

Lebensweise variabel	Tragzeit 11,75 Monate	Wurfgröße 1	Ernährung

Familie ODOBENIDAE	Art *Odobenus rosmarus*	Bestand bedroht*

Atlantisches Walross

Das große sperrige Walross besitzt eine stumpfe, mit vielen Barthaaren versehene Schnauze, von der aus sich der Körper bald verbreitert, um zum Schwanz hin wiederum spitz zuzulaufen; der Schwanz ist von vielen Falten umgeben. Die raue, faltige Haut ist grau bis zimtfarben. Die Vorderflossen ähneln denen der Seelöwen,

Arktis

während die Hinterflossen an die der Seehunde erinnern. Das männliche Walross ist etwa doppelt so groß wie das Weibchen und besitzt zu langen Stoßzähnen umgebildete Eckzähne. Die Tiere tauchen mehr als 100 m tief und bleiben bis zu 25 Minuten unter Wasser. Auf der Suche nach Beute durchwühlen sie mit der Schnauze den Meeresboden, wobei sie Wasser aus dem Maul ausstoßen, dann saugen sie die Nahrung auf; diese wird mit sensorischen Nerven in Barthaaren und Schnauze lokalisiert. Walrosse bilden an Land Gemeinschaften von bis zu 100 Tieren, die sich im Wasser in kleinere Gruppen von zehn Individuen aufteilen. Während der Zeit der Paarung und Jungenaufzucht besetzt das Männchen im Wasser ein kleines Territorium rund um das auf einer Eisscholle treibende Weibchen und verteidigt es mithilfe seiner Stoßzähne. Walrosse wandern im April und Mai in wärmere Gewässer.
Größe: Körperlänge 3–3,6 m, Gewicht 1,2–2 t.
Verbreitung: Rund um den nördlichen Polarkreis. In flachen Gewässern am Kontinentalsockel und entlang den Küsten.

Gemeinsames Sonnenbad
Die Haut der Walrosse ist zwischen den Fellhaaren zu sehen. Beim Sonnenbaden nimmt sie eine rote Färbung an, da die Blutgefäße sich erweitern.

dicke, faltige Haut ●

spitz zulaufender ● Rumpf

Eckzähne sind beim Männchen zu Stoßzähnen umgebildet ●

● kleiner Kopf

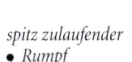

Lebensweise gesellig	Tragzeit 15 Monate	Wurfgröße 1	Ernährung 🐜 🐚 🐦

Familie PHOCIDAE	Art *Monachus monachus*	Bestand stark gefährdet

Mittelmeer-Mönchsrobbe

Diese sehr seltene Art besitzt ein dunkelbraunes Fell, das an eine Mönchskutte erinnert – daher der Name. Das Tier weist einen kleinen Kopf und einen robusten Körper auf. Da es seine Hinterflossen nicht drehen kann, ist es nicht in der Lage, sich an Land laufend fortzubewegen. Die außerhalb des Wassers am wenigsten gesellige Robbe ist in weit verteilten kleinen Gruppen zu finden, die aus Müttern und Jungtieren bestehen. Die Tiere ernähren sich von Fischen, wie Sardinen, Thunfischen, Aalen und Meeräschen, sowie von Hummern und Kraken.

Mittelmeer, Schwarzes Meer, Atlantik

Größe: Körperlänge 2,4–2,8 m, Gewicht 250–400 kg.
Verbreitung: Mittelmeer, Schwarzes Meer und Atlantik (nordwestlich von Afrika). Entlang den Küsten.

zusammenge-drückte
• *robuster Körper* *Schnauze* •

Anmerkung: Diese Robbe sucht Schutz in Höhlen. Einstürzende Höhlen, Überfischung, Umweltverschmutzung und virale Infektionen stellen ernsthafte Gefahren für die Existenz der Art dar.

Hinterflossen eingekerbt •

Lebensweise variabel	Tragzeit 11 Monate	Wurfgröße 1	Ernährung

Familie PHOCIDAE	Art *Lobodon carcinophagus*	Bestand häufig

Krabbenesser

Diese Art besitzt einen langen Körper und ein silbergraues bis gelbbraunes Fell mit unregelmäßigen dunkleren Punkten und Ringen. Der kleine Kopf läuft zur Schnauze hin spitz zu und ist mit nur kurzen, unauffälligen Barthaaren versehen. Dieser typische Vertreter der Seehunde weist keine Ohrmuscheln auf und kann an Land nicht laufen. Der Name

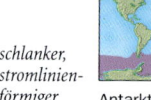

schlanker, stromlinienförmiger
• *Körper*

Antarktis, Subantarktis

des Tieres ist irreführend, da es sich vorwiegend von Krill ernährt. Zur Nahrungssuche taucht es ca. 5 Minuten lang bis zu einer Tiefe von 40 m.
Größe: Körperlänge 2,2–2,6 m, Gewicht 220 kg.
Verbreitung: Antarktis. Im offenen Meer und entlang den Küsten.
Anmerkung: Der Krabbenesser gehört zu den am häufigsten vorkommenden Arten; er ist ein schneller Schwimmer.

relativ kleiner Kopf mit spitzer Schnauze •

Lebensweise variabel	Tragzeit 11 Monate	Wurfgröße 1	Ernährung

Familie PHOCIDAE	Art *Hydrurga leptonyx*	Bestand stellenweise häufig

Seeleopard

Das Fell dieses Tieres ist silberfarben bis dunkelgrau gefärbt und weist variable Punkte auf. Es besitzt einen länglichen Körper, einen massiven, reptilienähnlichen Kopf, dem die Stirn fehlt, sowie einen tief sitzenden breiten Unterkiefer; Körper und Flossen sind mit Fell versehen. Ungewöhnlicherweise benutzt das Tier beim Schwimmen die mit Krallen besetzten Vorderflossen. Dank seiner großen Eckzähne kann er auch kleinere Seehunde, Pinguine und andere Vögel fressen.

Größe: Körperlänge 2,5–3,2 m, Gewicht 200–455 kg.
Verbreitung: Antarktis. In polaren und subpolaren Meereszonen, auf Packeis und Inseln.
Anmerkung: Der Seeleopard ist der größte der vier antarktischen Robbenarten.

Antarktis, Subantarktis

silbergraues Fell mit variablen Punkten

massiver Kopf

paddelähnliche Hinterflossen, die beim Schwimmen nicht benutzt werden

helle Bauchseite

breiter, tief sitzender Unterkiefer

Lebensweise solitär	Tragzeit 11 Monate	Wurfgröße 1	Ernährung

Familie PHOCIDAE	Art *Leptonychotes weddelli*	Bestand stellenweise häufig

Weddell-Robbe

Diese gedrungene Art besitzt eine stumpfe Schnauze mit wenigen kurzen Barthaaren, eng sitzende Augen und eine nach oben weisende Schnauzenlinie; Kopf und Flossen sind klein. Das Fell ist auf dem Rücken silbrig dunkelgrau, auf der Bauchseite naturweiß gefärbt. Der gesamte Körper ist mit dunklen und hellen Flecken versehen. Das Tier kann bis zu einer Tiefe von 500 m tauchen und bis zu einer Stunde unter Wasser bleiben. Mit den modifizierten Schneidezähnen schneidet dieser Seehund Luftlöcher in die Eisdecke. Er wandert nicht, sondern zieht mit den Eisschollen über das Meer.

Größe: Körperlänge 2,5–2,9 m, Gewicht 400–600 kg.
Verbreitung: Rund um den südlichen Polarkreis. Im offenen Meer und entlang den Küsten.
Anmerkung: Die Art ist benannt nach dem Robbenfänger James Weddell, der 1820 über eine Begegnung mit diesem Seehund schrieb. Heute ist das Tier vor der kommerziellen Jagd geschützt.

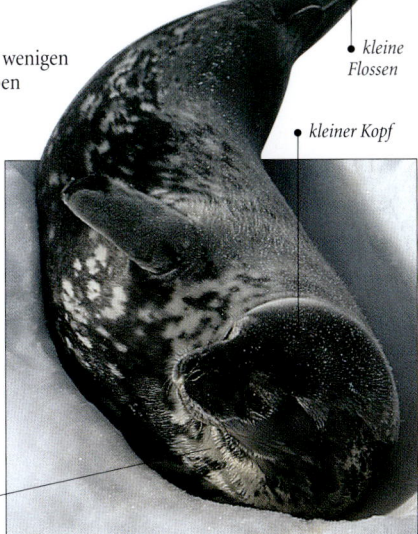

kleine Flossen

kleiner Kopf

unterschiedliche Flecken auf dem Fell

Antarktis

Lebensweise variabel	Tragzeit 10,25 Monate	Wurfgröße 1	Ernährung

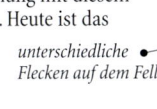

Familie PHOCIDAE	Art *Mirounga leonina*	Bestand stellenweise häufig

Südlicher Seeelefant

Charakteristisch für den männlichen Seeelefanten ist die aufblasbare, rüsselähnliche Nase – daher der Name der Art. Beide Geschlechter weisen ein silbrig hell- bis dunkelgraues Fell auf; Kopf, Schnauze, Kiefer und Hals sind breit. Die männlichen Tiere sind vier- bis fünfmal so schwer wie die Weibchen. Während der zweimonatigen Paarungszeit finden Rivalenkämpfe statt, bei denen sich die Männchen auf ihre Hinterteile erheben, laut brüllen und ihre Nasen aufblasen. Darauf folgt ein Stoßen und Schlagen, das nur wenige Sekunden oder aber eine halbe Stunde andauern kann; meist bleiben an den Tieren Kampfspuren zurück. Der Sieger besitzt einen Harem, der aus 20 bis 40, gelegentlich auch aus 100 Kühen besteht. Außerhalb der Paarungs- und Haarwechselzeit halten sich die Tiere 10 Monate im Jahr jagend im Wasser auf, wobei sie riesige Gebiete durchschwimmen. Sie tauchen sowohl tagsüber wie auch nachts; jeder Tauchgang dauert 20 bis 22 Minuten. Der Seeelefant verbringt 90 Prozent seiner Lebenszeit unter Wasser.
Größe: Körperlänge 4,2–6 m, Gewicht 2,2–5 t.
Verbreitung: Antarktis. Nördlich des Treibeises und rund um die subantarktischen Inseln.
Anmerkung: Der männliche Seeelefant ist das größte Tier der Ordnung Pinnipedia.

Weibliche Gesichtszüge
Der weibliche Seeelefant besitzt eine fleischige, stumpfe Nase. Er säugt das Junge 19 bis 23 Tage; während dieser Zeit verlässt er den Strand nicht und verliert ca. 35 Prozent seines Körpergewichts.

rüsselähnliche Nase beim Männchen, die während der Balz aufgeblasen wird

einheitlich grauer Körper

Antarktis

Kopf und Hals breit

Lebensweise variabel	Tragzeit 11,25 Monate	Wurfgröße 1	Ernährung

| Familie PHOCIDAE | Art *Ommatophoca rossii* | Bestand bedroht |

Ross-Robbe

Diese Art besitzt von allen Seehunden das kürzeste Fell. Das Tier ist dunkelgrau bis kastanienbraun gefärbt und weist breite dunkle Bänder auf. Es besitzt eine auffallende stumpfe Schnauze, einen breiten Kopf und lange Hinterflossen. Weniger gesellig als andere Seehunde ist die Ross-Robbe entweder allein oder als Mutter-Kind-Paar zu finden. Der kleinste der Antarktischen Seehunde ist zugleich der seltenste.
Größe: Körperlänge 1,7–3 m, Gewicht 130–215 kg.
Verbreitung: Antarktis (vor allem Rossmeer). Im offenen Meer und entlang den Küsten.

glattes kurzes Haar

dunkelgraues bis kastanienbraunes Fell

Antarktis

| Lebensweise solitär | Tragzeit 11 Monate | Wurfgröße 1 | Ernährung |

| Familie PHOCIDAE | Art *Cystophora cristata* | Bestand stellenweise häufig |

Klappenmütze

Dieser Seehund besitzt eine fleischige Schnauze, die über den Oberkiefer hinausragt. Das Männchen schüchtert Rivalen ein, indem es seine Nase auf die doppelte Kopfgröße und eine Membran im linken Nasenloch wie einen roten Luftballon aufbläst.
Größe: Körperlänge 2,5–2,7 m, Gewicht 300–410 kg.
Verbreitung: Nordatlantik bis Arktis. Im offenen Meer und auf Packeis.
Anmerkung: Das Jungtier wird bereits nach 4 oder 5 Tagen entwöhnt – früher als jedes andere Säugetier.

unterschiedliche Flecken auf dem Fell

Nordatlantik, Arktis

kurze angewinkelte Flossen

| Lebensweise variabel | Tragzeit 11,5 Monate | Wurfgröße 1 | Ernährung |

| Familie PHOCIDAE | Art *Halichoerus grypus* | Bestand häufig |

Kegelrobbe

Es existieren drei Populationen; die im Nordwestatlantik vorkommenden Tiere sind schwerer als die übrigen und ziehen ihre Jungen von Dezember bis Februar auf. Die im Nordostatlantik heimische Population widmet sich von Juli bis Dezember der Jungen-aufzucht, die im Baltischen Meer lebenden Kegelrobben von Februar bis April. Das Männchen ist grau-braun, das Weibchen hellgrau.
Größe: Körperlänge 2–2,5 m, Gewicht 170–310 kg.
Verbreitung: Nordatlantik und Baltisches Meer. Im offenen Meer und entlang den Küsten.

fleckiges graubraunes Fell beim Männchen

Nordatlantik, Baltisches Meer

behaarte Flossen

breite Vorderflossen

| Lebensweise variabel | Tragzeit 11,25 Monate | Wurfgröße 1 | Ernährung |

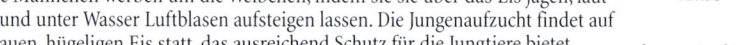

Familie PHOCIDAE	Art *Pagophilus groenlandicus*	Bestand häufig

Sattelrobbe

Diese Art besitzt einen breiten Kopf mit eng beieinander stehenden Augen, kräftige schwarze Krallen und ein silbrig weißes Fell; der Rücken weist dunkle Ringe auf, die eine harfenartige Form ergeben. Das Tier ernährt sich von Schollen, Kapelanen, Heringen und anderen Fischen. Es zieht in laut lärmenden Gruppen um das Packeis. Die Männchen werben um die Weibchen, indem sie sie über das Eis jagen, laut rufen und unter Wasser Luftblasen aufsteigen lassen. Die Jungenaufzucht findet auf dem rauen, hügeligen Eis statt, das ausreichend Schutz für die Jungtiere bietet.
Größe: Körperlänge 1,7 m, Gewicht 130 kg.
Verbreitung: Nordatlantik bis Arktis. Im offenen Meer und entlang den Küsten.
Anmerkung: Lange Zeit wurden die Sattelrobben wegen ihres Fells und ihres Öls gejagt. Seit 1987 sind sie in Kanada geschützt.

Nordatlantik, Arktis

schwarze Markierungen auf dem Körper

langer abgeflachter Kopf

kleine Hinterflossen

silbrig weißes Fell

behaarte Vorderflossen

Lebensweise variabel	Tragzeit 11,5 Monate	Wurfgröße 1	Ernährung

Familie PHOCIDAE	Art *Phoca sibirica*	Bestand weniger gefährdet

Sibirische Ringelrobbe

bräunlich grauer Körper

dunkle Flecken im Augenbereich

Die einzige im Süßwasser lebende Art ist kleiner als die meisten anderen Seehunde; in den meisten Merkmalen ähnelt sie ihren im Meer heimischen Verwandten. Das Fell ist bräunlich dunkelgrau und geht an den Flanken in eine gelblich graue Färbung über. Die Sibirische Ringelrobbe besitzt große kräftige Vorderflossen, die mit Krallen versehen sind. Sie lebt meist solitär. Die Weibchen paaren sich über Jahre hinweg mit den gleichen Männchen; die Befruchtung findet im Wasser statt. Das einzige Junge verliert sein wolliges weißes Fell nach 6 bis 8 Wochen und nimmt die Färbung der Eltern an. Die Tiere haben eine Lebenserwartung von 50 bis 55 Jahren, somit leben sie länger als die anderen Arten. Im Sommer verteilen sie sich gleichmäßig über den Baikalsee, im Winter ziehen sie in den nördlichen Teil des Sees und verbleiben dort bis zum Beginn der Fortpflanzungszeit im Frühjahr.
Größe: Körperlänge 1,2–1,4 m, Gewicht 89–90 kg.
Verbreitung: Russland (Baikalsee und zufließende Ströme). Im Süßwasser.
Anmerkung: Das Tier wird bereits seit prähistorischen Zeiten gejagt; noch immer sind sein Fleisch und sein Fell sehr begehrt.

Asien

kräftige Vorderflossen und Krallen

Lebensweise solitär	Tragzeit 9,5 Monate	Wurfgröße 1	Ernährung

Familie PHOCIDAE	Art *Phoca vitulina*	Bestand häufig

Seehund

Der am weitesten verbreitete Flossenfüßer besitzt einen plumpen Körper und einen kleinen katzenähnlichen Kopf mit einem leichten Stirnansatz; die Nasenlöcher sind V-förmig angeordnet. Die Fellfarbe reicht von hell- bis dunkelgrau oder braun, der gesamte Körper ist mit Flecken versehen. Die Paarungszeit der Tiere variiert je nach Verbreitungsgebiet. Die Jungen können schon innerhalb einer Stunde nach der Geburt kriechen und schwimmen. Es werden mindestens fünf Unterarten des Seehunds unterschieden; eine von ihnen, der Ungava-Seehund, lebt im Süßwasser in Nord-Quebec in Kanada.

Größe: Körperlänge 1,4–1,9 m, Gewicht 55–170 kg.
Verbreitung: Nordpazifik und Nordatlantik (polare bis gemäßigte Zonen). In Seen, Flüssen und entlang den Küsten.
Anmerkung: Die Seehunde ernähren sich von Fischarten, die auch kommerziell gefangen werden, daher verfangen sie sich häufig in Fischernetzen und sterben. In einigen Ländern ist die Jagd auf die Tiere zum Schutz der Fischfarmen erlaubt.

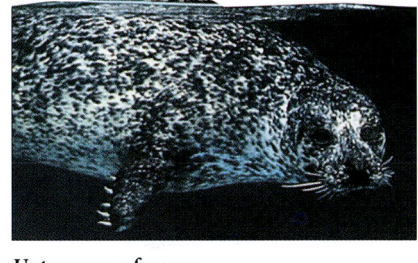

Unterwasserfresser
Der Seehund frisst in der Nähe des Ufers und taucht dazu 3 bis 5 Minuten bis zu 100 m tief. Er ist ein Gelegenheitsjäger, der sich u. a. von Heringen, Seehechten und Krustentieren ernährt.

weit hinten am Kopf sitzende große Augen

kurze Flossen

auffallende Barthaare

deutlich sichtbare Punkte, Ringe und Flecken auf dem Körper

hell- bis dunkelgraues Fell

Nordpazifik, Nordatlantik

dünne gebogene Krallen an den Flossen

Lebensweise variabel	Tragzeit 11,75 Monate	Wurfgröße 1	Ernährung

Elefanten

V iele Jahre lang herrschte die Meinung vor, dass die Familie Elephantidae der Ordnung Proboscidea nur zwei Pflanzen fressende Arten, den Afrikanischen und den Asiatischen (Indischen) Elefanten, umfasst. Heute wird die Ansicht vertreten, dass der Afrikanische Waldelefant, der in dicht bewaldeten Gegenden West- und Zentralafrikas vorkommt, eine eigene Art darstellt und nicht zu den Afrikanischen Elefanten zu rechnen ist. Dieser bewohnt vom Osten bis zum Süden den Busch, Savannen und lichte Wälder.

Alle Arten können anhand ihrer Größe, der dicken und nahezu unbehaarten Haut, dem gewaltigen Kopf mit den großen Ohrmuscheln, dem langen beweglichen Rüssel, dem sperrigen Körper und den vier säulenartigen Beinen erkannt werden. Die oberen Eckzähne wachsen langsam zu Stoßzähnen heran; bei ausgewachsenen weiblichen Asiatischen Elefanten schauen sie selten aus dem Maul hervor. Elefanten leben in Familienverbänden, die von einem älteren Weibchen, der Leitkuh, angeführt werden.

Familie ELEPHANTIDAE	Art *Elephas maximus*	Bestand gefährdet

Asiatischer Elefant

Im Gegensatz zum Afrikanischen Elefanten (s. S. 308–309) weist diese Art kleine Ohren und einen greiffingerähnlichen Fortsatz an der Rüsselspitze auf. Die Stoßzähne sind beim Männchen relativ klein und können bei einigen Bullen gänzlich fehlen. Weibchen besitzen gar keine oder nur sehr kleine, außerhalb des Mauls nicht sichtbare Stoßzähne. Elefanten lokalisieren, wählen und ergreifen das Futter mit der Rüsselspitze, Stoßzähne und Vorderbeine helfen dabei, die Nahrung zum Maul zu führen. Junge Elefanten lernen die verschiedenen zur Nahrungsbeschaffung nötigen Techniken durch Imitation und Übung. Die hochintelligenten Tiere leben in komplexen matriarchalischen Gesellschaften, die aus Müttern mit ihren Jungtieren und jungen Weibchen bestehen; alle Tiere stehen in enger Beziehung zueinander. Junge Bullen ziehen in Junggesellengruppen umher. Das dominante Männchen paart sich mit den Weibchen einer Herde.

bogenförmiger Rücken

Größe: Körperlänge bis zu 3,5 m, Gewicht 2–5 t.

Verbreitung: Süd- und Südostasien. In Wäldern in Wassernähe.

Anmerkung: Der Verlust des Lebensraums und die Beeinträchtigung traditioneller Herdenrouten durch den Menschen wirkt sich ungünstig auf die Elefantenpopulation aus.

Halb domestiziert

Obwohl der Asiatische Elefant seit Jahrhunderten eng mit dem Menschen zusammenlebt, ließ er sich niemals vollständig domestizieren. Bis vor kurzem wurde jede neue Generation von Arbeitselefanten in der Wildnis gefangen.

Schwanzspitze dunkel behaart

Lebensweise gesellig	Tragzeit bis zu 22 Monate	Wurfgröße 1	Ernährung

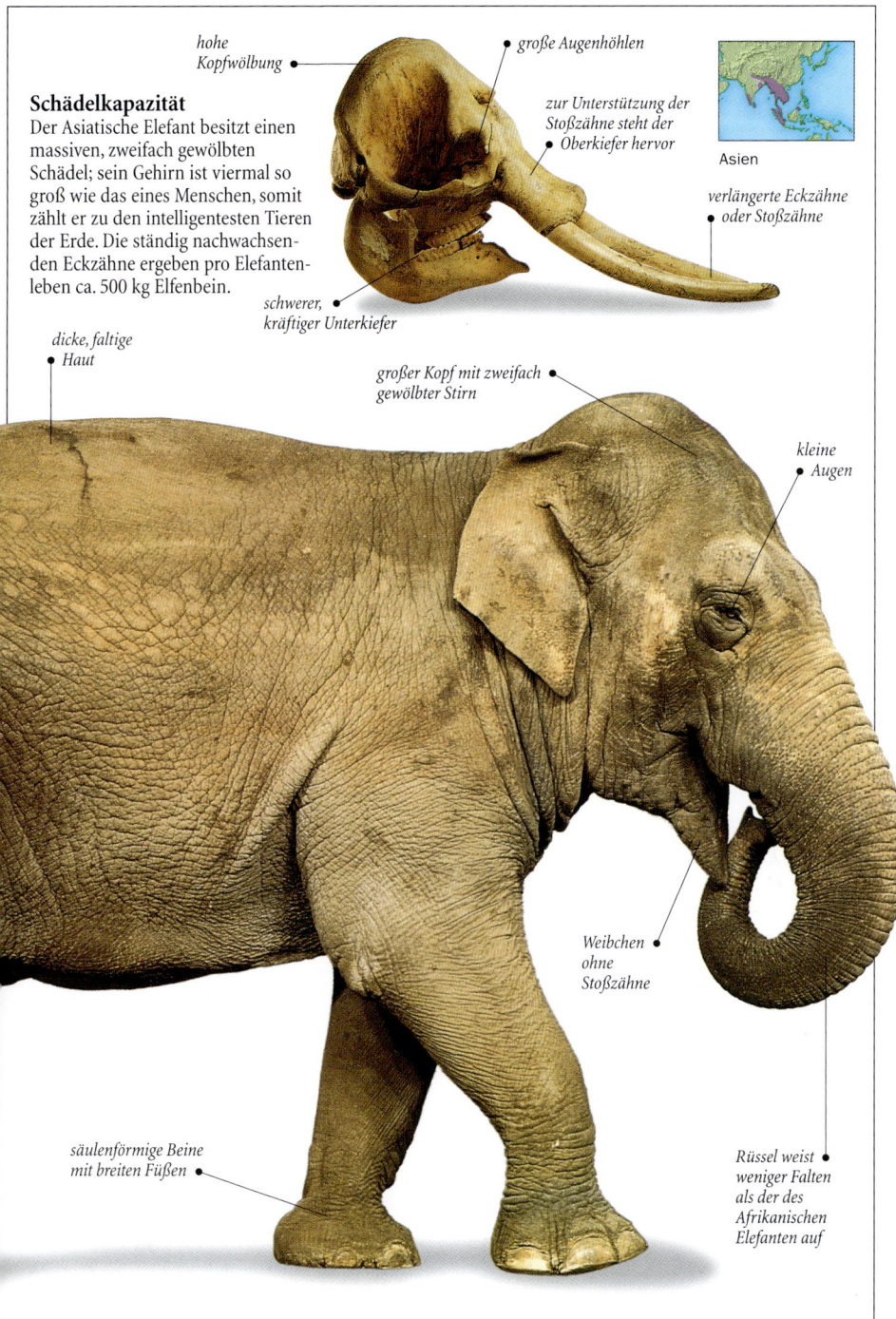

hohe
Kopfwölbung

große Augenhöhlen

zur Unterstützung der
Stoßzähne steht der
Oberkiefer hervor

Asien

verlängerte Eckzähne
oder Stoßzähne

Schädelkapazität

Der Asiatische Elefant besitzt einen
massiven, zweifach gewölbten
Schädel; sein Gehirn ist viermal so
groß wie das eines Menschen, somit
zählt er zu den intelligentesten Tieren
der Erde. Die ständig nachwachsenden Eckzähne ergeben pro Elefanten-
leben ca. 500 kg Elfenbein.

schwerer,
kräftiger Unterkiefer

dicke, faltige
Haut

großer Kopf mit zweifach
gewölbter Stirn

kleine
Augen

Weibchen
ohne
Stoßzähne

säulenförmige Beine
mit breiten Füßen

Rüssel weist
weniger Falten
als der des
Afrikanischen
Elefanten auf

Familie ELEPHANTIDAE	Art *Loxodonta africana*	Bestand gefährdet

Afrikanischer Elefant

Das größte an Land lebende Säugetier, auch Busch- oder Savannenelefant genannt, lebt in einer Vielzahl von Lebensräumen, von Wüsten bis hin zu Hochlandregenwäldern. Seine auffälligen großen Ohren sind wesentlich größer als die des Asiatischen Elefanten (s. S. 306–307), außerdem besitzen beide Geschlechter dieser Art große, nach vorn gerichtete Stoßzähne. Diese werden manchmal zum Lockern mineral-stoffhaltiger Erde verwendet, die als Nahrungsergänzung dient. Der Elefantenbulle kann etwa doppelt so schwer werden wie das Weibchen, auch besitzt er dickere Stoßzähne. Die Tiere fressen ca. 20 Stunden am Tag und nehmen dabei bis zu 5 Prozent ihres Körpergewichts in Form von pflanzlichem Material zu sich. Sie suchen täglich eine Wasserstelle auf, um zu trinken, zu baden oder sich im Schlamm zu wälzen. Da sich ihre Futtersuche über große Gebiete erstreckt, kann eine vor-beiziehende Elefantenherde – vor allem während der Trockenzeit – das Öko-system schwer beeinträchtigen. Eben-so wie sein asiatischer Verwandter lebt der Afrikanische Elefant in einer matriarchalischen Gesellschaft.

Größe: Körperlänge 4–5 m, Gewicht 4–7 t.

Verbreitung: Afrika (südlich der Sahara). In Grasland-schaften, Wüsten, Feucht-gebieten und tropischen Wäldern in Wassernähe.

Anmerkung: Afrikanische Elefanten – vor allem die männ-lichen Tiere – werden wegen ihrer aus Elfenbein bestehenden Stoß-zähne viel gejagt.

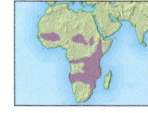

Afrika

große Ohren (die größten aller existierenden Lebewesen)

großer Körper mit faltiger, schwärzlicher Haut

Lebensweise gesellig	Tragzeit bis zu 22 Monate	Wurfgröße 1	Ernährung

Gefährdete Jungtiere
Zum Schutz vor großen Fressfeinden, z. B. Löwen, bleiben die
Jungtiere während der ersten 3 bis
4 Lebensjahre bei der Mutter. Auch andere
weibliche Herdenmitglieder (eine ältere Schwester
oder Cousine) schützen die Jungen vor Gefahr.

*große Ohren, die zur Herab-
setzung der Körpertemperatur
ständig bewegt werden*

*nach oben
gebogene große
Stoßzähne*

*dicke Beine mit
flachsohligen Füßen*

*Rüssel wird
aus modifizierter
Nase und Ober-
lippe gebildet*

**Afrikanischer
Waldelefant**
Früher galten diese Tiere als eine Unterart des Afrikanischen Elefanten. Der
kleinere und leichtere Afrikanische
Waldelefant (Loxodonta cyclotis) kommt
in der dichten Regenwaldvegetation vor
und wird seit kurzem als eine eigene Art
betrachtet.

Kletterschliefer

Z war ähneln Kletterschliefer in Körpergröße und -form den kleinohrigen Kaninchen, doch besagen Anatomie- und Genanalysen, dass sie viel näher mit den primitiven Huftieren verwandt sind. Die acht Arten der Ordnung Hyracoidea kommen in Afrika und im Mittleren Osten vor.

Einige Arten leben allein oder in kleinen Gruppen auf Bäumen, andere bevorzugen felsige Gegenden und sind eher gesellig. Die Tiere fressen, wenn sich die Gelegenheit dazu bietet; ihre Nahrung variiert je nach Jahreszeit und Pflanzenangebot. Ihre Kletterfähigkeit wird durch Sekrete aus Drüsen an den Fußsohlen unterstützt, mit deren Hilfe sie auch auf glatten Oberflächen Halt finden. Im Gegensatz zu anderen Säugetieren können Kletterschliefer ihre Körpertemperatur nur mangelhaft regulieren. Häufig können sie dabei beobachtet werden, wie sie sich in der Sonne aufwärmen und im Schatten abkühlen.

Familie PROCAVIIDAE	Art *Procavia capensis*	Bestand stellenweise häufig

Felsenschliefer

Der Felsenschliefer besitzt einen gedrungenen Körper mit kurzem, dichtem grauem oder graubraunem Fell auf dem Rücken und einer helleren Bauchseite. 4 bis 40 Tiere – ein dominantes männliches Leittier, andere männliche Tiere, Weibchen und Jungtiere – bilden eine Kolonie. Felsenschliefer sind in zahlreichen Lebensräumen zu finden, bevorzugen jedoch felsige Gegenden und Klippen, in denen sie mit Gras gepolsterte Nester bauen.

Größe: Körperlänge 30–58 cm, Schwanzlänge 20–31 cm.
Verbreitung: Süd- und Ostafrika sowie Westasien. In Graslandschaften, Wüsten, Wäldern und den Bergen.

Afrika, Asien

abgerundete kleine Ohren
graues oder graubraunes Fell
hellere Unterseite

Lebensweise kolonial	Tragzeit 7–8 Monate	Wurfgröße 1–6	Ernährung

Familie PROCAVIIDAE	Art *Dendrohyrax arboreus*	Bestand bedroht

Steppenwald-Baumschliefer

Diese Art weist eine graue bis graubraune Körperoberseite, einen blassgelben Bauch und einen gelblichen Fleck auf dem Rumpf auf. Kopf, Beine und Schwanz sind im Vergleich zum gedrungenen Körper relativ klein. Die Tiere leben auf Bäumen, Kletterpflanzen und im Gebüsch. Sie bauen ihre Nester in Baumhöhlen und kommen nur sehr selten zum Fressen auf den Boden.

Größe: Körperlänge 40–70 cm, Schwanzlänge 1–3 cm.
Verbreitung: Ost- und Südafrika. In tropischen Wäldern und den Bergen.

Afrika

abgerundete kleine Ohren
graues bis graubraunes Fell

Lebensweise variabel	Tragzeit 7–8 Monate	Wurfgröße 1–3	Ernährung

Erdferkel

Das Erdferkel stellt die einzige Art seiner Ordnung dar. Aufgrund früherer anatomischer Studien wurden die Tiere lange Zeit als enge Verwandte der Huftiere, z. B. der Elefanten, betrachtet. Aufgrund neuer genetischer Untersuchungen wird diese Meinung jedoch angezweifelt.

Da die Tiere – die sich ausschließlich von Ameisen und Termiten ernähren – eine nur begrenzte Sehfähigkeit aufweisen, jagen sie mithilfe ihres Geruchsinns. Sie besitzen kräftige Gliedmaßen mit langen, geraden schaufelähnlichen Krallen zum schnellen Graben. Die Vorderfüße tragen vier, die Hinterfüße fünf Zehen. Die Zähne der Erdferkel sind einzigartig; die Tiere besitzen zwanzig vordere und hintere Backenzähne, die sie jedoch nur selten benutzen, da die meisten Beutetiere im Ganzen verschluckt werden. Den Zähnen fehlt der übliche Zahnschmelz, stattdessen sind sie mit Zahnzement, einer knochenartigen Substanz, überzogen. Das Dentin im Inneren des Zahnes zeigt zahlreiche zylindrische Aushöhlungen – daher der Ordnungsname Tubulidentata (Röhrenzahn).

Familie ORYCTEROPODIDAE	Art *Orycteropus afer*	Bestand unbestätigt

Erdferkel

Dieses nachtaktive Tier, auch Ameisenbär oder Ameisenschwein genannt, gilt unter den Säugetieren als einer der kräftigsten Graber. Es gräbt bis zu 10 m lange Höhlen rund um sein 2 bis 5 Quadratkilometer großes Territorium. Das Erdferkel ernährt sich meist von Ameisen – vor allem im Sommer, wenn sie zahlreich vorhanden sind –, frisst jedoch auch Termiten. Ungewöhnlicherweise zerkaut es eine bestimmte Ameisenart mit den Backenzähnen, während andere Arten und Termiten im Ganzen verschluckt und im muskulösen Magen zermalmt werden. Das Tier besitzt einen auffällig gewölbten Rücken; Schnauze, Ohren und Schwanz laufen spitz zu. Dichter Haarbewuchs rund um die Nasenlöcher verhindert das Eindringen von Staub beim Graben nach Nahrung.
Größe: Körperlänge 1,6 m, Schwanzlänge 55 cm.
Verbreitung: Afrika (südlich der Sahara). In lichten Wäldern und Graslandschaften.

Afrika

ungewöhnlich gewölbter Rücken

auffallend lange röhrenförmige, spitz zulaufende Ohren

langer dicker, spitz zulaufender Schwanz

Lebensweise solitär	Tragzeit 243 Tage	Wurfgröße 1	Ernährung

Sirenen

D ie drei Manatiarten und der Dugong bilden die Ordnung Sirenia. Aufgrund ihrer voluminösen Körper, den langsamen Bewegungen und ihrem Lebensraum werden die Tiere auch Seekühe genannt.

Ungeachtet ihrer äußerlichen Ähnlichkeit mit den Seehunden stellen die Sirenen die einzigen ausschließlich pflanzenfressenden im Meer lebenden Säugetiere dar (sie kommen aber auch in Flüssen und Lagunen vor). Die Tiere besitzen eine sehr dicke Haut, paddelähnliche Vorderextremitäten, einen abgeflachten Schwanz, kleine Augen und eine fleischige, abgerundete Schnauze mit einer beweglichen Oberlippe, mit der sie die Nahrung – Seegräser und andere Wasserpflanzen – abrupfen. Die drei Manatiarten leben rund um die Westindischen Inseln, in der Amazonasregion und in Westafrika, während der Dugong ausschließlich im Indischen Ozean vorkommt.

Die langsame und friedfertige Lebensweise der Sirenen macht sie zu einer sehr leichten Beute für den Menschen. Mit einer Gesamtpopulation von ca. 130 000 Tieren ist diese Ordnung die kleinste unter den Säugetieren.

Familie DUGONGIDAE	Art *Dugong dugon*	Bestand bedroht

Dugong

Dieses Tier weist einen grauen bis graubraunen torpedoförmigen Körper und einen halbmondförmigen Schwanz auf; die Vorderfüße haben sich zu Flossen entwickelt, der Schwanz stellt das Antriebsorgan dar. Dank der dicken, schweren Knochen besitzt der Dugong das nötige Gewicht zum Tauchen. Je nach Gezeiten und Nahrungsangebot bewegt er sich täglich zwischen küstennahen und küstenfernen Inseln. In manchen Gegenden macht das in der Regel nachtaktive Tier längere jahreszeitlich bedingte Wanderungen von einigen hundert Kilometern; es folgt dem Seegras- und Algenwachstum und vermeidet Kaltwasserströmungen. Gejagt wird es von Schwertwalen, Haien und Salzwasserkrokodilen. Die Tiere einer Gruppe können sich zusammenschließen, um größere Fressfeinde zu vertreiben.
Größe: Körperlänge 2,5–4 m, Gewicht 250–900 kg.
Verbreitung: Ostafrika, West-, Süd- und Südostasien, Australien sowie Pazifische Inseln. An flachen tropischen Küsten.
Anmerkung: Die Art wird wegen ihres Fleisches, Öls, Leders sowie ihrer Zähne und Knochen gejagt.

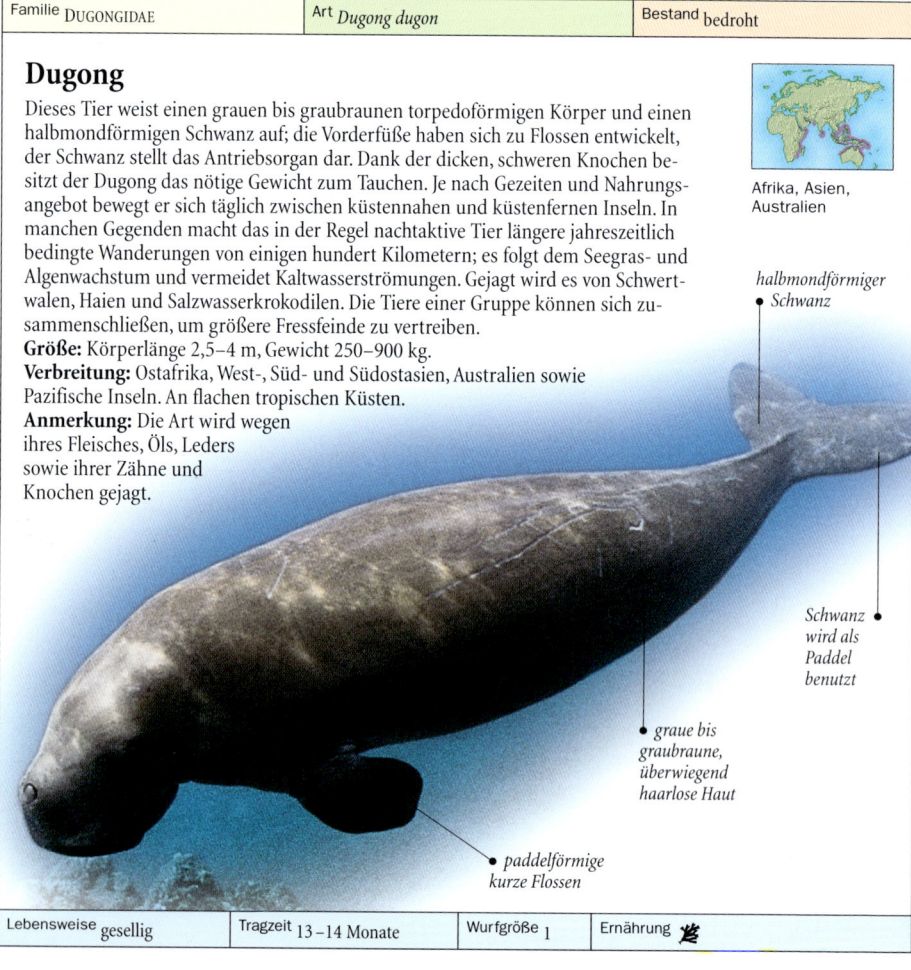

Afrika, Asien, Australien

halbmondförmiger Schwanz

Schwanz wird als Paddel benutzt

graue bis graubraune, überwiegend haarlose Haut

paddelförmige kurze Flossen

Lebensweise gesellig	Tragzeit 13–14 Monate	Wurfgröße 1	Ernährung

Familie TRICHECHIDAE	Art *Trichechus manatus*	Bestand bedroht

Nagelmanati

Der wahrscheinlich bekannteste Manati (die anderen beiden Arten sind
der Amazonische Manati und der Westafrikanische Manati) besitzt graubraune Haut, die auf der Körperunterseite heller gefärbt ist und mit Algen
bewachsen sein kann. Ebenso wie die anderen Sirenen weisen diese Tiere
kleine Augen auf, die äußeren Ohrmuscheln fehlen. 2 bis 20 Nagelmanatis
leben zusammen in offenen Verbänden, die entlang flacher
Küstenlinien im Süß- und Salzwasser weit verbreitet sind und
in denen einzelne Individuen kommen und gehen. Während
des Winters oder in Gegenden mit großem Nahrungsangebot
können die Gruppen in warmen Gewässern auf bis zu 100 Tiere
anwachsen. Die Tiere kommunizieren meist auf taktiler Ebene,
z. B. berühren und liebkosen sie sich. Zur Stärkung der Bindung
zwischen Mutter und Kalb und bei Gefahr geben sie schrille
Schreie und Pfiffe von sich. Auditive und taktile Signale werden
auch während der Paarbildungszeremonie benutzt, wenn einige
Männchen um ein einzelnes Weibchen buhlen. Nur die Mutter
sorgt für das Kalb – vermutlich mithilfe älterer Jungtiere und
weiblicher Verwandten.

Größe: Körperlänge 2,5–4,5 m, Gewicht 200–600 kg.
Verbreitung: Südosten der USA bis Nordöstliches Südamerika.
An flachen tropischen Küsten, Flussmündungen und
Süßwasserquellen.
Anmerkung: Obwohl die Art gesetzlich geschützt ist, wird
sie durch Jagd, Zerstörung des Lebensraums und
Umweltverschmutzung bedroht.

Nord-, Mittel- und
Südamerika

Fressen

Der Nagelmanati frisst an flachen Küsten,
von der Wasseroberfläche bis hin zu einer
Tiefe von 4 m. Der tägliche Nahrungsbedarf liegt bei einem Viertel des Körpergewichts.

*löffelförmiger, abge-
flachter Schwanz* •

• *graue bis bräunlich
graue raue Haut*

• *paddelförmige
Gliedmaßen*

• *großer stumpfer Kopf*

Lebensweise variabel	Tragzeit 12–13 Monate	Wurfgröße 1	Ernährung 🌿

Pferde

N eben den domestizierten und wilden Pferden beinhaltet diese Gruppe auch Zebras und Esel, wie Onager und Kiang. Es gehören insgesamt zehn verschiedene Arten zur Familie der Pferde (Equidae), die wiederum einen Teil der Ordnung Perissodactyla (Unpaarhufer) darstellt.

Pferde gehören zu den „Minimalisten" dieser Ordnung, da sie an jedem Fuß nur einen Zeh besitzen, der mit einer harten, verhornten Kappe bedeckt ist. Der Kopf ist groß und weist zum Fressen von Gräsern und anderen Pflanzen lange Kiefer und eine Vielzahl von Zähnen auf. Hals und Körper sind lang und kraftvoll, mit den relativ langen schlanken Beinen können die Tiere schnell und ausdauernd Verfolgern entkommen. Die meisten Pferdeartigen leben in Familienverbänden oder größeren Herden in offenen Lebensräumen, wie Graslandschaften und trockenen Gestrüppgebieten, über Afrika und Asien verteilt. Verschiedene Arten wurden in Gefangenschaft sowohl weiter- wie auch untereinander gezüchtet und dann überall auf der Erde eingeführt.

Familie EQUIDAE	Art *Equus ferus przewalskii*	Bestand in der freien Natur ausgerottet

Przewalskipferd

Dieses Pferd – auch unter dem Namen Mongolisches Wildpferd oder Tarpan bekannt – ist kräftig gebaut und besitzt einen dicken Hals, einen großen Kopf und kurze Beine. Das graubraune Fell ist im Sommer kurz und wird zum Winter hin länger und heller. Ebenso wie andere wilde Pferde leben die Tiere in Herden, die über große Distanzen ziehen. Eine Gruppe besteht aus einer älteren Stute, die die Tiere anführt, zwei bis vier weiteren Stuten und deren Fohlen sowie einem am Rand der Herde lebenden Hengst.
Größe: Körperlänge 2,2–2,6 m, Gewicht 200–300 kg.
Verbreitung: Ursprünglich in Zentralasien und der Mongolei beheimatet, seit 1968 nicht mehr in der freien Natur vorgekommen. In Steppen und Graslandschaften.
Anmerkung: Diese Pferde existieren nur noch in Zoos, Nationalparks und Naturschutzgebieten. Man versucht, in der Mongolei wieder eine Population zu etablieren.

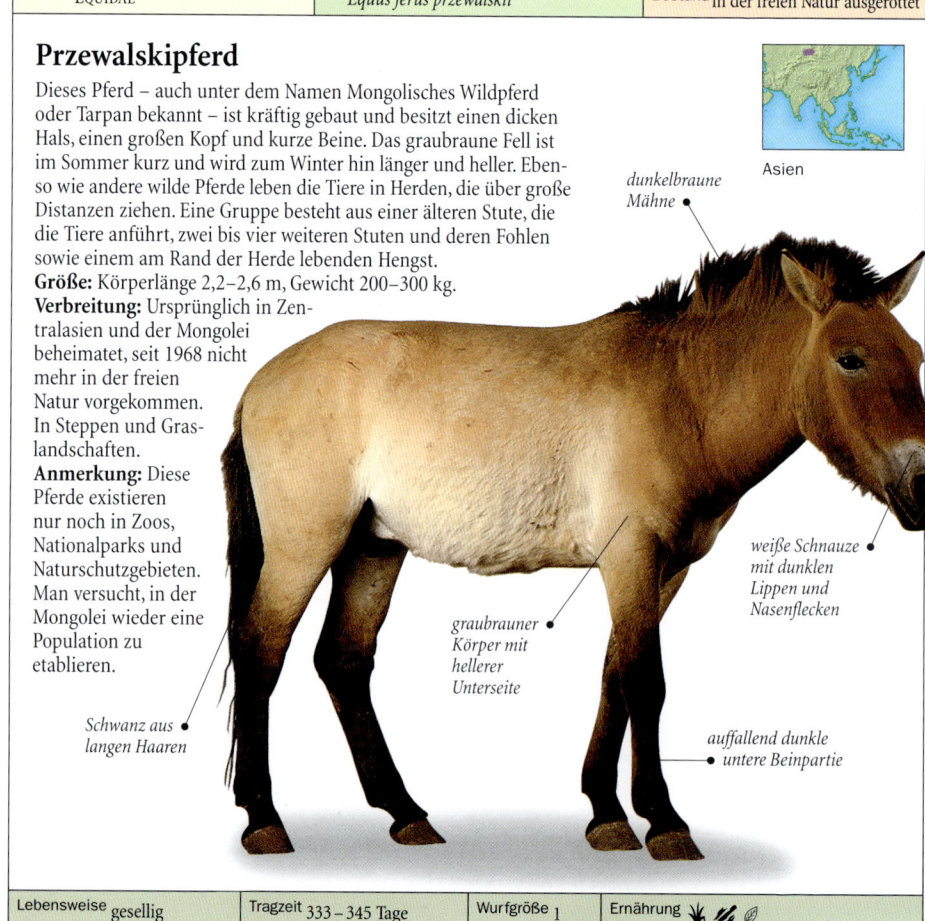

Asien

dunkelbraune Mähne

weiße Schnauze mit dunklen Lippen und Nasenflecken

graubrauner Körper mit hellerer Unterseite

Schwanz aus langen Haaren

auffallend dunkle untere Beinpartie

Lebensweise gesellig	Tragzeit 333 – 345 Tage	Wurfgröße 1	Ernährung

Familie EQUIDAE	Art *Equus africanus*	Bestand stark gefährdet

Afrikanischer Wildesel

Diese Art ist grau gefärbt und besitzt variable Bänder an den Beinen.
Im Sommer ist das Fell gräulich blassgelb gefärbt, im Winter eisen-
grau. Der Wildesel überlebt in felsigen Wüsten, in denen die Bo-
dentemperatur 50° C übersteigt. An die äußeren Gegebenheiten
seines Lebensraums ist er gut angepasst; die schmalen Hufe verleihen ihm eher Standfestigkeit als Schnelligkeit und erleichtern das
Klettern auf felsigem Untergrund. Das Tier frisst nahezu
alle Pflanzen, angefangen bei Gräsern bis hin zu dornigen
Akazien. Es kann einige Tage ohne Wasser überleben.
Größe: Körperlänge 2–2,3 m, Gewicht 200–230 kg.
Verbreitung: Ostafrika. In Wüsten.

Afrika

*kurze dünne Mähne,
z. T. aufrecht stehend*

*weiße
Unterseite*

*variable Bänder
an den Beinen*

Lebensweise gesellig	Tragzeit 360–370 Tage	Wurfgröße 1	Ernährung

Familie EQUIDAE	Art *Equus hemionus*	Bestand bedroht

Onager

Der Onager, auch Asiatischer Wildesel genannt, besitzt ein
gräulich braunes, graues oder gelbliches Fell und weist
entlang dem Rücken einen weiß umrandeten dunklen
Streifen auf. Dank der verlängerten Unterschenkel kann
das Tier schnell über große Distanzen rennen. Stuten und
Jungtiere bilden eine umherziehende offene Herde, wäh-
rend sich jugendliche Hengste einer Junggesellengruppe
anschließen.
Größe: Körperlänge 2–2,5 m,
Gewicht 200–260 kg.
Verbreitung: West-, Mittel- und
Südasien. In steinigen Wüsten.

Asien

*graubraunes bis
graues Fell*

*schlanker
Kopf mit
dunkler
Mähne*

lange Beine

Lebensweise gesellig	Tragzeit 11–12 Monate	Wurfgröße 1	Ernährung

Familie EQUIDAE	Art *Equus burchelli*	Bestand weniger gefährdet*

Burchell-Zebra

Dieses Tier – auch als Gemeines Zebra bekannt – wird durch
sein gestreiftes Muster charakterisiert; zwischen den größeren
Streifen können auch schwache schattenhafte Linien zu sehen
sein. Diese Zebras bilden stabile soziale Gruppen, die aus einem
Hengst, seinem Harem sowie etlichen Nachkommen bestehen. Sie
sind zusammen mit anderen Arten, wie den Grevy-Zebras, Gnus,
Rappen- und Kuhantilopen, zu finden.
Größe: Körperlänge 2,2–2,5 m,
Gewicht 175–385 kg.
Verbreitung: Ost- bis
Südafrika. In Savannen,
lichten Wäldern und
Graslandschaften.

Afrika

*Streifen können bis zu
den Hufen reichen*

*schwarze breite
Streifen an Rücken
und Bauch*

Lebensweise gesellig	Tragzeit 360–396 Tage	Wurfgröße 1	Ernährung

Familie EQUIDAE	Art *Equus grevyi*	Bestand gefährdet

Grevy-Zebra

Das größte Zebra stellt auch das größte Wildpferd dar. Es besitzt eine schwarz-weiße, aufrecht stehende Mähne; das Körpermuster besteht aus sehr schmalen, dicht beieinander liegenden schwarzen und weißen Streifen, die deutlich sichtbar bis zu den Hufen hinunter verlaufen. Bauch und Schwanzwurzel sind weiß gefärbt. Dem auffällig gemusterten Fell werden einige besondere Funktionen zugesprochen; es könnte z. B. der Wiedererkennung der einzelnen Herdenmitglieder dienen, die Körpertemperatur regulieren oder Verwirrung bei Fressfeinden verursachen. Die Zebras besitzen große behaarte Ohren, der Schwanz ist am Ende mit einem Büschel langer Haare versehen. Das männliche Tier ist etwas größer als das weibliche und besitzt größere Eckzähne. Um die Jungenaufzucht kümmert sich nur das Weibchen; es durchstreift allein oder mit dem Fohlen und einem älteren Jungtier den Lebensraum. Gelegentlich muss das Weibchen das Junge allein lassen, um nach Wasser zu suchen – in dieser Zeit ist das Jungtier stark gefährdet. Die Grevy-Zebras bilden lockere kleine Verbände um zu grasen, oft in Gemeinschaft mit Burchell-Zebras. Sie kommunizieren mithilfe verschiedener Laute, z. B. Grunzlaute, die von pfiffähnlichen Schreien unterbrochen werden, und unterschiedlicher Körperhaltungen. Werden sie von großen Raubtieren, wie Löwen oder Hyänen, gejagt, fliehen sie; wenn sie eingekreist sind, treten sie um sich oder beißen.

Größe: Körperlänge 2,5–3 m, Schwanzlänge 38–60 cm.
Verbreitung: Südäthiopien, Somalia, Südsudan und Nordkenia.
In Wüsten und offenem grasbewachsenem Gelände.

Afrika

schwarze
Nase

auffälliges schwarzweißes
Muster am Körper

Büschel aus längerem
Haar am Schwanzende

im Unterschied zum
Burchell-Zebra weißer
Bauch

Einfache Nahrung

Zum Abfressen der aus festen, faserigen Gräsern und anderen Pflanzen bestehenden Nahrung benutzt das Grevy-Zebra seine oberen und unteren Eckzähne. Aufgrund der geringen Futterqualität und des kleinen Magens muss das Tier sehr viel Zeit mit dem Fressen verbringen. Es unternimmt saisonale Wanderungen von mageren Gegenden in Gebiete, in denen sowohl Futter wie auch Wasser in ausreichender Menge vorhanden sind.

Lebensweise gesellig	Tragzeit 390 Tage	Wurfgröße 1	Ernährung 🌿

Soziale Verbände

Grevy-Zebras leben in offenen Verbänden ohne festgelegte Hierarchie. Sich fortpflanzende Hengste verteidigen ihr Territorium, das bis zu 15 Quadratkilometer groß sein kann. Sie paaren sich mit den Weibchen, die durch dieses Gebiet ziehen.

lange aufrecht stehende Mähne schwarzweiß gestreift

schmaler weißer Bereich auf dem Rücken

Streifen reichen bis zu den Hufen hinunter

Nashörner

A lle fünf Nashornarten gelten als gefährdet, drei von ihnen sogar als stark gefährdet. Innerhalb der Familie lassen sich nur kleine Unterschiede feststellen; alle Nashörner (auch Rhinozeros genannt) weisen einen nahezu unbehaarten massiven Körper und eine sehr dicke, faltige Haut auf. Sie besitzen nur kurze Gliedmaßen, röhrenförmige Ohren, winzige Augen – somit eine nur geringe Sehfähigkeit – und aus Keratinschichten bestehende Hörner auf der Nase. Haare und Hufe werden ebenfalls aus Keratin gebildet. Die beiden afrikanischen Arten und das asiatische Sumatra-Nashorn tragen zwei Hörner.

Das Panzernashorn und das Breitmaulnashorn sind in sumpfigen Graslandschaften heimisch, während die anderen drei Arten im Wald leben. Die Tiere sind eher Einzelgänger und vorwiegend nachtaktiv; die meisten Männchen leben territorial.

Familie RHINOCEROTIDAE	Art *Ceratotherium simum*	Bestand weniger gefährdet

Breitmaulnashorn

Die am häufigsten vorkommende und größte Nashornart war einst weit über die afrikanische Savanne verbreitet. Ihr Bestand wurde im letzten Jahrhundert stark dezimiert, hat sich aber Dank des Einsatzes von Naturschützern wieder gut erholt. Außer am oberen Vorderbeingelenk und an den Flanken zeigt die Haut der Tiere nur wenige Falten. Das Nashorn ernährt sich fast ausschließlich von Gräsern. Es besitzt ein breites, gerades und festes Oberlippenpolster, mithilfe dessen es sehr dicht am Boden grasen kann und das ihm seinen Namen gab. Die Männchen wiegen bis zu 500 kg mehr als die Weibchen und besitzen eine auffälligere Nackenfalte oder Schulterhöcker sowie ein größeres Vorderhorn, das bis zu 1,3 m lang werden kann. Die von Natur aus ruhigen und geselligen Tiere sind in kleinen Herden zu finden, die aus Mutter-Kalb-Paaren und bis zu sieben Jungtieren bestehen. Ausgewachsene Männchen sind meist Einzelgänger und verteidigen ihr ca. 1 Quadratkilometer großes Territorium durch ritualisierte Verhaltensmuster; das Horn wird nur in Notfällen eingesetzt. Nur das dominante Männchen paart sich in seinem Territorium und ist dabei erst nach mehreren Versuchen erfolgreich.

Größe: Körperlänge 3,7–4 m, Gewicht bis zu 2,3 t.
Verbreitung: Nordost- und Südafrika. In Nordostafrika in bewaldeten Savannen und in Südafrika in Trockensavannen.
Anmerkung: Es gibt einige stabile Populationen des Südlichen Breitmaulnashorns (*Ceratherium simum simum*) mit insgesamt über 8500 Exemplaren; sie gehören zu den am häufigsten vorkommenden Tieren. Die übrigen Nashornarten benötigen für ihren Bestand Schutzmaßnahmen; vom Nördlichen Breitmaulnashorn (*C. simum cottoni*) z. B. existieren nur noch weniger als 30 Exemplare, er steht daher auf der Liste der stark gefährdeten Arten.

vorderes Horn größer

verlängerter Kopf

feste, viereckige Lippenwülste

Afrika

Lebensweise gesellig	Tragzeit 16 Monate	Wurfgröße 1	Ernährung 🌱

Urinmarkierungen
Das männliche Nashorn versprüht Urin,
um sein ca. 1 Quadratkilometer großes
Territorium zu markieren.

Mutter und Kalb
Das Weibchen bekommt ein Junges, das 3 Jahre lang – bis
zur Geburt des nächsten Jungtiers – bei der Mutter bleibt.
Muttertier und Kalb benutzen quietschende Laute zur
Kommunikation.

Männchen mit auffälliger
• Nackenfalte

wenige Falten am
• Hinterteil

• deutliche Falte am
oberen Vorderbeingelenk

Familie RHINOCEROTIDAE	Art *Diceros bicornis*	Bestand stark gefährdet

Spitzmaulnashorn

Dieses Nashorn besitzt zwei Hörner; das vordere kann bis zu 1,4 m lang werden. Im Gegensatz zum Breitmaulnashorn (s. S. 318–319) weist es keine Schulterhöcker auf. Die graue Haut ist relativ glatt und nahezu unbehaart, außer an den Augenlidern, den Ohrenspitzen und der Schwanzspitze. Ebenso wie die anderen Arten hat das Spitzmaulnashorn einen sehr guten Geruchs- und Gehörsinn, aber eine nur sehr schwache Sehfähigkeit. Es frisst nachts und frühmorgens verschiedenste Büsche und niedrige Bäume, tagsüber erholt es sich im Schatten oder wälzt sich im Schlamm. Diese Einzelgänger markieren ihr Territorium mit Urin und Kot. Nur selten tolerieren sie arteigene oder menschliche Eindringlinge. Die Tiere sind bekannt dafür, dass sie plötzlich angreifen oder mit dem Horn stoßen, wenn sie provoziert werden. Sich paarende Tiere leben nur kurze Zeit zusammen; das Kalb bleibt bei der Mutter, bis diese erneut ein Junges bekommt.

Größe: Körperlänge 2,9–3,1 m, Gewicht 900–1300 kg.
Verbreitung: Afrika (südlich der Sahara). In verschiedenen Lebensräumen, von Wüsten bis hin zu Bergen, vor allem jedoch in bewaldeten Savannen.
Anmerkung: Der Handel mit den Hörnern, die für einheimische Medikamente und als Dolchgriffe verwendet werden, führte zu einem massiven Rückgang des Artbestands. 1970 gab es 65 000, in den 90er-Jahren nur noch 2500 Exemplare.

Afrika

Gebogene Oberlippe

Diese Art benutzt die zum Greifen geeignete spitze Oberlippe, um Zweige und Triebe zum Maul zu führen; mit den kräftigen Backenzähnen werden sie abgebissen.

Vorderhorn kann bis zu 1,4 m lang werden

keine Hautfalte auf der Schulter

großer grauer Körper

gebogene Oberlippe

Lebensweise solitär	Tragzeit 15 Monate	Wurfgröße 1	Ernährung

| Familie RHINOCEROTIDAE | Art *Rhinoceros unicornis* | Bestand gefährdet |

Panzernashorn

Haut mit tiefen Falten ●

Der unbehaarte Körper dieses einhornigen Tieres weist an den Flanken und am Körperende an Nieten erinnernde Beulen auf. In den Falten der rosafarbenen Haut nisten sich Parasiten ein, die häufig von Reihern und Zeckenvögeln entfernt werden. Die Tiere fressen nachts, im Morgengrauen und in der Abenddämmerung.
Größe: Körperlänge bis zu 3,8 m, Gewicht bis zu 2,2 t.
Verbreitung: Indien (Brahmaputra-Tal). In Graslandschaften.

Asien

| Lebensweise solitär | Tragzeit 16 Monate | Wurfgröße 1 | Ernährung 🌿 |

| Familie RHINOCEROTIDAE | Art *Rhinoceros sondaicus* | Bestand stark gefährdet |

Java-Nashorn

dicke dunkelgraue Haut ●

gefaltete Haut bildet eine Art Sattel auf ● dem Nacken

Das außer an Ohren und Schwanzspitze unbehaarte Tier gehört zu den seltensten großen Säugetieren der Welt. Es ernährt sich von Blättern und Bambus.
Größe: Körperlänge 3–3,5 m, Gewicht bis zu 1,4 t.
Verbreitung: Südostasien. In tropischen Wäldern, Mangrovensümpfen und Bambuswäldchen.
Anmerkung: Verlust des Lebensraums und Wilderei führten zu einer massiven Dezimierung der Art.

Südostasien

| Lebensweise solitär | Tragzeit 16 Monate | Wurfgröße 1 | Ernährung 🌿 |

| Familie RHINOCEROTIDAE | Art *Dicerorhinus sumatrensis* | Bestand stark gefährdet |

Sumatra-Nashorn

● größeres Vorderhorn

deutliche ● Schulterfalte

Haut hat nur wenige Falten ●

Die kleinste und behaarteste Nashornart durchstreift nachts ihren Lebensraum und verbringt den Tag im Schatten oder wälzt sich im Schlamm; dieser bleibt an der Haut haften und schützt vor Fliegen und anderen Insekten.
Größe: Körperlänge 2,5–3,2 m, Gewicht bis zu 800 kg.
Verbreitung: Südostasien. In Hochlandregenwäldern, vor allem in primären Wäldern an Hängen.
Anmerkung: In diesen hochgelegenen Lebensräumen werden nun verstärkt Rodungen durchgeführt. Eine weitere Gefahr stellen Hornjäger dar.

Asien

lange Zehen ●

| Lebensweise solitär | Tragzeit 7–8 Monate | Wurfgröße 1 | Ernährung 🌿 🍎 |

Tapire

D ie vier Tapirarten der Familie Tapiridae aus Mittel- und Südamerika sowie Südostasien können als „lebende Fossilien" betrachtet werden, da sich ihre Anatomie seit fast 30 Millionen Jahren kaum verändert hat.

Der schweinsähnliche Körper wird von relativ schlanken Beinen getragen, die Ohren sind groß und stehen aufrecht, die kleinen Augen sitzen tief am Kopf. Die bewegliche Schnauze wird zum Ausgraben verschiedener Pflanzen benutzt.

Alle Arten leben in Wäldern in Wassernähe. Dank dem stromlinienförmigen Körper können die Tiere leicht durch das Unterholz gelangen. Zur Abkühlung und zum Schutz vor Fressfeinden bleiben sie stundenlang fast vollständig untergetaucht im Wasser, der Rüssel wird dabei wie ein Schnorchel zum Atmen eingesetzt. Obgleich die Tapire zu den Unpaarhufern gerechnet werden, weisen ihre Hinterfüße drei, die Vorderfüße vier Zehen auf.

Familie TAPIRIDAE	Art *Tapirus pinchaque*	Bestand gefährdet

Bergtapir

Der kleinste aller Tapire ist zugleich auch der behaarteste. Sein Körper ist mit dickem, wolligem dunkelbraunem bis kohlrabenschwarzem Fell bedeckt. Rund um die Lippen und auf den Spitzen der abgerundeten Ohren sind weiße Fransen zu sehen. Tagsüber sucht das Tier Schutz im Dickicht des Waldes. Nachts, im Morgengrauen und in der Abenddämmerung frisst es Zwergbäume und Sträucher. Der Bergtapir ist ein wichtiger Verbreiter von Samen der Nebelwaldbäume und -pflanzen; er verteilt sie mit seinem Kot.
Größe: Körperlänge 1,8 m, Gewicht 150 kg.
Verbreitung: Nordwestliches Südamerika. In den Bergen und Graslandschaften.
Anmerkung: Dieser Tapir wird wegen seines Fleisches und der für die traditionelle Medizin benötigten Körperteile gejagt.

Südamerika

wolliges dunkelbraunes bis kohlrabenschwarzes Fell

sehr bewegliche Schnauze zum gezielten Wühlen

fassförmiger Körper

kurze gedrungene Beine

Lebensweise solitär	Tragzeit 393 Tage	Wurfgröße 1	Ernährung

Familie TAPIRIDAE	Art *Tapirus bairdii*	Bestand bedroht

Mittelamerikanischer Tapir

Der größte amerikanische Tapir besitzt graugelbe Wangen und fransige weiße Ohren. Er gibt pfeifende Laute von sich, um mit seinem Jungtier zu kommunizieren oder um andere ausgewachsene Tiere aus seinem Territorium zu vertreiben.
Größe: Körperlänge 2 m, Gewicht 240–400 kg.

Nord-, Mittel- und Südamerika

Verbreitung: Südmexiko bis nördliches Südamerika. In Wäldern, Marschlandschaften und Sümpfen.

graugelbe Kehle

brauner Körper

Lebensweise solitär	Tragzeit 390 – 400 Tage	Wurfgröße 1	Ernährung

Familie TAPIRIDAE	Art *Tapirus terrestris*	Bestand weniger gefährdet

Flachlandtapir

Diese Art weist ein stacheliges graues Fell und eine kurze steife, schmale Mähne auf; Kehle und Brust können heller gefärbt sein. Der gute Schwimmer taucht oft im Wasser unter, um Verfolgern, wie Pumas oder Jaguaren, zu entkommen. Die Jungtiere werden wie alle Tapire mit Flecken und Streifen geboren, die eine gute Tarnung in der Vegetation bieten.

Südamerika

Größe: Körperlänge 1,7–2 m, Gewicht 225–250 kg.
Verbreitung: Nördliches und mittleres Südamerika. In tropischen Regenwäldern, gelegentlich in offenem grasbewachsenem Gelände.

kurze steife Mähne am Nacken

verlängerte Oberlippe bildet rüsselartige Schnauze

kurze Beine

vier Zehen an den Vorderbeinen

Lebensweise solitär	Tragzeit 13 Monate	Wurfgröße 1	Ernährung

Familie TAPIRIDAE	Art *Tapirus indicus*	Bestand bedroht

Schabrackentapir

Der einzige in der Alten Welt vorkommende Tapir besitzt ein auffälliges schwarzweißes Fell, das die Körperkonturen verschwimmen lässt und somit eine gute Tarnung bietet. Die größte Tapirart ernährt sich von weichen Pflanzen und Fallobst.
Größe: Körperlänge 1,8–2,5 m,

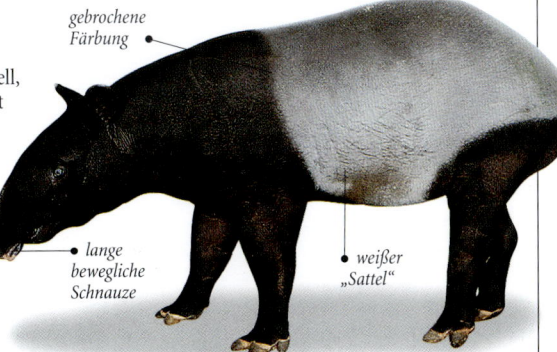

gebrochene Färbung

lange bewegliche Schnauze

weißer „Sattel"

Gewicht 250–540 kg.
Verbreitung: Südostasien. In tropischen Wäldern, sumpfigen Gebieten und auf Wiesen.

Asien

Lebensweise solitär	Tragzeit 390 – 407 Tage	Wurfgröße 1	Ernährung

Wildschweine

D ie Familie Suidae umfasst 14 Arten, zu denen auch die vom Wildschwein abstammenden Hausschweine gehören. Schweine sind Allesfresser, die mit ihrer verlängerten, stumpfen Schnauze in der Erde und im Laub nach Futter wühlen; die Schnauze ist robust, kann aber dennoch Nahrung aufspüren. Das typische Schwein besitzt einen großen Kopf, kleine Augen, zu Stoßzähnen umgebildete Eckzähne und einen fassähnlich geformten Körper mit dünnen Beinen.

Als Paarhufer (Ordnung Artiodactyla) weist das Schwein an jedem Fuß zwei Haupthufe und einen kleineren, seitlich sitzenden Huf auf. Die verschiedenen Schweinearten kommen in Wäldern, Sümpfen und Graslandschaften in Afrika und Eurasien vor. Einige wurden in Amerika, Australien und Neuseeland eingeführt. Die meisten Arten leben in Rotten, die aus einer Sau und ihren Nachkommen bestehen. Eber stoßen nur in der Paarungszeit zur Rotte dazu.

Familie SUIDAE	Art *Sus scrofa*	Bestand stellenweise häufig

Wildschwein

Das Wildschwein gehört zu den am weitesten verbreiteten Landsäugetieren und ist der Vorfahre des Hausschweins. Es besitzt ein borstiges dunkelgraues bis schwarzes oder braunes Fell und eine Mähne aus längerem Haar entlang der Wirbelsäule. Der Eber ist größer als die Bache und weist größere Stoßzähne auf. Die Frischlinge sind hellbraun und zeigen hellere Streifen an Rücken und Flanken; diese Färbung tarnt sie, wenn sie in ihrem Nest aus Gras, Moos und Blättern im Dickicht liegen. Die Weibchen schließen sich meist in Gruppen von 20 Tieren zusammen und beschützen ihre Jungtiere sehr. Wildschweine bewohnen zahlreiche Lebensräume, fressen nahezu alles, können schnell rennen und sind gute Schwimmer.
Größe: Körperlänge 0,9–1,8 m, Schwanzlänge 30 cm.
Verbreitung: Europa, Asien und Nordafrika.
In Wäldern der gemäßigten und tropischen Zonen sowie in Feuchtgebieten.

Eurasien, Afrika

borstenartiges Fell

langer buschiger Schwanz

keine Warzen im Gesicht

Lebensweise variabel	Tragzeit 100–120 Tage	Wurfgröße 4–6	Ernährung

Familie SUIDAE	Art *Sus salvanius*	Bestand stark gefährdet

Zwergwildschwein

dunkelbrauner Körper

Diese gedrungene Art ist die kleinste der Familie der Schweine. Die Tiere besitzen einen kurzen Schwanz und einen spitz zulaufenden Kopf; mit ihrer Schnauze bahnen sie sich einen Weg durch das Unterholz. Der Körper ist dunkelbraun gefärbt und zeigt eine hellere Unterseite. Die Eckzähne des Männchens stehen an den Seiten etwas aus dem Maul heraus. Beide Geschlechter bauen sogenannte Kessel, mit Gras gepolsterte Bodenmulden. Die Eber leben solitär, die Weibchen (Bachen) bilden Gruppen von vier bis sechs Tieren. Das Zwergwildschwein ist der Wirt eines einzigartigen Parasiten, der Zwergwildschweinlaus.

kurze Beine

Größe: Körperlänge 50–71 cm, Schwanzlänge 3 cm.
Verbreitung: Südasien. In Graslandschaften mit Flüssen.

Asien

Lebensweise gesellig	Tragzeit 100 Tage	Wurfgröße 2 – 6	Ernährung

Familie SUIDAE	Art *Hylochoerus meinertzhageni*	Bestand gefährdet*

Riesenwildschwein

Rumpf höher als die sich nach unten neigende Schulter

Das größte afrikanische Schwein besitzt einen massiven Kopf. Unterhalb eines jeden Auges ist ein großer warzenähnlicher Hautwulst zu sehen, die Stoßzähne wachsen horizontal aus jeder Kieferhälfte. Die schwärzlich graue Haut ist mit borstigen schwarzen Haaren bedeckt, die mit zunehmendem Alter schütterer werden. Die heller gefärbten Frischlinge nehmen im Lauf der Zeit eine braune oder schwarze Färbung an. Im Gegensatz zu anderen Schweinen – die im Boden nach Nahrung wühlen – ernährt sich diese Art von Gras, Seggen, Sträuchern, Feldfrüchten und Getreide.

Größe: Körperlänge 1,3–2,1 m, Schwanzlänge 30–45 cm.
Verbreitung: West-, Zentral- und Ostafrika. In subalpinen Regionen, Bambuswäldchen, Sümpfen und Savannen.

Afrika

relativ kleine Stoßzähne

langes raues, schwarzes Haar

kurze Beine

Lebensweise gesellig	Tragzeit 151 Tage	Wurfgröße 2 – 11	Ernährung

Familie SUIDAE	Art *Potamochoerus porcus*	Bestand stellenweise häufig

Buschschwein

Dieser flinke Läufer und behände Schwimmer ist leuchtend rötlich gefärbt und zeigt einen auffälligen weißen Streifen auf dem Rücken sowie eine weiße Linie auf jeder Kopfseite. Die langen spitzen Ohren sind mit abstehenden Haarbüscheln versehen. Der im Kampf aggressive Eber lebt mit seinem Harem und den Jungtieren zusammen, die er gegen Eindringlinge verteidigt. Rivalen stellen auf ritualisierte Weise ihre Kraft zur Schau, indem sie ihre Rückenmähne aufstellen und einander umkreisen. Das Weibchen (Bache) gräbt für seine gepunkteten Frischlinge eine flache Höhle, die es mit Gras auspolstert.
Größe: Körperlänge 1–1,5 m, Schwanzlänge 30–43 cm.

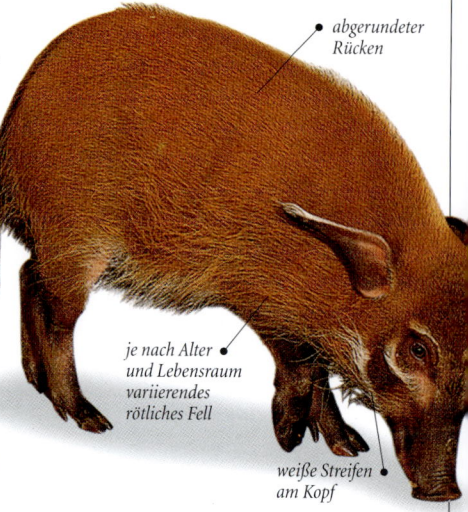

abgerundeter Rücken

je nach Alter und Lebensraum variierendes rötliches Fell

weiße Streifen am Kopf

Verbreitung: West- und Zentralafrika. In tropischen Wäldern.
Anmerkung: Dieser Schädling der Landwirtschaft profitiert von der Dezimierung seiner Fressfeinde und dem Anwachsen der Ernteflächen.

Afrika

Lebensweise gesellig	Tragzeit 4 Monate	Wurfgröße 1–8	Ernährung

Familie SUIDAE	Art *Phacochoerus africanus*	Bestand stellenweise häufig

Warzenschwein

Dieses langbeinige Schwein besitzt einen großen Kopf und deutliche Gesichtswarzen. Die lange dunkle Mähne verläuft – mit einer kleinen Lücke in der Mitte des Rückens – vom Nacken bis zum Rumpf. Der an der Spitze mit einem Haarbüschel versehene Schwanz wird beim Laufen aufrecht gehalten. Das Warzenschwein zupft mit den Lippen und den langen Schneidezähnen neue, nachgewachsene Grasspitzen ab, dabei stützt es sich in der Regel auf seine gepolsterten Kniegelenke. Während der Trockenzeit durchwühlt das Tier den Untergrund nach Stängeln und Wurzeln. Höhlen oder von Erdferkeln verlassene Bauten werden als Unterschlupf, zur Jungenaufzucht und zum Schlafen benutzt.
Größe: Körperlänge 0,9–1,5 m, Schwanzlänge 23–50 cm.
Verbreitung: Afrika (südlich der Sahara). In Graslandschaften und lichten Bergwäldern.
Anmerkung: Diese Art hat sich als einzige an Graslandschaften angepasst.

Afrika

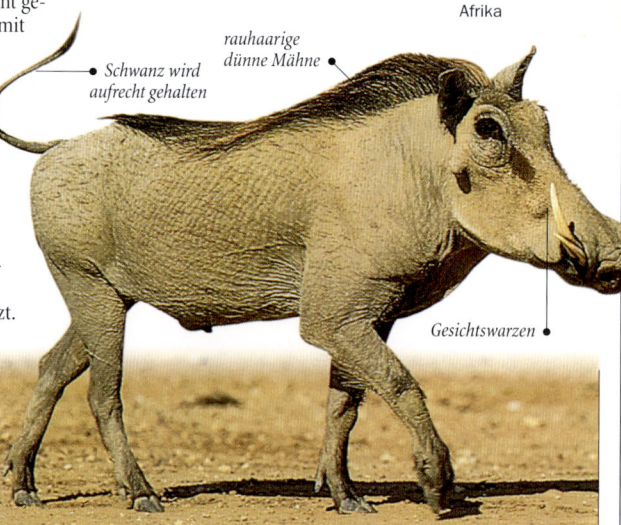

rauhaarige dünne Mähne

Schwanz wird aufrecht gehalten

Gesichtswarzen

Lebensweise gesellig	Tragzeit 150–175 Tage	Wurfgröße 1–8	Ernährung

Familie SUIDAE	Art *Babyrousa babyrussa*	Bestand bedroht

Gemeiner Hirscheber

Der Körper dieses Tieres ist grau bis braun, nahezu unbehaart und wird von langen, dünnen Beinen getragen. Der Eber besitzt auffällige spröde Stoßzähne, die durch die Schnauze wachsen und sich dann in Richtung des Gesichts drehen; sie können bis zu 30 cm lang werden und sitzen lose im Kieferknochen. Die unteren dolchähnlichen Stoßzähne werden beim Kampf benutzt und zum Schärfen an den oberen Stoßzähnen oder an Baumstämmen gerieben. Die Bachen und ihre Frischlinge bilden umherziehende Gruppen von bis zu acht Individuen, während die Eber eher solitär leben. Die Tiere sind gute Schwimmer und überqueren manchmal kurze Meeresstrecken, um vor der Küste liegende Inseln zu erreichen.
Größe: Körperlänge 0,9–1,1 m, Schwanzlänge 27–32 cm.
Verbreitung: Sulawesi, Toga und Mongolische Inseln. Im Regenwald und an Fluss- und Seeufern.

runder Körper

Asien

große Falten im Bauchbereich

hervorstehende Stoßzähne beim Männchen

Lebensweise variabel	Tragzeit 155–158 Tage	Wurfgröße 1–2	Ernährung

Familie SUIDAE	Art *Pecari tajacu*	Bestand stellenweise häufig

Halsbandpekari

Dieses Tier ist das kleinste der drei Pekariarten. Es besitzt einen fassförmigen Körper, schlanke Beine und kleine nach unten gebogene Stoßzähne. In der Regel ist es dunkelgrau gefärbt und zeigt eine weißliche kragenähnliche Zeichnung. Die Frischlinge weisen einen rötlichen Körper mit einem schmalen schwarzen Band am Rücken auf. Die sehr geselligen Halsbandpekaris bilden Gruppen von bis zu 15 Tieren unterschiedlichen Alters und beiderlei Geschlechts. Gemeinsam verjagen sie Feinde, z. B. Kojoten, Pumas und Jaguare. Soziale Bindungen sind für diese Art sehr wichtig – es wurden sogar Rudel beobachtet, die gegenseitige Fellpflege betrieben.
Größe: Körperlänge 75–100 cm, Schwanzlänge 1,5–5,5 cm.
Verbreitung: Süden der USA bis Südamerika. In Wüsten und tropischen Wäldern.
Anmerkung: Die Art ist durch Jagd und Zersplitterung des Lebensraums gefährdet.

borstiges dunkelgraues Fell

Nord-, Mittel- und Südamerika

fassförmiger Körper

weißliche kragenähnliche Zeichnung

Lebensweise gesellig	Tragzeit 145 Tage	Wurfgröße 1–4	Ernährung

Nilpferde

D ie Familie Hippopotamidae besteht aus nur zwei Arten, dem Großflusspferd (Nilpferd) und dem Zwergflusspferd. Das weit verbreitete Nilpferd ernährt sich vorwiegend von Gras und ist entlang den afrikanischen Flüssen und Seen in großer Anzahl vorhanden. Das Zwergflusspferd ernährt sich abwechslungsreicher, kommt seltener vor und ist ausschließlich auf die Wälder und Sümpfe Westafrikas beschränkt; es ist durch den Verlust seines Lebensraums bedroht.

Das Nilpferd besitzt einen großen Kopf und ein riesiges Maul, das sich weit öffnen lässt und stoßzahnähnliche Eckzähne aufweist. Die Haut ist sehr dick, fettig und nahezu unbehaart. Der gedrungene Körper wird von kurzen Beinen getragen, die jeweils mit vier Zehen versehen sind. Zwischen den Zehen befinden sich Schwimmhäute, Augen, Ohren und Nasenlöcher sitzen hoch oben am Kopf, sodass das Tier fast vollständig untergetaucht lange Zeit im Wasser bleiben kann.

Familie HIPPOPOTAMIDAE	Art *Hexaprotodon liberiensis*	Bestand bedroht

Zwergflusspferd

Das Gewicht dieses Tieres beträgt nur etwa ein Fünftel dessen, was sein großer Verwandter, das Nilpferd (s. gegenüberliegende S.), wiegt. Es besitzt einen relativ kleinen Kopf und schmale Füße mit reduzierten Schwimmhäuten zwischen den Zehen – eine Anpassungen an ein vorwiegend an Land stattfindendes Leben. Die Nahrung besteht aus Gras und zahlreichen anderen Pflanzen, z. B. Sträuchern, Farnen und Früchten. Das nachtaktive Tier folgt ausgetretenen Pfaden und verbringt den Tag versteckt in den Sümpfen oder in von anderen Tieren stammenden, vergrößerten Aushöhlungen am Flussufer.

Größe: Körperlänge 1,4–1,6 m, Gewicht 245–275 kg.
Verbreitung: Westafrika. In tropischen Wäldern und Feuchtgebieten.
Anmerkung: Obwohl die Art geschützt ist, wird sie weiterhin wegen des Fleisches gejagt.

Afrika

kleiner schmaler Kopf, der an die Fortbewegung in Vegetation angepasst ist •

• *untersetzte Körperform*

Lebensweise solitär	Tragzeit 196–201 Tage	Wurfgröße 1	Ernährung 🌱 🍂 🍓

| Familie HIPPOPOTAMIDAE | Art *Hippopotamus amphibius* | Bestand häufig |

Nilpferd

Trotz seines massigen Körpers ist das Nilpferd – auch Großflusspferd genannt –
ein amphibienartiges Lebewesen, da es in gleichem Maße an Land und im Wasser
beweglich ist. Die Körperdichte des Tieres ist etwas größer als die des Wassers,
sodass es langsam zu Boden sinkt und sich dann laufend fortbewegt. Es kann auch
auf der Wasseroberfläche treiben, indem es seine Lungen
mit Wasser füllt, da die zusätzliche Luft die Körperdichte
reduziert. Die dünne äußere Hautschicht trocknet an Land
leicht aus; die Schleim produzierenden Drüsen können
das Reißen der Haut nicht verhindern, daher muss diese
regelmäßig mit Wasser oder Schlamm befeuchtet werden.
Während des Sommers treiben Nilpferde häufig in zeitlich
begrenzten großen Verbänden im Wasser. Das nachtaktive
Tier frisst hauptsächlich Gras, aber auch kleine Huftiere
oder Aas. Das dominante Männchen paart sich mit den
Weibchen in seinem Territorium. Das einzelne Kalb wird
unter Wasser geboren und von seiner Mutter heftig verteidigt; es bleibt bei ihr, bis es nahezu ausgewachsen ist.
Größe: Körperlänge 2,7 m, Gewicht 1,4–1,5 t.
Verbreitung: Afrika (südlich der Sahara). In Grasland-
schaften und Feuchtgebieten, tagsüber im Wasser.
Anmerkung: Genetische Analysen ergaben, dass die
Nilpferde dichter mit den Walen verwandt sind als mit
anderen Paarhufern.

Afrika

Gähnen
Das Gähnen des Nilpferds ist eigentlich eine
Drohgebärde. Zur Verteidigung benutzt es seine
Eck- und Schneidezähne; es kann an Land wie
im Wasser unvermittelt angreifen.

massiver gräulicher Körper

*äußere Haut
trocknet schnell*

*Ohren auf der
Kopfoberseite
ermöglichen das
Hören während
eines Aufenthalts
im Wasser*

| Lebensweise solitär | Tragzeit 240 Tage | Wurfgröße 1 | Ernährung |

Kamele und Verwandte

D ie ursprünglich aus Afrika und Westasien stammenden einhöckerigen Kamele (Dromedare) und die zweihöckerigen Kamele (Trampeltiere) aus Mittelasien gaben der Familie Camelidae ihren Namen. Heute sind nahezu alle Kamele domestiziert oder stammen von ehemals domestizierten Tieren ab und ziehen nun frei herum.

Die andere Gruppe der Kamele stammt aus Südamerika und umfasst die Kleinkamele und die Vikunja sowie ihre domestizierten Formen, die Lamas und Alpakas. Alle Kamelartigen besitzen einen kleinen Kopf, eine gespaltene Oberlippe, einen langen Hals und lange Beine. Sie haben einen schreitenden Gang, bei dem sich jeweils die Beine einer Körperseite gleichzeitig bewegen. Im Gegensatz zu anderen Paarhufern wird bei diesen Tieren das Gewicht nicht von den Hufen getragen, sondern von dicken Schwielen unter den Zehensohlen.

Familie CAMELIDAE	Art *Vicugna vicugna*	Bestand gefährdet

Vikunja

Das Vikunja ernährt sich grasend von mehrjährigen Gräsern. Es besitzt eine zum Greifen geeignete gespaltene Oberlippe und ständig nachwachsende Schneidezähne, die das Fressen erleichtern. Der Körper ist einheitlich hell- bis dunkelzimtfarben, mit einer variablen latzartigen Zeichnung und einer weißen Unterseite. Die langen Beine befinden sich mittig unter dem Körper. Im Gegensatz zu den Kamelen (s. S. 332–333) benötigen diese Tiere jeden Tag Wasser. Eine Herde – bestehend aus einem Männchen und fünf bis zehn weiblichen Tieren – besetzt ein Territorium, das sie mit Kot und Urin markiert.
Größe: Körperlänge 1,5 m, Gewicht 40–55 kg.
Verbreitung: Westliches Südamerika (Anden).
In der alpinen Tundra.
Anmerkung: In den 50er-Jahren lebten weniger als 10 000 Vikunjas in Peru – wahrscheinlich nur 1 Prozent der Gesamtpopulation, die vor 500 Jahren existierte, als die spanische Kolonisation in Südamerika begann.

Südamerika

lange spitze, aufrecht stehende Ohren

kleiner Kopf

langer dünner Hals

Alpaka
Vor 4000 Jahren wurde diese Art in den Anden wegen ihrer weichen Wolle domestiziert.

Lebensweise gesellig	Tragzeit 342–345 Tage	Wurfgröße 1	Ernährung

Familie CAMELIDAE	Art Lama guanicoe	Bestand bedroht

Lama

Die Grundfärbung dieser Art ist hell- bis dunkelbraun, Brust, Bauch und Beininnenseiten sind weißlich. Der graue bis schwarze Kopf weist weiß umrandete
Augen, Lippen und Ohren auf. Die Tiere bevorzugen kalte Lebensräume und sind
daher erst ab einer Höhe von 4000 m zu finden. Das Lama ernährt sich von
verschiedenen Gräsern, Gestrüpp, Flechten und Pilzen. Familiengruppen
bestehen aus einem männlichen Tier und vier bis sieben Weibchen mit ihren Jungen. Im tiefen Süden des Verbreitungsgebiets
wandern die Weibchen mit ihren Jungtieren nach heftigen
Schneefällen in nahrungsreichere Gebiete. Das Männchen
bleibt zurück, um das Territorium zu bewachen.
Größe: Körperlänge 0,9–2,1 m, Gewicht 96–130 kg.
Verbreitung: Westliches bis südliches Südamerika.
In Graslandschaften, Wüsten, Wäldern der gemäßigten
Zonen und den Bergen.
Anmerkung: Die vier Arten der Kleinkamele sind aufgrund
der Jagd durch den Menschen und der Überweidung ihres
natürlichen Lebensraums bedroht. Die nördlichste Unterart,
die als Vorfahre des domestizierten Lamas gilt, wurde als
stark gefährdet eingestuft.

Südamerika

kleiner Kopf

auffällige lange, spitze Ohren

zum Greifen geeignete gespaltene Oberlippe

hell- bis dunkelbrauner Körper

Hals setzt tief am Rumpf an

dickes, wolliges Fell

lange Beine

fleischige Schwielen an den Füßen mit gebogenen Nägeln an der Oberseite

Lama
Die domestizierte Art wurde als erste
von den Inkas vor ca. 6000 Jahren aus-
gehend vom Kleinkamel gezüchtet. Das
Lama ist das traditionelle Packtier der
Anden und wird wegen seines Fleisches
und der Wolle auf Farmen gehalten.

Lebensweise gesellig	Tragzeit 345–360 Tage	Wurfgröße 1	Ernährung 🌱 🍂 🍄

Familie CAMELIDAE	Art *Camelus dromedarius*	Bestand häufig

Dromedar

Dieses domestizierte einhöckerige Kamel ist in der freien Natur ausgerottet. Die Fellfarbe dieser Art reicht von cremeweiß über verschiedene
Braunschattierungen bis hin zu schwarz. An das Leben in der Wüste ist
das Tier gut angepasst; in Zeiten, in denen Futter und Wasser knapp
sind, nutzt es seine im Höcker gelagerten Fettreserven und verliert dabei schadlos bis zu 40 Prozent seines Körpergewichts. Dromedare können länger ohne Wasser überleben – bei kälterem Wetter 6 bis 7 Monate
– als jedes andere domestizierte Tier. Bei großer Hitze steigt die Körpertemperatur und das Schwitzen ist auf ein Minimum reduziert, um die
Körperflüssigkeit zu konservieren. Das Tier ernährt sich von zahlreichen
Pflanzen, u. a. von salzigen und dornigen Arten; die zum Greifen geeignete gespaltene Oberlippe wird zum Abpflücken der Nahrung benutzt. Auch
ausgetrocknete Kadaver werden von den Dromedaren verzehrt. Sie leben
in kleineren Herden, bestehend aus einem männlichen sowie einigen
weiblichen Tieren mit ihren Jungen. Das Männchen verteidigt seine
Herde, indem es springt, um sich beißt und Eindringlinge wegstößt.
Größe: Körperlänge 2,2–3,4 m, Gewicht 450–550 kg.
Verbreitung: Nord- und Ostafrika sowie West- und Südasien. In Wüsten.
Anmerkung: Das Dromedar ist vollständig domestiziert. Seit ca.
3000 Jahren gibt es keinerlei Hinweise
auf frei lebende Tiere.

Afrika, Asien

deutlich ausge-
bildete Spalte
reicht bis zur
Oberlippe

Die Hitze überstehen

Beim Einatmen wird die Luft in
den Nasenlöchern des Dromedars
befeuchtet und abgekühlt. Die
Augenbrauen und die doppelte
Wimpernreihe schützen
die Augen vor
dem Sand.

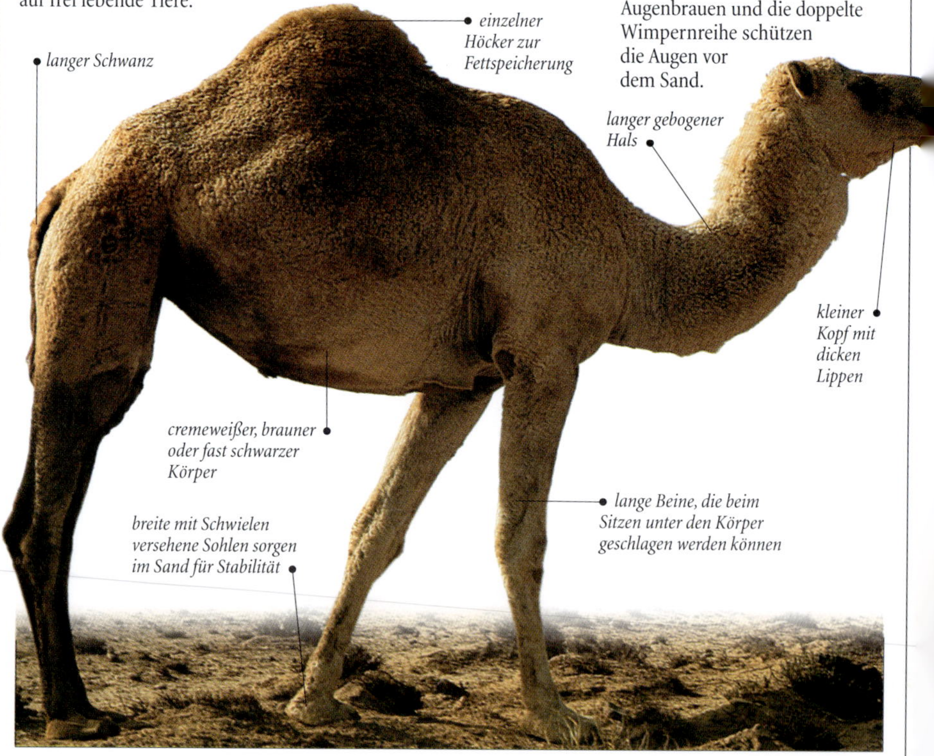

einzelner
Höcker zur
Fettspeicherung

langer Schwanz

langer gebogener
Hals

kleiner
Kopf mit
dicken
Lippen

cremeweißer, brauner
oder fast schwarzer
Körper

lange Beine, die beim
Sitzen unter den Körper
geschlagen werden können

breite mit Schwielen
versehene Sohlen sorgen
im Sand für Stabilität

Lebensweise gesellig	Tragzeit 370 Tage	Wurfgröße 1	Ernährung

Familie CAMELIDAE	Art *Camelus bactrianus*	Bestand gefährdet

Zweihöckeriges Kamel

Die einzige noch in der freien Natur anzutreffende Kamelart der Alten Welt – auch Trampeltier genannt – ist einheitlich cremeweiß bis dunkelbraun gefärbt. Das Fell ist im Winter zottig und wird zum Sommer hin abgestoßen. Das Tier kann Temperaturen von minus 29° C bis plus 38° C überstehen und nach einer Dürrezeit bis zu 110 Liter Wasser in 10 Minuten trinken. Die Höcker bestehen aus Fett; sie stehen bei wohlgenährten Tieren aufrecht und hängen herunter, wenn die Reserven aufgebraucht sind. Während der Brunft bläst das Männchen seine Wangen auf, stülpt einen roten, ballonähnlichen Sack aus dem Maul hervor, knirscht mit den Zähnen und schreitet neben seinem Rivalen in ritualisierter, dramatischer Weise einher. Das dominante Männchen besitzt einen Harem aus 6 bis 30 Weibchen mit deren Jungtieren. Der Familienverband lebt nicht territorial, sondern wandert lange Strecken auf der Suche nach Futter und Wasser.

Größe: Körperlänge 2,5–3 m, Gewicht 450–690 kg.

Verbreitung: Wilde Populationen in China (Wüste Gobi), domestizierte Tiere in Mittelasien. In kalten Steppen und Wüsten.

Anmerkung: Die schon vor 3500 Jahren domestizierte Art ist ein wichtiges Lasttier. Die Milch und das Fleisch werden von den Menschen verzehrt.

Asien

Flache Zehen
Die zweizehigen, breiten Füße dieser Kamele sorgen für Stabilität auf Sand und Schnee.

bei wohlgenährten Tieren aufrecht stehender Höcker

zweiter Höcker

langes Haar am Hals

zotteliges cremeweißes bis dunkelbraunes Winterfell

beinah U-förmiger langer Hals

lange Beine

Lebensweise gesellig	Tragzeit 58 Wochen	Wurfgröße 1	Ernährung 🌿

Hirsche

D ie Familie Cervidae umfasst ca. 45 Hirscharten. Diese gehören zu den Artiodactyla (Paarhufer) und weisen vier sichtbare Zehen an jedem Fuß auf. Der erste Zeh ist praktisch nicht mehr vorhanden und der zweite und fünfte sind sehr klein, sodass nur der dritte und vierte Zeh das Körpergewicht tragen. Augen, Ohren und Nase sind sehr groß und statten die Tiere mit ausgezeichneten Sinnen aus – die Anwesenheit von Fressfeinden kann frühzeitig erkannt werden. Hirsche ähneln Antilopen, ihre Geweihe sind je-

doch gegabelt und wachsen jedes Jahr neu. Außer bei den Rentieren, wo auch die Weibchen ein Geweih besitzen, tragen nur die Böcke Geweihe.

Die meisten Arten ziehen äsend in bewaldeten Gegenden umher, andere äsen auch in Graslandschaften, Sümpfen oder Halbwüsten. Einige Hirscharten kommen auf allen Kontinenten außer in Australien und Afrika (ausgenommen der Mittelmeerküste) natürlich vor. Im Laufe der Jahrhunderte wurden viele auch in neue Regionen eingeführt.

Familie TRAGULIDAE	Art *Tragulus meminna*	Bestand unbestätigt

Fleckenkantschil

Ebenso wie die anderen Kantschile besitzt diese Art vier voll ausgebildete Zehen an jedem Fuß – im Gegensatz zu den „echten" Hirschen mit nur zwei Zehen. Das Tier weist einen gepunkteten Rücken, weiße Bänder an der Kehle und Streifen an den Flanken auf. Die Männchen benutzen ihre oberen Eckzähne zum Kampf mit Rivalen.
Größe: Körperlänge 50–58 cm, Schwanzlänge 3 cm.
Verbreitung: Südindien und Sri Lanka. In tropischen Regenwäldern, vor allem in bergigen Gebieten bis 700 m Höhe.

abstehende große Ohren

braunes Fell mit gelben Flecken

drei weiße Bänder an der Kehle

Asien

Lebensweise solitär	Tragzeit 5 Monate	Wurfgröße 1	Ernährung

Familie MOSCHIDAE	Art *Moschus chrysogaster*	Bestand weniger gefährdet

Moschus chrysogaster

Diese gedrungene Art lebt an felsigen, bewaldeten Berghängen. Dank der gut entwickelten Seitenzehen kann das Tier Felsen erklettern und sich sicher im Schnee bewegen. Es weist eine dunkelbraune Grundfärbung mit hellgrauen Flecken, ein weißliches Kinn und weiße Ohrenränder auf.
Größe: Körperlänge 70–100 cm, Schwanzlänge 2–6 cm.
Verbreitung: Afghanistan bis China. In Wäldern der gemäßigten Zonen und Nadelwäldern sowie in den Bergen.
Anmerkung: Dieser Hirsch wird wegen seines Moschus gejagt – eine Sekretion aus dem Nabelbereich, die in der Parfümindustrie sehr begehrt ist.

gedrungener brauner Körper

gut entwickelte Seitenzehen, die das Klettern erleichtern

Asien

Lebensweise solitär	Tragzeit 185–195 Tage	Wurfgröße 1	Ernährung

| Familie CERVIDAE | Art *Dama dama* | Bestand stellenweise häufig |

Damhirsch

Das Fell dieses Hirsches ist in der Regel braun gefärbt und zeigt weiße Punkte, es kommen jedoch auch schwärzliche oder weißliche Variationen vor. Das aufgrund seines majestätischen Aussehens und des Fleisches domestizierte Tier wurde in Amerika, Afrika und Australien eingeführt. Während der Brunft besetzen die Böcke ein kleines Territorium, wo sie sich auch paaren. Der Damhirsch frisst im Zwielicht die verschiedensten Pflanzen.

Europa, Asien

Die Unterart Mesopotamischer Damhirsch gilt als gefährdet.
Größe: Körperlänge 1,4–1,9 m, Schwanzlänge 14–25 cm.
Verbreitung: Europa und Westasien. In Graslandschaften und Wäldern.

breites Geweih

normalerweise braunes Fell

schwarze Schwanzoberseite

| Lebensweise gesellig | Tragzeit 229 Tage | Wurfgröße 1 | Ernährung 🌾 🍎 🐝 |

| Familie CERVIDAE | Art *Axis axis* | Bestand stellenweise häufig |

Tüpfelhirsch

Diese Art besitzt ein kastanienbraunes Fell mit weißen Punkten, einem auffälligen weißen Kehlfleck und einer cremeweißen Bauchseite. Die Geweihe der Böcke weisen knöcherne Stirnbeinauswüchse (Stirnzapfen) auf, und der Hauptbalken gabelt sich in zwei Ausleger, die elegant nach hinten zeigen. Der Tüpfelhirsch ist in großen Herden von 100 und mehr Tieren zu finden. Er äst in Graslandschaften und zieht durch lichte Waldgebiete; dabei werden die Tiere häufig von lautstarken Affen begleitet. Bei Gefahr suchen die Hirsche schnell Deckung und können dabei eine Geschwindigkeit von 65 km/h erreichen.

weiß gepunktetes kastanienbraunes Fell

charakteristischer weißer Fleck an der Kehle

Größe: Körperlänge 1–1,5 m, Schwanzlänge 10–25 cm.
Verbreitung: Südnepal, Indien und Sri Lanka. In offenem grasbewachsenem Gelände in der Nähe von Dickichten.

cremeweiße Unterseite

Asien

| Lebensweise gesellig | Tragzeit 225–230 Tage | Wurfgröße 1 | Ernährung 🌾 🍎 🐝 |

| Familie CERVIDAE | Art *Cervus elaphus* | Bestand stellenweise häufig |

Rothirsch

Im Sommer besitzt der Rothirsch ein rötlich braunes Fell, das manchmal eine dunkle Linie an Rücken und Hals aufweist, sowie auffällige Punkte an den Flanken; Schwanz und Spiegel sind strohfarben. Im Winter zeigen die Tiere eine stumpfbraune Färbung. Innerhalb der ca. 28 Unterarten – zu denen auch die Wapitis aus China und Nordamerika gehören – gibt es die verschiedensten Variationen im Erscheinungsbild. Ein Geweih trägt nur der Hirschbock; je größer es ist, desto mehr Weibchen kann er für sich gewinnen. Die Geweihe weisen entweder Gabelkronen oder Becherkronen auf; die Anzahl der Sprossen steigt mit zunehmendem Alter, bis das Tier seine Blütezeit überschritten hat. Hirschkühe bilden eine Herde, die von einer dominanten Kuh angeführt wird, während die Böcke sich – außerhalb der Brunftzeit im Herbst – zu separaten Gruppen zusammenschließen. Während der Brunft finden Zuschaustellungen der körperlichen Eigenschaften, aber auch physische Kontakte statt. Die Böcke laufen parallel nebeneinander her, während sie einen möglichen Kampf erwägen. Wenn der Kampf beginnt – der zwischen zwei gleich starken Gegnern sehr heftig verlaufen kann (Beschädigungskampf) –, verhaken sie ihre Geweihe ineinander und drücken, drehen und schieben einander; der Gewinner übernimmt den Harem. Die Nahrung dieses tagsüber und nachts äsenden Tieres variiert je nach Jahreszeit und besteht aus Gräsern, Seggen, Binsen, Heidekraut und zahlreichen anderen Pflanzen. Manchmal stellen sich die Hirsche auf ihre Hinterbeine, um hoch wachsende Pflanzen zu erreichen.

Größe: Körperlänge 1,5–2 m, Schwanzlänge 12 cm.

Verbreitung: Europa bis Ostasien, in Australien, Neuseeland, USA und Südamerika eingeführt. In Graslandschaften, Wäldern der gemäßigten Zonen und Nadelwäldern.

Anmerkung: Zwar ist dies die am weitesten verbreitete Hirschart der Welt, doch sind neun Unterarten auf den verschiedenen Kontinenten gefährdet. Ursache hierfür sind Wilderer sowie der Verlust und die Zersplitterung des Lebensraums.

voll ausgewachsenes Geweih

rotbraunes Sommerfell wird im Winter stumpfbraun

• *weiße Flecken auf dem Fell*

Versteckt

Das neugeborene Kitz wird während der ersten 2 Wochen nach der Geburt in dichter Vegetation versteckt. Als Tarnung dient das rötlich braune Fell mit den weißen Punkten.

| Lebensweise gesellig | Tragzeit 225–245 Tage | Wurfgröße 1 | Ernährung 🌱 🍃 |

Anzahl der Geweih-
sprossen steigt mit
zunehmendem Alter

Becherkronen

Eurasien

weibliches Tier
ohne Geweih

blassgelber
Schwanz

hellere Färbung
auf Gesicht,
Wangen und Hals

In Gefangenschaft gezüchtet

Der Rothirsch ist an verschiedene
Klimabedingungen angepasst. Heute
wird er wegen seines Fleisches und
dem Geweihbast (das Geweih be-
deckende, ernährende Haut), das
in der orientalischen Medizin von
großer Bedeutung ist, verstärkt gezüchtet. Rothirsch-
herden werden auch in
urbanen Parks gehalten.

Männchen größer und schwerer
als die Weibchen

zottige
Mähne

Brunftschreie

Den männlichen Rothirschen wächst zur Brunftzeit im Herbst eine Mähne.
Während dieser Zeit röhren sie und wälzen sich im Schlamm; auch hören sie
auf zu fressen und verlieren daher viel an Gewicht.

Familie CERVIDAE	Art *Cervus nippon*	Bestand stark gefährdet

Japanischer Hirsch

Diese Art wird in Naturparks gehalten und schon seit
Jahrhunderten auf Farmen gezüchtet. Das Erscheinungs-
bild variiert innerhalb der 14 Unterarten. In der Regel sind
die Tiere im Sommer rotbraun gefärbt und weiß gepunktet, im
Winter nahezu schwarz. Die Männchen weisen eine dunkle pfeil-
förmige Zeichnung oder ein Wellenmuster auf der Stirn auf; jede
Geweihhälfte hat maximal vier Enden.
Größe: Körperlänge 1,5–2 m,
Schwanzlänge 12–20 cm.
Verbreitung: Vietnam, Taiwan, China und
Japan, in Europa und Neuseeland eingeführt.
In Graslandschaften und Wäldern.

Asien

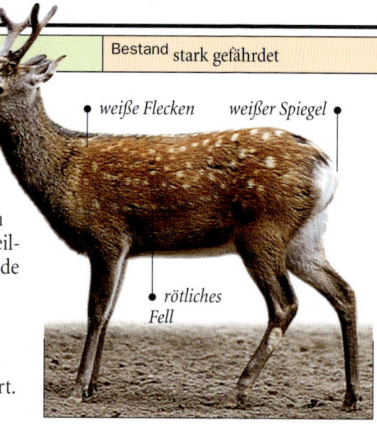

weiße Flecken

weißer Spiegel

rötliches
Fell

Lebensweise gesellig	Tragzeit 220 Tage	Wurfgröße 1	Ernährung ⸙

Familie CERVIDAE	Art *Cervus unicolor*	Bestand stellenweise häufig

Pferdehirsch

Die Grundfärbung dieses Hirsches ist einheitlich dunkelbraun;
Kinn und Beininnenseiten sind rostfarben, der Schwanz weist
eine schwarze Spitze auf. Die Tiere besitzen eine dicke, bei den
brünftigen Männchen besonders auffällige Mähne. Während
der Brunft entwickelt der Bock kahle Stellen am Hals, stampft
auf den Boden, wälzt sich im Schlamm und reißt Rinde von
den Bäumen. Diese nachts äsenden Tiere ernähren sich von
zahlreichen Pflanzen und leben – bis auf
die Mutter-Kitz-Paare – solitär.
Größe: Körperlänge 2–2,5 m,
Schwanzlänge 15–20 cm.
Verbreitung: Süd- und Südostasien.
In lichten Wäldern.

Asien

drei verlängerte
Geweihspitzen
beim Bock

dicke Mähne
am Hals

einheitlich
dunkel-
braunes Fell

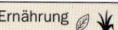

Lebensweise solitär	Tragzeit 240 Tage	Wurfgröße 1	Ernährung ✿ ⸙

Familie CERVIDAE	Art *Elaphurus davidianus*	Bestand stark gefährdet

Davidhirsch

langer Schwanz

Im Gegensatz zu den anderen Hirscharten besitzt dieses
Tier (die Abbildung zeigt ein Weibchen) ein pferdeähn-
liches Gesicht, breite Hufe, einen langen Schwanz und
nach vorn gerichtete Geweihsprosse. Das Fell des Tieres
ist im Winter gräulich braun, im Sommer rotbraun.
Größe: Körperlänge 2,2 m, Schwanzlänge 66 cm.
Verbreitung: In den 80er-Jahren wieder in China eingeführt.
In offenem grasbewachsenem Gelände.
Anmerkung: Das einst in China
weit verbreitete Tier wurde in der
freien Natur ausgerottet, aber
durch Züchtungen in Gefangenschaft gerettet.

Asien

pferde-
ähnliches
Gesicht

große Hufe

Lebensweise gesellig	Tragzeit 283 Tage	Wurfgröße 1	Ernährung ⸙ ✿

| Familie CERVIDAE | Art *Capreolus capreolus* | Bestand stellenweise häufig |

Reh

Ein schwarzes Band an der Schnauze und variable weiße Flecken an Kinn und Kehle charakterisieren diese Hirschart. Das im Sommer rotbraun gefärbte Tier trägt im Winter ein dichtes graues Fell. Beide Geschlechter besitzen einen weißen Spiegel und einen winzigen versteckten Schwanz. Bei den weiblichen Tieren gleicht der Spiegel einem umgekehrten Herzen, während er beim Männchen nierenförmig ist; bei Gefahr wird das Fell an dieser Stelle aufgestellt. Das Geweih des Bocks weist auf jeder Hälfte drei Sprossen und eine raue Oberfläche auf; es wird jeden Winter abgeworfen und erneuert. Meist sind die Tiere in der Morgen- und Abenddämmerung aktiv. Sie ernähren sich von zahlreichen Pflanzen, wie Gräsern, Kräutern, Sträuchern, Efeu und Früchten.
Größe: Körperlänge 1–1,3 m, Schwanzlänge 5 cm.

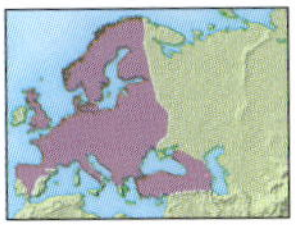

Geweih mit drei Sprossen

schwarze Schnauze

buschiger weißer Spiegel

rotbraunes Fell

Verbreitung: Europa bis Kleinasien. In Wäldern mit Lichtungen oder angrenzenden Weiden.
Anmerkung: Ein naher Verwandter dieser Art ist das Sibirische Reh (Capreolus pygargus).

Eurasien

| Lebensweise variabel | Tragzeit 300 Tage | Wurfgröße 1–3 | Ernährung |

| Familie CERVIDAE | Art *Odocoileus hemionus* | Bestand weniger gefährdet |

Maultierhirsch

Dieser Hirsch ist in vielen Lebensräumen weit verbreitet. Das im Sommer rostfarbene und im Winter graubraune Tier weist variable weiße Flecke auf Gesicht und Kehle sowie ein schwarzes Band auf der Stirn auf. Der Schwanz besitzt eine schwarze Ober- und eine weiße Unterseite – daher der zusätzliche Name Schwarzwedelhirsch. Ebenso wie bei vielen anderen Hirschen dauert die Brunftzeit von September bis November, die Jungen werden in der Regel im Juni geboren. Die Tiere ernähren sich von einigen hundert Pflanzenarten.
Größe: Körperlänge 85–210 cm, Schwanzlänge 10–35 cm.
Verbreitung: Westliches Nordamerika. In Graslandschaften und kultivierten Gebieten an Waldrändern, gelegentlich in städtischen Gebieten.

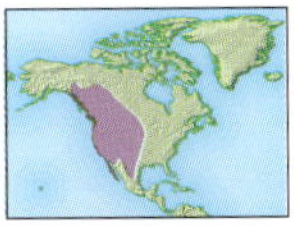

Geweih des Bocks mit vielen Verzweigungen

schwarze Streifen auf der Stirn

variable weiße Flecken im Gesicht

rostbraunes Fell im Sommer

Nordamerika

| Lebensweise gesellig | Tragzeit 203 Tage | Wurfgröße 1–2 | Ernährung |

Familie CERVIDAE	Art *Blastocerus dichotomus*	Bestand bedroht

Sumpfhirsch

Der größte südamerikanische Hirsch ist im Sommer rötlich braun und im Winter dunkler gefärbt. Die Lippen, die Nase und der untere Teil der Gliedmaßen zeigen eine schwarze Färbung. Dank der langen Beine und breiten Hufe kann das Tier gut über marschigen und nassen Boden laufen. Es ernährt sich von Gräsern, Schilfrohr, Wasserpflanzen und Sträuchern. Der Sumpfhirsch lebt allein oder in kleinen Gruppen von zwei oder drei Tieren. Je nach saisonalem Wasserpegel wandert er zwischen den Marschen und höher gelegenen Gebieten hin und her.
Größe: Körperlänge bis zu 2 m, Gewicht 100–140 kg.
Verbreitung: Südöstliches Südamerika. In Marschlandschaften, Überschwemmungsgebieten und an Waldrändern.
Anmerkung: Diese Art wird sehr stark durch den Verlust ihres Lebensraums bedroht.

große, auf der Innenseite weiße Ohren

rötlich braunes Fell wird zum Winter hin dunkler

Südamerika

auffallend lange Beine, schwarze Unterschenkel mit breiten Hufen

Lebensweise variabel	Tragzeit 9 Monate	Wurfgröße 1	Ernährung

Familie CERVIDAE	Art *Pudu pudu*	Bestand bedroht

Südpudu

Dieses Tier gehört zu den zwei kleinwüchsigen Arten. Es besitzt ein langhaariges raues, blassgelbes bis rötlich braunes Fell und einen winzigen Schwanz. Das Geweih des Bocks besteht aus einfachen ca. 8 cm langen Spießen. Die solitär lebende Art ist sowohl tag- wie auch nachtaktiv und sucht bei Gefahr in Dickichten oder im Unterholz Schutz.
Größe: Körperlänge 85 cm, Gewicht bis zu 15 kg.
Verbreitung: Südwestliches Südamerika. In feuchten Wäldern bis zu einer Höhe von 1700 m.

blassgelbes bis rötlich braunes Fell

Rückenmitte rötlich braun

abgerundete Ohren

blassgelbes oder braunes Gesicht

kurze dicke Beine

Südamerika

schmale Hufe

Lebensweise solitär	Tragzeit 202 Tage	Wurfgröße 1	Ernährung

Familie CERVIDAE	Art Rangifer tarandus	Bestand gefährdet*

Rentier

Das Rentier ist die einzige Hirschart, bei der sowohl die Männchen wie auch die Weibchen ein Geweih tragen. Dieses besteht aus großen schaufelähnlichen, knöchernen Stirnbeinauswüchsen. Amerikanische Tiere weisen meist ein braunes Fell mit dunkleren Beinen auf, die eurasischen Formen sind eher grau gefärbt. Die Tiere sind gut an die Kälte angepasst; das Fell ist sehr dicht und isoliert den Körper so gegen Eiswasser und eisige Winde. Das große Geweih und die Vorderhufe werden zum Abkratzen des Schnees von den Flechten benutzt. Die Böcke verlieren ihr Geweih im Frühjahr oder frühen Winter, währen die Weibchen ihres bis zur Geburt der Jungtiere im Mai behalten. Trächtige Weibchen bekämpfen die Böcke, wenn das Futter im Winter knapp wird. Rentiere ernähren sich im Sommer von Gras, Seggen und Kräutern, im Winter von Flechten und Pilzen.

Nordamerika, Grönland, Eurasien

Größe: Körperlänge 1,2–2,2 m, Gewicht 120–300 kg.
Verbreitung: Nördliches Nordamerika, Grönland sowie Nordeuropa bis Ostasien.
Anmerkung: Die Wirtschaft einiger arktischer Völker hängt vom Fleisch, der Haut und der Milch des Rentiers ab; ca. 2 Millionen Tiere sind halb domestiziert.

Migrationsmuster
Einige Rentiere wandern täglich 15 bis 65 km in ein und demselben Gebiet umher, andere ziehen in großen Herden zweimal jährlich 1200 km weit.

großes Schaufelgeweih beim Männchen

dickes Fell zum Schutz vor Kälte

Eurasisches Rentier grau gefärbt

Lebensweise gesellig	Tragzeit 210–240 Tage	Wurfgröße 1	Ernährung 🍄 🌿 🌱

Familie CERVIDAE	Art *Alces alces*	Bestand unbestätigt

Elch

Das größte Mitglied der Familie der Hirsche ist der Elch. Es existieren einige Unterarten; der männliche Nordamerikanische Elch (Abbildung) zeigt eine wesentlich größere Halsfalte als die europäischen Tiere. Alle Elche besitzen eine große stumpfe Schnauze und breite, an Palmwedel erinnernde Geweihe, die an jeder Hälfte 20 Spitzen aufweisen und bis zu 2 m breit sein können. Das Sommerfell ist bräunlich grau, das Winterfell ist gräulich und besteht zum Schutz gegen die strenge Kälte aus längeren Deckhaaren und wolligerem Unterfell. Die langen Beine sind heller gefärbt, die breiten Hufe ermöglichen das Waten durch Wasser und Schlamm und das Gehen auf Schnee. Der Elch bewohnt Waldgebiete, die in der Nähe von Sümpfen oder Seen liegen. Im Sommer steht er oft bis zu den Augen und Nasenlöchern im Wasser und frisst Wurzeln der Wasserlilie und anderer Wasserpflanzen. Daneben ernähren sich die Tiere von Seggen, Schachtelhalmen und anderen belaubten Pflanzen; im Winter besteht das Futter hauptsächlich aus Weiden- und Pappelzweigen. Mithilfe der breiten Schnauze und den beweglichen Lippen kann das Tier Wasserpflanzen ausrupfen und Blätter von Ästen streifen. Die in der Regel solitär lebenden Elche sind manchmal in kleinen Familienverbänden zu finden, die Bullen können sich im Winter zu Junggesellengruppen zusammenschließen. Während der Brunft im Herbst röhren die sonst eher ruhigen Bullen und kämpfen miteinander, um die Rangordnung festzulegen.

Größe: Körperlänge 2,5–3,5 m, Gewicht 500–700 kg.
Verbreitung: Alaska, Kanada sowie Nordeuropa bis Nordasien. In marschigen Wäldern und der Taiga in Wassernähe.
Anmerkung: Der Elch wird wegen seines Fleisches, der Haut und als Jagdtrophäe gejagt.

Alaska, Kanada, Eurasien

schaufel-artiges Geweih

große stumpfe Schnauze

große Halsfalte beim Männchen

Elchkuh mit Kalb
Das Elchkalb wird zwischen Mai und Juni geboren und folgt seiner Mutter bereits nach 1 bis 2 Tagen nach der Geburt. Es wächst sehr schnell und ernährt sich von der gehaltvollen Muttermilch.

Lebensweise variabel	Tragzeit 242–250 Tage	Wurfgröße 1–2	Ernährung

Marschiger Lebensraum

In der Regel leben Elche in der Nähe von Gewässern und Marschlandschaften. Im Morgengrauen und in der Abenddämmerung sind sie am aktivsten, können jedoch aufgrund der langen Dunkelheit im Winter auch tagsüber und im Sommer nachts aktiv sein.

höckerige
Schulter

bräunlich grauer
Körper

Bulle größer und
schwerer als die Kuh

Beine heller
gefärbt

Gabelhornantilope

D ieses hirschähnliche Säugetier verdankt seinen Namen den nach vorn gerichteten Hornenden. Es stellt die einzige Art der Familie Antilocapridae dar.

Zwischen Hirschen und Gabelhornantilopen gibt es mehrere verbindende Merkmale; die Hörner der Antilopen bestehen wie die der Hirsche aus einer über einem knöchernen Kern sitzenden Hornschicht. Sie sind ebenfalls gegabelt, werden abgeworfen und wachsen neu nach. Alle männlichen

Tiere tragen Hörner; auch einige Weibchen besitzen Hörner, doch sind diese meist kleiner und ungegabelt. Jeder Fuß zeigt zwei mit Hufen versehene Zehen.

Gabelhornantilopen leben in den Ebenen und Wüsten Nordamerikas. Sie ernähren sich von Gräsern, Blättern, Sträuchern, Kakteen und Dornenbüschen. In sehr trockenen Gebieten können sie tagelang ohne Wasser überleben, die benötigte Flüssigkeit ist in der Nahrung enthalten.

Familie ANTILOCAPRIDAE	Art *Antilopcapra americana*	Bestand stellenweise häufig

Gabelhornantilope

Das in seinem Lebensraum auch unter dem Namen „Präriegespenst" bekannte Tier kann eine Geschwindigkeit von mehr als 65 km/h erreichen. Die rötliche bis lohfarbene Gabelhornantilope weist einen weißen Spiegel und zwei weiße Bänder am Hals auf; Mähne und Unterseite sind schwarz gefärbt. Das Weibchen trägt zwei Hörner, die jedoch selten die Ohren überragen, während die des Männchens bis zu 25 cm lang werden können. Die Hörner sind an den Enden zurückgebogen und besitzen von der oberen Hälfte ausgehende nach vorn gerichtete Spitzen. Das weiße Haar am Spiegel wird bei drohender Gefahr als Warnsignal aufgerichtet und kann aus großer Entfernung gesehen werden. Im Winter können die Gabelhornantilopen aus verschiedenen Altersstufen und Geschlechtern bestehende Herden von ca. 1000 Tieren bilden; im Sommer teilen sie sich in kleinere Gruppen auf.

Größe: Körperlänge 1–1,5 m, Gewicht 36–70 kg .

Verbreitung: Südkanada bis USA. In Graslandschaften und Wüsten.

nach vorn gerichtete Hornspitzen •

zwei weiße Bänder am Hals •

weißes Fell am Spiegel wird bei Gefahr aufgerichtet •

Nordamerika

Lebensweise variabel	Tragzeit 36 Wochen	Wurfgröße 1–2	Ernährung ⬇ 🍃

Giraffen und Okapis

N ur zwei Arten, die Giraffen und die Okapis, bilden die Familie Giraffidae. Sie sind beide in Afrika heimisch und ähneln einander in verschiedenen äußeren Merkmalen; Kopf, Zunge, Hals, Körper, Beine und Schwanz sind bei allen Tieren – vor allem aber bei den Giraffen – schlank und verlängert. Beide Arten besitzen hornähnliche Verknöcherungen auf Knorpelbasis oder kurze konisch geformte Vorsprünge am Kopf (diese weisen jedoch nur die männlichen Okapis auf). Sie rupfen die Pflanzen mit ihren zum Greifen geeigneten Zungen; die gelappten Eckzähe werden dabei wie ein Laubrechen benutzt.

Deutliche Unterschiede bestehen bezüglich Lebensraum und Lebensweise. Giraffen bewohnen die offenen Savannen. Obwohl sie ihre individuellen Territorien besitzen, vereinigen sie sich häufig zu offenen Herden. Die Okapis bevorzugen dichte Wälder und leben solitär oder als Paar; nur die männlichen Tiere haben ihr eigenes Territorium.

Familie GIRAFFIDAE	Art *Okapia johnstoni*	Bestand weniger gefährdet

Okapi

Das glänzende Fell der Art erscheint je nach Lichteinfallswinkel tiefrot, violett, braun oder schwarz. Die obere Kopfhälfte und der Hals sind weiß. Am Rumpf und an den oberen Hälften der Gliedmaßen sind zebraähnliche Streifen zu sehen, die dem Okapi sein charakteristisches Aussehen verleihen. Das scheue und geheimnisvolle Tier frisst in dichten Wäldern; beim Umherziehen verlässt es sich eher auf sein Gehör als auf die Augen. Es stößt einen „Tschaff"-Laut aus, wenn es Artgenossen trifft. Das Weibchen ist größer und schwerer als das Männchen, das ein Paar kurzer Hörner auf der Stirn besitzt. Das Okapi windet beim Fressen seine lange schwarze, zum Greifen geeignete Zunge um die Pflanzen; das weibliche Tier benutzt die Zunge auch zur eigenen Fellpflege und der des Jungen. Im Vergleich zu anderen Huftierarten ist die Bindung zwischen Mutter und Kalb nicht sehr stark.
Größe: Körperlänge 2–2,2 m, Gewicht 200–350 kg.
Verbreitung: Zaire. In dichten, feuchten äquatorialen Wäldern.
Anmerkung: Das Okapi wurde einst auch „Waldzebra" genannt und erst im Jahr 1900 als separate Art identifiziert.

Mittelteil des Kopfes weiß

Verknöcherungen

nach hinten gerichtete Ohren

langer Hals zum Abweiden der Bäume

nach hinten abfallender Rumpf

Afrika

braunes bis schwarzes Fell

waagrechte Streifen auf den oberen Gliedmaßenhälften

Beine unterhalb der Knie weiß

Lebensweise solitär/paarweise	Tragzeit 425–491 Tage	Wurfgröße 1	Ernährung

Familie GIRAFFIDAE	Art *Giraffa camelopardalis*	Bestand weniger gefährdet

Giraffe

Afrika

Das längste aller Landsäugetiere kann eine Höhe von bis zu 5,5 m erreichen; damit und mit dem verlängerten Schädel und der langen Zunge ist es hervorragend an das Abweiden von Bäumen angepasst. Weitere Merkmale sind die großen Augen und Ohren, der sich von den Schultern zum Rumpf deutlich neigende Rücken, die stelzen-ähnlichen Beine mit den schweren Füßen und der dünne buschige Schwanz, mit dem die Tiere Fliegen verscheuchen; beide Geschlechter besitzen zwei bis vier Hörner. Die Giraffe frisst und trinkt morgens und abends und käut während der größten Hitze wieder. Nachts erholt sie sich stehend. Die Rangordnung der Männchen wird durch langsame ritualisierte Handlungen festgelegt; zwei Männchen stehen parallel zuei-nander, schwingen ihre Hälse und schlagen einander mit den Seiten ihrer Köpfe. Die Kühe paaren sich mit dem lokalen Leittier. Das neugeborene Kalb ist 2 m groß und steht bereits 20 Minuten nach der Geburt auf seinen eigenen Beinen. Es wird mit 13 Monaten entwöhnt, bleibt aber noch weitere 2 bis 5 Monate bei der Mutter.
Größe: Körperlänge 3,8–4,7 m, Gewicht 0,6–1,9 t.
Verbreitung: Afrika (südlich der Sahara). In trockenen Savannen und lichten Wäldern mit vereinzelten Akazien.

massiver Schultergürtel zur
Unterstützung des Halses •

gespreizte
• Vorderbeine

langer beweglicher •
Hals

große schwarze
• Nasenlöcher

Flecke •
beim
Jungtier
heller

Wie Giraffen trinken

Zum Trinken beugt sie ihren Hals nach unten. Das Herz pumpt das Blut mit enormem Druck zum Gehirn; bei geneigtem Kopf steuern Gefäßklappen den Blutdruck und verhindern mögliche Gehirnschäden.

Lebensweise variabel	Tragzeit 457 Tage	Wurfgröße 1	Ernährung 🍃

hervorstehende
große Augen

verlängerte Mähne
am Hals

langer Hals
zum Erreichen
von Pflanzen in
großen Höhen

kräftige
Vorderbeine

verblassende Flecke
am Bein

große Füße mit
schweren Hufen

weißes Fell am
Ohrenrand

weiß umrandete
kastanienbraune Flecke

Verschiedene Flecke

Die neun Unterarten der Giraffen
können anhand ihrer Zeichnung
unterschieden werden. Die Netz-
giraffe (Abbildung) weist deutlich
abgegrenzte kastanienbraune
Flecke auf, die von dünnen
weißen Linien umrahmt sind.

Hals weist wie bei anderen
Wirbeltieren sieben
Wirbelkörper auf

Das Beste erreichen

Zur bevorzugten Nahrung der Giraffen zählen Akazien, Mimo-
sen und wilde Aprikosen. Die Tiere ziehen die höchsten Äste
mit ihrer langen beweglichen Zunge zum Maul, fassen die
Blätter mit ihren gelappten Zähnen und reißen sie mit einer
ruckartigen Kopfbewegung ab.

Rinder, Antilopen und Verwandte

D ie Familie Bovidae (Hornträger) ist mit den 140 Arten sehr mannigfaltig. Ihre Mitglieder reichen vom großen Bison bis zum kleinen Ducker und umfassen Antilopen, wie das Gnu und die Impala, sowie Rinder, Schafe und Ziegen.

Die Rinderartigen ähneln einander in vielen Merkmalen; sie besitzen jeweils zwei große mit Hufen versehene Zehen an den Füßen, die so die typische Hufform der Artiodactyla (Paarhufer) aufweisen. An beiden Fußseiten ist in der Regel noch ein kleinerer Zeh zu sehen. Bei den meisten Tieren dieser Familie tragen beide Geschlechter ungegabelte Hörner, die einen knöchernen Kern besitzen. Sie können lang oder kurz, gerade oder gedreht, kantig oder glatt sein. Viele Arten kommen in Afrika vor, andere sind in Eurasien und Nordamerika beheimatet. Einige domestizierte Rinderarten – die Rinder auf den Bauernhöfen, Schafe und Ziegen – wurden weltweit verbreitet und sind von großer wirtschaftlicher Bedeutung.

Familie BOVIDAE	Art *Tragelaphus spekei*	Bestand weniger gefährdet

Wasserkudu

Diese Art besitzt bewegliche Fußgelenke und spitze Hufe, die weit gespreizt werden können. Ausgewachsene Männchen sind grau- bis schokoladenbraun, die Weibchen zeigen meist eine leuchtend kastanienbraune Färbung. Beide Geschlechter weisen eine weiße Markierung zwischen den Augen und weiße Flecke auf Wangen und Rumpf auf. Nur die männlichen Tiere besitzen Hörner, die kantig und gedreht sind. Der Wasserkudu ernährt sich von blühender Vegetation. Bei Gefahr durch Fressfeinde flüchtet er schnell ins Wasser. Die Weibchen sind allein oder in Gruppen von drei Tieren zu finden. Das ausgewachsene männliche Tier lebt solitär und gibt – gewöhnlich nachts – bellende Laute von sich, um andere Männchen fern zu halten. Begegnen sich zwei Männchen, nehmen sie eine aggressive Haltung ein und wetzen ihre Hörner am Boden.

Größe: Körperlänge 1,2–1,7 m, Gewicht 50–125 kg.
Verbreitung: West- bis Zentralafrika. In Regenwäldern und feuchten Gebieten der afrikanischen Savanne.

kantige und gedrehte Hörner

Hörner nur beim Männchen

Markierung zwischen den Augen

Männchen graubraun gefärbt

braunes bis leuchtend kastanienbraunes Fell beim Weibchen

Afrika

Im Wasser versunken

Das Tier frisst morgens, abends und manchmal auch nachts Unterwasserpflanzen, kann sich aber auch auf die Hinterbeine stellen, um Seggen und andere Pflanzen zu erreichen.

Lebensweise variabel	Tragzeit 247 Tage	Wurfgröße 1	Ernährung

Familie BOVIDAE	Art *Tragelaphus eurycerus*	Bestand weniger gefährdet*

Bongo

Die farbenfroheste Antilope weist weiße Wangen- und Brustflecke sowie weiße senkrechte Streifen auf dem kastanienbraunen Körper auf. Das Tier äst nachts und ernährt sich von proteinreicher Vegetation.

Größe: Körperlänge 1,7–2,5 m, Gewicht 210–405 kg.

Verbreitung: West- und Zentralafrika. In Wäldern.

Anmerkung: Die Art ist die größte Waldantilope.

Afrika

leierförmig gebogene Hörner

senkrechte weiße Streifen

weiße Wangenflecken

Lebensweise variabel	Tragzeit 282–287 Tage	Wurfgröße 1	Ernährung

Familie BOVIDAE	Art *Tragelaphus angasi*	Bestand weniger gefährdet

Nyala

Das männliche Tier weist eine braungraue Färbung mit Streifen und nur kurze Hörner auf. Weibliche Tiere besitzen keine Hörner und sind ebenso wie die jugendlichen Tiere rötlich braun gefärbt, mit senkrechten weißen Körperstreifen und einer weißen V-förmigen Markierung zwischen den Augen. Das morgens und abends aktive Nyala äst Weibchen und Jungtiere bilden kleine Herden, die Männchen leben solitär.

Größe: Körperlänge 1,4–1,6 m, Gewicht 55–125 kg.

Verbreitung: Südafrika. In dichtem Buschwerk in Wassernähe.

Afrika

gedrehte Hörner

buschiger Schwanz

hellbraune untere Beinhälften

Lebensweise gesellig	Tragzeit 220 Tage	Wurfgröße 1	Ernährung

Familie BOVIDAE	Art *Tragelaphus scriptus*	Bestand stellenweise häufig

Buschbock

Diese Antilope ernährt sich hauptsächlich von Kräutern und Hülsenfrüchten. Das Männchen ist einheitlich dunkelbraun bis schwarz gefärbt, mit weißen Markierungen an Hals und Rumpf, die je nach Unterart variieren. Die in Buschlandschaften heimischen Weibchen sind hellbraun, die in Wäldern lebenden rötlicher gefärbt. Der Buschbock ähnelt dem Wasserkudu (s. gegenüberliegende S.), besitzt jedoch weniger gedrehte Hörner.

Größe: Körperlänge 1,1–1,5 m, Gewicht 25–80 kg.

Verbreitung: Afrika (südlich der Sahara, außer Südwestafrika). In Wäldern und Buschwerk in Wassernähe.

Afrika

Hörner nur beim Männchen

kräftige Hinterbeine

weißliche Unterschenkel

Lebensweise solitär	Tragzeit 6 Monate	Wurfgröße 1	Ernährung

Familie BOVIDAE	Art *Tragelaphus strepsiceros*	Bestand weniger gefährdet*

Großer Kudu

Afrika

Dies ist eine der größten Antilopenarten. Die Tiere weisen ein vorwiegend graues Fell mit einer weißen V-förmigen Markierung unterhalb der Augen und Punkten auf jeder Gesichtshälfte auf. Sie besitzen trichterförmige Ohren und lange Fransen an der Kehle. Die Hörner der Männchen werden 1,7 m lang und sind somit die längsten aller Antilopen. Das sowohl tag- wie auch nachtaktive Tier ernährt sich von Blättern, Kräutern, Knollen, Blumen und Früchten. Die Weibchen bilden nichthierarchische Verbände von fünf oder sechs Tieren, die Männchen schließen sich zu Junggesellengruppen von zwei bis zehn Individuen zusammen. Während der Brunft verhaken rivalisierende Männchen ihre Hörner miteinander und schieben und drehen einander, um den Gegner umzuwerfen. Dank des ausgezeichneten Gehörs können die Tiere Fressfeinde sehr früh lokalisieren. Bei Gefahr stehen die Großen Kudus regungslos oder ergreifen die Flucht; dabei können sie Hindernisse von mehr als 2 m Höhe überspringen.
Größe: Körperlänge 2–2,5 m, Gewicht 120–315 kg.
Verbreitung: Ost- bis Südafrika. In lichten Wäldern und dichtem Buschwerk, häufig in felsigen oder bergigen Gebieten.
Anmerkung: Die durch den Verlust ihres Lebensraums gefährdete Art wird zudem wegen ihres Fleisches und zu sportlichen Zwecken gejagt.

Wasserabhängig

Der Große Kudu ist in Wäldern oder bergigen Buschlandschaften in Wassernähe zu finden. Während der größten Hitze am Nachmittag erholt sich das Tier.

beim Männchen Mähne an Hals und Rücken

gräulich bis rötlich brauner Körper

Hörner der Männchen sind die längsten aller Antilopen

gedrehte Hörner werden in Kämpfen mit Rivalen miteinander verhakt

auffällige weiße Körperstreifen

Lebensweise gesellig	Tragzeit 9 Monate	Wurfgröße 1	Ernährung

Familie BOVIDAE	Art *Taurotragus oryx*	Bestand weniger gefährdet

Elenantilope

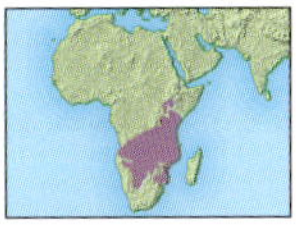

Das charakteristische Merkmal beider Geschlechter der größten Antilopenart sind die eng gedrehten Hörner. Die Tiere besitzen 2 bis 15 senkrechte cremeweiße Streifen auf dem Oberkörper; die Männchen weisen einen bräunlich schwarzen „Dutt" aus verfilztem Haar auf dem Kopf auf. Weibchen schließen sich zum Schutz der Jungtiere zu Herden zusammen. Die Körpertemperatur der Tiere kann während der Trockenzeit um 7° C steigen – so wird der durch das Schwitzen verursachte Wasserverlust vermieden.
Größe: Körperlänge 2,1–3,5 m, Gewicht 300–1000 kg.
Verbreitung: Ost-, Zentral- und Südafrika. In offenen Ebenen, trockenen Savannen, bergigen Graslandschaften und hoch gelegenen Wäldern.

Hörner mit engen Drehungen

Schulterbeule

Afrika

schwarze Schwanzspitze

bräunlicher Körper

Lebensweise variabel	Tragzeit 254–277 Tage	Wurfgröße 1	Ernährung

Familie BOVIDAE	Art *Boselaphus tragocamelus*	Bestand weniger gefährdet

Nilgau-Antilope

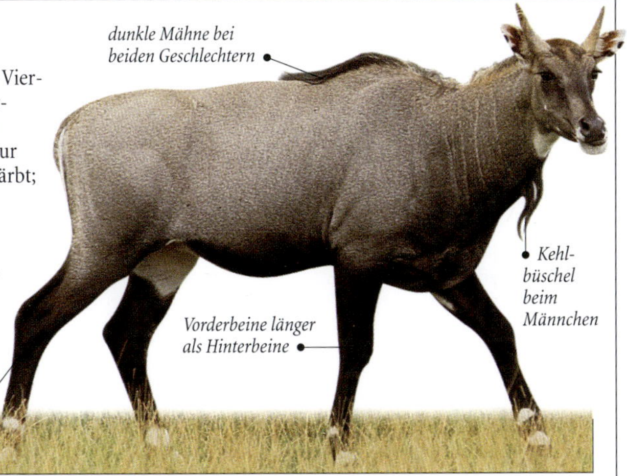

Diese Art gehört zusammen mit der Vierhornantilope (s. S. 352) zu der Unterfamilie Boselaphinae. Das Tier wird auch Blaubock genannt, doch sind nur die Männchen grau bis blaugrau gefärbt; die Weibchen sind lohfarben.
Größe: Körperlänge 1,8–2,1 m, Gewicht bis zu 300 kg.
Verbreitung: Südasien. In dünn bewaldeten Gebieten, niedrigem Dschungel und offenen Ebenen.

dunkle Mähne bei beiden Geschlechtern

Kehlbüschel beim Männchen

Vorderbeine länger als Hinterbeine

Asien

dunklere Unterschenkel

Lebensweise gesellig	Tragzeit 243–247 Tage	Wurfgröße 1–2	Ernährung
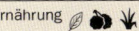

| Familie BOVIDAE | Art *Tetracerus quadricornis* | Bestand bedroht |

Vierhornantilope

Diese Art ist einzigartig unter den Hornträgern, da das männliche Tier zwei Paar Hörner besitzt. Die Vierhornantilope besitzt eine schwarze Schnauze und schwarze Ohrenaußenseiten. Ihr Fell ist bräunlich, mit einem dunklen Streifen auf der Vorderseite der Beine. Das kleine flinke, solitär lebende Tier grast in der Regel in Wassernähe. Zur Identifikation benutzt es einen Pfeifton, bei Gefahr bellt es.
Größe: Körperlänge 80–100 cm, Gewicht 17–21 kg.
Verbreitung: Indien und Nepal.
An bewaldeten Hängen in Wassernähe.

große abgerundete Ohren

Asien

bräunliches Fell

auffällige schwarze Schnauze

| Lebensweise solitär | Tragzeit 7–8 Monate | Wurfgröße 1–2 | Ernährung |

| Familie BOVIDAE | Art *Bubalus depressicornis* | Bestand gefährdet |

Gemsbüffel

Diese kleine Art ist dunkelbraun bis schwarz und zeigt eine latzartige helle Zeichnung sowie Gesichts- und Beinflecke. Die kurzen Hörner sind diagonal nach hinten gerichtet, so kann das Tier gut durch dichte, sumpfige Wälder gelangen. Es frisst morgens Früchte, Blätter, Farne und Zweige.
Größe: Körperlänge 1,6–1,7 m, Gewicht 150–300 kg.

Verbreitung: Sulawesi. In tief gelegenen und sumpfigen Wäldern.
Anmerkung: Diese Art gehört zu den kleinsten wild lebenden Rindern.

gedrungener Körper

abgeflachte Hörner

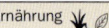

kurze Beine

Asien

| Lebensweise solitär | Tragzeit 9–10 Monate | Wurfgröße 1 | Ernährung |

| Familie BOVIDAE | Art *Bubalus arnee* | Bestand gefährdet |

Asiatischer Wasserbüffel

Dieses Tier ist schon seit Jahrhunderten domestiziert und überall auf der Welt verbreitet. In der freien Natur kommen nur noch verstreute kleine Populationen vor. Die Weibchen leben in stabilen Gruppen, die von einer Leitkuh angeführt werden. Dominante Männchen stoßen während der Regenzeit dazu, um sich zu paaren. Der Büffel ernährt sich von frischer Vegetation und ruht während der Mittagszeit oder wälzt sich im Schlamm.
Größe: Körperlänge 2,4–3 m, Gewicht bis zu 1,2 t.
Verbreitung: Indien, Nepal und vermutlich Thailand. In Feuchtgebieten.

schmaler Kopf

geriffelte Hörner

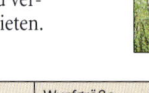

grauschwarzer Körper

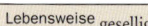
Asien

| Lebensweise gesellig | Tragzeit 300–340 Tage | Wurfgröße 1 | Ernährung |

| Familie BOVIDAE | Art *Syncerus caffer* | Bestand stellenweise häufig* |

Kaffernbüffel

Afrikas einzige rinderähnliche Art ist in den verschiedensten Lebensräumen zu finden, jedoch niemals weiter als 15 km von der nächsten Wasserstelle entfernt. Das männliche Tier ist größer als das weibliche und besitzt schwerere Hörner, die sich an einem Buckel auf der Stirn treffen; außerdem weist es einen Schulterhöcker und kurze Fransen an der Halsfalte auf. Die sehr geselligen, nachtaktiven Kaffernbüffel bilden – wenn ausreichend Futter vorhanden ist – Herden von 2000 Tieren. Während der Trockenzeit teilen sie sich in kleinere Gruppen auf, die jeweils aus Mutter-Kind-Paaren und Junggesellen bestehen.
Größe: Körperlänge 2,1–3,4 m, Gewicht bis zu 685 kg.
Verbreitung: West-, Zentral-, Ost- und Südafrika. In primären und sekundären Wäldern, Savannen, Sümpfen, grasbewachsenen Ebenen und den Bergen.

Afrika

dicker Stirnbuckel beim Männchen

nackte Schnauze

große Füße mit abgerundeten Hufen

| Lebensweise gesellig | Tragzeit 340 Tage | Wurfgröße 1 | Ernährung |

| Familie BOVIDAE | Art *Bos javanicus* | Bestand gefährdet |

Banteng

Diese Art ähnelt im Aussehen domestizierten Kühen. Das Männchen ist schwärzlich bis kastanienbraun, während Weibchen und Jungtiere rötlich braun gefärbt sind. Unterseite, Beine und Rumpfflecke sind bei allen Tieren weiß. Die männlichen Hörner sind bogenförmig, die Spitzen weisen nach innen. Bei den Weibchen sind die Hörner kleiner und halbmondförmig. Die Tiere ernähren sich während der Trockenzeit von Gräsern, zur Zeit des Monsuns wandern sie in die Berge, um Bambus und Kräuter zu fressen. Weibchen, Jungtiere und ein einzelnes Männchen leben in Herden von 2 bis 40 Tieren, die Junggesellen bilden eigene Gruppen.
Größe: Körperlänge 1,8–2,3 m, Gewicht 400–900 kg.
Verbreitung: Burma, Java und Borneo. In Wäldern und Dickichten mit Lichtungen.
Anmerkung: Wild lebende Tiere sind selten und ihr Lebensraum verkleinert sich schnell.

Proportionen erinnern an domestizierte Kühe

Hörner beim Weibchen kleiner

Weibchen rötlich braun

weiße „Strümpfe"

Asien

| Lebensweise gesellig | Tragzeit 9,5 Monate | Wurfgröße 1–2 | Ernährung |

Familie BOVIDAE	Art *Bos grunniens*	Bestand bedroht

Yak

Diese Tiere sind bräunlich schwarz und besitzen zotteliges langes Haar, das an den Seiten fast bis zum Boden reicht. Sie wurden vor langer Zeit in Asien wegen ihrer Wolle, des Fleisches, der Milch, des Leders und als Lasttier domestiziert. Der wilde Yak ist größer und kommt sehr selten vor; er lebt in einsamen, kalten Steppen-regionen. Sein dichtes, weiches Wollhaar ist stark verfilzt und schützt ihn so vor der extremen Kälte. Die Tiere ernähren sich von Gräsern, Kräutern und Flechten, zur Deckung des Wasserbedarfs fressen sie Eis und Schnee. Weibchen und Jungtiere bilden große Herden, ausgewachsene Männchen leben solitär oder ziehen in Junggesellengruppen umher. Während der Paarungszeit, die im September be-ginnt und einige Wochen dauert, kämpfen rivalisie-rende Bullen miteinander. Jedes zweite Jahr wird ein einzelnes Kalb geboren und von der Mutter aufge-zogen; im Alter von einem Jahr ist es unabhängig. Natürlicher Feind dieser Tiere ist der Tibetanische Wolf. Bei Gefahr versteifen die Yaks ihren Schwanz und galoppieren davon; sie können dabei weite Strecken zurücklegen.

Größe: Körperlänge bis zu 3,3 m, Gewicht bis zu 525 kg.

Verbreitung: Indien (Kaschmir) bis Tibet und China (Qinghai). In trockenen Steppen bis zu 6000 m Höhe.

Asien

Verschiedene Farben

Domestizierte Yaks können gefleckt, schwarz, braun oder rot sein. Im Sommer besitzen sie ein kürzeres Fell mit mehr Farbvarianten.

beide Geschlechter besitzen Hörner •

bräunlich schwarzes Fell •

hohe Schulter • mit Höcker

• Fransen im unteren Schulterbereich

sehr lange • Deckhaare

Lebensweise variabel	Tragzeit 258 Tage	Wurfgröße 1	Ernährung

| Familie BOVIDAE | Art *Bos gaurus* | Bestand bedroht* |

Dschungelrind

Das größte der wilden Rinder weist einen massigen Körper und einen Höcker auf. Das Fell ist rötlich, bräunlich oder schwarz, mit weißen „Strümpfen" an den unteren Hälften der Gliedmaßen. Beide Geschlechter besitzen nach oben gerichtete Hörner, die bis zu 1,1 m lang werden können. Brunftige Bullen „singen" – sie geben tiefe bellende Laute von sich, die über große Distanzen hinweg zu hören sind.
Größe: Körperlänge 2,5–3,3 m, Gewicht 650–1000 kg.
Verbreitung: Süd- bis Südostasien. In immergrünen und Laub tragenden bergigen Wäldern.

Asien

gekrümmte Hörner mit gelbem Ansatz und schwarzer Spitze

großer Kopf

gedrungene weiße Beine

| Lebensweise gesellig | Tragzeit 270–280 Tage | Wurfgröße 1 | Ernährung |

| Familie BOVIDAE | Art *Bison bonasus* | Bestand gefährdet |

Wisent

Diese Art war in der freien Natur bereits ausgerottet, wurde aber in Naturparks erfolgreich gezüchtet und im Bialowieza-Wald an der polnischen und belarussischen Grenze wieder ausgesetzt. Die letzten genetischen Untersuchungen ergaben, dass diese Tiere wahrscheinlich Artgenossen des Amerikanischen Bisons (s. S. 356–357) sind. Sie besitzen ein helleres und kürzeres Fell, ähneln ihrem amerikanischen Verwandten jedoch in Lebensraum und Sozialverhalten. Beide Geschlechter besitzen nach oben gerichtete Hörner; sie ernähren sich hauptsächlich grasend, äsen aber auch.
Größe: Körperlänge 2,1–3,4 m, Gewicht 300–920 kg.
Verbreitung: Osteuropa. In bewaldeten Gebieten, Graslandschaften und Nadelwäldern.

gut ausgebildeter Schulterhöcker

Europa

bräunlich schwarzes Fell

Hinterbeine heller als Vorderbeine

| Lebensweise gesellig | Tragzeit 260–270 Tage | Wurfgröße 1 | Ernährung |

Familie BOVIDAE	Art Bison bison	Bestand weniger gefährdet

Amerikanischer Bison

Das massive Tier – auch Amerikanischer Büffel genannt – erreicht aufgrund seines gut ausgebildeten Schulterhöckers eine Höhe von 2 m. An Kopf, Hals, Schultern und Vorderbeinen wächst langes zotteliges, schwarzes Haar, der Rest des Körpers ist mit kürzerem und hellerem Fell bedeckt. Der große schwere Kopf weist eine breite Stirn mit nach oben gerichteten kurzen Hörnern und einem unordentlichen Bart auf. Das männliche Tier ist wesentlich größer als das weibliche. Der Amerikanische Bison ist trotz seiner kompakten Form ein flinker Läufer – er kann Geschwindigkeiten von bis zu 60 km/h erreichen. Geruchs- und Gehörsinn sind sehr gut entwickelt und ermöglichen ein frühzeitiges Erkennen von Gefahr. Hierarchische Mutter-Kind-Verbände bilden offene Herden; die Männchen schließen sich zu Junggesellengruppen zusammen und begleiten die Weibchen nur während der Paarungszeit. Die Bullen führen heftige Kämpfe um die Weibchen durch, bei denen sie einander bedrohen und mit dem Kopf rammen.

Früher, als noch riesige Herden durch die USA, Kanada und Alaska zogen, machten die Bisons jährliche Wanderungen von einigen hundert Kilometern auf traditionellen Wegen.

Größe: Körperlänge 2,1–3,5 m, Gewicht 350–1000 kg.

Verbreitung: USA (Yellowstone National Park) und Kanada (Wood Buffalo National Park). In Graslandschaften, lichten Wäldern und den Bergen.

Anmerkung: Vor kurzem durchgeführte genetische Studien ergaben, dass das Wisent (s. S. 355) enger mit dem Amerikanischen Bison verwandt ist als bisher angenommen.

auffälliger Schulterhöcker beim Männchen

nach oben gerichtete kurze Hörner

großer kompakter Kopf mit breiter Stirn

wuchernder dunkler Bart

Abhängig von Schutzmaßnahmen

Die einst ca. 50 Millionen Exemplare umfassende Art wurde durch extensive Jagd nahezu ausgerottet. Zwar stieg die Zahl der Tiere durch Schutzmaßnahmen wieder etwas an, doch sind die meisten Bisons in Gefangenschaft lebende Tiere oder deren Nachkommen.

Lebensweise gesellig	Tragzeit 285 Tage	Wurfgröße 1	Ernährung ↯

Winterwanderungen

Der Amerikanische Bison wandert im Winter auf der Suche nach Nahrung in Richtung Süden. Von Natur aus ist er jedoch territorial.

Nordamerika

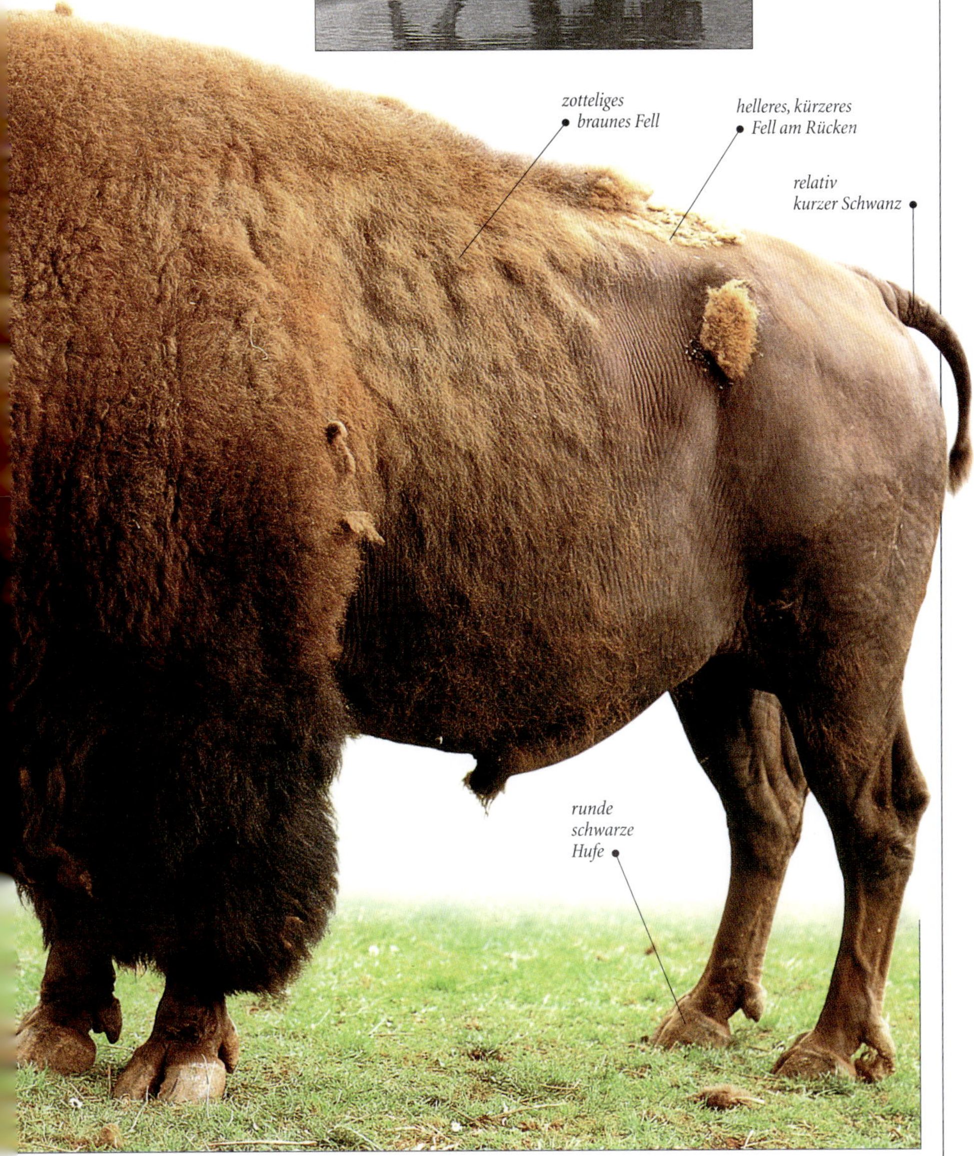

zotteliges braunes Fell

helleres, kürzeres Fell am Rücken

relativ kurzer Schwanz

runde schwarze Hufe

Familie BOVIDAE	Art *Cephalophus natalensis*	Bestand weniger gefährdet

Rotducker

Diese kleine Antilope gehört zu den ca. 18 existierenden Duckerarten. Aufgrund der längeren Hinterbeine ist der Rücken der Tiere gewölbt. Die Körperfärbung variiert zwischen rotorange und dunkelbraun, der Schwanz ist an der Wurzel rötlich und weist eine buschige schwarzweiße Spitze auf. Beide Geschlechter besitzen in der Regel kurze nach hinten gerichtete Hörner mit einem Kamm aus langem Haar dazwischen; unterhalb der Augen befinden sich Duftdrüsen. Ducker erstarren mitten im Lauf oder sinken zu Boden, wenn sie einen Fressfeind erspähen; werden sie von diesem entdeckt, ergreifen sie in höchster Geschwindigkeit die Flucht. Als Alarmsignal stampfen sie mit ihren Hinterfüßen auf – andere Savannen-Antilopen benutzen hierzu die Vorderfüße.

rotoranges Fell

raues langes Haar am Hals

kleine konische Hörner

Größe: Körperlänge 70–100 cm, Gewicht 13 kg.
Verbreitung: Zaire und Südtansania bis Südafrika. In dichtem Buschwerk und Wäldern.

Afrika

Lebensweise paarweise	Tragzeit 120 Tage	Wurfgröße 1	Ernährung 🌾 🍃 🐿 🐦 🐀 🦎 🐜

Familie BOVIDAE	Art *Sylvicapra grimmia*	Bestand stellenweise häufig

Echter Ducker

Eine buschige Stirn, dunkle Nasenstreifen und große spitze Ohren charakterisieren diese Art. Die Körperoberseite ist grau bis rötlich gelb, die Unterseite weißlich gefärbt. Weibliche Ducker sind meist größer und schwerer als die Männchen, die ca. 11 cm lange spitze Hörner besitzen. Die Tiere grasen nachts; sie fressen Blätter, Früchte, Blumen, Knollen, Insekten, Frösche, Vögel, kleine Säugetiere und sogar Aas. Der Echte Ducker kann lange Zeit ohne Wasser überleben; während der Regenzeit trinkt er gar nicht, sondern deckt seinen Flüssigkeitsbedarf mit Früchten. Manchmal stellt er sich auf die Hinterbeine, um an das Futter zu gelangen. Diese Antilopenart kann sich an ein breites Nahrungsspektrum und die verschiedensten Lebensräume anpassen und somit erfolgreich überleben.

Hinterteil kann dunkler gefärbt sein

lange rötliche Haarbüschel auf der Stirn

braune oder schwarze Streifen auf der Nase

braune bis schwarze Fesseln

Größe: Körperlänge 70–120 cm, Gewicht 12–25 kg.
Verbreitung: Senegal bis Äthiopien und Südafrika. In Savannen und bergigen Regionen.

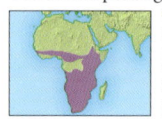

Afrika

Lebensweise solitär/paarweise	Tragzeit 191 Tage	Wurfgröße 1	Ernährung 🍃 🐿 🗡 🐜 🐦 🐀 🦫

Familie BOVIDAE	Art Kobus ellipsiprymnus	Bestand weniger gefährdet

Wasserbock

Diese Art ist eine der schwersten Antilopen. Hals und Rumpf sind lang, die Beine kurz. Die Färbung reicht von grau bis rötlich braun, mit zunehmendem Alter dunkelt das Fell nach. Augenbrauen, Schnauze, Kehle, Körperunterseite, Spiegel und Hufoberseiten sind mit weißen Flecken versehen. In speziellen Hautdrüsen wird ein nach Moschus riechendes Öl produziert, das das Fell wasserdicht macht. Die männlichen Tiere besitzen geringelte, bis zu 1 m lange Hörner. Bei einem Angriff kämpft der Wasserbock entweder mit seinen Hörnern und Hufen oder versteckt sich so im Wasser, dass nur noch die Nasenlöcher zu sehen sind.
Größe: Körperlänge 1,3–2,4 m, Gewicht 50–300 kg.
Verbreitung: West-, Zentral- und Ostafrika. In Savannen mit kleinen Wäldern und stehenden Gewässern.

graues bis rötlich braunes Fell

langes raues Fell am Hals

Afrika

auffällig geringelte Hörner

Lebensweise variabel	Tragzeit 9 Monate	Wurfgröße 1	Ernährung 🌿 ✎

Familie BOVIDAE	Art Kobus leche	Bestand weniger gefährdet

Litschi

Dieses Tier lebt auf ebenem Schwemmland und in Sümpfen. Es besitzt eine kastanienbraune bis schwarze Körperoberseite, eine weiße Unterseite und schwarze Streifen an den Beinen. Die Männchen tragen dünne, leierförmige Hörner. Die Tiere ernähren sich von Gräsern und Wasserpflanzen, die durch die jahreszeitlich bedingten unterschiedlichen Wasserstände freigelegt werden. Das Litschi ist mit den kräftigen Hinterbeinen und den verlängerten Hufen gut an das Waten im Wasser und an das Schwimmen angepasst; es bewegt sich springend durch flaches Wasser und geht nur zur Erholung und zum Kalben an Land. Die Tiere bilden große offene Herden; kommen sie in großer Anzahl vor, versammeln sich die Männchen an höher gelegenen Stellen – den so genannten Balzständen – und gelangen mithilfe ritualisierter Zurschaustellungen ihrer Körpereigenschaften zu Paarungsrechten.
Größe: Körperlänge 1,3–2,4 m, Gewicht 79–103 kg.
Verbreitung: Zentral- bis Südafrika. In Feuchtgebieten.

Hinterbeine länger als Vorderbeine

heller weißer Streifen oberhalb der Augen

breite verlängerte Hufe

schwarze Markierungen an den Beinen

Afrika

Lebensweise gesellig	Tragzeit 7–8 Monate	Wurfgröße 1	Ernährung 🌿 ✎ 🌱

Familie BOVIDAE	Art Kobus kob	Bestand weniger gefährdet

Moorantilope

Diese kräftige und anmutige Antilope weist einen hellen zimtfarbenen bis braunschwarzen Körper, weiße Flecke auf Gesicht und Kehle sowie schwarze Beinstreifen und Füße auf. Das Männchen besitzt auffällig geringelte und leierförmige Hörner. Kommen die Tiere in großer Anzahl vor, versammeln sich die Männchen an höher gelegenen Stellen – den so genannten Balzständen – und gelangen mithilfe ritualisierter Zurschaustellungen ihrer Körpereigenschaften zu Paarungsrechten; nur selten finden wirkliche Kämpfe statt. Ist die Anzahl der Moorantilopen jedoch gering, halten die männlichen Tiere ein Territorium besetzt und hindern die Weibchen daran, dieses zu verlassen, indem sie sie zusammentreiben. Die Antilopen sind morgens und abends aktiv und brauchen täglich Wasser. Bei Gefahr stoßen sie einen hohen blökenden Laut aus und springen in das nächste Schilfrohrdickicht.
Größe: Körperlänge 1,3–2,4 m, Gewicht 50–300 kg.
Verbreitung: West- bis Ostafrika. In feuchten Savannen, auf ebenem Schwemmland und an den Rändern bewaldeter Gebiete mit ständigen Gewässern.
Anmerkung: Nach dem Gnu weist die Moorantilope die größte Antilopenpopulation in Afrika auf.

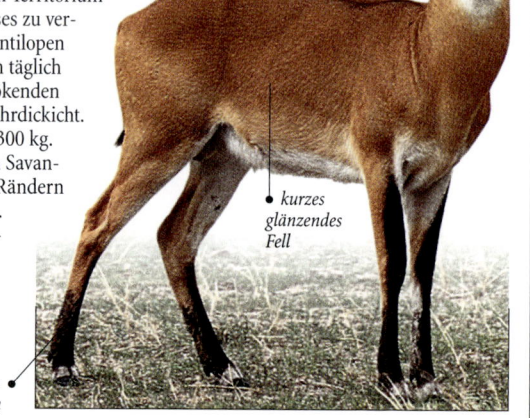

leierförmige, geringelte Hörner beim Männchen

weißer Bereich rund um die Augen

kurzes glänzendes Fell

schwarze Markierungen an den Beinvorderseiten

Afrika

Lebensweise gesellig	Tragzeit 261–271 Tage	Wurfgröße 1	Ernährung 🌿

Familie BOVIDAE	Art Kobus vardonii	Bestand weniger gefährdet

Gelbfuß-Grasantilope

Diese Art ist einheitlich goldgelb und besitzt weißliche Bereiche rund um die Augen sowie auf Schnauze und Kehle; die Beine sind rötlich braun gefärbt. Das männliche Tier ist in der Regel größer als das Weibchen und trägt ca. 50 cm lange gebogene Hörner. Die Antilopen sind meist in kleinen Herden von 3 bis 15 Tieren zu finden. Bei einer starken Populationsdichte stellen die Männchen an höher gelegenen Stellen (Balzstände) ihre Körpereigenschaften zur Schau; ist die Anzahl der Antilopen gering, leben die männlichen Tiere in Territorien. Die Gelbfuß-Grasantilope ernährt sich von Gräsern, gelegentlich auch von Akazien. Ebenso wie andere Flachlandantilopen flieht sie bei drohender Gefahr schnell.
Größe: Körperlänge 1,3–1,8 m, Gewicht 66–77 kg.
Verbreitung: West- bis Ostafrika. In Savannen, in der Nähe von Marschen oder Flussufern.
Anmerkung: Die Gelbfuß-Grasantilope kann als eine südliche Savannenart der Moorantilope betrachtet werden.

kurze Hörner

weißer Schnauzenbereich

einheitlich rötliche Beine

Afrika

Lebensweise variabel	Tragzeit 8 Monate	Wurfgröße 1	Ernährung 🌿

Familie BOVIDAE	Art *Redunca redunca*	Bestand weniger gefährdet

Riedbock

Diese kleine und schmale Antilope besitzt ein rehbraunes Fell; Unterseite, Kehle und Augenringe sind weiß. Ein auffälliger grauer Fleck unter dem Ohr markiert eine Duftdrüse. Das Männchen ist größer als das Weibchen, weist einen dickeren Hals und klarer definierte Markierungen auf. Die Hörner sind stark gebogen und bilden am Ende beinah einen Haken. Der Riedbock frisst morgens und abends – manchmal auch nachts – Gräser und zarte Schilfrohrtriebe. Bei Gefahr galoppiert er fort und präsentiert dabei die weiße Schwanzunterseite. Das Weibchen lebt allein mit dem Jungtier, während die jugendlichen Männchen kleine Gruppen von zwei oder drei Tieren bilden; ausgewachsene Männchen sind Einzelgänger. In der Trockenzeit versammeln sich die Tiere in offenen Herden mit einigen hundert Exemplaren.

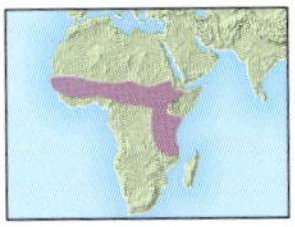

Größe: Körperlänge 1,1–1,6 m, Gewicht 19–95 kg.
Verbreitung: West- bis Ostafrika. In Savannen, vor allem auf weitem, ebenem Schwemmland.

Afrika

gebogene Hörner beim Männchen

gelblich bis rötlich braunes Fell

lange schmale Hufe

Lebensweise variabel	Tragzeit 7–7,5 Monate	Wurfgröße 1	Ernährung 🌾🍃

Familie BOVIDAE	Art *Hippotragus equinus*	Bestand weniger gefährdet

Pferdeantilope

Die viertgrößte Antilopenart weist eine rötliche bis braune Körperoberseite und eine weiße Unterseite auf. Das Gesicht ist mit schwarzweißen Markierungen versehen. Beide Geschlechter besitzen kräftige geringelte, gebogene Hörner sowie eine aufrecht stehende Mähne mit schwarzen Haarspitzen. Die Tiere können mit sehr wenig Gras überleben und benötigen zwei- bis dreimal täglich Wasser. Herden bestehen aus 12 bis 15 Weibchen mit ihren Jungtieren und einem dominanten und jüngeren Männchen. Rivalisierende Männchen kämpfen kniend mit kraftvollen Stoßbewegungen ihrer Hörner.
Größe: Körperlänge 1,9–2,7 m, Gewicht 150–300 kg.
Verbreitung: West-, Zentral- und Ostafrika. In Savannen.

aufrecht stehende Mähne

helles rötlich braunes Fell

schwarze Blesse auf der Stirn

schwarzweiße Markierungen im Gesicht

Afrika

Lebensweise variabel	Tragzeit 268–280 Tage	Wurfgröße 1	Ernährung 🌾🍃

Familie BOVIDAE	Art *Hippotragus niger*	Bestand weniger gefährdet

Rappenantilope

Die weiße Grundfärbung des Kopfes mit der mittigen schwarzen Blesse und den Wangenstreifen charakterisieren diese große Antilope, die der Pferdeantilope (s. S. 361) in vielen Merkmalen ähnelt. Die Männchen sind schwarz, die weiblichen und die Jungtiere sind gelblich braun bis kastanienbraun gefärbt. Beide Geschlechter besitzen kräftige und stark geringelte Hörner sowie eine gut ausgebildete aufrecht stehende, vom oberen Halsansatz bis zum Widerrist reichende Mähne, die im Nackenbereich kürzere Haare aufweist. Die Antilopen vereinigen sich während der Trockenzeit zu Herden von ca. 100 Tieren und teilen sich in der Regenzeit in kleinere Gruppen auf; beide Geschlechter sind in ein hierarchisches System eingebunden. Junge Böcke bilden Junggesellengruppen, dominante Männchen verteidigen ihr Territorium und paaren sich mit den darin lebenden Weibchen. Die Rappenantilope ist in der Regel frühmorgens und nachmittags aktiv; gelegentlich sind auch nachtaktive Herden anzutreffen.

Größe: Körperlänge 1,9–2,7 m, Gewicht 150–300 kg.

Verbreitung: Ost- bis Südostafrika. In spärlich bewaldeten Graslandschaften.

Anmerkung: Die Köpfe dieser Art waren einst als Jagdtrophäen sehr beliebt. Politische Unruhen führten ebenfalls zu einer Gefährdung der Tiere; eine Unterart, die Große Rappenantilope aus Angola, gilt als stark gefährdet.

Afrika

gut ausgebildete aufrecht stehende Mähne

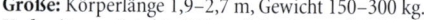

lange spitze Ohren

schwarze Wangenstreifen

Futtersuche

Die Rappenantilope ist hauptsächlich ein Weidetier; sie grast auch während der Trockensaison und lebt immer nur 2 bis 4 km von einem Gewässer entfernt.

Lebensweise gesellig	Tragzeit 261–281 Tage	Wurfgröße 1	Ernährung 🌱

| Familie BOVIDAE | Art Oryx gazella | Bestand weniger gefährdet |

Oryx

gerade, geringelte Hörner

Diese Art weist einen rehbraunen bis grauen Körper mit einem schwarzen waagrechten Streifen am Bauch auf. Schwanz und obere Beinhälften sind schwarz gefärbt, das Gesicht ist schwarzweiß gemustert. Der Oryx ist sehr gut an das Leben in trockenen Gebieten angepasst. Er schnappt nicht nach Luft und schwitzt nicht, bis seine Körpertemperatur 45° C erreicht hat. Die Tiere produzieren extrem konzentrierten Urin und sehr trockenen Kot. Sie fressen nachts, morgens und am späten Nachmittag; die Hauptnahrung besteht aus Gräsern und Sträuchern, Melonen und Gurken dienen als Wasserlieferanten.
Größe: Körperlänge 1,6–2,4 m, Gewicht 100–210 kg.
Verbreitung: Namibia und westliches Südafrika. In mit Buschwerk bewachsenen trockenen Gebieten und Wüsten.
Anmerkung: Die perfekt an das Leben in der Wüste angepassten Tiere sind in solch trockenen Gebieten heimisch, in denen nur wenige andere Paarhufer überleben könnten.

schwarzer Stirnfleck

schwarzer Streifen am Bauch

weiße Schnauze

buschiger schwarzer Schwanz

Afrika

| Lebensweise gesellig | Tragzeit 260 – 300 Tage | Wurfgröße 1 | Ernährung |

| Familie BOVIDAE | Art Oryx dammah | Bestand stark gefährdet |

Säbelantilope

Diese gedrungene cremeweiße Antilope besitzt jeweils einen bräunlichen Fleck auf der Stirn und oberhalb der Schnauze; über jedem Auge verläuft ein brauner Streifen, Hals und Brust sind rostfarben. Beide Geschlechter besitzen Hörner, die in einem weiten Bogen nach hinten weisen. Die vergrößerten Hufe verhelfen den Tieren auch auf sandigem Boden zur nötigen Standfestigkeit. Die Säbelantilope frisst frühmorgens, abends und in klaren Mondnächten. Sie ernährt sich u. a. von Gräsern, Hülsenfrüchten und Früchten. Tagsüber ruht sie sich im Schatten aus. Gemischte Gruppen wandern auf der Suche nach geeigneten Weideplätzen über große Distanzen. Die Männchen führen zur Paarungszeit Kämpfe aus (Komment- und Beschädigungskämpfe).
Größe: Körperlänge 1,5–2,4 m, Gewicht 100–210 kg.
Verbreitung: Tschad. In trockenem, felsigem offenem Gelände.
Anmerkung: Die Säbelantilope wurde fast bis zu ihrer vollständigen Ausrottung gejagt. Nun ist sie in Naturschutzgebieten vom nördlichen bis zum zentralen Tschad zu finden.

Hörner beim Weibchen länger und schmaler

buschiger brauner Schwanz

rostfarbener Körper

rötliche Brust

große breite Hufe

Afrika

| Lebensweise gesellig | Tragzeit 222 – 253 Tage | Wurfgröße 1 | Ernährung |

Familie BOVIDAE	Art Addax nasomaculatus	Bestand stark gefährdet

Mendesantilope

Diese seltene und weitgehend unerforschte Antilopenart besitzt einen weißen Gesichtsfleck und ein kastanienbraunes Haarbüschel an der Stirn; das sandfarbene bis weiße Sommerfell wird zum Winter hin gräulich braun. Die spiralförmigen Hörner weisen bis zu drei Windungen auf. Das Tier ist in abgelegenen Wüstengegenden heimisch; dank der kurzen Beine und der weit gespreizten Hufe kann es leicht über lockeren Sand laufen. Die Antilope trinkt nur selten Wasser, zur Deckung des Flüssigkeitsbedarfs frisst sie Sukkulenten. Die nomadischen Mendesantilopen sind frühmorgens, abends und in der ersten Nachthälfte aktiv und legen auf der Suche nach der Wüstenvegetation, die nach einem Regenfall sprießt, große Entfernungen zurück. Früher lebten sie in Herden von 5 bis 20 Tieren, die von einem älteren Männchen geführt wurden. Heutzutage sind nur noch Einzelgänger oder isolierte Gruppen mit zwei bis vier Exemplaren zu finden.

Größe: Körperlänge 1,5–1,7 m, Gewicht 60–125 kg.
Verbreitung: Nordwestafrika. In Wüsten und Halbwüsten.
Anmerkung: Da diese Tiere nicht sehr schnell laufen können, sind sie ein leichtes Jagdziel für den Menschen.

gedrehte Hörner

kastanienbraunes Haarbüschel an der Stirn

sandfarbenes Sommerfell

kurze Beine

von der Hüfte bis zu den Unterschenkeln weiß

Afrika

Lebensweise variabel	Tragzeit 257–264 Tage	Wurfgröße 1	Ernährung

Familie BOVIDAE	Art Damaliscus dorcas	Bestand bedroht

Buntbock

Charakteristisch für dieses Tier ist sein violett schimmerndes braunes Fell mit der weißen Blesse auf der langen Schnauze. Der Buntbock besitzt gut entwickelte leierförmige, geringelte Hörner. Ausgewachsene Männchen benutzen ihre Hörner zum Präsentieren und bei Territoriumsstreitigkeiten; wirkliche Kämpfe werden nur selten ausgetragen. Die aus Weibchen und Jungtieren bestehende Herde wird von einem dominanten Männchen angeführt, das sie zusammenhält und die Wanderungen initiiert. Die Weibchen gebären das Kalb auf traditionellen Geburtsstätten. Im Gegensatz zu vielen anderen Antilopenarten wird das Junge anschließend nicht versteckt; es kann innerhalb von 5 Minuten nach der Geburt laufen und folgt daher bereits nach kürzester Zeit seiner Mutter. Mit ca. 6 Monaten wird es entwöhnt.

Größe: Körperlänge 1,2–2,1 m, Gewicht 68–155 kg.
Verbreitung: Südafrika. In Graslandschaften und spärlich bewaldeten Regionen, neuerdings auch in mit Buschwerk bewachsenen Naturschutzgebieten.
Anmerkung: Um 1830 war die Art in der freien Natur nahezu ausgerottet (es gab nur noch 17 Tiere), doch wurden etliche Herden in Naturschutzgebieten gehalten.

Hörner größtenteils geringelt

braunes Fell mit violettem Schimmer

weiße Unterschenkel

Afrika

Lebensweise gesellig	Tragzeit 8 Monate	Wurfgröße 1	Ernährung

Familie BOVIDAE	Art *Damaliscus lunatus*	Bestand weniger gefährdet

Halbmondantilope

Diese Art zeigt ein glänzendes rötlich braunes Fell mit dunkleren violetten Flecken auf Hüften und Oberschenkeln. Sie weist einen langen Kopf mit einer langen Schnauze und beweglichen Lippen, einen Schulterhöcker und einen nach hinten abfallenden Rücken auf. Beide Geschlechter tragen geringelte L-förmige Hörner, deren Spitzen nach innen weisen; Weibchen können ein helleres Fell und kleinere Hörner besitzen. Die Tiere werden oft in Gesellschaft von Gnus, Zebras und Straußen angetroffen. Sie leben in regelmäßig überschwemmten Graslandschaften und fressen Gräser und andere Pflanzen. Abhängig von Lebensraum und Ökologie werden zwei Fortpflanzungssysteme unterschieden; nomadische Populationen besetzen kleinere Territorien oder Balzstände. Sind die Tiere an einem festen Standort heimisch, leben ausgewachsene Männchen mit ihrem Harem in größeren Territorien. Wachposten auf Termitenhügeln oder anderen höher gelegenen Stellen warnen Artgenossen vor nahenden Feinden. Bei Gefahr galoppieren die Antilopen mit schaukelnden Bewegungen davon.

Größe: Körperlänge 1,2–2,1 m, Gewicht 68–155 kg.
Verbreitung: West-, Ost-, Zentral- und Südafrika. In offenem Gelände und spärlich bewaldeten Regionen, vor allem in kniehoch mit Gras bewachsenen Gebieten.

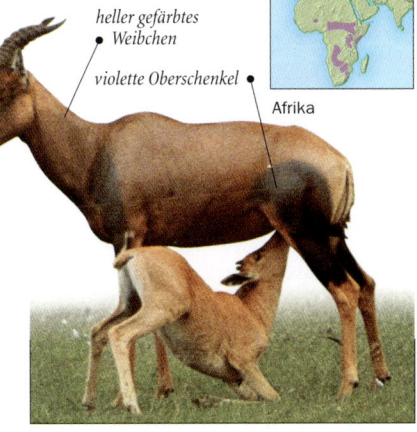

heller gefärbtes Weibchen

violette Oberschenkel

Afrika

Mutter und Kalb

Die weibliche Halbmondantilope paart sich während einer Paarungszeit mit einem oder mehreren Männchen. Das einzige Kalb wird versteckt oder folgt seiner Mutter.

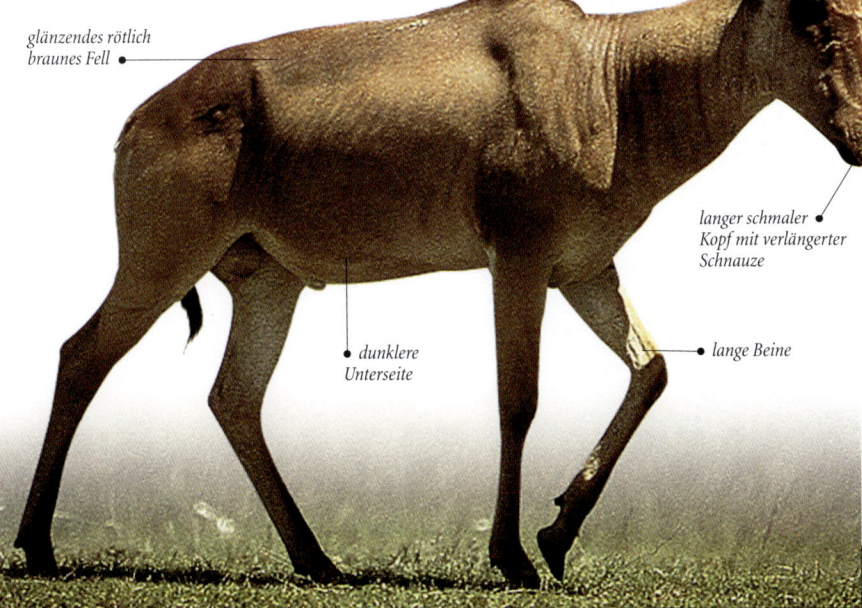

Schulterhöcker

glänzendes rötlich braunes Fell

langer schmaler Kopf mit verlängerter Schnauze

dunklere Unterseite

lange Beine

Lebensweise gesellig	Tragzeit 7,5–8 Monate	Wurfgröße 1	Ernährung 🌿 🍃

Familie BOVIDAE	Art *Connochaetes taurinus*	Bestand weniger gefährdet

Streifengnu

Die größte Antilope, auch unter dem Namen Blaues Gnu bekannt, besitzt einen unverwechselbaren plumpen Körper, hohe Schultern und einen großen Kopf mit einer großen Schnauze; die üppige schwarze Mähne fällt über Stirn, Hals und Schultern. Die Tiere sind gräulich silberfarben und weisen bräunliche Bänder am Hals, an den Schultern und im vorderen Rumpfbereich auf. Je nach Unterart ist der Bart schwarz oder weiß gefärbt. Beide Geschlechter tragen schwarze glatte Hörner, die von der Wurzel bis zur Mitte horizontal verlaufen und dann einen engen nach innen gerichteten Bogen beschreiben. Die Streifengnus fressen frühmorgens und am späten Nachmittag hauptsächlich Gras und Sukkulenten; während der größten Hitze des Tages ruhen sie sich aus. Weibliche Tiere und ihre Jungen bilden oft Herden von 10 bis 1000 Tieren, männliche Tiere schließen sich zu Junggesellengruppen zusammen. Im Alter von 3 bis 4 Jahren versuchen die Männchen, sich ihre eigenen Territorien zu erobern, indem sie ritualisierte Posen einnehmen, einander stoßen und quakende Laute von sich geben – nur ausgewachsene Männchen mit eigenen Territorien können sich fortpflanzen. Die Tiere werden von Löwen, Leoparden, Geparden, Hyänen und Wildhunden gejagt. Werden sie erschreckt, stampfen sie mit den Füßen auf, scharren mit den Hufen und galoppieren dann mit gesenktem Kopf und wedelndem Schwanz davon. Wenn sie in die Enge getrieben sind, verteidigen sie sich äußerst heftig gegen ihre Angreifer.

Größe: Körperlänge 1,5–2,4 m, Gewicht 120–275 kg.
Verbreitung: Südkenia und Südangola bis nördliches Südafrika. In offenen grasbewachsenen Ebenen und Akaziensavannen, meist in Wassernähe.

lange schwarze Mähne auf Hals und Schultern

gräulich silberfarbener Körper

wandernde Streifengnuherden

langer buschiger Schwanz

Wandernde Herden

Während der Trockenzeit wandern die Streifengnus in großen Gruppen auf der Suche nach Weideplätzen Hunderte von Kilometern. Beim Überqueren von Flüssen sind sie vor allem durch Krokodilangriffe gefährdet.

Lebensweise gesellig	Tragzeit 8 – 9 Monate	Wurfgröße 1	Ernährung ⬇ 🌿

Afrika

beide Geschlechter
tragen kurze glatte,
schwarze Hörner

relativ große
Ohren

Mähne teilt sich
über der Stirn

bräunliche
Bänder am Hals
verblassen nach
hinten hin

Kopf mit
auffallend großer
Schnauze

Hörner
können beim
Männchen bis
zu 80 cm lang
werden

schwarzer
Bart

dünne Gliedmaßen

Futter und Wasser
Streifengnus bewohnen Graslandschaften in Wasser-
nähe. Die Tiere wandern auf der Suche nach neuen
Weideflächen umher, doch werden sie sesshaft, so-
bald sie eine Region mit reichlichem Nahrungs- und
Wasserangebot gefunden haben.

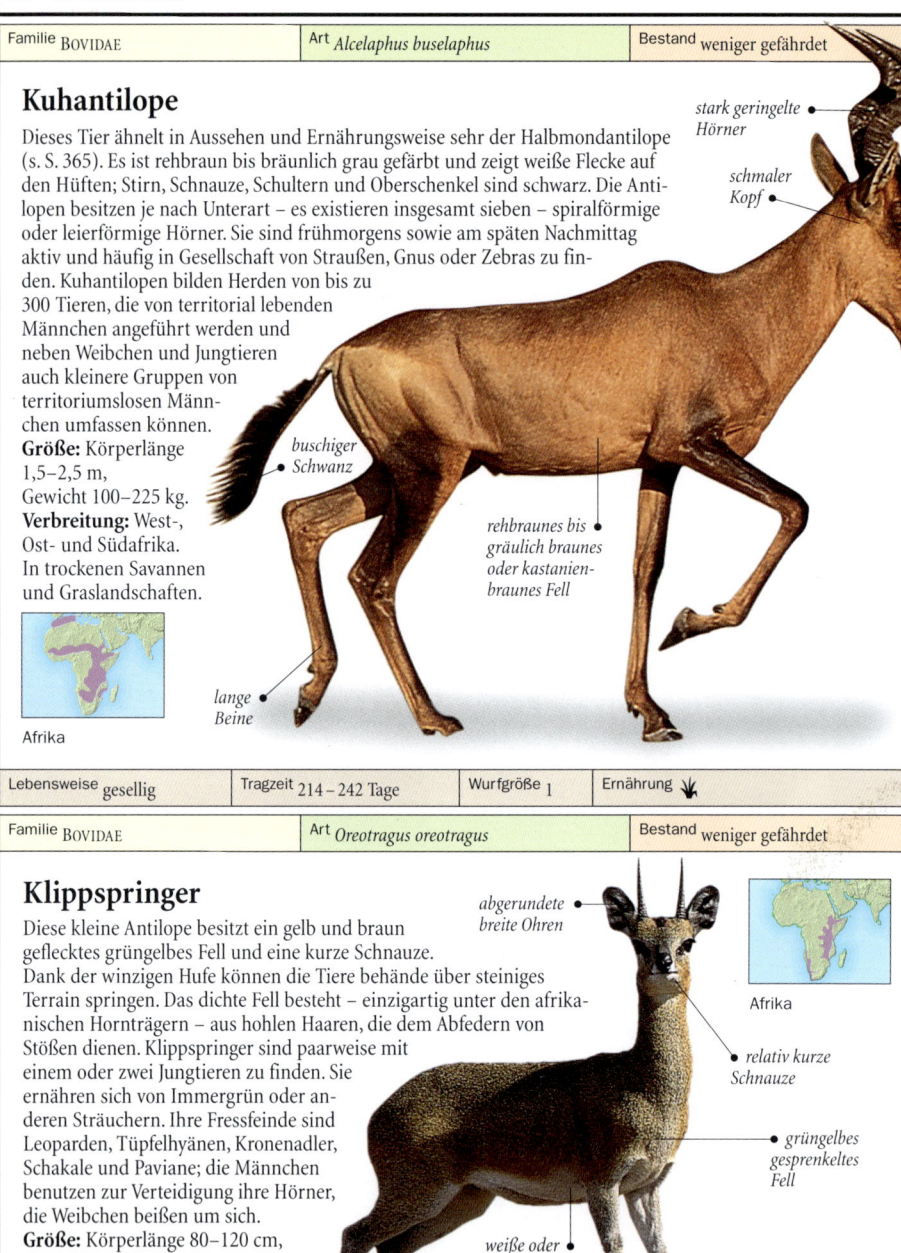

Familie BOVIDAE	Art *Alcelaphus buselaphus*	Bestand weniger gefährdet

Kuhantilope

Dieses Tier ähnelt in Aussehen und Ernährungsweise sehr der Halbmondantilope (s. S. 365). Es ist rehbraun bis bräunlich grau gefärbt und zeigt weiße Flecke auf den Hüften; Stirn, Schnauze, Schultern und Oberschenkel sind schwarz. Die Antilopen besitzen je nach Unterart – es existieren insgesamt sieben – spiralförmige oder leierförmige Hörner. Sie sind frühmorgens sowie am späten Nachmittag aktiv und häufig in Gesellschaft von Straußen, Gnus oder Zebras zu finden. Kuhantilopen bilden Herden von bis zu 300 Tieren, die von territorial lebenden Männchen angeführt werden und neben Weibchen und Jungtieren auch kleinere Gruppen von territoriumslosen Männchen umfassen können.
Größe: Körperlänge 1,5–2,5 m, Gewicht 100–225 kg.
Verbreitung: West-, Ost- und Südafrika. In trockenen Savannen und Graslandschaften.

Afrika

stark geringelte Hörner

schmaler Kopf

buschiger Schwanz

rehbraunes bis gräulich braunes oder kastanienbraunes Fell

lange Beine

Lebensweise gesellig	Tragzeit 214–242 Tage	Wurfgröße 1	Ernährung

Familie BOVIDAE	Art *Oreotragus oreotragus*	Bestand weniger gefährdet

Klippspringer

Diese kleine Antilope besitzt ein gelb und braun geflecktes grüngelbes Fell und eine kurze Schnauze. Dank der winzigen Hufe können die Tiere behände über steiniges Terrain springen. Das dichte Fell besteht – einzigartig unter den afrikanischen Hornträgern – aus hohlen Haaren, die dem Abfedern von Stößen dienen. Klippspringer sind paarweise mit einem oder zwei Jungtieren zu finden. Sie ernähren sich von Immergrün oder anderen Sträuchern. Ihre Fressfeinde sind Leoparden, Tüpfelhyänen, Kronenadler, Schakale und Paviane; die Männchen benutzen zur Verteidigung ihre Hörner, die Weibchen beißen um sich.
Größe: Körperlänge 80–120 cm, Gewicht 8–18 kg.
Verbreitung: Ost-, Zentral- und Südafrika. In steilen bergigen Gebieten, meist in Schluchten an größeren Flüssen.

abgerundete breite Ohren

Afrika

relativ kurze Schnauze

grüngelbes gesprenkeltes Fell

weiße oder gelbliche Unterseite

sehr kleine runde Hufe

Lebensweise paarweise	Tragzeit 214–225 Tage	Wurfgröße 1–2	Ernährung

| Familie BOVIDAE | Art Ourebia ourebi | Bestand weniger gefährdet |

Bleichböckchen

Diese kleine schlanke, langhalsige Antilope besitzt ein seidiges Fell, das an der Körperoberseite sandfarben bis braun ist. Unterseite, Kinn und Rumpfende sind weiß gefärbt; an den Knien wächst längeres Haar. Das Männchen trägt spitze geringelte Hörner, das Weibchen ist größer und weist einen dunkleren Fleck auf der Kopfoberseite auf. Die Feinde der Bleichböckchen sind Leoparden, Wüstenluchse und Pythonschlangen. Die Tiere verstecken sich im hohen Gras; bei Gefahr springen sie senkrecht in die Luft und rennen dann davon. Sie sind paarweise oder in Gruppen von sieben oder acht Tieren – mit zwei bis drei ausgewachsenen Männchen – zu finden. Diese Antilopenart ist sowohl tag- wie auch nachtaktiv.
Größe: Körperlänge 90–140 cm, Gewicht 14–21 kg.
Verbreitung: West- bis Ost- und Südafrika. In Savannen und Graslandschaften sowie in bewaldeten Gebieten in Wassernähe bis zu einer Höhe von 3000 m.

große spitze Ohren

sandfarbene bis braune Oberseite

weißes Kinn

kontrastierende weiße Unterseite

Afrika

| Lebensweise variabel | Tragzeit 200 – 210 Tage | Wurfgröße 1 | Ernährung 🌿 🍃 |

| Familie BOVIDAE | Art Raphicerus campestris | Bestand stellenweise häufig |

Steinböckchen

Diese Art ist leuchtend rötlich braun bis rehbraun gefärbt und zeigt manchmal einen silbergrauen Schimmer; die Bauchseite weist eine hellere Färbung auf. Die allein oder paarweise lebenden Tiere markieren ihr Territorium mit Duftstoffen und Kot. Sie grasen und graben mit den Füßen Wurzeln aus. Die Steinböckchen sind sowohl tag- wie auch nachtaktiv.
Größe: Körperlänge 61–95 cm, Gewicht 7–16 kg.
Verbreitung: Ost- und Südafrika. In dicht mit Buschwerk bewachsenen Gebieten.

gut entwickelte Hinterbeine

Innenseite der Ohren weiß

kurzer konisch geformter Kopf

Afrika

| Lebensweise solitär/paarweise | Tragzeit 166 – 177 Tage | Wurfgröße 1 | Ernährung 🌿 🫛 🌾 |

Familie BOVIDAE	Art *Madoqua kirkii*	Bestand stellenweise häufig

Windspielantilope

Diese Zwergantilope besitzt ein strähniges weiches, graubraun meliertes Fell; Kopf, Hals und Schultern weisen rötlichere Bereiche auf. Die Hufe sind mit gummiähnlichen Polstern ausgestattet, die dem Tier auf steinigem Untergrund Halt geben. Nur das Männchen trägt ein Geweih. Die Antilopen fressen meist morgens und am späten Nachmittag, manchmal auch nachts. Dank dem kleinen Körper und der schmalen Schnauze können sie auch die für andere Tiere unzugänglichen Teile der Futterquelle erreichen. Neben Blättern, Knospen, Blumen und Früchten spielt Salz eine bedeutende Rolle in der Ernährung. Die Tiere leben paarweise mit ihren Jungen in Territorien.

Größe: Körperlänge 52–72 cm, Gewicht 3–7 kg.
Verbreitung: Ost- und Südwestafrika. An trockenen, steinigen Hängen und in sandigem Buschland.

große Ohren

graubraun meliertes Fell

Afrika

Hufe an das Laufen auf Steinen angepasst

Lebensweise paarweise	Tragzeit 169–174 Tage	Wurfgröße 1	Ernährung

Familie BOVIDAE	Art *Antilope cervicapra*	Bestand bedroht

Hirschziegenantilope

Kopf, seitliche Rumpfbereiche und Beinaußenseiten der männlichen Tiere sind in der Regel kaffeebraun gefärbt (die Beinaußenseiten der dominanten Männchen einer Herde sind schwarz). Kopf und Rücken der Weibchen sind gelblich rehbraun. Beide Geschlechter weisen helle Ringe um die Augen, eine weiße Unterseite und einen kurzen Schwanz auf. Nur das Männchen besitzt Hörner, die eng gedreht sind und bis zu fünf voneinander abgesetzte Abschnitte aufweisen können. Ein einzelnes dominantes Männchen lebt mit seinem Harem und den Jungen in Gruppen von 5 bis 50 Tieren zusammen. Die Rangordnung wird durch die Einnahme von bedrohlich wirkenden Körperhaltungen und die Zurschaustellung der Hörner festgelegt. Bei Gefahr springt ein Weibchen in die Höhe, gefolgt von anderen Tieren, bis schließlich die ganze Herde in Bewegung ist (Signalsprünge). Die Tiere ernähren sich meist von Gräsern, manchmal auch von Getreideanpflanzungen.

Größe: Körperlänge 1,2 m, Gewicht 32–43 kg.
Verbreitung: Pakistan, Indien und Nepal. In offenen Ebenen und dornigen Wäldern.

Anmerkung: Die Tiere werden wegen ihres Fleisches und als Jagdtrophäe gejagt; zusätzliche Gefahr droht ihnen durch den Verlust ihres Lebensraums.

gedrehte Hörner

helle Ringe um die Augen

weiße Unterseite

weiße Bein-innenseiten

Asien

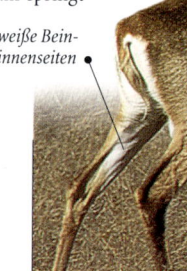

Lebensweise gesellig	Tragzeit 6 Monate	Wurfgröße 1	Ernährung

Familie BOVIDAE	Art Aepyceros melampus	Bestand weniger gefährdet

Impala

Diese Tiere gehören zu den geräuschvollsten Antilopenarten – die Männchen grunzen während der Paarungszeit laut, die Kälber blöken und alle Tiere stoßen bei Gefahr laute Warnrufe aus, während sie springend die Flucht ergreifen und mit den Hinterbeinen ausschlagen. Das Impala besitzt ein glattes glänzendes,

Afrika

rehbraunes bis rötliches Fell; Oberschenkel und Beine sind heller gefärbt. Die weißen Ohren weisen schwarze Spitzen auf, Oberlippe, Kinn und Bauch sind ebenfalls weiß. Auf den Hüften und am Schwanz ist jeweils ein senkrechter dunkler Streifen zu sehen. Die Tiere ernähren sich von Gras und Blättern und trinken mindestens zweimal täglich. Während der Trockenzeit schließen sie sich zu großen gemischten Herden zusammen, zu anderen Zeiten bilden Weibchen und Jungtiere kleinere Gruppen von 10 bis 100 Tieren. Das dominante Männchen signalisiert seinen Status mit Duftstoffen aus Stirndrüsen; außerdem schnalzt es mit der Zunge, woraufhin sich die allein stehenden Weibchen versammeln und die anderen Männchen entweder fliehen oder dies als Aufforderung zum Kampf verstehen. **Größe:** Körperlänge 1,1–1,5 m, Gewicht 40–65 kg. **Verbreitung:** Kenia und Südangola bis nördliches Südafrika. In lichten Wäldern und Akaziensavannen.

Machtkämpfe
Nur die männlichen Impalas besitzen Hörner; sie benutzen sie zum Kampf um die Rangordnung. Das ranghöchste Männchen besetzt ein Territorium und paart sich mit den Weibchen.

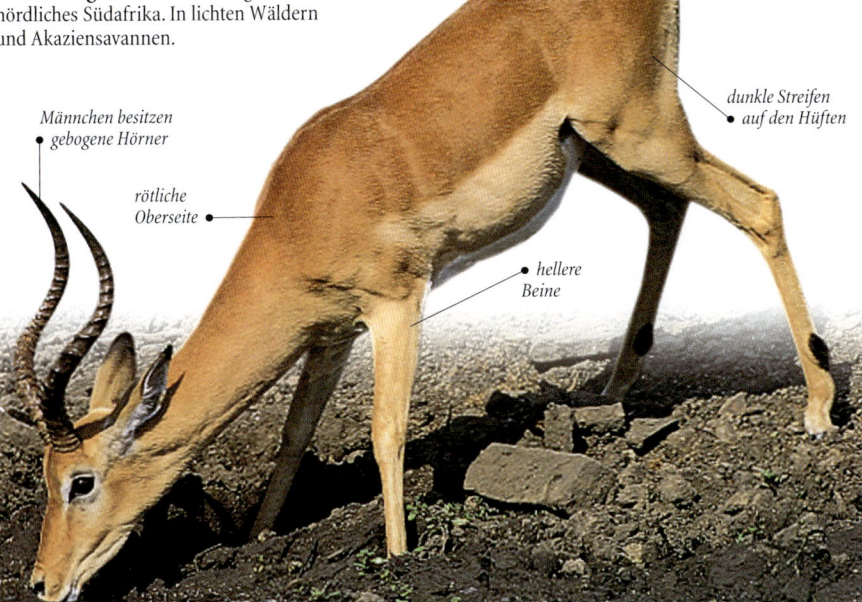

Männchen besitzen
gebogene Hörner

rötliche
Oberseite

dunkle Streifen
auf den Hüften

hellere
Beine

Lebensweise gesellig	Tragzeit 6–7 Monate	Wurfgröße 1	Ernährung 🌱

| Familie BOVIDAE | Art *Litocranius walleri* | Bestand weniger gefährdet |

Gerenuk

Diese auch Giraffengazelle genannte Antilope besitzt einen verlängerten schlanken Hals und lange Beine. Sie ist rötlich rehbraun gefärbt und weist einen breiten dunklen Streifen am Rücken auf. Der Hals, der Kopf und die keilförmige Schnauze sind extrem schmal; mit der spitzen Zunge, den beweglichen Lippen und den scharfen Schneidezähnen können auch die kleinsten Blätter und Triebe von Akazien und anderen dornigen Pflanzen abgepflückt werden. Zum Erreichen der Nahrung stellt sich das Tier oft sehr lange Zeit auf seine Hinterbeine, dabei wird die Wirbelsäule S-förmig gebogen. So können die Tiere in lichten Wäldern und Strauchlandschaften an Futterquellen gelangen, die für andere Pflanzenfresser gleicher Körpergröße unerreichbar sind. Gerenuks sind meist paarweise oder in kleinen Familienverbänden zu finden. Junge Männchen bilden Junggesellengruppen oder ziehen als Einzelgänger umher, während ausgewachsene Männchen ein eigenes Territorium besetzen.

nur das • Männchen besitzt große Hörner

dunkler • Streifen am Rücken

weiße • Unterseite

Größe: Körperlänge1,4–1,6 m, Gewicht 28–52 kg.
Verbreitung: Ostafrika. In spärlich mit Buschwerk bewachsenen trockenen Gebieten.

Afrika

kräftige • Hinterbeine

| Lebensweise variabel | Tragzeit 6,5–7 Monate | Wurfgröße 1 | Ernährung |

| Familie BOVIDAE | Art *Gazella thomsonii* | Bestand weniger gefährdet |

Thomsongazelle

Diese kleine grazile Gazelle besitzt einen rötlich braunen Kopf, eine dunkle Blesse und weiße Bereiche rund um die Augen, die oberhalb der schwarzen Wangenstreifen bis zur Schnauze verlaufen. Ein schwarzer Streifen an den Flanken trennt die sandfarbene Körperoberseite von der weißen Unterseite. Die Art kommt in ihrer Region am häufigsten vor und bildet die Hauptnahrung der Großkatzen. Kleinere Gruppen, bestehend aus Weibchen und Jungtieren, schließen sich Junggesellengruppen an, um zwischen den Graslandschaften (in der Regenzeit) und den strauchreichen Gegenden (in der Trockenzeit) umherzuwandern.
Größe: Körperlänge 90–120 cm, Gewicht 15–30 kg.
Verbreitung: Südostsudan, Kenia und Tansania. In offenem Gelände und Buschland, bis zu einer Höhe von 5750 m.

geringelte • Hörner
fingerförmige Muster auf der Ohrinnenseite •
schwarzer Streifen an • den Flanken

Afrika

weiße Unterseite •

| Lebensweise gesellig | Tragzeit 160–180 Tage | Wurfgröße 1 | Ernährung |

| Familie BOVIDAE | Art *Antidorcas marsupialis* | Bestand weniger gefährdet |

Springbock

Diese Art ist auf der Oberseite zimtfarben, auf der Unterseite weiß gefärbt; ein dunkler, rötlich brauner Streifen verläuft vom Vorderbeinansatz bis zur Hüfte. Zwischen Rückenmitte und Schwanzwurzel befindet sich eine Hautfalte, die im geöffneten Zustand einen weißen Kamm zeigt und so möglicherweise als Ablenkungsmanöver für Feinde oder als Warnsignal für andere Herdenmitglieder dient. Beide Geschlechter besitzen kurze geringelte, schwarze Hörner. Der Springbock gehört zu den Antilopenarten, die zur Verwirrung der Fressfeinde auf steifen Beinen hoch in die Luft springen, als wollten sie davonstürmen. Die in höchstem Maße geselligen Pflanzenfresser bilden große wandernde Herden, die sich in der Trockenzeit in kleinere Gruppen aufteilen. Einst schlossen sich Millionen von Tieren in Herden zusammen, heute bilden nur noch ca. 1500 Tiere eine „große" Herde.
Größe: Körperlänge 1,2–1,4 m, Gewicht 30–48 kg.
Verbreitung: Südafrika. In offenen trockenen Savannen und Graslandschaften.
Anmerkung: Früher wurden die Tiere in großer Anzahl getötet, weil die Herden die Ernten zerstörten; heute werden sie wegen ihres Fleisches gejagt.

Afrika

schwarze Hörner

Tarnfarben

Die Abbildung zeigt eine Springbockherde im Kalahari-Nationalpark (Südafrika), die im trockenen Buschland gut getarnt ist.

rötlicher Streifen an den Flanken

rötlich brauner Gesichtsstreifen

zimtfarbene Oberseite

lange Beine

weiße Beininnenseiten

| Lebensweise gesellig | Tragzeit 24 Wochen | Wurfgröße 1 | Ernährung |

| Familie BOVIDAE | Art *Saiga tatarica* | Bestand bedroht |

Saiga-Antilope

Männchen trägt Hörner •

Charakteristisch für die Art sind die lange Schnauze und die nach unten weisenden Nasenlöcher. Diese Schafsantilope besitzt ein wolliges zimtfarbenes Fell, das im Winter weißer und 70 Prozent dicker wird; Kopfoberseite und Rumpfende sind meliert. Kleinere Fortpflanzungsgruppen (ein Männchen mit mehreren Weibchen und Jungtieren) versammeln sich zu Herden von fast 2000 Tieren, die im Winter zu besseren Futterplätzen wandern. Die männlichen Tiere bilden separate Gruppen, die vor der restlichen Herde hergehen.
Größe: Körperlänge 1–1,4 m, Gewicht 26–69 kg.
Verbreitung: Russland, Kasachstan und Mongolei. In grasbewachsenen, z. T. trockenen Ebenen.

zimtfarbenes Fell •

auffällige Schnauze •

weißliche Bauchseite •

Asien

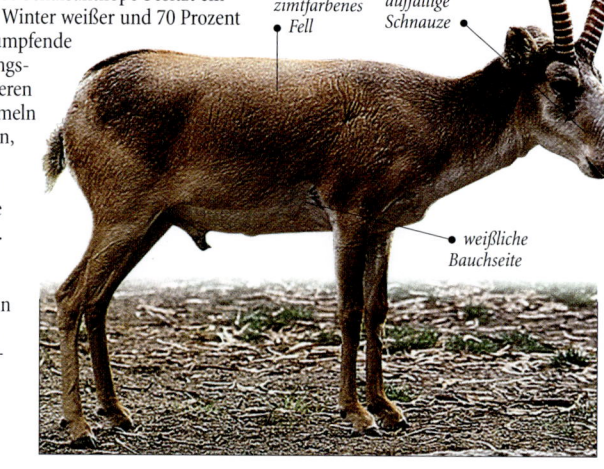

| Lebensweise gesellig | Tragzeit 139–152 Tage | Wurfgröße 1–2 | Ernährung 🌱 |

| Familie BOVIDAE | Art *Oreamnos americanus* | Bestand stellenweise häufig |

Schneeziege

langes weißes Fell •

kurze gebogene, schwarze Hörner •

Das Fell dieser Art ist gelblich weiß und besteht aus dichtem Wollhaar, das dem Tier die Körperwärme erhält. Die großen Hufe mit den harten Kanten und weicheren Innenpolstern geben auf rutschigem Untergrund guten Halt. Die Schneeziegen fressen tagsüber und nachts Gras, Moos, Flechten und Zweige, darüber hinaus benötigen sie Salzlecksteine. Im Sommer schließen sich selten mehr als vier Individuen zusammen, im Winter bilden sich größere Gruppen; die Männchen sind eher Einzelgänger.
Größe: Körperlänge 1,2–1,6 m, Gewicht 46–140 kg.
Verbreitung: Westkanada und Nordwesten der USA. In der alpinen Tundra und an trockenen Hängen.

große Hufe verleihen Halt an Hängen •

Nordamerika

| Lebensweise variabel | Tragzeit 186 Tage | Wurfgröße 1 | Ernährung 🌱 |

Familie BOVIDAE	Art *Rupicapra rupicapra*	Bestand stark gefährdet

Europäische Gemse

Dieses Tier ist ein behender Bergkletterer, der bis zu 2 m hoch und 6 m weit springen und zudem eine Geschwindigkeit von bis zu 50 km/h erreichen kann. Die beweglichen Hufe sorgen für sicheren Halt auf rutschigem Untergrund. Das steife und raue Haar ist im Sommer rehbraun, im Winter nimmt es eine schwärzlich braune Färbung an und wird dicker. Von den Augen bis zur Schnauze verläuft ein schwarzer Streifen, Kopf und Kehle sind mit weißen Markierungen versehen. Beide Geschlechter besitzen schmale dicht beieinander sitzende, schwarze Hörner, deren Spitzen hakenförmig gebogen sind. Die Tiere sind frühmorgens und abends aktiv; sie ernähren sich im Sommer von Kräutern und Blumen, im Winter von Flechten, Moos und Kieferntrieben. Weibchen und Jungtiere bilden Gruppen von 15 bis 30 Individuen. Diese werden bei Gefahr von Wachposten durch Aufstampfen mit den Füßen und schrille Rufe gewarnt.

Größe: Körperlänge 90–130 cm, Gewicht 24–50 kg.

Verbreitung: Süd- und Mitteleuropa, Balkan, Kleinasien sowie Kaukasus. In felsigen Gebieten und auf alpinen Wiesen.

Anmerkung: Exzessives Jagen, Verlust des Lebensraums und Konkurrenz mit den Viehherden reduzierten die Anzahl der Tiere sehr stark.

Europa, Asien

schwarze Linien rund um die Augen •

steifes raues, im Sommer lohfarbenbraunes Fell •

selbst an steilen Hängen trittsicher •

• weiße Flecke an Kehle und Brust

Steiles Terrain
Den Sommer verbringen die Gemsen in Gegenden über 1800 m; sie entfernen sich niemals weit von steinigen Felsnasen, die ihnen als Versteck dienen.

bewegliche • Hufe

Hufe verleihen Halt • an Berghängen

Lebensweise variabel	Tragzeit 170 Tage	Wurfgröße 1	Ernährung 🌿

Familie BOVIDAE	Art *Ovibos moschatus*	Bestand stellenweise häufig

Moschusochse

Der Moschusochse verdankt seinen Namen dem charakteristischen starken Geruch, den brunftige Männchen ausströmen. Das Fell weist dunkelbraune Deckhaare auf, die nach unten hängen, sodass Schnee und Regen ablaufen können; das weiche hellbraune Wollfell schützt das Tier vor der arktischen Kälte. Beide Geschlechter besitzen breite Hörner, deren Ansätze in der Mitte eines Stirnhöckers eng beieinander liegen und die zunächst schräg nach unten wachsen; die Hornspitzen sind nach oben gebogen. Während der Paarungszeit rennen die rivalisierenden Männchen mit hoher Geschwindigkeit aufeinander zu und rammen einander mit ihren Hörnern. Im Sommer grast der Moschusochse in Flusstälern und auf Wiesen, im Winter zieht er in höhere Regionen, wo der kräftige Wind den Boden schneefrei hält. Ausgewachsene Tiere bilden einen Ring um die Jungen, um sie vor Fressfeinden zu schützen, die die Moschusochsen auch über längere Strecken verfolgen.

Größe: Körperlänge 1,9–2,3 m, Gewicht 200–410 kg.

Verbreitung: Kanada und Grönland. In der arktischen Tundra.

Anmerkung: Wirksame Wiedereinführungs-Programme bewahrten den Moschusochsen vor der Ausrottung.

Nordamerika, Grönland

raues dunkelbraunes Fell mit herabhängendem Deckhaar

Schulterhöcker •

kurzer Hals

breite gebogene Hörner

helle Beine

Lebensweise gesellig	Tragzeit 8–9 Monate	Wurfgröße 1	Ernährung 🌱

Familie BOVIDAE	Art *Hemitragus jemlahicus*	Bestand bedroht

abgeflachte
Hörner

Gemeiner Tahr

Diese trittsichere Art besitzt an der Körperoberseite ein zotteliges Fell, das bis zu den Knien hinabreicht; das Kopffell dagegen ist kurz. Die abgeflachten Hörner der Männchen sind ca. 40 cm lang und erreichen so die doppelte Länge wie die der Weibchen. Der männliche Tahr grast nur abends in offenem Gelände, die Weibchen sind häufig auf Lichtungen anzutreffen. Während der Paarungszeit verhaken die brünftigen Männchen ihre Hörner ineinander und versuchen einander aus dem Gleichgewicht zu bringen. Ebenso wie andere in den Bergen lebende Säugetiere wandern diese Tiere im Frühjahr in die höher gelegenen Regionen des Himalayas und kehren im Herbst in die Wälder der gemäßigten Zonen zurück. Bei Gefahr klettern sie flink über den steinigen Untergrund und können so den langsameren und weniger trittsicheren Feinden entkommen.
Größe: Körperlänge 90–140 cm, Gewicht 50–100 kg.

rötlich
braunes
Fell

Verbreitung: Südasien. In Wäldern der gemäßigten und subalpinen Zonen bis zur Baumgrenze in 2500 bis 5000 m Höhe.

Asien

sehr kurzer
Schwanz

Lebensweise gesellig	Tragzeit 5 – 6 Monate	Wurfgröße 1	Ernährung 🌿 🍃

Familie BOVIDAE	Art *Capra ibex*	Bestand gefährdet*

Alpensteinbock

Dieses Tier lebt oberhalb der Baumgrenze ab 6700 m Höhe. Der schwere Körper steht auf relativ kurzen und gedrungenen Beinen. Das Weibchen trägt im Sommer ein goldbraunes Fell, das sich zum Winter hin graubraun verfärbt; das Männchen besitzt eine kräftige braune Färbung mit gelblich weißen Flecken auf Rücken und Rumpfende. Die sehr großen gebogenen Hörner des männlichen Steinbocks erreichen eine Länge von ca. 1,4 m und werden somit viermal so lang wie die der Weibchen.
Größe: Körperlänge 1,2–1,7 m, Gewicht 35–150 kg.
Verbreitung: Südeuropa, West- und Südasien sowie Nordafrika. In den Bergen.
Anmerkung: Die Population wurde durch die Jagd gefährlich reduziert.

Hörner
der Männchen
viermal so lang
wie die der
Weibchen

Europa, Asien,
Afrika

relativ
schwerer
Körper

wolliger Bart
bei beiden
Geschlechtern

Lebensweise variabel	Tragzeit 150 – 180 Tage	Wurfgröße 1	Ernährung 🌿 🍃

Familie BOVIDAE	Art *Capra aegagrus*	Bestand bedroht

Wildziege

Die Weibchen und die jungen Männchen dieser Art (s. Abbildung u.) sind rötlich grau oder gelblich braun, während die ausgewachsenen Männchen eine silbergraue Färbung sowie dunkle Markierungen aufweisen und einen Bart besitzen. Beide Geschlechter tragen Hörner. Breite gummiartige Sohlen an den Hufen gewährleisten einen guten Halt an Berghängen; so können die Tiere bei Gefahr auch zu für Feinde unzugänglichen Stellen flüchten. Das im Sommer nachts grasende Tier ist zu den übrigen Jahreszeiten morgens und am späten Nachmittag aktiv. Die Weibchen sind in der Regel in Gruppen von 5 bis 25 Tieren zu finden. In der Paarungszeit stellen die rivalisierenden Männchen ihre Hörner zur Schau. **Größe:** Körperlänge 1,2–1,6 m, Gewicht 25–95 kg.

Asien

Verbreitung: Westasien. In verschiedenen Lebensräumen, von strauchbewachsenen trockenen Gebieten bis hin zu alpinen Regionen bis 4200 m Höhe.

Hörner des Männchens wie ein Krummschwert geformt

auffälliger schwarzer Schulterstreifen

Wilde Gene

Die domestizierte Ziege ist ein Nachfahre der Wildziege; sie stellt heute eine Gefahr für diese dar, da sie sie von ihren Weideflächen verdrängt und sich mit ihr paart.

rußig graues Gesicht

dunkelbraunes Brusthaar

rötlich blassgelbes Sommerfell

Hufe mit breiten Sohlen

Lebensweise gesellig	Tragzeit 150–170 Tage	Wurfgröße 1–3	Ernährung

Familie BOVIDAE	Art *Capra falconeri*	Bestand gefährdet

Schraubenziege

Diese Ziege besitzt im Sommer ein kurzes glattes, rötlich graues Fell, das zum Winter hin länger und grauer wird. Das ausgewachsene Männchen ist beinah zweimal so schwer wie das Weibchen und weist einen schwarzen Bart sowie eine zottelige Mähne aus dunklem Haar auf, die vom Hals bis zu den Füßen reicht. Seine auffälligen Hörner können bis zu 1,6 m lang werden, die des Weibchens jedoch nur 25 cm. Die Tiere sind frühmorgens und spätnachmittags aktiv. Sie überschreiten nur selten die Schneegrenze.
Größe: Körperlänge 1,4–1,8 m, Gewicht 32–110 kg.
Verbreitung: Mittel- bis Südasien. In Bergen zwischen 700 und 4000 m Höhe.
Anmerkung: Die Art wird wegen ihrer Hörner, des Fleisches, der Haut und

verschiedener Körperteile – die in der einheimischen Medizin verwendet werden – gejagt.

Asien

gedrehte Hörner

langes Winterfell

zottelige Halsmähne beim Bock

Lebensweise variabel	Tragzeit 135–170 Tage	Wurfgröße 1–2	Ernährung 🌿

Familie BOVIDAE	Art *Pseudois nayaur*	Bestand weniger gefährdet

Blauschaf

Diese Art ist für das Überleben in den felsigen, bergigen und eisigen Gegenden gut getarnt. Das Männchen ist bräunlich grau und weist einen schieferblauen Schimmer sowie schwarze Flanken und Beinstreifen auf. Seine glatten und abgerundeten Hörner weisen nach außen. Das Weibchen ist kleiner und besitzt kürzere Hörner, die schwarzen Markierungen fehlen. Bei Gefahr erstarrt das Schaf in seinen Bewegungen – dank seiner besonderen Färbung hebt es sich kaum vom Hintergrund ab. Es sucht an den unzugänglichsten felsigen Stellen Schutz vor Fressfeinden.
Größe: Körperlänge 1,2–1,7 m, Gewicht 25–80 kg.
Verbreitung: Süd- bis Ostasien. In alpinen Zonen zwischen Baum- und Schneegrenze.

bräunlich graue Färbung dient der Tarnung

glatte abgerundete Hörner

Asien

Lebensweise gesellig	Tragzeit 160 Tage	Wurfgröße 1–2	Ernährung 🌿

Familie BOVIDAE	Art *Ovis canadensis*	Bestand weniger gefährdet

Dickhornschaf

Das glänzend braune Fell dieses Schafes besteht aus äußeren spröden Deckhaaren und kurzem gekräuseltem Wollhaar; die Färbung verblasst zum Winter hin. Die Hörner des Männchens sind nahezu kreisförmig gebogen und können so viel wiegen wie das gesamte Skelett des Tieres – bis zu 14 kg. Die weiblichen Hörner sind kleiner und nur leicht gebogen. Weibchen und ihre Jungtiere schließen sich zu Gruppen von acht bis zehn Individuen zusammen, die Männchen bilden entweder Junggesellengruppen oder leben solitär. Während der Brunftzeit kommt es zu so genannten Kommentkämpfen, die einige Stunden andauern können; die Männchen entfernen sich voneinander, drehen sich dann um und springen einander an, wobei sie heftig mit ihren Köpfen zusammenstoßen. Das Gehirn wird dabei durch verdickte Schädelknochen geschützt.
Größe: Körperlänge 1,5–1,8 m, Gewicht 55–125 kg.
Verbreitung: Südwestkanada und USA bis Nordmexiko. Auf alpinen Wiesen und an graswachsenen Berghängen in der Nähe felsiger Abgründe.
Anmerkung: Das Dickhornschaf ist durch menschliche Eingriffe in seinen Lebensraum gefährdet; außerdem ist es als Jagdtrophäe sehr begehrt, sodass vor allem die Zahl der dominanten Männchen immer mehr abnimmt.

kleinere Hörner beim Weibchen

Nordamerika

Jahreszeitlich bedingte Wege

Junge Dickhornschafe lernen die jährlichen Wanderwege durch die ausgewachsenen Tiere kennen.

heller Fleck am Rumpfende

glänzendes sattes Braun des Sommerfells wird im Winter heller

Hörner der Männchen kreisförmig gebogen

mächtiger Kopf mit schmaler Schnauze

sprödes Deckhaar

Lebensweise variabel	Tragzeit 150–180 Tage	Wurfgröße 1–4	Ernährung

Familie BOVIDAE	Art *Ovis orientalis*	Bestand gefährdet

Asiatisches Mufflon

Diese Tiere sind wahrscheinlich die Vorfahren sämtlicher domestizierter Schafzüchtungen. Sie sind rötlich braun und weisen einen helleren sattelförmigen Fleck und einen dunklen Streifen auf dem Rücken sowie eine helle Bauchseite auf. Der dunkle Schwanz ist kurz, die Fellfarbe des Gesichts verblasst mit zunehmendem Alter. Ebenso wie bei vielen anderen Wildschafen sind die Muttertiere zusammen mit ihren Lämmern in kleinen Herden zu finden, während die männlichen Tiere Einzelgänger sind oder in Junggesellengruppen umherziehen. Unter den Männchen besteht eine strikte Hierarchie, die von Alter, Stärke und Horngröße abhängt.
Größe: Körperlänge 1,1–1,3 m, Gewicht 25–55 kg.
Verbreitung: Westasien. In lichten Wäldern und an flachen Berghängen.

gedrehte Hörner des Männchen bis zu 65 cm lang

rötlich brauner Körper

heller gefärbte Unterseite

Asien

Lebensweise variabel	Tragzeit 5 Monate	Wurfgröße 1–2	Ernährung

Familie BOVIDAE	Art *Ammotragus lervia*	Bestand bedroht

Mähnenschaf

Das auch Mähnenspringer genannte Tier steht verwandtschaftlich zwischen Schafen und Ziegen. Es ist rötlich braun bis lohfarben gefärbt; die Mähne an Nacken und Schultern ist kurz und steht aufrecht, die an Kehle, Brust und oberen Vorderbeinhälften ist wesentlich länger und besteht aus weichem Haar. Bei den Weibchen sind Mähne und Hörner weniger gut entwickelt. Das Mähnenschaf äst frühmorgens und spätabends und weidet auch kräuterartige Pflanzen und verkümmerte Büsche ab.
Größe: Körperlänge 1,3–1,7 m, Gewicht 40–145 kg.
Verbreitung: Nordafrika. In hoch gelegenen und Halbwüsten.

halbmondförmig gebogene Hörner

rötlich braunes bis lohfarbenes Fell

breite Hufe

Afrika

Lebensweise variabel	Tragzeit 22–23 Wochen	Wurfgröße 1–3	Ernährung

Glossar

Einige der hier aufgeführten Begriffe sind auch in der Einführung näher beschrieben (S. 6–51).
Fettgedruckte Begriffe werden an anderer Stelle des Glossars erläutert.

Aasfresser – Tiere, die sterbende oder tote Tiere und verrottende Kadaver fressen.

Affen – Mitglieder der Säugetiergruppe Primaten.

Äsen – das Fressen von Blättern und kleinen Zweigen von Bäumen, Büschen und Gestrüpp.

Allesfresser – Tiere, deren Nahrung eine sehr große Bandbreite umfasst.

Ameisenbären – Säugetiere mit einer röhrenförmigen Schnauze und einer langen Zunge zum Auflecken von Termiten und Ameisen.

Amphibien – wechselwarme **Wirbeltiere** mit meist nackter schlüpfriger, drüsenreicher Haut und zwei Gliedmaßenpaaren, die aber rückgebildet oder ganz verschwunden sein können.

aquatisch – im Wasser lebend.

Bache – weibliches Wildschwein, das Junge geworfen hat oder über 2 Jahre alt ist.

Backenzähne – kantige breite Zähne, die sich im hinteren Teil des Mauls befinden; werden zum Zerbeißen und Kauen benutzt.

Balzstand – meist kleines **Territorium**, das während der Paarungszeit vom Männchen einer Art besetzt und verteidigt wird, um Weibchen anzulocken.

Barten – kammähnliche, stoppelige Hornplatten, die vom Oberkiefer vieler großer Wale herabhängen und zum Herausfiltern kleiner Beutetiere, z. B. **Krill**, aus dem Meerwasser benutzt werden.

Bau – großes komplexes unterirdisches Nest oder Höhle von Dachsen, Füchsen und anderen Tieren.

baumbewohnend – ausschließlich oder hauptsächlich auf Bäumen lebend; Beispiele hierfür sind viele Eichhörnchen- und Affenarten.

Beschädigungskampf – Kampf zwischen meist männlichen Tieren einer Art um Nahrung oder Weibchen mit hohem Tötungsrisiko.

Beuteltiere – Säugetiere, deren Junges in einem sehr frühen Entwicklungsstadium geboren wird, sich im Brutbeutel (Marsupium) der Mutter von Milch ernährt und weiterentwickelt.

Blasen – das Ausatmen einer Wolke aus feuchter Luft bei Walen, Delphinen und Tümmlern.

bodenbewohnend – ausschließlich oder hauptsächlich auf dem Boden lebend.

Brachiation – das Hängen und Schwingen der Gibbons im Geäst.

Brunft – Zeitraum, in dem männliche Tiere ihre körperlichen Eigenschaften präsentieren und miteinander kämpfen, um Zugang zu den paarungsbereiten Weibchen zu bekommen.

Deckhaare – längere und meist dickere Haare, die das äußere Fell eines Säugetieres bilden; sie bedecken und schützen das **Wollfell**.

domestizierte Tiere – gezüchtete, leicht zu haltende, für den Menschen nützliche zahme Tiere mit besonders geringer Aggressionsbereitschaft.

drittes Augenlid – siehe **Nickhaut**.

Echolokation – Methode zur Ortung von Objekten; dabei werden Schallwellen – meist sehr hohe Töne – ausgesendet, die von den Objekten abprallen und als Echos analysiert werden.

Eckzähne – lange spitze, leicht gebogene Zähne, die sich im vorderen Teil des Mauls direkt hinter den **Schneidezähnen** befinden; sie sind bei Fleisch fressenden Säugetieren, wie Katzen und Hunden, gut entwickelt.

Eierlegende Säugetiere – Säugetiergruppe, bei der die Weibchen Eier legen; die daraus schlüpfenden Jungen werden wie andere Säugetiernachkommen mit Milch ernährt.

eingeführte Arten – meist von Menschen in ein neues Gebiet gebrachte Arten, in dem sie bisher nicht natürlich vorgekommen sind.

einheimische Arten – Arten, die in einer bestimmten Gegend natürlich vorkommen.

einziehbare Krallen – in fleischige, taschenartige Hüllen am Zehenansatz zurückziehbare Krallen, z. B. bei Katzen.

Entwöhnung – Zeitraum, in dem die Mutter nach und nach weniger Milch für das Jungtier zur Verfügung stellt.

Erdferkel – Säugetiere mit langen schaufelähnlichen Krallen, die aufgrund mangelnder Sehfähigkeit mithilfe ihres Geruchssinns jagen.

Faultiere – sich nur langsam bewegende baumbewohnende Säugetiere.

Fellwechsel – das Ausfallen der dicken und dichten Haare des Winterfells, normalerweise regelmäßig zu Beginn der wärmeren Jahreszeit.

Fledertiere – Säugetiere, die dank einer **Flughaut** fliegen können.

Flosse – Gliedmaße mit einer abgeflachten breiten Form, die im Wasser zum Schwimmen, Rudern oder Paddeln benutzt wird.

Flossenfüßer – Mitglieder der Säugetiergruppe Pinnepedia, die Robben, Seelöwen und Walrosse umfasst.

Flughaut – dem Fliegen oder Gleiten dienende, dünne lederartige, elastische Membran, u. a. bei Fledermäusen.

Gelegenheitsfresser – Tiere, die viele verschiedene Dinge fressen, wann immer sie zur Verfügung stehen.

Grasen – das Fressen von Gräsern und anderen niedrig wachsenden Pflanzen.

Greifschwanz – an das Greifen und Festhalten adaptierter Schwanz, z. B. bei vielen Neuweltaffen.

Grube – Loch oder Vertiefung im Schädel eines Tieres.

Gürteltiere – grabende Säugetiere, die einen schützenden Panzer besitzen.

Halbaffen – Mitglieder der Säugetiergruppe **Primaten**, die nicht zu den Affen und Menschenaffen gehören, u. a. Lemuren, Galagos, Loris, Pottos.

halb einziehbare Krallen – nur z. T. in ihre fleischigen, taschenartigen Hüllen zurückziehbare Krallen.

Halsfalte – fleischiger behaarter, von der Kehle und/oder im Halsbereich eines Säugetiers herabhängender Hautlappen.

Harem – Gruppe von Weibchen, die sich mit einem Männchen paaren und von diesem auch gegen männliche Rivalen verteidigt werden.

Hasenartige – Mitglieder der Säugetiergruppe Lagomorpha, die Kaninchen, Hasen und Pfeifhasen umfasst.

Herde – koordinierte Gruppe von Mitgliedern einer Art.

Hirschartige – Mitglieder der Säugetiergruppe Cervidae.

Huftiere – huftragende Säugetiere.

Hundeartige – Mitglieder der Säugetiergruppe Canidae, die alle domestizierten und wilden Hunde, Wölfe, Füchse sowie Schakale beinhaltet.

Insektenfresser – Mitglieder der Säugetiergruppe Insectivora, die Spitzmäuse, Maulwürfe und Igel umfasst; Insekten und ähnliche kleine Beutetiere – z. B. Würmer – fressende Tiere.

Katzenartige – Mitglieder der Säugetiergruppe Felidae, zu der

alle wilden und domestizierten Katzen gehören.

Kiel – auffällige Beule oder Kante an der Schwanzwurzel von Walen und Delphinen.

Klettenschliefer – im Äußeren den Kaninchen ähnelnde Säugetiere, die dank spezieller Sekrete aus Drüsen an den Sohlen hervorragend klettern können.

Kobel – Nest eines Eichhörnchens.

Kolonie – Gruppe von Tieren, die zusammenleben und häufig lebenswichtige Aufgaben, z. B. die Futtersuche, teilen.

Kommentkampf – Kampf zwischen wehrhaften, meist männlichen Tieren einer Art um Weibchen oder Reviere, bei dem gefährliche Kampfmethoden vermieden werden.

Kreatin – hartes festes Körperprotein, aus dem u. a. Haut, Nägel, Hufe, Krallen und Hörner gebildet werden.

Krill – garnelenähnliche kleine Krebstiere, die das Hauptnahrungsmittel der verschiedensten **marinen** Säugetiere darstellen, wie der Bartenwale und einiger Robben.

Krebstiere – große Gruppe hauptsächlich im Wasser lebender **Wirbelloser**, u. a. Hummer, Krebse, Garnelen, Krabben und Rankenfüßer.

Marder – Mitglieder der Säugetiergruppe Mustelidae, die Hermeline, Wiesel, Iltisse, Otter, Nerze, Zobel und Dachse einschließt.

marin – im Meer oder anderen salzhaltigen Gewässern lebend.

Melanismus – verstärktes Vorhandensein des braunschwarzen Farbstoffs Melanin, das Haut und Fell dunkel färbt.

Mollusken – große Gruppe **Wirbelloser**, deren Körper von einem fleischigen „Mantel" oder einer schützenden harten Schale umgeben ist; sie umfasst Austern, Muscheln, Wegschnecken, Schnecken, Kraken und Tintenfische.

Monotremata – siehe Eierlegende Säugetiere

Moschus – von verschiedenen Tieren – vor allem von männlichen Elefanten, Hirschen, Rindern und Raubtieren – produzierter intensiver Duftstoff, der meist Paarungsbereitschaft signalisiert.

nachtaktiv – hauptsächlich während der Nacht oder im Dunkeln aktiv.

Nagetiere – Mitglieder der sehr großen Säugetiergruppe Rodentia, zu der Ratten, Mäuse, Wühlmäuse, Eichhörnchen, Rennmäuse, Biber und Stachelschweine gehören.

Nasenklappen – lappenähnlicher Hautfortsatz im Nasenbereich, vor allem bei einigen Fledermäusen; mit den Nasenklappen werden bei der **Echolokation** die Schallwellen ausgerichtet.

Nickhaut – drittes Augenlid, mit dem der Augapfel zum Schutz oder zur Reduzierung des Lichteinfalls bedeckt werden kann.

Paarhufer – huftragende Säugetiere mit einer geraden Anzahl von Zehen an zwei oder an allen Füßen, z. B. Kamele, Hirsche und Rinder.

Pferdeartige – Mitglieder der Säugetiergruppe Equidae, die wilde und domestizierte Pferde, Esel sowie Zebras umfasst.

Pflanzenfresser – Tiere, die sich hauptsächlich von Pflanzenmaterial ernähren.

Plankton – winzige in Meeren und Seen treibende Pflanzen und Tiere.

primäre Wälder – unberührte, nicht durch menschliche Einwirkung beeinflusste Wälder.

Primaten – Säugetiergruppe, zu der **Halbaffen**, Affen, Menschenaffen und Menschen gehören.

Raubtiere – Säugetiergruppe, die Katzen, Hunde, Bären, Wiesel und **Schleichkatzen** umfasst; Tiere, die sich hauptsächlich von Fleisch ernähren.

Reißzähne – die hinteren größten **Backenzähne** einiger Fleisch fressender Säugetiere (**Raubtiere**), die zum Reißen und Aufschlitzen scharfe Kanten besitzen und wie Scheren schließen.

Revier – von einem Tier oder einer Gruppe von Tieren zum Fressen, zum Erholen und zur Jungenaufzucht genutztes Gebiet.

Riesengleitflieger – Säugetiere, die dank großer **Flughäute** an den Flanken durch die Luft gleiten können.

Rinderartige – Mitglieder der großen Familie Bovidae, die wilde und domestizierte Hirsche, Giraffen, Antilopen, Gazellen, Rinder, Schafe sowie Ziegen beinhaltet.

Rudel – Gruppe von Raubtieren, z. B. Wölfen.

rudimentär – zurückgebildet oder funktionslos, z. B. Gliedmaßen.

Rückenflosse – Flosse (Gliedmaße) auf dem Rücken eines aquatischen Säugetieres oder eines Fisches.

Rüssel – bewegliche verlängerte oder vergrößerte Nase, z. B. bei Elefanten.

Rüsselspringer – Säugetiere, die mithilfe ihrer langen Nase ausgezeichnet riechen und auch tasten können; sie bewegen sich – ähnlich wie Kängurus – springend vorwärts.

saisonal – von der Jahreszeit abhängig.

Savannen – Graslandschaften mit vereinzelten Bäumen und Büschen und langen Trockenperioden.

Schleichkatzen – Mitglieder der Säugetiergruppe Viverridae, die Zibetkatzen, Ginsterkatzen, Linsangs und Mungos umfasst.

Schnabel – verlängerte oder vergrößerte Schnauze oder Stirn, z. B. bei Delphinen.

Schneidezähne – meist meißel- oder spatenförmige Zähne im vorderen Teil des Mauls, die zum Beißen, Knabbern und Nagen benutzt werden; besonders gut sind sie bei **Nagetieren** entwickelt.

Schule – koordinierte Gruppe von Mitgliedern der **Walartigen** (Cetacea).

Schuppentiere – Säugetiere, deren gesamte Körperoberseite mit scharfkantigen, verhornten Schuppen besetzt ist.

Schwanzflossen – Schwanz eines Wales, Delphins oder Tümmlers mit einer breiten muskulösen, horizontalen Oberfläche (doch ohne Extremitätenknochen), der zum Schwimmen auf und ab bewegt wird.

sekundäre Wälder – z. B. durch menschliche Einwirkung, Feuer oder Überschwemmungen im Gleichgewicht gestörte Wälder, die sich im Wiederherstellungsprozess befinden.

Sirenen – Mitglieder der Gruppe Sirenia, die Dugongs und Manatis einschließt.

Sohlenfüßer – auf den Fußsohlen stehende und laufende Tiere, z. B. Bären; auch Menschen sind Sohlenfüßer.

Sonar – siehe **Echolokation**.

Spähen – Bezeichnung für ein bestimmtes Verhalten der Wale, bei dem sie den Kopf senkrecht aus dem Wasser strecken und dann langsam rückwärts gleiten.

Spiegel – heller Bereich am After beim Rot-, Reh- und Gamswild.

Spitzloch – Nasenloch auf der Oberseite des Kopfes von Walen, Delphinen und Tümmlern.

Stirnbuckel – kuppelförmiger Auswuchs auf der Stirn einiger Rinderarten, an dem die Hornansätze aneinander stoßen.

Stirnwölbung – vermutlich der Ort im Körper vieler Zahnwale, Delphine und Tümmler, wo während der **Echolokation** die ausgesendeten und ankommenden Schallwellen gebündelt werden.

Subantarktis – Gebiet zwischen Antarktis und gemäßigter Zone; oft werden die Spitzen Südamerikas und Afrikas dazugezählt.

Subarktis – Gebiet zwischen Arktis und gemäßigter Zone.

Symbiose – Zusammenleben zweier Organismen, das beiden Nutzen bringt.

tagaktiv – hauptsächlich während des Tages aktiv.

Taiga – sehr große, sich über Nordasien und Nordamerika erstreckende Region, die im Wesentlichen aus immergrünen Wäldern und Waldlandschaften besteht.

terrestrisch – an Land lebend.

Territorium – siehe **Revier**.

Tragzeit – Dauer der Trächtigkeit.

Tuberkel – warzenähnliche Beule oder ähnlicher knotiger Auswuchs.

Tundra – offene arktische Region mit niedrigen Pflanzen jenseits der Waldgrenze in Eurasien, Nordamerika und auf einigen Inseln.

Unpaarhufer – huftragende Säugetiere mit einer ungeraden Anzahl von Zehen an zwei oder an allen Füßen, z. B. Pferde, Tapire und Nashörner.

Urwälder – siehe **primäre Wälder**.

ventral – auf die Körperunterseite eines Tieres bezogen.

verwilderte Tiere – ehemals domestizierte Tiere, die nun wieder wild leben, z. B. Katzen, Hunde, Pferde und Schweine.

Walartige – Mitglieder der Säugetiergruppe Cetacea, zu der Wale, Delphine und Tümmler gehören.

Wellen brechen – aus dem Wasser springen und sich mit einem großen Klatschen ins Wasser zurückfallen lassen; dieses Verhalten kann bei vielen Walen, Delphinen und Tümmlern beobachtet werden.

wellenreiten – auf der Bugwelle von Schiffen oder Walen schwimmen.

wieder eingeführte Arten – Arten, die in einem Gebiet wieder eingesetzt wurden, in dem sie bis zu ihrer Ausrottung natürlich vorkamen.

wiederkäuen – das Kauen heraufgewürgter Nahrung, die bereits im Verdauungstrakt fermentiert wurde.

Winterschlaf – Schlafphase im Winter, während der die Stoffwechselprozesse auf ein sehr niedriges Niveau herabgesenkt sind.

Wirbellose – Tiere ohne Wirbelsäule.

Wirbeltiere – Tiere mit Wirbelsäule.

Wollfell – unter den **Deckhaaren** befindliches Fell aus kürzeren, weicheren und dichteren Haaren.

Zehengänger – auf den Zehen stehende und laufende Tiere, z. B. Pferde und Hirsche.

Register

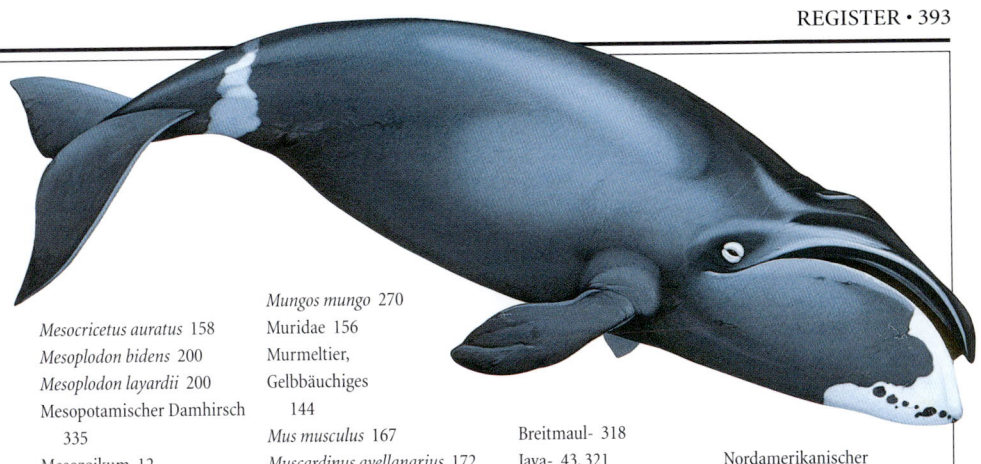

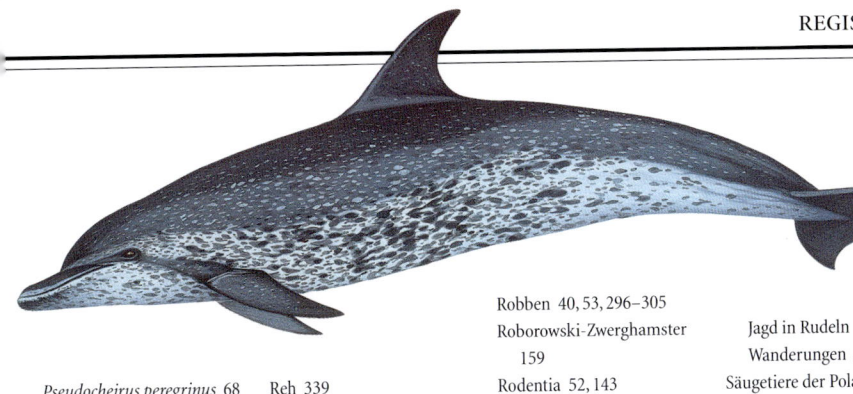

Danksagung

Dorling Kindersley möchte Kim Bryan für ihre unschätzbare redaktionelle Mitarbeit und Merrol Parker für ihre Hilfe bei der Recherche danken. Unser Dank gilt außerdem Suresh Kumar für die Kartographie und Arun P. für die künstlerische Gestaltung des Umschlags.

Bildrecherche: Cheryl Dubyk-Yates, Sean Hunter
Bildredaktion: Richard Dabb

Bildnachweis
Der Verlag möchte folgenden Personen und Agenturen für die freundliche Erlaubnis danken, ihre Bilder abdrucken zu dürfen.

Animals Animals/Earth Scenes: Anthony Bannister 174or; David J. Boyle 238ur; Dani Jeske 354u; Ardea London Ltd: Tony Beamish 29m; Hans & Judy Beste 76mr; M. D. England 360or; Jean Paul Ferrero 283or, 334mr; Kenneth W. Fink 131u, 151or, 152o, 374or; Francois Gohier 25mr, 171ur; Nick Gordon 244ur, 262o, 262m; Joanna Van Gruisen 268or; Chris Harvey 34m; Chris Knights 275o; Keith & Liz Laidler 244o, 265o; P. Morris 79ur, 96ur, 163or; B. Moose Peterson 156or; Starin 348ur; Peter Steyn 80or; M. Watson 8ul, 106or, 255u, 288or; Alan Weaving 169ur; Auscape: Jean-Paul Ferrero 66or, 67ur; T. Shivanandappa 98or; Robert E. Barber: 250ul, 254or, 298or, 298ur; David Barnes: 297or, 301ur, 302u; Bat Conservation International: Merlin D. Tuttle 89mr, 90mr, 90ur, 93ur; Fred Bavendam: 313u, 338mr; BBC Natural History Unit: Doug Allan 304ur; Peter Blackwell 37mr; John Cancalosi 21ul; Jim Clare 111or; Alain Compost 105or; Bruce Davidson 36m; Georgette Douwma 21ol; Jeff Foott 304o, 313or, 325ur, 356ul; Charlie Hamilton James 228or; Martha Holmes 205or; Kevin J. Keatley 261or; Thomas D. Mangelsen 43mr, 235u; Dietmar Nill 252u; Pete Oxford 103ur; Colin Preston 163or; Anup Shah 116ur, 124r, 233or; Tom Vezo 56ur; Doc White 110ur, 213o; Niall Benvie 376u; William Bernard Photography: 134or, 243o, 299u; **BIOS Photo:** J. Alcalay 77or; Jany Sauvanet 132ur; R. Seitre 79mr, 83u, 252or, 259ur; C. K. Bryan: 227ur, 351ur; John Cancalosi 60ur, 71or, 75mr, 108or; Bruce Coleman Ltd: Erwin

& Peggy Bauer 222mr; John Cancalosi 337u; Mark Carwardine 128or; Bruce Coleman 151u, 273mr; Alain Compost 253or; M & P Fogden 135m; Jeff Foott 256u; C. & D. Frith 260ur; Janos Jurka 339or; Joe Macdonald 357o; Mary Plague 321mr; Hans Reinhard 257ol; John Shaw 15m; Jörg & Petra Wegner 39m; Staffan Widstrand 129or; Rod Williams 99ur, 118or, 270ur, 280or; Bill Wood 95mr, 95ul; Konrad Wothe 101ur; Gunter Ziesler 277u, 280u; Bruce Coleman Inc: 293mr; Wendy Conway: 341u, 341u; Peter Cross 71ur, 73or, 127u, 148or, 175or, 177ur, 264ur, 297or, 315ur, 320u, 336m, 360ur, 366m, 369ur, 373u, 381ur; Dennis Cullinane 81or; Nigel Dennis 97ur, 102u, 103or, 105ur, 106ur, 135ur, 225or, 229or, 273ur, 311u, 320or, 326ur, 358or, 358ur, 359or, 364ur, 368or, 368ur, 369or, 370or, 371u; Brock Fenton 84ur, 88mr, 89ur, 90or; Fotomedia: R. Dev 355or; Joanna Van Gruisen 334ur; Neeraj Mishra 99ur; Otto Pfister 335ur; E. Hanumantha Rao 98u, 232u, 315mr; Vivek R. Sinha 321or; Foto Natura: Frans Lanting 38m; S. Maslowski 155u; Brian Gibbs 260or; Michael P. Gillingham 138ur; Francois Gohier 210u; Derek Harvey 115or; Dr. C Andrew Henley-Larus 58or, 58ur, 59or, 62ur, 68ur, 69ur, 73mr; ImageState: ImageState 236ul; National Geographic 220ur; Jacana Hoa-Qui: Gunter Ziesler 133ur, 134mr; F. Jack Jackson: 268ur; Mike Jordan 79or, 81or, 137or, 150u, 152u, 157ur, 159or, 159ur, 162or, 164or, 165mr, 168ur, 169or, 172or, 172ur, 173u, 173o, 379or; Hiromitsu Katsu 137u; Saul Kitchener 225u; Mark Kostich Photography 267or; FLPA - Images of nature: Rolf Bender 251or; Brake/Sunset 131or; Di Domerico 300or; Free Pictures 22ur; David Hosking 27ml; E & D Hosking 35ml; S. Jonasson 303mr;

Gerard Laci 323or; Frank W. Lane 153or; Leeson/Sunset 109mr; K. Maslowski 156ur; S. Maslowski/ Foto Natura 155u; Meinderts/Foto Natura 176or; Mikhail 253ur; Minden Pictures 27mr; Philip Perry 319ol; L Lee Rue 366ul; R. Van Nostrand 121ur; Terry Whittaker 24ur, 222u, 273or, 285or; Vanessa Latford: 349ur; Lincoln Park Zoo: Saul Kitchener 225ur; The Mammal Images Library: P. Myers 57o; Chris Mattison Nature Photographics: Geoff Trinder 144ur, 335o; Martin Withers 66ur, 69or, 72ur, 84mr, 136u, 166u, 247u, 344u, 361or, 372or, 372ur, 380u; National Geographic Society: Richard T. Nowitz 44l; Natural History Museum, London 12o; Natural Visions: Heather Angel 180u; N.H.P.A.: A.N.T. 15um, 59ur, 64or; Anthony Bannister 45or, 255or, 49l; Mark Bowler 125ur; Laurie Campbell 142o, 258or; David Currey 47ul; Stephen Dalton 38or, 44or, 88ur; Nigel J. Dennis 251ur; Pavel German 55or; Daniel Heuclin 63ur, 82mr, 178mr; Ralph & Daphne Keller 67mr; Stephen Krasemann 22ul, 217u; Gerard Lacz 76or; Michael Leach 246mr; Haroldo Palo Jr. 57u, 132m; Steve Robinson 7or; Andy Rouse 229ur, 235or, 250r, 257or; Jany Sauvanet 175ur, 224ur; Kevin Schafer 108ur, 224or, 239ur; John Shaw 138or, 142ur, 310ur; Eric Soder 375ul; Morten Strange 267ur; Norbert Wu 40ul; Oxford Scientific Films: AnimalsAnimals/Rick Edwards 48ml, Animals-Animals/Richard K. LaVal 134ur; Kathie Atkinson 60or; Eyal Bartov 217o; Joel Bennett 43ur; Niall Benvie 142or; Joe Blossom 325or; Scott Camazine 82or; Daniel J. Cox 49ur; Mark Deeble & Victoria Stone 264or; Ajay Desai 120ur; Michael Dick 121or; Michael Fogden 80ur, 157or, 245ur; Jeff Foott 133mr; Michael Habicht 26or; Howard Hall 42m, 203ol; Mike Hill 35ul; Mark Jones 303or; Isaac Kehimka 150or; Breck P. Kent 82ur; Keith & Liz Laidler 241m; Raymond A. Mendez 25ur; Stan Osolinski 348ul; Andrew Plumptre 129u; Partridge Productions 100or; Dieter & Mary Plage 46or; Norbert Rosing 40m; Edwin Sadd 317o; David Shale 143ur; Chris Sharp 48or; Survival Anglia 31ml, Survival Angila/John Harris 140or; Tom Ulrich 164ur, 258ur; Otto Pfister 377or, 379ur; Mark Picard 138mr, 342m; Planet Earth Pictures: Tom Brakefield 293o; Jim Brandenburg 141or; M & C Denis-Hout 309mr; Robert Franz 339or; Doug Perrine 312u; Tom Walker 9m, 141u; John Waters 178ur; Andrew Zvoznikov 165or; Galen B. Rathbun: 94mr, 94ur; Wendy Shattil: Wendy Shattil & Bob Rozinski 178or,

247o, 259or, 285ur; Still Pictures: Fred Bruemmer 299or; Mark Edwards 47or; Al Grillo 47ml; Michel Gunther 126u; Roland Seitre 240ul, 279ur, 341o; Michael P. Turco 265u; Andre Van Huizen 351or; Colin Varndell 148ur; Judith Wakelam 119ur; Dave Watts 55ur, 61ur, 63or, 63mr, 67or, 70or, 70mr, 70ur, 72or, 73ur, 104ur, 117or, 301o, 375ur, 381or; Jim Winkley 374u; Winfried Wisniewski 195ol; Art Wolfe 347or; P. A. Woolley & D. Walsh 61or, 69m.

DK Picture Library: American Museum of Natural History 14or; British Museum 8m; Paignton Zoo; Parc Zoologique de Paris 13m; Philip Dowell 289ml, 289 ur, 290u; Oxford University Museum of Natural History 123ul; Jerry Young 10ul, 11or, 19o, 30u, 45ur, 49or, 50mr, 51ol, 52or, 54u, 86ul, 88or, 91m, 108mr, 111ur, 112ur, 117ur, 118ur, 122ur, 130u, 174u, 216ur, 218–219m, 220or, 221u, 221or, 222mr, 223m, 226u, 226or, 227or, 228ur, 230m, 232or, 233u, 235u, 272mr, 276mr, 284u, 286ul, 316ul, 318u, 332u, 332or, 388ol, 394ul.

Weitere Fotografen: Max Alexander, Peter Anderson, Irv Beckman, Jon Bouchier, Geoff Brightling, Jane Burton, Peter Bush, Martin Camm, Peter Chen, Andy Crawford, Peter Cross, Geoff Dann, Philip Dowell, Alistair Duncan, Mike Dunning, Ken Findlay, Neil Fletcher, Christopher & Sally Gable, Frank Greenaway, Steve Gordon, Kit Houghton, Colin Keates, Dave King, Bob Langrish, Jane Miller, Gary Ombler, Brian Pitkin, Susanna Price, Rob Reichenfeld, Tim Ridley, Guy Ryecart, Tim Shepard, Steve Shott, Harry Taylor, Kim Taylor, Linda Whitwam, Alex Wilson.

Alle weiteren Abbildungen von Dorling Kindersley.

Umschlagvorderseite: Oxford Scientific Films: Theo Allofs ol; John Cancalosi mr; K & L Laidler or.
Umschlagrückseite: Planet Earth Pictures: Doug Perrine mr.

(o=oben, u=unten, m=Mitte, l=links, r=rechts)